最新国有土地纠纷实务

32个裁判规则深度解析

ZUIXIN GUOYOU TUDI
JIUFEN SHIWU

32GE CAIPAN GUIZE SHENDU JIEXI

潘萍　江帆／编著

法律出版社
LAW PRESS · CHINA
北京

图书在版编目(CIP)数据

最新国有土地纠纷实务：32个裁判规则深度解析／潘萍，江帆编著. --北京：法律出版社，2023
ISBN 978-7-5197-7934-4

Ⅰ. ①最… Ⅱ. ①潘… ②江… Ⅲ. ①国有土地－土地使用权－经济纠纷－案例－中国 Ⅳ. ①D922.335

中国国家版本馆CIP数据核字(2023)第086003号

最新国有土地纠纷实务:32个裁判规则深度解析
ZUIXIN GUOYOU TUDI JIUFEN SHIWU: 32 GE CAIPAN GUIZE SHENDU JIEXI

潘 萍 江 帆 编著

责任编辑 冯高琼
装帧设计 李 瞻

出版发行 法律出版社
编辑统筹 法规出版分社
责任校对 晁明慧
责任印制 耿润瑜
经　　销 新华书店

开本 710毫米×1000毫米 1/16
印张 25.75 **字数** 381千
版本 2023年6月第1版
印次 2023年6月第1次印刷
印刷 三河市龙大印装有限公司

地址:北京市丰台区莲花池西里7号(100073)
网址:www.lawpress.com.cn
投稿邮箱:info@lawpress.com.cn
举报盗版邮箱:jbwq@lawpress.com.cn
销售电话:010-83938349
客服电话:010-83938350
咨询电话:010-63939796

书号:ISBN 978-7-5197-7934-4
定价:98.00元

凡购买本社图书,如有印装错误,我社负责退换。电话:010-83938349

前　言

土地是维持人类生存的物质基础，是支撑社会发展的重要资源。对于国家而言，土地制度事关国体之本、政体之基，其作为构建现实生产关系的核心要素，是一项具有全局性意义的根本制度。新民主主义革命时期，中国共产党通过领导土地革命，开创了一条“农村包围城市、武装夺取政权”的革命新道路，并通过正确实施土地政策，在成功解决农民土地问题的同时，也夺取了中国革命的伟大胜利。新中国成立初期，党和国家制定实施了《土地改革法》*（已失效）和《国家建设征用土地办法》（已失效），开展了建国以来规模最大的土地改革运动，在彻底废除封建土地所有制的基础上建立起农民的土地所有制，并将部分土地收归国家所有。其后，通过社会主义改造和建设，社会主义土地公有制的主体地位逐步确立，农民的土地所有制转化为集体所有制，国家对城乡土地实行征购、征用和收归国有的制度亦渐趋成熟。

改革开放以来，“以公有制为基础，以保护耕地和节约用地为主线，以产权保护、用途管制和市场配置为主要内容的中国特色土地制度”①逐步形成。该制度与中国特色社会主义市场经济体制相适应，符合社会主义初级阶段的基本国情，其主要特点表现为：该制度是通过土地的全民所有制和集体所有制实现的社会主义土地公有制；该制度是在土地所有权与使用权相分离

---

* 为了便于阅读，本书法律法规名称的使用简称。——编者注

① 姜大明：《中国特色土地制度的主要内容和改革实践》，载《国土资源通讯》2017 年第 19 期。

的基础上,平等保护各类土地产权,实行以征收方式为主体的国有建设用地取得制度;该制度是编制实施各级土地利用总体规划,执行严格的土地用途管制制度、建设用地预审制度以及农用地转用审批制度;该制度是依托城乡统一的建设用地市场,推行城镇国有土地有偿使用制度;该制度是坚持节约资源、合理利用土地、切实保护耕地的基本国策,实施耕地保护责任制度、基本农田保护制度、耕地占补平衡制度、土地整治制度、土地储备制度、土地供应制度、建设用地标准控制制度以及节约集约用地评价考核制度等。

中国特色土地制度的历史演进过程,亦是相关法律规范的系统建构过程。实践证明,以法律的形式将土地制度的改革经验与改革成果加以固定,是推动土地制度进一步创新完善的重要途径。目前,在维护社会主义土地公有制与实现土地资源利用效率最大化的双重目标下,我国已形成以《宪法》为统领,以《民法典》为基础,以《城乡规划法》《土地管理法》《城市房地产管理法》等专门法律为主体,以《土地管理法实施条例》《基本农田保护条例》《国有土地上房屋征收与补偿条例》《城镇国有土地使用权出让和转让暂行条例》《不动产登记暂行条例》等 20 多部行政法规为细化,以《土地储备管理办法》(已失效)、《招标拍卖挂牌出让国有建设用地使用权规定》、《协议出让国有土地使用权规定》、《闲置土地处置办法》等 60 多部部门规章为补充,并涵括 200 余部地方性法规、政府规章的规模庞大的土地法律规范体系。据此,无论是行政主体抑或民事主体,凡行为涉及土地用途管制、土地要素配置、土地开发利用以及其他土地管理秩序的,均应自觉践行前述规范体系所确立的行为准则与法治逻辑。

习近平总书记曾指出,"法律的生命力在于实施,法律的权威也在于实施"。[①] 而在涵括法律遵守、法律执行及法律适用三大环节的法律实施过程中,司法机关所实施的裁判活动又可谓是最权威、最鲜活的法律实施活动。在某种意义上甚至可以说,任何一部法律的立法目的均须通过司法机关的裁判活动才能得到有效实现,任何一条法律条文的内涵与外延均需借助司法机关针对具体案件作出的裁判文书才能得到深度的诠释与正确的理解。

---

① 习近平:《论坚持全面依法治国》,中央文献出版社 2020 年版,第 88 页。

故此，本书特以公开的生效裁判文书为解析对象，力图通过对32个典型案件的裁判要旨归纳、要件事实梳理与争议焦点分析，深入探寻民事诉讼程序中人民法院处理涉及国有土地纠纷案件的裁判逻辑与司法规律，并结合《民法典》的实施与《土地管理法》修改的重大历史背景延伸阐释相关法理精神，以此助力地方人民政府、自然资源主管部门、房地产开发企业以及法律实务工作者深刻理解我国土地管理秩序的内在机理和现行土地法律规范体系的核心变化，有效防控各方在土地一级开发、土地使用权出让、土地使用权转让以及利用国有建设用地合作开发房地产的民商事法律行为过程中所可能发生的重大法律风险。

编 者

2023年5月

目 录

第一编 土地一级开发合作纠纷

第二编　土地使用权出让合同纠纷

第三编　土地使用权转让合同纠纷

第四编　合作开发房地产合同纠纷

第一编
土地一级开发合作纠纷

“土地一级开发”一词并非严格的法律术语,而是地方政府在开展土地整理、收储、出让以及招商引资等工作过程中经常使用的行业俗称。在国家制定的规范性文件中,“土地一级开发”一般被表述为“土地储备”或“储备土地前期开发”,其核心内涵是指由政府或其授权委托的企业,对一定区域范围内的城市国有土地、乡村集体土地进行统一的征地拆迁、安置补偿,并进行适当的市政配套设施建设,进而使该区域范围内的土地达到“三通一平”“五通一平”“七通一平”等符合土地出让条件的标准。在此过程中,地方政府及其融资平台往往会引入社会资本参与开发工作,通过合同建立合伙或联营的法律关系,并以土地出让价格为依据约定投资方的利润分配比例和利益分享模式,如固定收益模式、溢价分成模式以及固定收益加溢价分成模式等,土地经开发后的实际出让价格如不能弥补其投资成本,其商业风险由投资方承担。

1. 地方政府可就土地出让金扣除土地开发成本及出让费用后的净收益，与投资方约定按一定比例分成

【裁判要旨】

在土地一级开发合作协议中，地方政府可以与投资方就扣除土地开发成本及出让费用后的净收益约定按一定比例分成。该收益分成约定作为政府方与投资方协商议定的合同条款，对双方具有法律约束力。在合同履行的过程中，政府既不能任意运用行政优益权撤销、撤回其有关投资回报的承诺，也不能在诉讼过程中违反诚实信用原则，恶意主张收益分成条款无效。

【基本案情】

2010 年 11 月 4 日，甲方 A 政府与乙方 B 公司签订《协议书》，主要约定：乙方出资对新城区 1065 亩规划土地进行市政道路建设及土地整理。甲方以项目经营性用地出让收入支付乙方的投资成本，乙方的投资收益为土地出让收入扣除开发成本后的净收入。甲、乙双方按 2∶8 的比例对开发的土地出让净收益中县财政留存部分（注：按照现行财政体制规定，土地出让净收益分成中各级财政留存部分的比例为：省级财政 10%，市级财政 30%，县级财政 60%）进行分成。甲方应按约定及时返还投资开发成本和支付投资开发收益给乙方。土地出让收入进入财政专户后，在 10 个工作日内办结。乙方在签订协议后 1 个月内将 6000 万元前期建设资金存入指定银行账户，并按开发进度注入后续资金。如果甲方不按约定返还投资成本和投资收益给乙方，甲方应当承担违约期间投资成本和投资收益按银行同期贷款利率计算的违约金。如果乙方因资金不到位，不能按期完成土地一级建设任务，

甲方有权终止本协议,并扣除实际投入开发成本的20%作为违约金,已建成的基础设施归甲方所有。本协议附图、项目建设施工图以及与项目开发建设有关的信函(件)、会议纪要(记录)及政府的规范性文件都是本协议的组成部分,与本协议具有同等效力。

2011年6月2日,甲方A政府与乙方B公司签订《补充协议》,约定:甲方负责市政道路占用土地的征用及地面附着物的拆迁安置,所需资金由乙方投资。项目范围内的用地,如甲方需作为其他用途的,须经甲乙双方协商同意,其地价不得低于成本价。一期开发范围内,"招、拍、挂"土地的出让收入,应优先返还乙方开发成本,再缴纳省市一级财政有关费用及税费后,剩余土地净收益再按《协议书》约定的比例分成。如非乙方原因致使"招、拍、挂"用地面积减少,则应按相邻地块的拍卖价格计算减少部分地块的收益,并将该收益计入总收益。

2012年6月21日至9月13日,新城区项目在市政道路工程施工过程中,出现因征地、拆迁工作问题导致该路段无法正常施工的情形。2012年9月3日,部分工程项目的施工承包人向B公司提交了《退工报告》,要求其退还合同保证金及利息,并赔偿近3个月因停工造成的经济损失。2012年9月13日,新城区项目指挥部答复B公司,称已将《退工报告》及相关情况转交有关工作组处理。

2012年9月21日,A政府与B公司形成《会议纪要》载明:(1)本项目市政道路工程主干道用地范围内已建有县人民医院和监狱,合计占用开发用地共48亩,政府划拨149.06亩(多划拨101.06亩)土地进行补足,本会议予以认定。(2)截至2012年9月底,政府各部门还占用规划区内土地共计239.9亩。经与会双方初步商议决定,建议采取以下两种方案处理:方案一,另行划拨220亩集中地块补偿给B公司作为开发用地;方案二,采用现金补偿的方式进行结算,即从以后新城区挂牌土地出让的价款中按照土地开发成本价(经测算为33.6789万元/亩)支付给B公司,具体计算结果为:220亩×33.6789万元/亩=7409万元,双方再按有关约定结算。其后,A政府未执行方案一。

2014年4月8日,B公司向A政府发出《关于新城区土地一级开发项目打包请示》，请求解除双方合同关系，其主要内容为："我公司合作开发新城区土地一级整治项目4年来，政府没有看到政绩，投资商没有得到收益，如果继续合作下去，将是两败俱伤。征地拆迁问题，严重拖了项目运作的后腿。不及时返还土地出让金，已造成巨额财务支出的负担。这已经不是违约问题，而是导致项目无法继续开展和运作的后果，目前，打包成了对双方都有利的唯一选项。我方请求除政府已经返还的资金外，剩余开发补偿以1.68亿元的总金额进行打包支付，之前发生的一切债权债务由我公司负责，所有基础建设费用除了我公司已经支付的以外，剩下的工程及费用由政府负责。"

2014年9月6日，A政府表示同意解除双方的合同关系。2014年11月7日，经双方共同确认，扣除A政府已经返还的4444万元挂牌土地收益金，B公司在合作期间共代替A政府支付19,760万元用于土地开发。根据项目28,000万元的投资总预算，A政府同意B公司以完成项目总工程量71%的比例进行结算。B公司则认为，A政府以借款的形式返还4444万元挂牌土地收益金，且没有按照《协议书》约定的方式及时、逐宗结算，故返还资金也应算作乙方投资，即B公司的投资总额为24,204万元，结算比例应为86.5%。

2014年11月22日，A政府与B公司达成《清算协议》，并在"共同认可事项"部分载明："1065亩范围内的土地开发成本按33.6789万元/亩计算，未出让的土地统一按50万元/亩计算，双方通过合作开发已经实现的总收益为7924万元，其中包括394亩已挂牌土地的出让收益5983万元和198.19亩尚未挂牌土地的预估收益1941万元。A政府超额支付了5102万元的市政道路工程款，B公司的实际项目投资总额为14,658万元。"在"待商议事项"部分载明："以下三大问题需要继续协商：(1)A政府多划拨的101.06亩土地的补偿问题；(2)A政府未划拨的220亩土地的收益问题；(3)B公司对7924万元开发收益的结算比例问题。"

其后，因上述"待商议事项"无法达成一致，B公司诉至法院并提出3项诉讼请求：(1)判令A政府向B公司支付土地投资收益19,297.9万元(该金额包括：依照《协议书》约定的2∶8比例就7924万元项目总收益获得

6339.2万元收益分成、依照《清算协议》约定的以33.6789万元/亩价格共获得3403.6万元作为101.06亩多划拨土地的开发补偿以及依照《会议纪要》的约定获得7409万元作为220亩未划拨土地的预期补偿);(2)判令A政府就未依约履行征地、拆迁义务导致合同终止的后果支付违约金共计2031.6万元;(3)判令A政府承担本案诉讼费。

A政府辩称:《协议书》中有关2∶8比例分成的约定因违反法律、法规的禁止性规定,所以无效,不能作为土地收益的分配依据。《会议纪要》中有关"政府各部门占用239.9亩土地"的处理方案使用"建议"二字,显然属于尚未达成一致的意思表示,且有关220亩未划拨用地的现金补偿是用于征地工作的补偿,而不是对B公司的投资收益补偿。《协议书》约定B公司可分配的投资收益是"土地出让收入扣除开发成本后的净收入",但无论是220亩尚未划拨的土地,还是101.06亩的多拨划土地,都没有产生收益,B公司就前述土地主张投资补偿缺乏事实及法律依据。根据《清算协议》,未出让土地的投资收益比仅为1941万元÷198.19亩=9.794万元/亩,B公司就220亩划拨土地主张高达33.6789万元/亩的投资补偿明显有违公平原则。而B公司未按约定时间在1个月内将6000万元打入指定账户,亦应当承担违约责任。

【一审争议焦点】

1.《协议书》有关"土地出让净收益按2∶8比例分成"的约定是否有效?

2.本案双方是否构成违约,是否应当承担违约责任?

3.本案双方应当如何清算?

【一审裁判观点】

关于争议焦点1:本案属于发生在平等民事主体之间的一级土地合作开发纠纷,《协议书》有关"土地出让净收益按2∶8比例分成"的约定系双方当事人的真实意思表示,不违反法律、行政法规的效力性强制性规定,合法有效。

关于争议焦点2:《协议书》已经双方协议解除,且"指定银行账户"不详，A 政府与 B 公司均无法提供证据证明 B 公司至 2010 年 12 月 4 日前是否将 6000 万元存入“指定银行账户”。B 公司提供的某银行对公账单载明：“2010 年 8 月 10 日至 2010 年 8 月 25 日期间，B 公司的此账户有一笔 1900 万元进账，有四笔共计 18 万元出账。2012 年 8 月 25 日，该账户余额为 3013.5 万元。”在此情形下，A 政府在本案中主张的 B 公司未能依约打款 6000 万元构成违约，本院不予支持。B 公司主张的 A 政府违反拆迁安置义务导致合同终止应当承担违约责任，不能成立。

关于争议焦点 3：综合考虑全案实际，酌情确定 B 公司已完成合同总工程量的 80%。根据《协议书》与《清算决议》的约定，在合同全部履行的情形下，B 公司可按 2∶8 的比例分取已经实现的开发总收益，实际完成 80%时，应取得的收益为（5983+1941）万元×80%×80%＝3829.12 万元。

涉及前述土地的《会议纪要》完成了要约承诺过程，达成了一致的意思表示，内容具体明确，属于双方的约定。按照约定，239.9 亩被政府占用的开发用地已无执行“方案一”的必要，应按“方案二”予以现金补偿，补偿标准为 33.6789 万元/亩，补偿数额为 7409 万元。《会议纪要》言明“双方按有关约定结算”该 7409 万元，应解释为双方已经明确该 7409 万元属于对土地投资收益的补偿，并非用于征地的补偿资金。该 7409 万元也不可能存在需要上交省级财政和市级财政的情况，应按照《协议书》约定的 2∶8 比例进行分配。B 公司实际完成 80%工作量时，应当取得的收益为 7409 万元×80%×80%＝4741.76 万元。

101.06 亩土地属于多划拨的土地，双方对该土地的收益没有明确约定，但因该土地已经纳入 B 公司的实际整理范围，故酌情确定由 A 政府向 B 公司支付 1055.62256 万元作为补偿。

综上，A 政府应向 B 公司支付土地投资收益共计 9626.50256 万元。

【二审争议焦点】

1. A 政府是否应对 321.06 亩行政划拨占地予以补偿？

2. B 公司是否有权按照 2∶8 的分成比例主张分配土地出让净收益？

3. A 政府是否应承担违约责任？

【二审裁判观点】

关于争议焦点1:《协议书》约定"双方合作对新城区规划中的1065亩土地进行市政道路建设及土地整理;项目内的道路建设用地、其他城市基础设施及配套设施用地,其土地使用权以行政划拨的方式取得,其他经营性用地均采取'招、拍、挂'方式出让;投资收益为土地出让收入扣除开发成本后的净收入,双方按2∶8比例分成",系双方的真实意思表示,未违反法律、行政法规的强制性规定。《补充协议》还明确约定"项目范围内的用地,如甲方需作为其他用途的,须经甲乙双方协商同意,其地价不得低于成本价"。"如非乙方原因致使'招、拍、挂'用地面积减少,则应按相邻地块的拍卖价格计算减少部分地块的收益,并将该收益计入总收益"。协议履行过程中,239.9亩规划用地被政府各部门占用,导致本可用于共同开发的经营性用地数量减少,影响双方的合作开发总收益,A政府应当根据约定对其单方原因造成的合作开发收益损失承担补偿责任。

《协议书》亦约定:"本协议附图、项目建设施工图以及与项目开发建设有关的信函(件)、会议纪要(记录)及政府的规范性文件都是本协议的组成部分,与本协议具有同等法律效力。"据此,《会议纪要》以"建议"方式提出的明确方案不仅应视为双方的一致意见,且对A政府、B公司均具有法律效力。因"方案一"现已不具实施可能,故只能采取"方案二"。依照"方案二"的内容,220亩划拨用地的现金补偿计算方法及补偿金额均有明确约定,双方应遵照执行。对于政府多划拨的101.06亩土地,虽然双方未再进行单独协商并达成收益补偿合意,但根据《协议书》约定以及公平原则,A政府亦应予以补偿。原审法院参照《清算决议》相关内容,酌定A政府的补偿金额,并无不公。至于A政府占用合作开发用地后如何利用该土地、是否产生收益,均不能成为其免除补偿责任的依据。A政府主张其占用的321.06亩土地为行政划拨用地,均属无偿划转给政府相关部门使用,没有产生收益,因此不应支付收益补偿,这既与双方约定不符,也有违公平原则,本院对其主张不予支持。另外,从220亩划拨用地的补偿价格来看,《会议纪要》载明该地补偿数额以挂牌土地开发成本价,即每亩33.6789万元计算。该价格与《清算决议》关于未出让土地使用权的每亩收益9.794万元相比,确实偏高,但按开发成本价进行占地补偿系双方基于当时的土地预期收益所作真实意思表示，在约定仍然有效的情况下，双方均应严格履约。A 政府以价格太高为由试图毁约，主张免于承担补偿责任，有违诚实信用原则，本院不予支持。

关于争议焦点 2：《协议书》约定 2∶8 的收益分成比例，是以 B 公司完全履行协议约定的出资义务，足额投资完成土地开发为前提。本案中，B 公司在仅投入了部分资金，并未完成全部开发任务的情况下，即与 A 政府协议解除了合同。故 B 公司仅能按其实际投资占项目总投资的比例主张收益。原审法院综合双方对投资比率的主张，结合其他案情，酌定 B 公司投资比率为 80%，并按此计算 B 公司依约应获得的收益，并无不当。B 公司主张应按约定比例全额分配收益，与事实不符，本院不予支持。另需强调的是，A 政府对以行政划拨方式占用合作开发用地所作的现金补偿，是对合作双方总收益的补偿，而非对 B 公司的单方补偿。《会议纪要》明确了现金补偿金额后，特别约定“双方按有关约定结算”，进一步证明了此点。故此，原审法院按照 B 公司的投资比率，计算 B 公司依约应获得的现金补偿金额正确，本院予以支持。

关于争议焦点 3：根据原审查明的事实，B 公司并未按协议约定，在 2010 年 11 月 4 日协议签订后 1 个月内将 6000 万元项目前期资金存入指定银行账户，A 政府亦未全部完成征地拆迁工作，双方对合同目的无法实现均难辞其咎。B 公司与 A 政府协商解除合同时，并未要求 A 政府承担违约责任。合同解除后，双方对合同如何清算进行了协商并达成了部分一致意见，在此过程中，双方也均未提及违约责任问题。《合同法》* 第 97 条规定，合同解除的，尚未履行的，终止履行。B 公司与 A 政府有关违约责任的约定是在被解除的合同中达成的，属于应当终止履行的权利义务，当事人不能根据已经终止的合同内容要求对方承担相应的法律责任。据此，本院认为，双方已经以实际行为放弃了追究对方违约责任的权利。在此情形下，B 公司在其后提起诉讼时另行诉请 A 政府承担违约责任，本院不予支持。

---

* 《合同法》已被 2020 年 5 月 28 日公布的《民法典》废止，因此案例发生时《民法典》尚未生效，故适用当时的法律条文，下同。——编者注

【评析】

土地收入是政府财政收入的重要源泉之一,许多地方政府都需要通过一级开发扩大土地供应总量并创造出让条件,进而获取土地出让收益以满足地方财政需求。然而,土地一级开发项目的总体特征是投资规模大、开发周期长和运作成本高,资金匮乏的地方政府通常需要引入投资方的合作参与,才能顺利开展征地、拆迁、补偿工作。对于投资方而言,其参与一级开发项目合作的利益动机首先是获取投资回报,实现资本投入的利润增值。为保障回报资金的可实现,投资方往往要求政府以土地出让收入作为回报资金的来源,并与政府明确约定固定的分成比例,即通过协议使投资方的回报收益与土地出让收益建立稳固的关联。然而,由于土地出让程序与土地出让金的使用范围均受到法律法规的严格约束,投资方与政府方通过"意思自治"约定的回报条款极易被判定为无效。但是,这并不是说现行法律不允许投资开发收益与土地出让收入发生关联,也并非禁止投资方依据投资比例获得土地出让收益回报。

例如,甲方和乙方在《合作协议书》中约定:"甲方将规划范围内的土地前期开发工作委托给乙方实施,乙方应在完成前期开发工作后,将符合开发条件的经营性土地交由土地收购储备中心挂牌、招标或拍卖。开发用地成交后,甲方应首先将土地前期投入综合成本返还给乙方,前期开发成本中体现的管理费(按综合成本的6%计算),按甲方12%、乙方88%的比例进行分配。对于土地出让所取得的纯收益(土地出让价扣除前期开发成本及出让费用后所剩余的收益),甲、乙双方同意按照5∶5的比例进行分配(不附带其他条件)。"根据(2019)最高法民再98号判决书的裁判意见,该《合作协议书》系双方当事人的真实意思表示,其内容不违反法律、行政法规的效力性强制性规定,合法有效。

再如,甲方和乙方在《合作协议书》中约定:"土地整理区域范围内建设用地的出让,其出让的时间、面积、土地出让起始价等,应由甲乙双方按照国家规定共同协商确定,其中,关于土地出让方式,采取招标的方式进行公开出让。就土地出让后的溢价,双方同意按照以下约定进行分成:A.甲方获得的分成为:a.土地整理后,如最终可供出让的建设用地面积达到M亩的,则甲方可获得总额为24亿元的溢价分成。上述M=48亿元÷双方共同确认的建设用地的土地价格。M及土地价格由双方以备忘录的形式确定。b. 土地整理后，如最终可供出让的建设用地面积达不到M亩的，则甲方可获得的溢价分成为24亿元×(实际可供出让的建设用地面积÷M)。B. 乙方获得的分成为：土地整理后，乙方获得的分成=土地出让金总价款-土地整理成本-甲方获得的分成。"根据(2019)最高法民终1996号判决书的裁判意见，该《合作协议书》亦系双方当事人的真实意思表示，其内容不违反法律、行政法规的效力性强制性规定，合法有效。

因此，只要不触及法律、行政法规的约束红线，地方政府可以在土地一级开发合作协议中，就土地出让金扣除土地开发成本及出让费用后的净收益，约定与投资方按一定比例分成。该收益分成约定作为政府方与投资方协商议定的合同条款，对双方具有法律约束力。政府既不能在合同履行的过程中，任意运用行政优益权撤销、撤回有关投资回报的承诺，也不能在诉讼过程中违反诚实信用原则，恶意主张收益分成条款无效。事实上，投资方参与土地收益分享的权利基础来源于其通过投资开发行为对土地使用价值的提升作出了实质性贡献，故基于"风险共担、利益共享"的合伙原则，理应获得相应的投资回报收益。换言之，投资方获取投资收益的权利基础与该土地经整理后的实际用途并无直接的因果关系，政府方既可基于特定的经济收益目标将该土地的使用权通过"招、拍、挂"方式出让，亦可出于公共利益的需要，将该土地的使用权依法划拨给特定主体进行无偿使用。而无论政府方采用何种方式处置土地使用权，均应依约保障投资方实现其投资回报收益。

【重点规范链接】

《民法典》(2020年5月28日)*

第七条 民事主体从事民事活动，应当遵循诚信原则，秉持诚实，恪守承诺。

---

* 法律文件名称后标注的时间为法律文件公布时间或最后一次修改的时间。——编者注

第五百六十六条第一款、第二款 合同解除后,尚未履行的,终止履行;已经履行的,根据履行情况和合同性质,当事人可以请求恢复原状或者采取其他补救措施,并有权请求赔偿损失。

合同因违约解除的,解除权人可以请求违约方承担违约责任,但是当事人另有约定的除外。

《土地管理法》(2019年8月26日)

第五十五条第二款 自本法施行之日起,新增建设用地的土地有偿使用费,百分之三十上缴中央财政,百分之七十留给有关地方人民政府。具体使用管理办法由国务院财政部门会同有关部门制定,并报国务院批准。

《土地管理法实施条例》(2021年7月2日)

第十条 县级人民政府应当按照国土空间规划关于统筹布局农业、生态、城镇等功能空间的要求,制定土地整理方案,促进耕地保护和土地节约集约利用。

县、乡(镇)人民政府应当组织农村集体经济组织,实施土地整理方案,对闲散地和废弃地有计划地整治、改造。土地整理新增耕地,可以用作建设所占用耕地的补充。

鼓励社会主体依法参与土地整理。

2. 社会资本参与土地一级开发工作，不属于依法必须招投标的事项

【裁判要旨】

政府吸引民间资本参与市政基础设施建设，民间资本提供建设资金来源，政府选定哪家企业投资参与市政基础设施建设，不属于《政府采购法》和《招标投标法》的约束对象。本案《合作框架协议》包括投资和代建两项内容，对于代建部分，已经全部依法履行了招投标手续，各方对此均予以认可。《合作框架协议》还约定A政府委托B公司作为案涉项目的建设单位，履行基本建设程序，以公开招投标方式确定上述项目的施工单位，可见双方在合作伊始即约定了案涉工程建设需要完成招投标程序。此后，双方在合作过程中亦按照相关要求进行了招投标。故本案以未经招投标程序为由认定《合作框架协议》无效，依据不足。

【基本案情】

2012年6月21日，B公司响应招商引资号召与A政府市委书记会面商谈，达成合作意向。同日，甲方A政府和乙方B公司签订《合作框架协议》，主要约定：甲方委托乙方投资代建奥体中心"一场两馆"（体育场、游泳馆、网球馆）及生态新城项目规划范围内的基础设施配套工程、环境建设工程、环境景观工程和道路及其配套工程等。乙方作为建设单位，履行基本建设程序，以公开招投标方式确定前述场馆、工程建设的施工单位。甲方按照政府投资项目模式，同意根据乙方投资进度，分期分批出让C地块总面积预估320亩的国有土地使用权，用以支付乙方投资代建项目的建设款项以及本协议约定的其他款项。乙方同意积极参与C地块的出让竞价，并保证资金足

额到位。如乙方或者乙方下属公司取得C地块并进行房地产项目开发建设,必须独立开发、饱和投入,按照约定工期完成投入。为保障投资代建项目的顺利实施,乙方同意在A市注册设立D项目公司。

2012年7月19日,甲方A政府和乙方B公司签订《补充协议》,主要约定:甲方根据乙方投资代建项目的投资进度,分期分批出让C地块国有土地使用权,并按照本协议的约定,将与C地块土地出让金等额的资金(扣除土地收储成本15万元/亩和乙方投资收益)支付给乙方作为投资代建项目的建设款项。双方确定,C地块土地价格为120万元/亩,同时,双方同意,如C地块实际成交价格超出120万元/亩,则乙方可获得与超出部分等额的投资收益。乙方的该投资收益由甲方在受让人缴纳(或分期缴纳)土地出让金且乙方提出拨款申请后的15日内支付给乙方。C地块分批次出让完毕且受让人缴纳(或分期缴纳)土地出让金后,乙方须提出拨款申请。甲方收到乙方提出拨款申请后的15日内,负责将等额于受让人已支付土地出让金数额50%的资金(扣除土地收储成本15万元/亩和乙方投资收益)支付给乙方,用以支付建设款项。甲方收到乙方提出拨款申请后的45日内,负责将等额于该土地出让金数额100%的资金(扣除土地收储成本15万元/亩和乙方投资收益)全部支付给乙方。C地块全部出让后,如与C地块土地出让金等额的资金(扣除土地收储成本15万元/亩和乙方投资收益)不足以支付乙方的全部代建款项,则甲方须另以资金支付。如甲方不及时拨付建设款项,不及时支付乙方投资收益,乙方有权暂停项目建设。甲方授权一家市政府全资公司代表甲方行使业主职责,履行基本建设程序,负责以公开招标的形式确定代建项目施工企业和监理单位。《补充协议》签订后,市住建局组织实施了四次招投标,并根据招标结果与B公司的四家关联公司分别签订了4份施工合同。

2012年12月28日和2014年1月17日,市国土局先后挂牌出让100亩、165亩土地两宗,参与竞买的主体均只有D公司,摘牌价格均为140万元/亩。D公司分别缴纳土地出让金14,000万元、23,100万元后,A政府陆续向B公司的关联企业支付工程建设款,但一直未向B公司支付投资收益款。

2017 年 2 月,甲方市住建局与乙方 B 公司签订《推进协议》,载明:“乙方通过缴纳土地出让金方式获得工程款实施代建工程建设,并对受让地块进行房地产项目开发。现大部分代建工程已基本完工,但受房地产市场行情低迷等因素影响,后续工程建设基本停工。为确保后续工程早日完工,乙方须于 2017 年 3 月 10 日前全面复工,甲方则须于 2017 年 3 月 10 日前支付乙方工程款 3000 万元。其后,乙方每完成 2000 万元剩余工程量并经审计确认后,由市财政按照乙方完成工作量的 70% 支付一次工程款。待全部工程完工且相应项目完成结算审计后,市住建局将严格按照《施工合同》的约定,按时足额支付乙方工程款。甲乙双方须共同努力,认真研究相关政策规定,借鉴其他地区成功运作模式,确保在合法合规的前提下,尽早完成 5300 万元土地溢价款的支付。其后,B 公司按约复工,案涉工程通过竣工验收并完成移交。”

2017 年 5 月 19 日,A 市国土局第三次挂牌出让 35 亩土地一宗,参与土地竞买的竞价主体仍仅有 D 公司一家。D 公司以 131.71 万元/亩价格摘牌后,缴纳土地出让金共计 4610 万元。至此,C 地块已全部出让,A 政府同意与 B 公司结算全部代建工程款,但不同意支付土地溢价款。

2018 年 4 月 9 日,B 公司向 A 政府邮寄《关于尽快支付 C 地块土地溢价款的公函》,向 A 政府提出拨款申请。其后,B 公司起诉至法院并提出 2 项诉讼请求:(1)判令 A 政府向 B 公司支付约定的投资收益共计 5664.77 万元,并按年利率 24% 的标准,以应当支付的投资收益为基数,以相关地块出让时间为起算点,赔偿 B 公司至实际支付之日的经济损失共计 6649.28 万元;(2)本案诉讼费用由 A 政府负担。一审法院以“合同纠纷”为案由立案受理。

A 政府辩称:其与 B 公司仅存在委托代建关系,本案案由不应确定为“合同纠纷”,而应确定为“建设施工合同纠纷”。B 公司受托代建的生态新城项目属于依法应当招投标的政府采购项目,《合作框架协议》和《补充协议》是在未履行招投标程序的情形下,由政府直接与 B 公司签订,该行为违反了法律、行政法规的强制性规定,应属无效协议。同时,《合作框架协议》和《补充协议》有关“投资收益”约定的实质是要求政府直接向 B 公司返还土地出让金,这不仅损害了国家利益和社会公共利益,还妨碍了其他土地竞买者公平参与竞价的权利,应属无效条款。并且,案涉项目的建设资金均已由A政府使用财政资金予以支付,D公司以及B公司的关联企业已经通过房地产项目开发和收取建设工程款获得利益保障,B公司不存在经济损失。

【一审争议焦点】

1. 本案案由为何?
2. 《合作框架协议》和《补充协议》的效力。
3. B公司有关投资收益及经济损失的主张是否应得到支持?

【一审裁判观点】

关于争议焦点1:综合《合作框架协议》与《补充协议》的意思表示,A政府与B公司的合作模式是:B公司先行垫付建设工程款(代建投资款),A政府依照造价审定结论支付工程款,B公司以政府支付的工程款收回代建投资成本。B公司除有权取得返还的代建投资成本外,还有权获得风险投资收益。风险投资收益的计算方式为:如C地块的实际土地出让金价格超出协议约定价格,超出部分(溢价款)的数额将确定为B公司的投资收益金额;如土地出让价格无溢价的,则B公司无权主张投资收益。因此,A政府和B公司之间的法律关系包括但不限于委托代建法律关系,本案案由应当确定为“合同纠纷”。

关于争议焦点2:根据《政府采购法》第2条第2款、第4款的规定,各级国家机关、事业单位和团体组织,使用财政性资金采购依法制定的集中采购目录以内的或者采购限额标准以上的货物、工程和服务的行为,包括以合同方式有偿取得货物、工程和服务的购买、租赁、委托、雇用等行为,均属《政府采购法》的规制范围。根据该法第26条、第4条规定,政府采购的主要方式是公开招标;政府采购工程进行招标投标的,适用招标投标法。《招标投标法》第3条规定,大型基础设施、公用事业等关系社会公共利益、公众安全的勘察、设计、施工、监理以及与工程建设有关的重要设备、材料等的采购,必须进行招标,具体范围和规模标准,由国务院发展计划部门会同国务院有关部门制订。国家发展计划委员会制定的《工程建设项目招标范围和规模标准规定》(已失效)第7条规定,使用国有资金投资的项目,施工单项合同估算价在200万元人民币以上的;勘察、设计、监理等服务的采购,单项合同估算价在50万元人民币以上的,必须进行招标。综合以上法律、行政法规的规定,案涉项目属于依法应当进行招标的范畴。A政府和B公司未依法履行招投标程序而直接签订《合作框架协议》和《补充协议》,属于违反法律、行政法规的强制性规定,根据《合同法》第52条第5项的规定,应当认定无效。

关于争议焦点3:《合作框架协议》和《补充协议》约定C地块出让后,如土地实际成交价超出120万元/亩,则B公司有权获得与超出部分土地出让金等额的投资收益。A政府应当在土地受让人缴纳(或分期缴纳)土地出让金且B公司提出拨款申请后的15日内,将该项投资收益支付给B公司。前述内容是双方有关"土地出让金溢价返还"的约定,本质上是B公司预先约定以120万元/亩的价格取得国有土地使用权,同时以约定超出120万元/亩出让价格部分予以返还的方式排除其他土地竞买者公平参与出让竞价。《招标投标法》第32条规定:"投标人不得相互串通投标报价,不得排挤其他投标人的公平竞争,损害招标人或者其他投标人的合法权益。投标人不得与招标人串通投标,损害国家利益、社会公共利益或者他人的合法权益。"故,本案应当认定《合作框架协议》和《补充协议》中有关"土地出让金溢价返还"的约定无效。

B公司主张的投资收益款(共计5664.77万元)是基于《合作框架协议》和《补充协议》存在的有关"土地出让金溢价返还"的约定,其所请求的经济损失(共计6649.28万元)也是在每一期土地出让金缴纳后与A政府协商要求支付的,从每一期土地出让金缴纳完毕1个月后开始按照年利率24%计算至起诉之日分段计算。《合同法》第58条规定,合同无效或者被撤销后,因该合同取得的财产,应当予以返还;不能返还或者没有必要返还的,应当折价补偿。有过错的一方应当赔偿对方因此所受到的损失,双方都有过错的,应当各自承担相应的责任。《合同法》第59条规定,当事人恶意串通,损害国家、集体或者第三人利益的,因此取得的财产收归国家所有或者返还集体、第三人。基于上述法律规定,在双方签订的《合作框架协议》和《补充协议》属于无效合同的前提下,B 公司主张预期可获得的该部分利益及损失缺乏法律依据,不予支持。

【二审争议焦点】

1.《合作框架协议》和《补充协议》的效力应如何认定?

2. B 公司主张的投资收益和经济损失是否应予支持?

【二审裁判观点】

关于争议焦点 1:从《合作框架协议》有关"合作模式"的约定来看,主要内容为 A 政府委托 B 公司投资代建案涉项目,包括投资项目和代建项目两项内容。A 政府在本院庭审中也明确表示,土地出让和工程建设分别是单独的程序,均没有一个委托代建的程序。因此,A 政府主张双方仅是委托代建关系,与事实不符。《合作框架协议》和《补充协议》实际上是 A 市政府招商引资的结果,包括两项主要内容:一是 B 公司完成相关工程建设;二是 A 政府出让 C 地块,并承诺以所获得的土地出让金保障工程建设资金和 B 公司的投资收益。根据已经查明的事实,相关的工程建设和土地出让均履行了合法的招投标手续。而 A 政府履行四份《施工合同》的资金来源与 B 公司缴纳的土地出让金存在密切关联,该土地出让金实质上或为 B 公司的投资(自筹),或为 B 公司的社会融资。

一审判决认定上述协议无效,主要基于两点理由:其一,《合作框架协议》和《补充协议》未履行招投标手续,违反《政府采购法》和《招投标法》的强制性规定;其二,《合作框架协议》和《补充协议》存在"土地出让金溢价返还"的约定,本质上是 B 公司以协议约定价格取得国有土地使用权,同时以超出部分进行返还的方式排除其他竞买者,违反《招标投标法》的强制性规定。对于第一个理由,本院认为,政府吸引民间资本参与市政基础设施建设,民间资本提供建设资金来源,政府选定哪家企业投资参与市政基础设施建设,不属于《政府采购法》和《招标投标法》的约束对象。如上所述,《合作框架协议》包括投资和代建两项内容,对于代建部分,已经全部依法履行了招投标手续,各方对此均予以认可。《合作框架协议》还约定 A 政府委托 B

公司作为案涉项目的建设单位,履行基本建设程序,以公开招投标方式确定上述项目的施工单位,可见双方在合作伊始即约定了案涉工程建设需要完成招投标程序。此后,双方在合作过程中亦按照相关要求进行了招投标。故本案以未经招投标程序为由认定《合作框架协议》和《补充协议》无效,依据不足。

对于第二个理由,本院认为,《合作框架协议》约定了B公司积极参与C地块出让,保证资金足额到位,约定了B公司如取得C地块的土地使用权,必须独立开发、饱和投入,并未约定B公司能够直接享有C地块的相关权利。而B公司参与C地块出让竞价系其合同义务,是否能够取得土地使用权并不确定。无论谁竞拍取得案涉土地使用权,相应的土地出让金均是A政府支付B公司代建费用的保证。并且,对于C地块的出让过程,相关单位履行了“招、拍、挂”手续,土地出让公告没有不当限制,对竞拍主体资格也没有设置额外条件。没有其他主体参与土地竞拍,是C地块市场吸引力不足所致。D公司通过竞拍取得土地使用权,符合法律规定。从《补充协议》有关“C地块出让后,如地块的实际成交价超出120万元/亩的,则B公司可获得与超出部分土地出让金等额的投资收益”,“B公司的该投资收益由A政府在受让人缴纳(或分期缴纳)土地出让金且B公司提出拨款申请后的15日内支付给B公司”的约定中,不能推导出A政府直接向B公司返还土地出让金以及排除其他竞买者参与土地竞价的意思表示。实际上,C地块土地升值的原因,正是基于B公司前期投资代建了系列基础设施建设。A政府以土地升值部分作为B公司的投资收益回报,具有合理性。

此外,案涉合同的实际履行过程中,不仅土地出让程序符合法律规定,而且土地出让金的管理也严格执行了“收支两条线”。根据《补充协议》约定的投资收益支付方式可知,A政府收取土地出让金后,是将等额于受让人已支付土地出让金数额一定比例的资金(扣除土地收储成本15万元/亩和乙方投资收益),分期支付给B公司,用以支付建设款项。而“等额于土地出让金数额的资金”并非“土地出让金”,政府使用该等额资金支付B公司的代建成本,并非“土地出让金溢价返还”。《城市房地产管理法》第19条规定,土地使用权出让金应当全部上缴财政,列入预算,用于城市基础设施建设和土地开发。本案中,双方关于土地出让金用途的约定是支付给B公司作为城市基础设施建设的费用和土地开发的收益,不违反土地出让金的法定用途。并且,从合同履行情况看,《推进协议》确认B公司投资代建了案涉项目,并通过缴纳土地出让金方式获得工程款实施工程建设,还约定双方应当认真研究相关政策规定,确保在合法合规的前提下,尽早完成5300万元土地溢价款的支付。A政府在本案中行使抗辩权,主张双方有关"投资收益"的约定实质是要求政府直接返还土地出让金,损害了国家利益和社会公共利益,不应脱离前述客观事实。

综上,本院认为,《补充协议》有关"协议约定的地块出让后,如地块的实际成交价超出120万元/亩的,则B公司可获得与超出部分土地出让金等额的投资收益",是本案当事人协商以土地出让金为参照标准,计算B公司的投资收益,并约定A政府支付投资收益的条件。该根据土地出让价格确定投资收益事宜的约定,是计算投资回报的一种方法。政府全额收取了土地出让金后,再根据财政预算支出规定依法向投资方支付收益,款项的性质已经发生变化,不应据此认为该约定构成变相挤占土地出让金而无效。《国务院关于投资体制改革的决定》第3条第6项明确要求各级政府要创造条件,利用特许经营、投资补助等多种方式,吸引社会资本参与有合理回报和一定投资回收能力的公益事业和公共基础设施项目建设。A政府吸引社会资本参与基础设施投资建设后,应当遵循诚实信用原则,根据合同约定履行支付投资收益的义务,不能恶意主张合同无效。

关于争议焦点2:根据已经查明的事实,A政府已分别出让三宗土地,B公司分别缴纳土地出让金14,000万元、23,100万元、4610万元。按照《合作框架协议》和《补充协议》的相关约定,B公司基于第一宗土地出让应获得的投资收益为(14000万元÷100亩-120万元/亩)×100=2000万元;基于第二宗土地出让应获得的投资收益为(23100万元÷165亩-120万元/亩)×165亩=3300万元;基于第三宗土地出让应获得的投资收益为(4610万元÷35亩-120万元/亩)×35亩=364.77万元。以上三项合计为:2000万元+3300万元+364.77万元=5664.77万元。

但对B公司有关"A政府按照年利率24%的标准,以应当支付的投资收益为基数，以相关地块出让时间为起算点，赔偿其至实际支付之日的经济损失”的主张，本院认为，双方并未作出相关约定，根据本案实际情况，可以酌定按照银行同期贷款利率计算 B 公司的经济损失。对于该损失的起算时间，《补充协议》约定 B 公司的投资收益由 A 政府在受让人缴纳土地出让金，且 B 公司提出拨款申请后的 15 日内支付给 B 公司。但根据已经查明的事实，《推进协议》并未提及 5300 万元溢价款的违约金问题，2018 年 B 公司给 A 政府的函件中亦未提及此事。而且根据已经查明的事实，B 公司除了在 2018 年 4 月 9 日提出拨款申请外，之前并未提出过相关申请。故，B 公司主张按照《补充协议》的约定，以各地块出让时间为起算点计算其违约损失，依据不足。本院酌定按照 2018 年 4 月 9 日函件中所载明的日期，即 2018 年 4 月 30 日作为起算点。

【评析】

1980 年，《国务院关于开展和保护社会主义竞争的暂行规定》（已失效）中首次提出：“对一些适宜于承包的生产建设项目和经营项目，可以试行招标、投标的办法。”此后，随着社会主义市场经济体制的建立和不断完善，我国的招标投标制度也得到了逐步推广与普及。当前，招标投标作为市场经济条件下的一种成熟的交易模式，已经广泛适用于大宗货物或服务的买卖、建设工程领域的发包以及服务贸易的采购过程中。该交易模式的核心特征是：交易活动的发起方在一定范围内公布标的特征和部分交易条件，按照依法确定的规则和程序，对多个响应方提交的报价及方案进行评审，择优选择交易主体并确定全部交易条件。实践证明，在项目建设领域实施招标投标制度，有利于促进公平公开公正的市场竞争，有利于形成以市场为中心的定价机制，有利于降低交易成本、节约建设资金和增强市场经济的活力。但是，实践也表明，现实中的招标投标交易存在着降低工作效率，增加企业成本等诸多弊端，甚至还成了腐败行为滋生的“温床”。因此，至少在当前，基于经济学的成本效益原则与商事交易便捷原则，法律规范都不宜且不应要求任何项目建设都必须履行招标投标程序。

2018 年，国家发展和改革委员会先后发布了《必须招标的工程项目规定》和《必须招标的基础设施和公用事业项目范围规定》,不仅明确列举了必须履行招标投标程序的项目范围,而且提出行政机关在确定必须招标项目范围时,应当遵循"确有必要、严格限定"的原则。换言之,尽管法律规范对于招标投标的程序性规定日益严格细密,但同时却大幅缩减了必招项目的范围。根据现行法律规定,民营投资的科技、教育等事业项目以及社会福利、商品住宅项目等均不再属于必招项目。相应地,政府通过招商引资吸引社会资本参与地方经济建设,也并非必须履行招投标程序的项目。具体到土地一级开发项目,由于该项目中政府吸引社会资本参与的主要目的是促进其投入开发资金,配合协助政府完成对相关土地的前期收储工作,所签订的合作开发协议是在平等互利的基础上形成的真实意思表示,自然不应因未公开投招投标而影响合作开发协议的效力。社会资本实际参与开发工作后,政府再以未经公开招投标为由,主张土地一级开发合同因违反法律、行政法规的效力性强制性规定无效,既有损诚信政府的形象,也有违诚实信用原则,不应得到法律支持。

值得重视的是,在当前的建设工程领域,很多建设单位对于非必招项目也采用了招标投标程序确定建设单位或者监理单位。这时,建设单位仍应恪守《招标投标法》第46条第1款的规定,维护招投标程序的严肃性、有效性以及招投标市场的信用和秩序,但同时亦可相对自由地处理部分程序性事项,以提高作为非必招项目之招投标程序的灵活性。综合《招标投标法》及其实施条例的相关规定,非必招项目之招标投标程序的灵活性主要体现在如下五个方面:其一,企业可以自主确定非必招项目的招标范围、招标方式和组织方式,无须报相关部门审批、审核;其二,发包人可以自主选择预审公告和招标公告的发布媒介,且无须完全按照必招项目的要求发布工程信息;其三,招标人只需为投标人编制资格预审文件、投标文件预留一个相对合理的编制时间;其四,评标委员会只要求有技术、经济两个方面的评审人员参加,且评审人员只需具备与招标项目规模和复杂程度相适应的评审能力;其五,发包人可以根据评标结果选择最优中标人,并不一定必须选择排名第一的中标候选人。①

【重点规范链接】

《招标投标法》(2017 年 12 月 27 日)

第三条 在中华人民共和国境内进行下列工程建设项目包括项目的勘察、设计、施工、监理以及与工程建设有关的重要设备、材料等的采购，必须进行招标：

(一)大型基础设施、公用事业等关系社会公共利益、公众安全的项目；

(二)全部或者部分使用国有资金投资或者国家融资的项目；

(三)使用国际组织或者外国政府贷款、援助资金的项目。

前款所列项目的具体范围和规模标准，由国务院发展计划部门会同国务院有关部门制订，报国务院批准。

法律或者国务院对必须进行招标的其他项目的范围有规定的，依照其规定。

第四十六条 招标人和中标人应当自中标通知书发出之日起三十日内，按照招标文件和中标人的投标文件订立书面合同。招标人和中标人不得再行订立背离合同实质性内容的其他协议。

招标文件要求中标人提交履约保证金的，中标人应当提交。

《政府采购法》(2014 年 8 月 31 日)

第二条 在中华人民共和国境内进行的政府采购适用本法。

本法所称政府采购，是指各级国家机关、事业单位和团体组织，使用财政性资金采购依法制定的集中采购目录以内的或者采购限额标准以上的货物、工程和服务的行为。

政府集中采购目录和采购限额标准依照本法规定的权限制定。

本法所称采购，是指以合同方式有偿取得货物、工程和服务的行为，包括购买、租赁、委托、雇用等。

本法所称货物，是指各种形态和种类的物品，包括原材料、燃料、设备、

---

① 李少平主编：《最高人民法院第五巡回法庭法官会议纪要》，人民法院出版社 2021 年版，第 145 页。

产品等。

本法所称工程,是指建设工程,包括建筑物和构筑物的新建、改建、扩建、装修、拆除、修缮等。

本法所称服务,是指除货物和工程以外的其他政府采购对象。

第四条 政府采购工程进行招标投标的,适用招标投标法。

第二十六条 政府采购采用以下方式:

(一)公开招标;

(二)邀请招标;

(三)竞争性谈判;

(四)单一来源采购;

(五)询价;

(六)国务院政府采购监督管理部门认定的其他采购方式。

公开招标应作为政府采购的主要采购方式。

《必须招标的工程项目规定》(2018年3月27日)

第二条 全部或者部分使用国有资金投资或者国家融资的项目包括:

(一)使用预算资金200万元人民币以上,并且该资金占投资额10%以上的项目;

(二)使用国有企业事业单位资金,并且该资金占控股或者主导地位的项目。

第三条 使用国际组织或者外国政府贷款、援助资金的项目包括:

(一)使用世界银行、亚洲开发银行等国际组织贷款、援助资金的项目;

(二)使用外国政府及其机构贷款、援助资金的项目。

第四条 不属于本规定第二条、第三条规定情形的大型基础设施、公用事业等关系社会公共利益、公众安全的项目,必须招标的具体范围由国务院发展改革部门会同国务院有关部门按照确有必要、严格限定的原则制订,报国务院批准。

《国土资源部、财政部、中国人民银行、中国银行业监督管理委员会关于加强土地储备与融资管理的通知》(2012年11月5日)

土地储备机构应组织开展对储备土地的前期开发,为政府供应"净地"

提供有效保障。进行道路、供水、供电、供气、排水、通讯、照明、绿化、土地平整等基础设施建设的，应通过公开招标方式选择工程设计、施工和监理等单位，不得通过下设机构进行工程建设。有下设或挂靠从事工程建设机构的，必须与土地储备机构彻底脱钩。前期开发工程施工期间，土地储备机构要予以监督管理，工程完成后，土地储备机构要组织开展验收，验收工作参照相关工程验收有关规定执行。对储备土地的管护和临时使用，土地储备机构可设立内部机构进行管理，也可通过公开招标方式选择管理单位。

3. 不得约定“力争设置条件，保证投资方按照基准地价获取土地使用权”

【裁判要旨】

C公司签订该协议的目的，是希望A政府按照“项目招标”方式，履行“在政策允许条件下力争设置条件以使乙方按照基准地价竞买成功”的约定义务，其真实意思并非单纯投入资金进行土地开发整理工作，而是力图违反国家关于土地使用权招标、拍卖、挂牌出让的强制性规定，以“争取设定条件”的方式取得案涉项目的国有土地使用权。换言之，C公司的合同目的系以承担先期投入资金的成本风险为对价，违规获取案涉土地使用权的机会。而A政府不是国有土地使用权的合法出让主体，即便合作开发协议设置了“在政策范围内”的约束条件，但有关“力争设置条件以使乙方按照基准地价竞买成功”的约定内容本身即违反国家法律、行政法规的强制性规定，不是合法的意思表示内容，不能作为合法的合同义务履行。

【基本案情】

2009年6月5日，甲方某区政府（以下简称A政府）与乙方B公司签订《合作框架协议》，主要约定：甲方以项目招标方式确定乙方为某旧村改造项目的投资开发方。所谓“项目招标”，是指包含了项目法人招标、建设用地使用权出让招标和划拨的招标形式。其中，项目建设用地使用权出让按“整体确认、分期招标”方式进行，相关事宜另行协商。进行项目招标前，甲方应当向乙方提供市政府关于项目地块可以进行项目招标的批准文件。甲方同意给予乙方相关政策优惠，乙方在本协议签订后30日内注册成立项目公司。2009年7月21日，B公司依约设立C公司。

2010年11月16日，甲方所在市政府颁布《关于进一步加强城中村(居)和旧城改造土地管理工作的通知》，载明：“‘两改’项目土地开发整理的具体实施单位，由市国土资源房管部门或委托区政府通过公开招标方式确定。土地开发整理单位根据招标文件确定的条件，负责征地拆迁补偿安置、场地平整、基础设施配套建设、规划设计方案编报等具体工作。土地开发整理资金来源可分为政府出资和土地开发整理单位自行垫资两种形式。‘两改’项目土地开发整理完成后，可按土地开发整理实际成本的一定比例给土地开发整理单位支付开发管理费。土地开发整理单位自行垫资的土地开发整理项目，开发管理费不高于土地开发整理实际成本的8%。”

2012年9月29日，甲方A政府与乙方C公司签订《补充协议》，载明：经甲方招商引资，甲乙双方于2009年6月5日签订了《合作框架协议》。根据约定，乙方就合作项目向甲方提供拆迁资金，甲方完成约定区域的拆迁工作。目前乙方已向甲方提供拆迁资金人民币1.65亿元，拆迁工作正在进行中，仍需投入约8000万元拆迁资金。针对《合作框架协议》，甲乙双方签订的补充协议如下：乙方同意向甲方先行支付拆迁资金5000万元人民币，甲乙双方同意根据拆迁进度对项目内地块分批次实施净地挂牌，同意项目地块的楼面地价以市国土局委托的评估机构作出的评估价为基准价。甲方将土地挂牌时，在政策允许条件下力争设置条件以使乙方按照基准地价竞买成功。乙方或土地受让方支付相应土地出让金，在市国土局将补亏资金清算返还至甲方后，甲方负责在30日内将补亏资金返还给乙方。如果甲方在约定的时间内无法将乙方垫付的资金返还给乙方，每逾期一天，甲方按垫付资金总额的0.03%向乙方承担违约金。其后，在合同履行过程中，C公司共向A政府支付拆迁资金22,321.040,5万元。

2014年6月12日，A政府将项目内某地块挂牌出让，C项目公司认为溢价过高放弃竞让，地块被案外人竞得。剩余地块至一审法庭辩论终结时尚未完成整理任务，不具备挂牌出让条件。

2014年7月24日，B公司向A政府发送《关于尽快返还项目借款及相关费用的函》，提出A政府未严格按照《合作框架协议》和《补充协议》的约定确保C公司竞拍成功，应即时返还拆迁借款、土地一级开发费用、项目前期费用以及前述款项至返还之日止的融资成本(年利率按10%计算),但A政府未予答复。

其后,C公司诉至法院提出5项诉讼请求:(1)解除原被告双方签订的《补充协议》;(2)判令被告向原告支付所投入拆迁借款22,321.0405万元的利息损失(自出借之日起截至被告还清借款之日按年利率12%标准计算);(3)判令被告向原告支付土地一级开发管理费用1785.68324万元(按开发管理费用8%标准计算);(4)判令被告赔偿原告投资收益损失5776.345244万元(按照中国人民银行同期贷款利率计算,起算时间为2010年9月30日至本金还清之日止);(5)判令被告承担本案诉讼费。

诉讼期间,经调解协商,A政府向C公司返还23,800万元。C公司在庭审中主张A政府在向其付款的电子回单上载明"偿还借款",故其投入的拆迁资金应当定性为借款。A政府在庭审中仅主张返还了C公司的投入资金,对于返还数额超出C公司垫资数额的1478.9595万元部分,A政府未提出主张及说明。

A政府辩称:按照《补充协议》的约定,C公司作为案涉土地的开发整理单位,其垫付资金的回收方式不是由A政府使用自有资金支付,而是使用市国土局返还的土地出让金予以支付。截至目前,C公司没有将全部土地整理完毕,同时即便已经整理完的土地也没有全部出让。A政府出于便于C公司继续履约考虑,经双方协商,不仅将市国土局已返还的土地出让金全部支付给了C公司,而且筹资支付了C公司剩余的垫资款。A政府从未承诺项目土地一定出让给C公司,仅约定通过招标,由C公司公开、公平、公正地参与竞买。即便土地由他人竞得,也是市场竞争的结果,并非A政府违约。由于A政府不存在任何违约行为,C公司诉请解除《补充协议》无合同和法律依据。C公司作为土地开发整理单位,其垫付资金的性质是投资而非借款,垫资收益是固定比例的回报而非利息,且双方签订的协议从未约定垫资还要同时计取12%的利息,其诉请A政府支付其垫付资金的利息损失无依据。此外,市政府提出了开发管理费用不能超过8%的上限要求,而非规定案涉项目的开发管理费用即为8%。《合作框架协议》和《补充协议》均未约定管理费用比例,该比例数值仍需双方进一步协商确定。并且,C公司获得开发费用回报的前提是其完全履行了土地整理义务,但截至目前,案涉项目土地还有相当一部分未整理完毕,已整理的土地也未提交规划方案、环评等成果文件,故本案尚不具备结算开发管理费用的现实条件。C公司参与土地整理的投资收益就是收取固定比例的回报,除此之外再无其他所谓的预期利益。因此,C公司提出的第4项诉讼请求没有合同和法律依据,同时也与C公司提出的第2项诉讼请求存在重复。

【本案争议焦点】

1. 案涉《补充协议》的效力及是否应当解除?

2. A政府是否应当按照年利率12%的标准支付C公司借款利息损失?

3. A政府是否应当向C公司支付按拆迁借款费用的8%计取的土地一级开发管理费用?

4. A政府是否应当赔偿C公司的投资收益损失?

【本案裁判观点】

关于争议焦点1:根据《补充协议》的约定内容,可以确定《补充协议》是在《合作框架协议》基础上签订的。《合作框架协议》对A政府和作为项目公司的C公司具有约束力,且双方已经按照《合作框架协议》履行义务。虽然C公司诉请解除的合同仅为《补充协议》,但基于双方当事人认可《合作框架协议》的约定属于《补充协议》的内容,故应当将《框架协议》中与本案有关的内容纳入《补充协议》进行审理。对于《补充协议》,双方当事人均主张合同有效,C公司请求解除合同,A政府主张继续履行合同。但本院认为,根据《补充协议》及《合作框架协议》约定的主要内容,C公司签订该协议的目的,是希望A政府按照"项目招标"方式,履行"在政策允许条件下力争设置条件以使乙方按照基准地价竞买成功"的约定义务,其真实意思并非单纯投入资金进行土地开发整理工作,而是力图违反国家关于土地使用权招标、拍卖、挂牌出让的强制性规定,以"争取设定条件"的方式取得案涉项目的国有土地使用权。换言之,C公司的合同目的系以承担先期投入资金的成本风险为对价,违规获取案涉土地使用权的机会。而A政府并非国有土地使用权出让的合法主体,协议关于"力争设置条件以使乙方按照基准地价竞买成功"的约定,尽管设置了"在政策范围内"的条件,但是对"设置条件"按"基准地价使竞买成功"的约定,本身即违反了国家法律、行政法规的强制性规定,不能作为合法的合同义务履行。对此,《招标投标法》第32条规定:投标人不得相互串通投标报价,不得排挤其他投标人的公平竞争,损害招标人或者其他投标人的合法权益。投标人不得与招标人串通投标,损害国家利益、社会公共利益或者他人的合法权益。国土资源部公布的《招标拍卖挂牌出让国有建设用地使用权规定》第11条第2款规定:出让人在招标拍卖挂牌出让公告中不得设定影响公平、公正竞争的限制条件。由于该约定系C公司订立协议的主要目的,《补充协议》违反法律、行政法规的强制性规定,故应认定无效。

关于争议焦点2:《补充协议》载明:"乙方或土地受让方支付相应土地出让金,在市国土局将补亏资金清算返还至甲方后,甲方负责在30日内将补亏资金返还给乙方。如果甲方在约定的时间内无法将乙方垫付的资金返还给乙方,每逾期1天,甲方按垫付资金总额的0.03%向乙方承担违约金。"本院认为,据此可以认定C公司提供的拆迁资金性质为垫付资金而非借款,且双方未对资金使用利息作出约定。A政府在返还款项的电子回单凭证上注明"偿还借款",并非双方达成一致的意思表示,不能推翻《补充协议》对款项性质的约定,C公司关于A政府应当按照年利率12%的标准支付借款利息损失的诉讼请求不能成立。

关于争议焦点3:尽管甲方所在市政府在《关于进一步加强城中村(居)和旧城改造土地管理工作的通知》中,规定了政府可以向土地整理单位支付不高于实际成本8%的开发管理费,但该通知属于市政府对该市项目土地整理工作颁布的文件,不能直接作为确定本案双方当事人之间权利义务关系的依据。《补充协议》仅规定了返还"垫付的拆迁资金",并未对土地开发管理费进行约定。且根据市政府文件,支付土地开发管理的前提条件是土地整理工作完成后,而案涉项目还有部分土地整理工作尚未完成,即支付土地管理费用的条件尚未成就,故C公司请求按照其投入资金的8%支付土地开发整理费缺乏合同及事实依据。

关于争议焦点4：根据《合同法》第58条的规定，合同无效或者被撤销后，因该合同取得的财产，应当予以返还；有过错的一方应当赔偿对方因此所受到的损失，双方都有过错的，应当各自承担相应的责任。案涉《补充协议》被认定无效，C公司因履行该协议支付的资金，A政府已经在本案提起诉讼后进行了返还。签订《补充协议》后，C公司进行了先期投入，该资金已经投入到案涉项目的土地开发整理中，利益被A政府享有，而A政府在本案中亦未提起涉及自身损失的主张，应当赔偿C公司基于该资金支出而受到的利息损失。该利息损失以投入资金数额为基数，按照中国人民银行公布的同期基准贷款利率计算，符合相关法律规定。故对于C公司提出的该项诉讼请求，应予支持。A政府辩称C公司只能收取固定比例回报，其第4项诉讼请求与第2项诉讼请求存在重复。因《补充协议》无效，C公司有关固定比例回报及12%利息损失的诉讼请求本院均未予以支持，故A政府的前述答辩理由不能成立。

【评析】

所谓“醉翁之意不在酒”，实践中常有一些投资开发者参与土地一级开发工作的真实目的并非获取相对菲薄的土地开发管理费用，而是力图通过协议安排，以先行承担投入资金的成本风险为对价，获取不正当参与土地使用权出让竞争交易的机会。而综合司法实践，这类协议或者违反了国家关于土地使用权招标、拍卖、挂牌出让的强制性规定，或者破坏了国家正常的土地交易秩序，或者损害了国家利益、社会公共利益，因而存在被人民法院认定为无效协议的巨大风险。

例如，依据(2013)川民终字第713号民事判决书，该案青城湖公司在与市土地储备中心签订的《土地整理合作协议》中，约定了由青城湖公司投资对案涉项目土地进行前期开发整理，市土地储备中心制定出让方案时应充分听取青城湖公司的意见，整理后的土地按双方商定的起始价挂牌出让等内容。该协议履行3年多后，青城湖公司又与何某某签订《委托协议》，主要约定：青城湖公司委托何某某办理案涉项目土地的挂牌价格下调工作，双方同意以84万元/亩价格为基准，项目土地起始挂牌价每下调1万元/亩，青城湖公司应向何某某支付工作经费187.11万元。其后,市国土局发布挂牌出让公告,案涉项目土地的挂牌起始价为68万元/亩,青城湖公司最终以该价格竞得案涉项目的国有土地使用权。何某某认为,青城湖公司依据《土地整理合作协议》享有与政府主管部门共同协商调整确定案涉国有土地使用权起始挂牌价的合同权利,后来通过签订《委托协议》委托自己代为行使该合同权利,是青城湖公司的真实意思表示。而自己代表青城湖公司与政府主管部门协商挂牌价格的行为是公司行为,政府有关部门依法定程序确定案涉项目土地的起始拍卖价,没有受到任何单位和个人的非法干预。现青城湖公司以低于约定基准价14万元/亩的价格竞得土地,自己有权根据工作成果,要求青城湖公司按照《委托协议》的约定向其支付工作经费。

对于该案,四川省高级人民法院认为,国土资源部发布的《招标拍卖挂牌出让国有土地使用权规范(试行)》第4.2条规定,"招标拍卖挂牌出让国有土地使用权原则(1)公开、公平、公正;(2)诚实信用"。第7.2条规定,"有底价出让的,市、县国土资源管理部门或国有土地使用权出让协调决策机构应当根据土地估价结果、产业政策和土地市场情况等,集体决策,综合确定出让底价和投标、竞买保证金。招标出让的,应当同时确定标底;拍卖和挂牌出让的,应当同时确定起叫价、起始价等。标底、底价确定后,在出让活动结束之前应当保密,任何单位和个人不得泄露"。根据前述规定,国有土地使用权属于国有资产,出让时的挂牌价格与国家利益紧密相关,应由国土资源行政主管部门予以确定,并应在招标开标和拍卖挂牌出让活动结束之前严格保密。故而,任何试图干预、影响国有土地使用权挂牌价格确定的行为,均有可能导致国有资产的贬损,同时也会破坏国有土地出让制度,损害国家利益和社会公共利益。本案中,何某某与青城湖公司明知确定案涉国有土地使用权出让挂牌价格属于政府行政行为的范围且在开标和出让活动结束前应当保密,但却意图以何某某的个人行为影响、降低案涉国有土地使用权的挂牌价格。双方为此所签订的《委托协议》属于恶意串通,不仅损害了国家利益,还损害了社会公共利益,依照《合同法》第52条第2项、第4项之规定,应属无效。何某某依据无效的《委托协议》,提出青城湖公司应向其支付所谓报酬和工作经费的诉讼请求,不应得到支持。

值得重视的是,相较于《合同法》规定的5种合同无效情形:(1)一方以欺诈、胁迫的手段订立合同,损害国家利益;(2)恶意串通,损害国家、集体或者第三人利益;(3)以合法形式掩盖非法目的;(4)损害社会公共利益;(5)违反法律、行政法规的强制性规定。《民法典》规定的民事法律行为无效事由发生了较大变化。其中,上述第(1)、(3)种情形不再是合同的法定无效事由,第(4)、(5)种情形已由《民法典》第153条调整表述为:违反法律、行政法规的强制性规定的民事法律行为无效。但是,该强制性规定不导致该民事法律行为无效的除外。违背公序良俗的民事法律行为无效。第(2)种情形,已由《民法典》第154条调整表述为:行为人与相对人恶意串通,损害他人合法权益的民事法律行为无效。据此,虽然政府方和投资方作为平等民事主体可以基于自愿原则,按照自己的意思在土地一级开发合作协议中设立、变更、终止双方的民事法律关系,但若该合作协议存在违反法律、行政法规的强制性规定,违背公序良俗(包括违背土地交易秩序)以及恶意串通损害他人合法权益的情形,就不能作为有效合同产生法律拘束力。

【重点规范链接】

《民法典》(2020年5月28日)

第一百五十七条 民事法律行为无效、被撤销或者确定不发生效力后,行为人因该行为取得的财产,应当予以返还;不能返还或者没有必要返还的,应当折价补偿。有过错的一方应当赔偿对方由此所受到的损失;各方都有过错的,应当各自承担相应的责任。法律另有规定的,依照其规定。

《招标投标法》(2017年12月27日)

第三十二条 投标人不得相互串通投标报价,不得排挤其他投标人的公平竞争,损害招标人或者其他投标人的合法权益。

投标人不得与招标人串通投标,损害国家利益、社会公共利益或者他人的合法权益。

禁止投标人以向招标人或者评标委员会成员行贿的手段谋取中标。

《招标拍卖挂牌出让国有建设用地使用权规定》(2007年9月28日)

第十条 市、县人民政府国土资源行政主管部门应当根据土地估价结果和政府产业政策综合确定标底或者底价。

标底或者底价不得低于国家规定的最低价标准。

确定招标标底,拍卖和挂牌的起叫价、起始价、底价,投标、竞买保证金,应当实行集体决策。

招标标底和拍卖挂牌的底价,在招标开标前和拍卖挂牌出让活动结束之前应当保密。

第十一条 中华人民共和国境内外的自然人、法人和其他组织,除法律、法规另有规定外,均可申请参加国有建设用地使用权招标拍卖挂牌出让活动。

出让人在招标拍卖挂牌出让公告中不得设定影响公平、公正竞争的限制条件。挂牌出让的,出让公告中规定的申请截止时间,应当为挂牌出让结束日前 2 天。对符合招标拍卖挂牌公告规定条件的申请人,出让人应当通知其参加招标拍卖挂牌活动。

4. 不得超出土地出让金的法定使用范围，约定土地溢价分成回报

【裁判要旨】

土地出让收入应当全部收缴国库，并按规定的使用范围安排支出。土地出让收入的使用范围包括征地补偿支出、拆迁补偿支出、土地开发支出、支农支出、城市建设支出以及其他支出。有关土地溢价分成的约定与土地出让收入的法定使用范围不符的，该约定既有违现行法律，亦有损社会公共利益，据此认定合同无效具有事实和法律依据。

【基本案情】

2011 年 5 月 9 日，A 政府发布《龙湖公园及花爆燃放国际赛事中心建设项目招商公告》，并要求投标单位应当具备 A 级以上燃放资质。B 公司按要求打入了投标保证金，并提供了报名必备资料。

2011 年 7 月 18 日，A 政府形成《常务会议纪要》，确定 B 公司为中标单位。

2011 年 11 月 28 日，甲方 A 政府与乙方 B 公司签订《项目合同书》，主要约定：本项目由乙方全额投资建设，竣工验收合格后由甲方出资回购。待施工图和工程造价预算编制完成后，甲方按工程类别将本项目划分为若干子项目，由各子项目责任服务单位与乙方另行签订工程建设合同。乙方必须按国家建筑行业相关规定，选择具备相应资质的公司承建各子项目。乙方预估需垫资约 3.2 亿元建设资金，甲方同意以 40 万元/亩的价格，将龙湖周边 800 亩经营性土地使用权抵押给乙方作为本项目的支付担保。因乙方先期投入开发资金，龙湖周边的基础设施、公共服务设施建设得到完善，土

地价格得以升值,根据利益共享原则,甲方同意将龙湖周边经营性土地约800亩(具体土地面积按乙方为政府实际垫资额除以40万元/亩折算)按40万元/亩的价格分批挂牌出让,如实际出让价格超出挂牌价,超出部分甲、乙双方按3:7的比例分成,即甲方得30%,乙方得70%。凡符合竣工结算的子项目,由甲方及责任服务单位组织审计结算,结算后5个工作日内在土地拍卖款内按上述约定的支付方式,向乙方支付工程建设回购款。

2012年6月至2014年7月,龙湖公园及花爆燃放国际赛事中心建设项目中除土方挖填工程、板桥工程以及道路工程是由县城投公司作为发包人与承包人签订建设工程施工合同外,其余工程项目均是由B公司作为发包人与各子项目施工单位签订建设工程施工合同。各子项目工程于2012年开工,于2014年10月完工并均已交付使用。

2016年6月26日,有关部门对龙湖公园及花爆燃放国际赛事中心建设项目投入情况进行联合审计,审定B公司共投入项目建设施工费、设计费、监理费、拆迁补偿费以及征地补偿费共计41,545.47082万元。A政府确认B公司前述投入中的32,000万元与龙湖周边经营性抵押土地的出让款相挂钩,超出部分即9545.47082万元由县财政直接支付。

截至2018年10月8日,龙湖公园及花爆燃放国际赛事中心建设项目结算情况为:800亩经营性土地已挂牌出让542.4335亩,已结算495.5835亩,按照40万元/亩挂牌价,超出部分按70%分成的约定,A政府共拨付B公司34,108.0979万元,其中含支付工程款19,823.0352万元,溢价分成款14,285.0627万元;与土地抵押出让挂钩的32,000万元工程款部分尚欠12,176.9648万元;超出32,000万元工程款部分即9545.47082万元,A政府已全部拨付到位;46.85亩已出让土地和257.5665亩尚未挂牌出让土地的溢价分成款尚未结算。

2018年10月20日,B公司请求A政府继续履行合同,尽快挂牌出让剩余的257.5665亩土地,或者以800亩土地中已出让土地的平均溢价112.7万元/亩与其结算溢价分成款(合计人民币29,029.266万元)。

2019年1月9日,A政府向B公司发出《催款通知书》,称:2011年11月28日,B公司与县政府签订了龙湖公园及花爆燃放国际赛事中心项目建设合同,截至 2018 年 12 月 31 日,按合同约定和有关文件要求,县政府已拨付给你公司土地款溢价总计 14,285.06 万元。经省委巡视组巡视指出,该项资金拨付违反了土地出让金收入资金管理规定,造成了国有资产流失,应予以追缴。请你公司于 2019 年 1 月 31 日前将该笔资金 14,285.06 万元缴入县财政局财政专户。同时,A 政府还提出,B 公司的中标过程存在未招先谈、未招先定、投标人数未达标及设置不合理条件限制以及排除其他潜在投标人的情形,《项目合同书》属于无效合同,B 公司不能依据无效合同主张合同权利。

B 公司则复函称,《项目合同书》是合作开发建设的非典型投资合同,系 A 政府在经费紧张的情况下,通过引入社会资本的措施,以合作方式引导 B 公司参与基础建设,不属于法定必须招投标的范围。A 政府为举办龙湖公园及花爆燃放国际赛事中心建设项目,需要花爆业内具有 A 级以上燃放资质的企业参与设计,并按照花爆燃放国际赛事要求进行建设,B 公司作为符合燃放资质要求的企业,与 A 政府签订了《项目合同书》。根据《项目合同书》,该项目被划分为若干子项目,由各子项目责任服务单位与 B 公司另行签订建设工程施工合同,该部分合同才属于需要招投标的建设工程施工合同。鉴于《项目合同书》合法有效,B 公司已经全面履行合同义务,A 政府应当向按约付款。

其后,B 公司诉至法院提出 6 项诉讼请求:(1)依法确认 B 公司与 A 政府签订的《项目合同书》合法有效;(2)依法确认 A 政府发出的《催款通知书》无效;(3)A 政府立即向 B 公司支付项目回购款 12,176.8 万元并承担延迟支付期间的利息;(4)A 政府立即向 B 公司支付 46.85 亩已出让土地的溢价分成款 5280 万元并承担延迟支付期间的利息;(5)A 政府参照市场价格向 B 公司支付延迟出让的 257.58 亩土地的溢价分成款 29,029.266 万元并承担延迟支付期间的利息;(6)本案诉讼费用由 A 政府承担。

A 政府辩称:《项目合同书》涉及的龙湖公园及花爆燃放国际赛事中心项目属于公共事业项目并需使用国有资金,即便具有投资性质,也改变不了其工程建设的内容和属性,必须依照《招标投标法》的规定进行公开招投标。同时,《项目合同书》的主体内容为工程建设,但 B 公司不具备建筑施工企业资质,由其承担工程类项目建设违反了法律、行政法规的强制性规定。此外,土地出让金是政府的重要财政收入来源,涉及重大国家利益和社会公共利益,支出应严格按照法律规定的程序和要求,任何单位和个人都不应截留、占用。但《项目合同书》却约定将一定面积的土地出让溢价分配给B公司,直接导致可用于保障被征地拆迁居民生活资金的减少,严重损害国家利益和社会公共利益,违背涉及国家宏观调控的公序良俗,应属无效。而既然《项目合同书》无效,B公司就无权收取土地溢价分成,A政府已支付的土地溢价分成款应视为支付工程回购款。由于A政府向B公司支付的总金额已经超过工程回购款总价,故无须再向B公司支付任何款项。

【一审争议焦点】

1. B公司与A政府签订的《项目合同书》的性质如何确认。
2. 案涉《项目合同书》是否有效,应否继续履行?
3. A政府已支付的土地溢价分成款14,285.0627万元应否退还?

【一审裁判观点】

关于争议焦点1:根据《项目合同书》,案涉项目由B公司全额投资建设,项目竣工验收合格后,由A政府出资回购。项目工程划分若干子项目,各子项目由其各责任服务单位与B公司另行签订工程建设合同,B公司必须按国家建筑行业相关规定选择具有相应资质的公司承建。前述内容显示,《项目合同书》不是单纯的建设工程施工合同,实际是B公司投资建设龙湖公园及花爆燃放国际赛事中心项目,A政府以龙湖公园周边土地出让价款以及超出部分分成方式向B公司支付回购款,属于政府BT[①]项目协议。在《项目合同书》的履行过程中,有的子项目是由B公司与施工单位签订建设工程施工合同,有的子项目是由A政府平台公司与具体施工单位签订建设

---

① BT(Build Transfer)即建设移交,是基础设施项目建设领域中采用的一种投资建设模式,是指根据项目发起人通过与投资者签订合同,由投资者负责项目的融资、建设,并在规定时限内将竣工后的项目移交项目发起人,项目发起人根据事先签订的回购协议分期向投资者支付项目总投资及确定的回报。大部分BT项目都是政府和大中型国企合作的项目。

工程施工合同，但这些子合同不能改变整个项目合同的性质。因此，本案整体上应认定为 BT 项目投资协议纠纷。

关于争议焦点 2：首先，依照《招标投标法》第 3~5 条的规定，大型基础设施、公用事业等关系社会公共利益、公共安全的项目，全部或者部分使用国有资金投资或者国家融资的项目必须进行招标，任何单位和个人不得将依法必须进行招标的项目化整为零或者以其他任何方式规避招标，招标投标活动应当遵循公开、公平、公正和诚实信用的原则。龙湖公园项目标的达 3.2 亿元，依法应公开实施招投标程序。然而，A 政府在发布《招商公告》前，事先与 B 公司商洽，设置限制性条款和排他性条件，使其他企业难以报名，此举违反了前述法律的规定。其次，B 公司没有建设工程资质，获取工程项目后又将工程分包给部分无资质的施工企业施工，违反了《建筑法》第 28 条、第 29 条的规定。最后，A 政府以土地拍卖溢价分成的方式作为投资商的投资回报违反了国家政策规定。根据《国务院办公厅关于规范国有土地使用权出让收支管理的通知》（国办发〔2006〕100 号）以及财政部、国土资源部、中国人民银行联合下发的《国有土地使用权出让收支管理办法》（财综〔2006〕68 号）（以下简称《收支管理办法》）的规定，国有土地使用权出让收入是政府以出让等方式配置国有土地使用权取得的全部土地价款，土地出让收支应全额纳入地方政府基金预算管理，收入应全部缴入地方国库，支出一律通过地方政府基金预算从土地出让收入中予以安排，任何地区、部门和单位不得以招商引资等名义减免土地出让收入，或以土地换项目等形式变相减免土地出让收入。本案中，土地拍卖溢价超出部分按 70% 向乙方支付的约定内容与上述规范性文件精神明显相抵触。根据《合同法》第 52 条第（5）项规定，违反法律、行政法规的强制性规定的合同无效。本案 A 政府与 B 公司签订的《项目合同书》，因违反上述法律、法规的强制性规定，应确认为无效合同。B 公司请求 A 政府继续按约定兑现已挂牌出让的 46.85 亩项目工程回购款及土地溢价分成款、继续履行 257.58 亩招拍挂义务并兑现项目回购款 12,176.9648 万元和延迟支付利息以及土地溢价款 29,029.266 万元和迟延支付利息因法律上不能履行，本院不予支持。

关于争议焦点 3：B 公司主张 A 政府向其寄发的《催款通知书》无效，实质是主张不应向A政府退还已支付的土地溢价分成款。A政府没有依法提起反诉请求,仅抗辩B公司应予退还,且B公司实际承建了工程建设项目并交付使用,双方还存在结算问题。此款是否退还或抵扣,应结合A政府应否赔偿B公司损失一并考虑,本案不予处理。

【二审争议焦点】

案涉《项目合同书》的法律效力,C公司诉请A政府支付各笔款项是否有事实与法律依据?

【二审裁判观点】

根据《城市房地产管理法》第19条关于“土地使用权出让金应当全部上缴财政,列入预算,用于城市基础设施建设和土地开发。土地使用权出让金上缴和使用的具体办法由国务院规定”和《土地管理法》第55条关于“以出让等有偿使用方式取得国有土地使用权的建设单位,按照国务院规定的标准和办法,缴纳土地使用权出让金等土地有偿使用费和其他费用后,方可使用土地。自本法施行之日起,新增建设用地的土地有偿使用费,百分之三十上缴中央财政,百分之七十留给有关地方人民政府。具体使用管理办法由国务院财政部门会同有关部门制定,并报国务院批准”的规定,土地出让收入应全部收缴国库并按规定使用范围安排支出。同时,《收支管理办法》第13条明确规定,土地出让收入使用范围包括征地和拆迁补偿支出、土地开发支出、支农支出、城市建设支出以及其他支出。

本案中,A政府和B公司在《项目合同书》中有关“根据利益共享原则,A政府同意将龙湖周边经营性土地约800亩,按40万元/亩的价格挂牌出让,如超出挂牌价,超出部分A政府和B公司按3∶7的比例分成,即A政府得30%,B公司得70%”的约定与土地出让收入的法定使用范围明显不符,该约定与上述法律规定精神相抵触。此外,《项目合同书》中约定的挂牌出让底价和分成比例亦非通过竞争性报价机制形成,而是由双方直接协商确定,此种变相减免土地出让金、挤占挪用土地收益的行为,明显损害了国家利益和社会公共利益,不应得到法律上的支持。因此,该溢价分成条款既有违现行法律,亦有损社会公共利益,一审法院据此认定案涉《项目合同书》无效具有事实与法律依据。一审法院已向B公司释明并告知若合同无效是否提出赔偿损失的给付请求,在B公司明确表示不变更诉讼请求的情形下,对其要求评估案涉257.58亩未出让土地市场价格的申请不予准许,同时以法律上履行不能判决驳回其诉讼请求,符合法律规定,应予维持。B公司关于要求A政府依照合同约定支付项目回购款12,176.8万元及其迟延支付利息、46.85亩已出让土地溢价分成款5280万元及其迟延支付利息和257.58亩未出让土地溢价分成款29,029.266万元及其迟延支付利息的上诉主张理据不足,本院不予支持。

【评析】

本案中,一审法院据以认定《项目合同书》无效的事由有三:一是该合同作为涉及大型基础设施建设的BT项目投资协议,应当依法通过招投标程序公开、公平、公正地选定投资建设方,而A政府与B公司未招先谈,并通过设定竞标者需要具备A级以上烟花燃放资质的不合理条件排除了其他企业的公平竞争,违反了《招标投标法》第3~5条的强制性规定;二是B公司不具备建筑工程施工总承包资质,在以不正当的方式取得项目中标权后,又将项目工程"肢解"为若干个子项目并与他人另行签订工程建设施工合同,违反了《建筑法》第28条、第29条有关禁止转包和违法分包的强制性规定;三是A政府和B公司对土地出让价格超出约定挂牌价格的部分直接约定按比例分成,违反了有关国有土地使用权出让收入支出管理的政策规定,存在以招商引资的名义以及以土地换项目的形式减免或者变相减免土地出让收入的违法情形。但显然,二审法院并未认定本案存在上述第一、二项无效事由所称的违法事实,而是聚焦在《项目合同书》所约定的土地溢价分成条款,认为该约定超出了土地出让收入的法定使用范围,不符合国家有关土地出让收支管理的强制性规范要求,并据此认为一审法院依据上述第三项事由认定《项目合同书》无效具有事实与法律依据。

这就是说,在土地一级开发合作协议中,政府方若欲以国有土地使用权出让收入作为向投资方支付垫付款项及投资收益的资金来源,便必须自觉恪守契约自由边界,作出合法合理的偿付安排。在此,所谓"国有土地使用权出让收入",是指政府以出让等方式配置国有土地使用权取得的全部土地价款,具体包括以招标、拍卖、挂牌和协议方式出让国有土地使用权所确定的总成交价款(不包括代收代缴的税费);转让划拨国有土地使用权或依法利用原划拨土地进行经营性建设应当补缴的土地价款;变现处置抵押划拨国有土地使用权应当补缴的土地价款;转让房改房、经济适用住房按照规定应当补缴的土地价款;改变出让国有土地使用权的土地用途、容积率等土地使用条件应当补缴的土地价款以及其他和国有土地使用权出让或变更有关的收入等。其中,与土地一级开发直接挂钩的土地出让收入通常是指以招标、拍卖、挂牌和协议方式出让国有土地使用权所确定的总成交价款。由于该价款应由土地使用权人依据土地出让合同向代表国家行使土地管理权力的自然资源部门缴纳,故政府在协商安排该价款的使用计划时,必须严格遵循国家有关土地出让收支管理的强制性规定。

而综合《城市房地产管理法》、《土地管理法》、《预算法》以及《收支管理办法》的规定,国有土地使用权出让收入,由市、县财政部门具体负责收支管理和征收管理工作,由市、县国土资源管理部门具体负责土地出让收入征收工作,并应全部缴入地方国库。国有土地使用权出让收入支出,则实行封闭、彻底的"收支两条线"管理,必须一律通过地方政府基金预算从土地出让收入中予以安排。对于新增建设用地的土地有偿使用费,地方政府应上缴中央财政 30%,即地方政府有权支配的使用费仅为 70%。此外,以招标、拍卖、挂牌和协议方式出让国有土地使用权所取得的总成交价款不仅需要划出一定比例的资金用于建立国有土地收益基金,而且需要计提部分用于农业土地开发资金,同时还需根据地方政策的规定比例为上级政府留存部分资金。因此,对于市、县级政府而言,其在约定溢价分成条款时必须明确,投资方可分享的利益范围不包括上述应当上缴、划缴、计提以及逐级留存的出让金部分,亦即不能如本案一般,直接约定实际出让价格超出挂牌价的部分可由双方按比例分成。

并且,本案《项目合同书》的溢价分成条款还明显存在已经超出土地出让收入法定使用范围的问题。因为,根据《城市房地产管理法》第 19 条的规定,土地使用权出让金虽然可以用于城市基础设施建设和土地开发,但土地使用权出让金上缴和使用的具体办法应由国务院规定。而根据《收支管理办法》第13条,土地出让收入使用范围包括征地和拆迁补偿支出、土地开发支出、支农支出、城市建设支出以及其他支出。其中,"土地开发支出"包括前期土地开发性支出以及财政部门规定的与前期土地开发相关的费用等,含因出让土地涉及的需要进行的相关道路、供水、供电、供气、排水、通讯、照明、土地平整等基础设施建设支出,以及相关需要支付的银行贷款本息等支出;"城市建设支出"包括完善国有土地使用功能的配套设施建设支出以及城市基础设施建设支出,具体包括城市道路、桥涵、公共绿地、公共厕所、消防设施等基础设施建设支出。而本案中,B公司投资建设的项目是"龙湖公园"及"花爆燃放国际赛事中心",A政府使用土地出让收入回购该类工程显然已超出土地出让收入的法定使用范围,甚至存在以"招商引资"为名义,以"项目换土地"为形式,变相减免土地出让收入的违规情节,破坏了国家建构的土地管理秩序,依法不应产生法律效力。

【重点规范链接】

《城市房地产管理法》(2019年8月26日)

第十九条 土地使用权出让金应当全部上缴财政,列入预算,用于城市基础设施建设和土地开发。土地使用权出让金上缴和使用的具体办法由国务院规定。

《土地管理法》(2019年8月26日)

第五十五条 以出让等有偿使用方式取得国有土地使用权的建设单位,按照国务院规定的标准和办法,缴纳土地使用权出让金等土地有偿使用费和其他费用后,方可使用土地。

自本法施行之日起,新增建设用地的土地有偿使用费,百分之三十上缴中央财政,百分之七十留给有关地方人民政府。具体使用管理办法由国务院财政部门会同有关部门制定,并报国务院批准。

《预算法》(2018年12月29日)

第五十六条 政府的全部收入应当上缴国家金库(以下简称国库),任何部门、单位和个人不得截留、占用、挪用或者拖欠。

对于法律有明确规定或者经国务院批准的特定专用资金,可以依照国务院的规定设立财政专户。

《国有土地使用权出让收支管理办法》(2006年12月31日)

第十条 任何地区、部门和单位都不得以"招商引资"、"旧城改造"、"国有企业改制"等各种名义减免土地出让收入,实行"零地价",甚至"负地价",或者以土地换项目、先征后返、补贴等形式变相减免土地出让收入;也不得违反规定通过签订协议等方式,将应缴地方国库的土地出让收入,由国有土地使用权受让人直接将征地和拆迁补偿费支付给村集体经济组织或农民等。

第十一条 由财政部门从缴入地方国库的招标、拍卖、挂牌和协议方式出让国有土地使用权所取得的总成交价款中,划出一定比例的资金,用于建立国有土地收益基金,实行分账核算,具体比例由省、自治区、直辖市及计划单列市人民政府确定,并报财政部和国土资源部备案。国有土地收益基金主要用于土地收购储备。

第十二条 从招标、拍卖、挂牌和协议方式出让国有土地使用权所确定的总成交价款中计提用于农业土地开发资金。具体计提标准按照财政部、国土资源部联合发布的《用于农业土地开发的土地出让金收入管理办法》(财综〔2004〕49号)以及各省、自治区、直辖市及计划单列市人民政府规定执行。

第十三条 土地出让收入使用范围包括征地和拆迁补偿支出、土地开发支出、支农支出、城市建设支出以及其他支出。

第十四条 征地和拆迁补偿支出。包括土地补偿费、安置补助费、地上附着物和青苗补偿费、拆迁补偿费,按照地方人民政府批准的征地补偿方案、拆迁补偿方案以及财政部门核定的预算执行。

第十五条 土地开发支出。包括前期土地开发性支出以及财政部门规定的与前期土地开发相关的费用等,含因出让土地涉及的需要进行的相关道路、供水、供电、供气、排水、通讯、照明、土地平整等基础设施建设支出,以及相关需要支付的银行贷款本息等支出,按照财政部门核定的预算安排。

第十六条 支农支出。包括用于保持被征地农民原有生活水平补贴支出、补助被征地农民社会保障支出、农业土地开发支出以及农村基础设施建设支出。

（一）保持被征地农民原有生活水平补贴支出。从土地出让收入中安排用于保持被征地农民原有生活水平的补贴支出，按照各省、自治区、直辖市及计划单列市人民政府规定，以及财政部门核定的预算执行。

（二）补助被征地农民社会保障支出。从土地出让收入中安排用于补助被征地农民社会保障的支出，按照各省、自治区、直辖市及计划单列市人民政府规定，以及财政部门核定的预算执行。

（三）用于农业土地开发支出。按照财政部、国土资源部联合发布的《用于农业土地开发的土地出让金使用管理办法》（财建〔2004〕174号）和各省、自治区、直辖市及计划单列市人民政府规定，以及财政部门核定的预算执行。

（四）农村基础设施建设支出。从土地出让收入中安排用于农村饮水、沼气、道路、环境、卫生、教育以及文化等基础设施建设项目支出，按照各省、自治区、直辖市及计划单列市人民政府规定，以及财政部门核定的预算执行。

第十七条 城市建设支出。含完善国有土地使用功能的配套设施建设以及城市基础设施建设支出。具体包括：城市道路、桥涵、公共绿地、公共厕所、消防设施等基础设施建设支出。

第十八条 其他支出。包括土地出让业务费、缴纳新增建设用地有偿使用费、国有土地收益基金支出、城镇廉租住房保障支出以及支付破产或改制国有企业职工安置费用等。

（一）土地出让业务费。包括出让土地需要支付的土地勘测费、评估费、公告费、场地租金、招拍挂代理费和评标费用等，按照财政部门核定的预算安排。

（二）缴纳新增建设用地土地有偿使用费。按照《财政部　国土资源部　中国人民银行关于调整新增建设用地土地有偿使用费政策等问题的通知》（财综〔2006〕48号）规定执行。

（三）国有土地收益基金支出。从国有土地收益基金收入中安排用于土地收购储备的支出，包括土地补偿费、安置补助费、地上附着物和青苗补偿费、拆迁补偿费以及前期土地开发支出,按照地方人民政府批准的收购土地补偿方案、拆迁补偿方案以及财政部门核定的预算执行。

(四)城镇廉租住房保障支出。按照《财政部建设部　国土资源部关于切实落实城镇廉租住房保障资金的通知》(财综〔2006〕25号)规定以及财政部门核定的预算安排。

(五)支付破产或改制国有企业职工安置费用支出。根据国家有关规定,从破产或改制国有企业国有土地使用权出让收入中,安排用于支付破产或改制国有企业职工安置费用支出。

5. 不得采用将土地出让"收益奖励"用于基础设施项目支出的方式,变相减免土地出让收入

【裁判要旨】

结合《合作协议书》有关"收益奖励"条款的约定,政府方具有决定案涉土地的出让方式与处分土地出让金的行政职能。原审法院认定政府方所负担的行政职能事实上能对案涉土地使用权有相当的推动作用和影响力并无不当。投资方虽主张"土地出让收益"源于政府方可支配的财政资金,但未能提供证据证明。从案涉协议书的相关约定来看,所谓"奖励"即是返还或者让渡部分土地出让收益,投资方与政府方就此约定,损害了他人合法权益,依法应属无效。

【基本案情】

2012年5月5日,某县政府召开常务会议,表示原则上同意镇政府(以下简称A政府)提交的《关于申请开发建设某某商贸城项目的报告》。

2012年6月28日,甲方A政府与乙方B公司签订《合作协议书》,主要约定:甲方引进乙方资金合作开发某某商贸城项目,项目用地面积266亩,分期建设,分期挂牌出让,投资总额约3亿元人民币。甲乙双方经综合测算征地价格、拆迁补偿费用、基础设施建设费用、工作经费及资金成本等,确定本项目土地出让基价为30万元/亩,甲方应积极支持乙方在土地出让挂牌基价内依法竞得。如挂牌竞价未超过60万元/亩,甲方扣除超过基价部分的30%;如挂牌竞价超过60万元/亩,甲方扣除超出部分的20%与3万元/亩的工作经费后,于15个工作日内将土地出让收益全部奖励给乙方,用于双方合

作范围内的中心幼儿园、市政基础设施建设等项目支出。如乙方没有竞得土地,甲方按照交易时银行贷款利息的4倍支付给乙方前期投入的资金占用费。本项目第一期建设面积约100亩,其中市场建筑面积不少于5万平方米,建设周期一年零六个月;第二期建设面积约为166亩,其中规划建设客运站占地面积不少于2000平方米,中心幼儿园建筑面积不少于2000平方米,建设周期一年零六个月。甲方负责协助乙方办理建设项目的有关手续和证件;负责项目规划设计方案、可行性报告的审核批复;负责做好土地征收、房屋拆迁和迁坟工作;依法调处项目建设过程中发生的民事纠纷以及维护项目建设的正常秩序。乙方负责调整项目土地利用规划和争取建设用地指标,负责上述项目所涉及的征地、拆迁、报批报建及办证等相关工作的所有经费开支;负责编制本建设项目的规划设计方案并提交甲方及有关部门审定;负责按照规划设计要求完成通路、通水、通电、土地平整、给排水管网以及绿化、亮化等基础设施建设并承担全部建设费用。征地协议全部签订后,7天内乙方必须付清全部征地款。

《合作协议书》签订后,B公司陆续投入前期开发建设资金合计1329.54469万元,但整个项目建设进度严重迟滞。2017年11月,经县政府批复同意,县土地交易中心公开挂牌出让某某商贸城项目95.71亩建设用地使用权,B公司以6616万元的价格中标(约69.13万元/亩),并缴纳4142万元土地出让金。但是,鉴于该地块尚有征地纠纷未解决且还有坟墓未迁移,B公司遂拒绝继续缴纳剩余的土地出让金。同时,A政府也以"政策变更"为由,拒绝按照《合作协议书》的约定将土地出让的"收益奖励"给B公司。

2018年10月31日,A政府向县政府提交《关于解决某某商贸城土地出让相关事宜的请示》,主要内容为:某某商贸城项目挂牌出让95.71亩土地时,我镇已与B公司发生合同纠纷,并约定如B公司摘牌,将按法律程序解决《合作协议书》约定的出让金返还纠纷,如B公司未摘牌,我镇将按交易时银行贷款基准利率的4倍利息向B公司支付其前期投入资金的占用费。目前,某某商贸城项目尚有170.29亩土地未挂牌出让。为妥善解决遗留问题,顺利推进该项目,我镇与B公司共同恳请县政府批复同意B公司缓交土地出让金,并为项目办理规划设计评审手续以及土地使用证和建设许可证。

2019 年 1 月 28 日，甲方 A 政府与乙方 B 公司签订《补充协议》，主要约定：某某商贸城项目原规划用地 266 亩，乙方摘牌中标 95.71 亩土地后，尚有 170.29 亩未挂牌出让，现乙方已缴纳 4142 万元土地出让金，尚欠土地出让金 2496 万元及税费。因政策变化等因素，《合作协议书》所约定事项未能全部履行，现双方达成如下补充协议内容：(1) 鉴于商贸城 266 亩的土地征用款及土地报批等相关费用均由乙方垫付的事实，未挂牌出让的 170.29 亩土地按亩均成本由甲方赔付给乙方，并依据《合作协议书》的约定支付相关资金占用补偿费用，具体金额交由法院裁决。待法院生效裁决确定金额后，甲乙双方进行一次性结算，直接抵扣乙方应该补缴的土地出让金及税费。(2) 关于已挂牌出让的 95.71 亩土地是否按原协议执行的问题，由乙方在 2 个月内以合同纠纷为案由向法院起诉处理，由法院裁决。根据县委、县政府研究决定的意见，甲方同意按照“边处理边开发”原则，为乙方办理土地开发建设所需的一切审批手续。(3) 由于 95.71 亩土地出让时，尚有征地纠纷、坟墓迁移等事项未落实到位，不属于净地出让，经县委、县政府研究决定，同意乙方不承担土地出让金未按《国有土地出让合同》约定缴纳而产生的滞纳金等相关违约责任。剩余 170.29 亩土地按照公开招标、挂牌方式出让，乙方不得以签订了《合作协议书》为由，要求获得该 170.29 亩国有土地的使用权。

2019 年 2 月 20 日，县政府形成《会议纪要》，载明：“某某商贸城项目存在合同纠纷，且不是净地出让，现同意按规定免除 B 公司未按约定缴纳土地出让金而产生的滞纳金。”

2019 年 3 月 22 日，B 公司诉至法院提出 4 项诉讼请求：(1) 判令 A 政府继续履行《合作协议书》及《补充协议》中关于开发 95.71 亩土地的权利和义务，并向 B 公司支付预期利益 4274.825897 万元；(2) 判令 A 政府依约赔付 B 公司前期投入款 1329.54469 万元及截至起诉之日的利息（按年利率 24% 计算至实际付清之日止）；(3) 判令 A 政府依据《合作协议书》的约定向 B 公司支付中心幼儿园、市政基础设施建设等项目配套资金 5292.799966 万元；(4) 判令本案诉讼费用由 A 政府负担。

A 政府辩称：政府只能通过地方政府基金预算使用土地出让金，不能将土地出让金“奖励”给他人,《合作协议书》中的“奖励”约定不具有法律约束力,且妨碍了其他土地竞买者公平参与土地竞价的权益。B公司先期投入的1329.54469万元系土地开发成本,无权要求A政府向其支付利息。案涉95.71亩土地挂牌出让时明示“按现状条件交付”,并由B公司成功竞得,A政府有关该95.71亩土地的合同义务已经履行完毕,没有应当继续履行的内容。

【一审争议焦点】

1. B公司诉请A政府支付前期投入款和资金占用补偿费应如何认定?

2. B公司要求A政府支付“奖励”配套资金的理由能否成立?

3. A政府应否继续履行《合作协议书》和《补充协议》中关于开发95.71亩土地的权利和义务?

【一审裁判观点】

关于争议焦点1:根据《合作协议书》有关“乙方负责上述项目所涉及的征地、拆迁、报批报建、办证等相关工作的所有经费开支”,“征地协议全部签订后,7日内乙方必须付清全部征地款”的约定,该1329.54469万元系B公司根据协议约定支出的土地开发成本。《补充协议》约定,“未挂牌出让的170.29亩土地按亩均成本由甲方赔付乙方,并依据《合作协议书》约定支付相关资金占用补偿费用”,A政府据此需向B公司支付的开发成本为1329.54469万元÷266亩×170.29亩=851.158464万元。《合作协议书》约定,“如乙方没有竞得土地,甲方按照交易时银行贷款利息的4倍支付给乙方前期投入的资金占用费”。但是,《补充协议》已经明确乙方不再按《合作协议书》的约定参与竞标,且该条约定的“交易时”应为170.29亩土地的挂牌交易日,而该土地至今尚未挂牌交易。故,该条约定的适用前提已不存在。本院基于公平原则,综合B公司各项成本支出的时间、数额以及双方利益平衡等因素考虑,酌定851.158464万元的资金占用补偿费为714.97311万元(按年利率24%,自2015年7月起计算至补充协议签订当月,即2019年1月)。

关于争议焦点 2：《招标投标法》第 5 条规定，招投标活动应当遵循公开、公平、公正和诚实信用的原则。第 18 条第 2 款规定：招标人不得以不合理的条件限制或者排斥潜在招标人，不得对潜在招标人实行歧视待遇。本案中，A 政府虽不是案涉土地的招标人，但从已查明的事实来看，其担负的行政职能事实上对案涉土地使用权有着一定的推动作用和影响力。在案涉土地公开拍卖前，《合作协议书》已约定"土地出让基价为每亩 30 万元人民币""甲方应积极支持乙方依法竞得该宗土地""挂牌基价内乙方必须接牌竞得""如挂牌竞价未超过 60 万元/亩则扣除超基价部分的 30%""如挂牌竞价超过 60 万元/亩……将土地出让收益全部奖励给乙方用于中心幼儿园、市政基础设施建设等项目支出"。前述约定排斥了其他竞买者，损害了其他竞买者的合法权益，违反了拍卖出让土地使用权应当遵循的公平、公开原则，且约定的"奖励"系土地出让金，也损害了国家利益，属于《合同法》第 52 条第 2 项规定无效之情形，应认定上述约定内容无效。

关于争议焦点 3：95.71 亩土地已经由有关部门通过招标、拍卖、挂牌程序出让，并被 B 公司竞得，该土地应当根据 B 公司与有关部门签订的国有土地出让合同继续履行，《项目合作协议》关于 95.71 亩土地的合法内容已经履行完毕。《补充协议》中关于 95.71 亩土地的约定，A 政府已经履行了相应权利和义务，且 B 公司也未举证证明 A 政府存在不履行《补充协议》的情形，故对该诉请不予支持。

【二审争议焦点】

1.《合作协议书》有关"收益奖励"的约定效力如何确定？

2. B 公司要求 A 政府继续履行 95.71 亩土地合同义务的诉请能否成立？

3. 本案计算利息的起止时间应如何认定？

【二审裁判观点】

关于争议焦点 1：从《合作协议书》有关"收益奖励"的约定来看，双方对于土地基价及超出部分给予返还的约定，导致其他参与竞拍者明显处于不平等的地位,违背了公平公正的法律准则,损害了其他参与竞拍者的合法权益,一审据此认定该条款无效,符合相关法律规定,应予维持。

关于争议焦点2:二审庭审中,双方均确认95.71亩土地仍存在迁坟、农作物补偿等问题,按《合作协议书》的约定需要A政府协调,A政府当庭亦表示其一直在做相关工作。因案涉《合作协议书》中不违反法律、行政法规规定的部分合法有效,且双方在《补充协议》明确约定该95.71亩土地是否按原协议执行交由法院裁决,故根据合同约定及双方庭审陈述,应认定B公司要求A政府继续履行95.71亩土地合同义务的诉请具有合同依据并符合法律规定,对该上诉请求本院予以支持,A政府应当继续履行涉及已摘牌95.71亩土地的相关征收、房屋拆迁和迁坟工作。

关于争议焦点3:一审法院综合考虑上诉人各项成本支出的时间和数额以及本案双方利益平衡等因素,酌定资金占用补偿费按年利率24%,自2015年7月起计算至补充协议签订当月,即2019年1月。对此本院认为,一审该认定已全面考虑了本案各种因素,基本符合本案客观事实,并无不妥,可予维持。

【再审争议焦点】

1.《合作协议书》的土地出让"收益奖励"条款是否有效?

2. B公司主张95.71亩土地的预期利益4274.825897万元,或者成本及资金占用补偿费880.230556万元应否予以支持?

【再审裁判观点】

关于争议焦点1:B公司再审时主张《合作协议书》中有关"收益奖励"约定的"土地出让收益"并非指土地使用权出让金,而是A政府有权支配的地方财政资金,且95.71亩土地的国有建设用地使用权,系B公司通过公开竞标所得,未违反法律强制性规定,故奖励条款应属有效。本院注意到,县政府于2012年5月5日原则同意了《关于申请开发建设某某商贸城项目的报告》,就某某商贸城项目的开发建设而言,应视为A政府已取得县政府授权,且B公司在再审申请书中亦认可A政府是受县政府委托进行项目合作开发。结合《合作协议书》有关"收益奖励"条款的约定，A政府具有决定案涉266亩土地的出让方式与处分土地出让金的行政职能。原审法院认定A政府所负担的行政职能事实上能对案涉土地使用权有相当的推动作用和影响力并无不当。B公司虽主张"土地出让收益"源于A政府可支配的财政资金，但未能提供证据证明。从案涉协议书的相关约定来看，所谓"奖励"即是返还或者让渡部分土地出让收益，B公司与A政府就此约定，损害了他人合法权益，依法应属无效。

关于争议焦点2：首先，就B公司主张A政府向其支付95.71亩土地预期利益4274.825897万元而言，依据的是案涉《合作协议书》中的土地出让"收益奖励"条款。如前所述，该条款无效。B公司主张的预期利益无合同依据，原审法院不予支持并无不当。B公司再审时提交的拟证明其可得利益的《县财政局关于中心幼儿园附属工程决算的批复》、《县审计局审计报告》、(2018)县不动产权第0004297号证书、环城北路建设工程数量表、环城西路建设工程数量表及环城南路建设工程数量表等证据，不足以改变对土地出让"收益奖励"条款无效的认定。

其次，就B公司主张A政府赔偿其土地开发成本及资金占用补偿费880.230656万元而言，本院注意到，案涉《合作协议书》的履行目的是双方通过合作将266亩土地由集体土地开发成为国有建设用地，再将266亩的国有建设用地使用权以公开方式出让，竞拍人取得土地使用权后再进行项目建设。《合作协议书》约定土地开发成本由B公司负担，且仅约定在未摘牌的情况下，A政府应支付B公司前期投入的资金占用费，并未约定前期投入的开发成本如何处理。而根据《补充协议》的内容可知，双方就266亩土地中未能挂牌出让的170.29亩土地开发成本与资金占用补偿达成了新的合意，即由A政府负担。但对已出让的95.71亩土地的开发成本，并未达成新的合意。故B公司要求A政府赔偿土地开发成本及资金占用补偿费，缺乏合同依据，原审法院不予支持并无不当。而且，从上述约定来看，所谓土地开发成本与资金占用补偿应该以相应土地未能挂牌出让为前提。B公司已取得95.71亩土地的使用权并进行建设，亦认可二审法院判决A政府继续履行"涉及已摘牌95.71亩土地相关征收、房屋拆迁和迁坟工作"的合同义务，再同时要求 A 政府赔偿土地成本及资金占用补偿费,既与实际情况相矛盾,亦缺乏合理性。

【评析】

本案中,B 公司在其上诉状中曾主张:“上诉人为履行协议,倾注了大量人力物力,耗时七八年,投入二千余万元巨款,将 266 亩生地开发成熟地,土地价值升值远超土地竞拍价。双方约定按土地竞拍价计算,扣除 A 政府有偿付劳部分,超出部分奖励给上诉人用于中心幼儿园、市政基础设施建设等项目支出。类似情况,全国普遍存在。这种利国利民,助力地方经济发展的良好举措,怎么又变成损害国家利益呢?”对于 B 公司的前述言论,笔者认为,政府基于投资方的工作成果给予其适当“奖励”,投资方基于自身的合作付出依约获得该“奖励”,的确有利于提高合作质量与合作效率,具有逻辑和价值的双重合理性。而正是基于认可 B 公司获得政府奖励的合理性,本案一审法院、二审法院均酌定 A 政府应按年利率 24%的标准,就未能挂牌出让的 170.29 亩土地开发成本向 B 公司补偿资金占用费。换言之,本案作为经最高人民法院再审的司法判例,所确立的行为指引是政府不得利用“奖励”条款变相返还或间接让渡土地出让收益,不得损害国家利益以及其他土地竞买者的合法权益,而非概括性地禁止政府在招商引资类合同中作出奖励承诺。

例如,(2019)苏 06 行终 95 号判决书中,江苏省高级人民法院针对某政府在行政协议中作出“乙方在该地块开发中向甲方所缴纳的税收,甲方确认后按乙方所缴纳的 50%奖励给乙方”的承诺后,又在诉讼过程中主张该承诺因违反法律、行政法规的强制性规定而属无效的行为,评述道:行政协议同样体现了协议双方意思一致等契约性特点,故对行政协议是否具有可撤销或者无效情形的判断,在适用行政法律规范的同时,可以适用不违反行政法和行政诉讼法强制性规定的民事法律规范。案涉协议是双方当事人在协商一致的基础上共同作出的真实意思表示,其作为依法成立的合同,对当事人具有法律约束力。《税收征收管理法》第 3 条第 2 款规定:任何机关、单位和个人不得违反法律、行政法规的规定,擅自作出税收开征、停征以及减税、免税、退税、补税和其他同税收法律、行政法规相抵触的决定。《国务院关于税收等优惠政策相关事项的通知》(国发〔2015〕25号)(以下简称《通知》)第2条规定:各地区、各部门已经出台的优惠政策,有规定期限的,按规定期限执行;没有规定期限又确需调整的,由地方政府和相关部门按照把握节奏、确保稳妥的原则设立过渡期,在过渡期内继续执行。第3条规定:各地与企业已签订合同中的优惠政策,继续有效;对已兑现的部分,不溯及既往。而案涉协议签订于2004年,根据《通知》的规定,其中涉及税收优惠政策的事项应继续有效。况且,案涉协议的相关约定是通过"奖励"的形式予以支付,该"奖励"型约定不等同于税收的先征后返,法律并不禁止行政机关依据特定标准,通过对企业给予奖励等优惠政策实现行政管理目的。

事实上,加强政务诚信建设,一直是行政机关落实"四个全面"战略布局的关键环节,是深化简政放权、放管结合、优化服务改革和加快转变政府职能、提高政府效能的必然要求,是社会信用体系建设的重要组成部分,对于进一步提升政府公信力、引领其他领域信用建设、弘扬诚信文化以及培育诚信社会具有重要而紧迫的现实意义。《国务院关于加强政务诚信建设的指导意见》(国发〔2016〕76号)亦提出,各级政府均应坚持守信践诺,"将公平正义作为政务诚信的基本准则,在行政管理和公共服务的各领域贯彻公平正义原则……在债务融资、政府采购、招标投标等市场交易领域应诚实守信,严格履行各项约定义务,为全社会作出表率"。尤其在招商引资领域,应"认真履行依法作出的政策承诺和签订的各类合同、协议,不得以政府换届、相关责任人更替等理由毁约。因国家利益、公共利益或其他法定事由需要改变政府承诺和合同约定的,要严格依照法定权限和程序进行,并对相关企业和投资人的财产损失依法予以补偿"。

据此,在确认政府作为一方当事人与民事主体(行政相对方)所签订的民事合同或行政协议的法律效力时,应当将"诚实信用"作为重要的价值基准与评价尺度,对政府缺乏法律依据但又意图单方违约、毁约或违反承诺的,应当依法支持合同相对方的合理诉求。一般而言,政府在职权范围内所订立的民事合同只有在严重违反法定程序,并严重损害国家利益或社会公共利益以及合同内容明显违反法律、法规的强制性规定的情形下,才应否认其法律效力。而在裁判衡量合同内容是否严重损害国家利益或社会公共利益时,亦应充分考虑合同条款的合法性、可履行性以及合同相对方签订该合同时的期待利益。事实上,在与企业签订招商引资类合同时,政府与企业的目的并不相同,企业的目的主要是为营利,但对政府而言,还包含了推动经济发展、增加就业及改善城市功能等多重目的。由此,该类合同所能带来的履行效益实则既难以用金钱衡量,又难以在短期内呈现。因而,对于招商引资类合同在履行过程中是否损害了国家利益或社会公共利益的问题,不能简单以政府是否能够通过该合同获取相应盈利为标准,即使存在奖励费用过高的情形,也不能必然认为该合同损害了国家利益或社会公共利益。但本案中,A 政府用于"奖励"的资金直接来源于土地出让金,存在变相返还土地出让金的重大瑕疵,且与 B 公司通过预先的合同安排使 B 公司在参与土地竞拍时享有不正当的竞争优势,不仅损害了国家利益和社会公共利益,还损害了其他竞拍人公平参与挂牌竞价的合法权益,故《合作协议书》中的"奖励"条款被认定无效具有事实和法律依据。

【重点规范链接】

《民法典》(2020 年 5 月 28 日)

第一百三十二条 民事主体不得滥用民事权利损害国家利益、社会公共利益或者他人合法权益。

第一百五十四条 行为人与相对人恶意串通,损害他人合法权益的民事法律行为无效。

《招标投标法》(2017 年 12 月 27 日)

第五条 招标投标活动应当遵循公开、公平、公正和诚实信用的原则。

第十八条第二款 招标人不得以不合理的条件限制或者排斥潜在投标人,不得对潜在投标人实行歧视待遇。

《国有土地使用权出让收支管理办法》(2006 年 12 月 31 日)

第十条 任何地区、部门和单位都不得以"招商引资"、"旧城改造"、"国有企业改制"等各种名义减免土地出让收入,实行"零地价",甚至"负地价",或者以土地换项目、先征后返、补贴等形式变相减免土地出让收入;也不得违反规定通过签订协议等方式，将应缴地方国库的土地出让收入，由国有土地使用权受让人直接将征地和拆迁补偿费支付给村集体经济组织或农民等。

《国务院关于清理规范税收等优惠政策的通知》（2014 年 11 月 27 日）

三、切实规范各类税收等优惠政策

……

（三）严格财政支出管理。未经国务院批准，各地区、各部门不得对企业规定财政优惠政策。对违法违规制定与企业及其投资者（或管理者）缴纳税收或非税收入挂钩的财政支出优惠政策，包括先征后返、列收列支、财政奖励或补贴，以代缴或给予补贴等形式减免土地出让收入等，坚决予以取消。其他优惠政策，如代企业承担社会保险缴费等经营成本、给予电价水价优惠、通过财政奖励或补贴等形式吸引其他地区企业落户本地或在本地缴纳税费，对部分区域实施的地方级财政收入全留或增量返还等，要逐步加以规范。

《国务院关于税收等优惠政策相关事项的通知》（2015 年 5 月 10 日）

一、国家统一制定的税收等优惠政策，要逐项落实到位。

二、各地区、各部门已经出台的优惠政策，有规定期限的，按规定期限执行；没有规定期限又确需调整的，由地方政府和相关部门按照把握节奏、确保稳妥的原则设立过渡期，在过渡期内继续执行。

三、各地与企业已签订合同中的优惠政策，继续有效；对已兑现的部分，不溯及既往。

四、各地区、各部门今后制定出台新的优惠政策，除法律、行政法规已有规定事项外，涉及税收或中央批准设立的非税收入的，应报国务院批准后执行；其他由地方政府和相关部门批准后执行，其中安排支出一般不得与企业缴纳的税收或非税收入挂钩。

6. 不得采用“超额返还”土地出让收益的方式，变相限定合作开发土地的摘牌价格

【裁判要旨】

从系列协议约定的合作内容看，双方初步确定了楼面地价，并约定如果摘牌价格超出初步确定的楼面地价，则超出部分按市有关政策扣除相关费用并返还，如果土地出让金返还部分低于实际拆迁成本，差额部分由B公司承担，A政府协调办理土地出让金分期缴纳，待项目具备拆迁条件时，由A政府主导拆迁工作，B公司及时支付拆迁补偿资金。上述约定所涉返还标的直接指向土地出让金，排除其他竞买者，违反了出让土地使用权应当遵循的公平公开原则，一审认定合同无效，并无不当。

【基本案情】

2010年3月25日，甲方A政府与乙方B公司签订《开发建设协议》，约定：双方合作建设华强广场旧城改造项目，乙方在甲方监督指导下具体办理前期手续，承担全部费用。本项目具备挂牌出让条件时，由A政府与市国土局共同组织挂牌工作，乙方依法参与公开竞标，甲方给予全力支持。双方根据拆迁测算及土地预评估，初步确定本项目楼面地价为3000元/平方米。若摘牌价格超出3000元/平方米，超出部分按市有关政策扣除相关费用返还甲方后，甲方再以合法方式返还给乙方。若土地出让金返还部分低于实际拆迁成本，差额部分由乙方承担。本项目具备拆迁条件时，由甲方主导拆迁工作，乙方按甲方要求将拆迁资金存入指定账户。本项目具备法定供地条件后，乙方与市国土局签订土地出让合同，支付土地出让金及相关税费，并按

市政府有关规定在项目中配建保障性住房。

2011 年 1 月 5 日，甲方 A 政府与乙方 B 公司又签订《土地整理协议》，明确了华强广场旧城改造项目涉及的土地整理范围，并约定：乙方负责办理项目规划、环评及拆迁许可等审批文件，甲方给予积极配合。甲方经市有关部门联合验收后，将达到净地条件的土地交付市土地储备整理中心纳入政府储备。乙方负责筹集土地整理所需的全部资金，根据双方相关协议约定和拆迁进度按时分期支付至指定监管账户，用于项目用地范围内的拆迁补偿，专款专用。乙方完成土地整理工作后，如未竞得土地开发权，甲方向乙方支付开发管理费，开发管理费为土地整理成本的 8%；如竞得土地开发权，甲方不再向乙方支付开发管理费。土地整理成本以市有关部门最终审核确认的金额为准。

2013 年 3 月 29 日，甲方 A 政府与乙方 B 公司再签订《补充协议》，主要约定：为加快推进华强广场旧城改造项目建设，甲方帮助乙方协调规划部门，在保持容积率、日照指标、住宅面积和位置不变的情况下，按现状路网调整规划设计方案，办理审批手续。乙方在本协议签署之日起 7 日内将征收补偿资金 3 亿元存入监管账户，其中 1 亿元用于退还甲方已垫付资金，2 亿元用于支付已签约未付的和后续新签约的被征收人的征收补偿金，后续补偿金的不足部分由乙方根据征收进度存入监管账户。截至 2013 年 1 月底，甲方已垫付的征收补偿金约为 3.7 亿元，该款项经甲乙双方核对资金支付凭证后，在本协议签署之日起 7 日内由乙方退还甲方 1 亿元，其余 2.7 亿元在本项目 1 号地挂牌出让且土地出让金返还至区财政后据实退还，并按银行同期贷款利率支付甲方已垫付资金的利息。本项目征收拆迁资金的使用需按照经市有关部门审批和甲乙双方共同确认的征收补偿方案执行，并由甲乙双方核对后从监管账户支付。

上述合同签订后，B 公司陆续支付征收补偿金等前期开发费用，但因华强广场旧城改造项目的拆迁工作难度较大，项目土地一直未进行招拍挂工作。2016 年 7 月 21 日，B 公司向 A 政府发出《关于华强广场项目开发整理事宜的报告》，提出终止履行系列合作协议，理由是：“项目自 2011 年启动房屋征收工作以来，截至 2016 年 6 月底，我司已累计支付项目征收补偿资金

5.09亿元。目前,有关土地出让金实际返还区级比例、配建保障房比例以及土地出让操作方式的政策规定都已发生根本性变化,同时房地产市场行情持续下行,项目一级开发整理成本严重倒挂。我司在长达6年之久的时间内,承担了异常沉重的资金成本和时间风险,极有可能因拆迁征收工作拖延而引发破产危机。在项目一级开发整理亏损严重,二级开发收益微薄且难以弥补一级开发整理亏损的情形下,我司已无法继续履行所签署的项目协议”。

2019年4月1日,区城建局向B公司出具《复函》,载明:“2019年1月,我局收到你司《律师函》,经研究复函意见如下:A政府与你司先后签订《开发建设协议》、《土地整理协议》和《补充协议》,并于2013年9月办理了项目开发整理批准书的延期手续,约定你司接受A政府委托作为华强广场旧城改造项目土地开发整理单位,负责投入拆迁补偿资金和编报规划设计方案等,并按照‘政府主导、企业参与’原则,与A政府共同做好拆迁补偿安置、地上建筑物拆除及场地平整等工作。经落实,截至2015年12月底,你司已累计支付征收补偿资金约7.16亿元,之后你司再未支付征收补偿金。2016年7月,你司提出终止履行前述系列协议后,经市政府常务会议研究同意,已重新授权另一国有区属企业作为项目土地整理单位,继续开展土地整理工作。根据你司在《律师函》中提出的诉求,我局决定返还你司已支付的征收补偿金本金和按银行同期存款利率产生的利息,不予赔偿你司主张的相关损失,具体返还数额待项目土地出让并对项目开发成本进行审计后,按照审计结果予以确定。”

其后,B公司单方委托社会审计机构作出《审计报告》,列明B公司共支付项目开发建设费用52,331.506113万元、利息21,422.898177万元(按同期银行贷款利率计算至2019年4月30日),并将B公司履行《开发建设协议》、《土地整理协议》和《补充协议》期间所发生的公司运营费用2008.976157万元计为“项目管理费用”。据此,B公司诉至法院提出3项诉讼请求:(1)判令A政府根据《复函》确定的资金数额向B公司返还征收拆迁资金7.16亿元及利息;(2)判令A政府承担B公司支出的项目管理费用2008.976157万元及利息;(3)本案诉讼费用由A政府承担。

A 政府辩称：《复函》提到的“你司已累计支付征收补偿资金约 7.16 亿元”系计算错误，其中含有由 A 政府支付的 2.7 亿元。《审计报告》的结论未经双方确认，B 公司维持公司运营的费用不是土地整理期间必须发生的费用，不应算为垫付资金。《土地整理协议》与《开发建设协议》没有关系，A 政府与 B 公司仅履行了《土地整理协议》，未履行《开发建设协议》及《补充协议》。根据《土地整理协议》，B 公司没有完成土地整理工作，而是中途拒绝履行合同义务，并通过司法方式索要前期已支付的土地整理资金。在这种情况下，B 公司无权主张项目管理费，A 政府只需向其返还本金和按银行同期存款利率计算的利息。

【一审争议焦点】

1.《开发建设协议》及其相关补充协议是否合法有效？

2. A 政府应否支付 B 公司主张的垫付资金、管理费用及利息？

【一审裁判观点】

关于争议焦点 1：根据《开发建设协议》及相关补充协议的约定，华强广场旧城改造项目由 B 公司和 A 政府合作开发，合作方式为 B 公司承担前期手续办理工作及全部前期费用，在具备项目挂牌出让条件时参与公开竞标。双方确定了该项目楼面地价为 3000 元/平方米，约定若摘牌价格超出 3000 元/平方米，超出部分按市有关政策扣除相关费用并返还后，A 政府再以合法方式返还 B 公司，若土地出让金返还部分低于实际拆迁成本，差额部分由 B 公司承担。待项目具备拆迁条件时，由 A 政府主导拆迁工作，B 公司及时支付拆迁补偿资金。上述协议虽然约定 B 公司获取土地使用权时需要参加公开竞标，但同时又约定了楼面地价及摘牌价格的超额返还等内容，还约定了拆迁、规划设计等实质性开发内容，双方亦配合开展了前期拆迁等工作，B 公司已实际投入了巨额资金，故上述约定及双方行为实质上属于定向开发项目和出让土地，明显违反招投标管理法以及国有土地出让的强制性法律规定，应认定双方签订的《开发建设协议》及相关补充协议为无效合同。

关于争议焦点 2：双方签订的相关协议及补充协议无效。根据合同无效的法律后果,因无效合同取得的财产应当由获得财产或实际受益方予以返还,无法返还的应当由过错方赔偿损失。B 公司在相关协议签订后为履行协议投入了大量资金用于支付拆迁费用等,尽管协议无效,但上述费用系为案涉项目而支出,B 公司要求 A 政府返还上述垫资费用及资金占用利息,符合法律规定。关于返还数额,B 公司提交了审计报告,列明了其支出的垫资明细。根据双方协议约定,B 公司需要负责前期全部费用。因此,B 公司支出的拆迁费系为推进旧城改造项目而支出的成本,A 政府应向 B 公司返还垫资本金 52,331. 506113 万元,并应按照中国人民银行同期贷款利率向 B 公司支付利息 21,422. 898177 万元,A 政府主张应按同期银行存款利率计算利息缺乏依据。另外,关于 B 公司主张的因案涉项目支出的管理费用 2008. 976157 万元及利息的性质认定,本院认为,该部分费用属于 B 公司的正常运营成本,对于 A 政府而言同样存在。由于双方对于合同无效均存在过错,故对各自发生的运营成本应以各自承担为宜。

【二审争议焦点】

1. 一审不予支持 B 公司主张的管理费用 2008. 976157 万元及利息是否正确?

2. 一审认定系列协议无效并判决 A 政府承担返还责任是否正确?

【二审裁判观点】

关于争议焦点 1:虽然一审在确认案涉协议及补充协议无效的基础上,认定因无效合同取得的财产应予返还,无法返还的应由过错方赔偿损失,但 B 公司主张的管理费用系其公司的正常运营成本,不属于上述认定所涉应赔偿损失的范围。因此,一审对 B 公司的该项主张不予支持,并无不当。

关于争议焦点 2:第一,从案涉系列协议的约定及履行情况看,B 公司与 A 政府先签订《开发建设协议》约定合作开发案涉项目,后又签订《土地整理协议》和《补充协议》并实际履行。因此,B 公司与 A 政府后续签订的系列协议均是为履行《开发建设协议》,即系列协议不可割裂。另外,从 B 公司与 A 政府就案涉项目合作开发事宜进行协商的过程看,A 政府对于 B 公司实际履行系列协议系明知，《复函》中有关“A 政府与你司先后签订《开发建设协议》、《土地整理协议》和《补充协议》，并于 2013 年 9 月办理了项目开发整理批准书的延期手续”，“经落实，截至 2015 年 12 月底，你司已累计支付征收补偿资金约 7.16 亿元”等内容亦可佐证上述认定。故 A 政府关于《土地整理协议》与《开发建设协议》没有关系的主张不能成立。

第二，从系列协议约定的合作内容看，双方初步确定了楼面地价，并约定如果摘牌价格超出初步确定的楼面地价，则超出部分按市有关政策扣除相关费用并返还，如果土地出让金返还部分低于实际拆迁成本，差额部分由 B 公司承担，A 政府协调办理土地出让金分期缴纳，项目具备拆迁条件时，由 A 政府主导拆迁工作，B 公司及时支付拆迁补偿资金。上述约定所涉返还标的直接指向土地出让金，排除了其他竞买者，违反了出让土地使用权应当遵循的公平公正公开原则，一审认定合同无效，并无不当。而《复函》载明，A 政府已经授权国有区属企业作为土地整理单位继续开展土地整理工作，根据合同无效的法律后果，B 公司在协议履行过程中已经实际投入用于支付拆迁费用等款项应由 A 政府返还。故一审判决 A 政府返还 B 公司的垫付资金及按照中国人民银行同期贷款利率计算的利息，并无不当。

【评析】

2006 年 12 月 31 日，财政部、国土资源部、中国人民银行共同印发具有部门联合规章性质的《国有土地使用权出让收支管理办法》（财综〔2006〕68 号），其中第 10 条规定：任何地区、部门和单位都不得以“招商引资”“旧城改造”“国有企业改制”等各种名义减免土地出让收入，实行“零地价”，甚至“负地价”，或者以土地换项目、先征后返、补贴等形式变相减免土地出让收入。本案中，A 政府和 B 公司拟合作建设的华强广场项目系“旧城改造”项目，双方通过《开发建设协议》预先确定了该项目土地的挂牌基价，并约定超出该基价的土地出让收益在扣除相关政策性费用后将直接返还给 B 公司，显然存在以“旧城改造”为名义减免土地出让收入的违规行为。而本案一审法院在释明《开发建设协议》无效的法律理由时，认为其“违反了招投标管理法以及国有土地出让的强制性法律规定”，则存在将部门规章简单等同于强制性法律规定的说理瑕疵。因为,根据法律规定,判定民事行为效力的依据不包括规章层级的法律规范,即人民法院不得直接依据规章的规定,以“违反法律、行政法规的强制性规定”为由认定该民事行为无效。

但是,《全国法院民商事审判工作会议纪要》第31条规定:违反规章一般情况下不影响合同效力,但该规章的内容涉及金融安全、市场秩序、国家宏观政策等公序良俗的,应当认定合同无效。同时,《民法典》第153条①还规定:违反法律、行政法规的强制性规定的民事法律行为无效。但是,该强制性规定不导致该民事法律行为无效的除外。违背公序良俗的民事法律行为无效。“背俗无效”与“违法无效”均为民事行为效力的判定规则,违反规章的民事行为如果同时存在违反公序良俗的情形,人民法院亦可依据“背俗无效”规则(而非“违法无效”规则)否认该民事行为的法律效力。当然,人民法院还需要根据规章所规范的对象和所保护的法益类型,综合考虑监管强度、交易安全保护以及社会影响等因素,慎重认定该规章是否确实涉及公序良俗。而《国有土地使用权出让收支管理办法》(财综〔2006〕68号)第10条所规范的对象系政府方与投资方的交易行为本身,所保护的法益为国家严格控管的土地出让市场秩序,违规行为的社会后果是减少承载着国家和社会公共利益的土地出让金,故本案即便不考虑《开发建设协议》的相关约定违反了招投标法的强制性规定,也可基于“背俗无效”的规则否认其法律效力。

言而总之,在土地一级开发协议中,凡直接涉及土地出让金的投资回报安排均极易出现因“违法”或“背俗”而被判定无效的重大风险,但亦有可能基于契约自由、诚实信用等法律原则而被认定为合法有效。其中,判定无效的裁判理由往往有三:其一,以违反《土地管理法》、《城市房地产管理法》、《国有土地使用权出让收支管理办法》、《招标投标法》以及《民法典》等法律、行政法规的效力性强制性规定为由判定无效;其二,因投资回报条款直接指向土地出让金,变相减少了国家土地出让收入,扰乱了国家土地出让金收支管理秩序,而以损害社会公共利益和国家利益或者违背公序良俗为由

① 此案发生时适用《民法总则》第153条。

判定无效；其三，因在竞价出让前已直接或间接确定土地使用权人，排除了其他竞买者，损害了其他市场主体的公平竞买机会，以构成恶意串通损害他人合法权益为由判定无效。确认合法有效的裁判理由往往有二：其一，从社会资本响应政府招商引资参与公用基础设施建设的角度出发，以投资回报条款是落实招商引资政策，未给予合同当事人明显优于其他市场竞争主体的不当优势，不违反法律、行政法规的强制性规定为由确认合法有效；其二，从分析协议约定的土地出让基准价格的性质出发，以其不是国有建设用地的最终出让价格，约定土地出让金溢价返还（回报）条款是政府依法行使行政职权、落实优惠政策的表现，未对国家利益造成损害，符合国家有关建设诚信政府、优化营商环境、保护民营企业产权等政策精神为由确认合法有效。此时，论证投资回报条款合法有效的重要依据包括：《最高人民法院关于依法平等保护非公有制经济促进非公有制经济健康发展的意见》（法发〔2014〕27 号）、《最高人民法院关于充分发挥审判职能作用切实加强产权司法保护的意见》（法发〔2016〕27 号）、《中共中央、国务院关于完善产权保护制度依法保护产权的意见》（中发〔2016〕28 号）、《最高人民法院关于充分发挥审判职能作用为企业家创新创业营造良好法治环境的通知》（法〔2018〕1 号）、《优化营商环境条例》（国务院令第 722 号）等。

【重点规范链接】

《招标投标法》（2017 年 12 月 27 日）

第五条 招标投标活动应当遵循公开、公平、公正和诚实信用的原则。

第十八条第二款 招标人不得以不合理的条件限制或者排斥潜在投标人，不得对潜在投标人实行歧视待遇。

《民法典》（2020 年 5 月 28 日）

第一百五十三条 违反法律、行政法规的强制性规定的民事法律行为无效。但是，该强制性规定不导致该民事法律行为无效的除外。

违背公序良俗的民事法律行为无效。

第一百五十七条 民事法律行为无效、被撤销或者确定不发生效力后，行为人因该行为取得的财产，应当予以返还；不能返还或者没有必要返还的,应当折价补偿。有过错的一方应当赔偿对方由此所受到的损失;各方都有过错的,应当各自承担相应的责任。法律另有规定的,依照其规定。

《全国法院民商事审判工作会议纪要》(2019年11月8日)

31. 违反规章一般情况下不影响合同效力,但该规章的内容涉及金融安全、市场秩序、国家宏观政策等公序良俗的,应当认定合同无效。人民法院在认定规章是否涉及公序良俗时,要在考察规范对象基础上,兼顾监管强度、交易安全保护以及社会影响等方面进行慎重考量,并在裁判文书中进行充分说理。

《国有土地使用权出让收支管理办法》(2006年12月31日)

第十条 任何地区、部门和单位都不得以"招商引资"、"旧城改造"、"国有企业改制"等各种名义减免土地出让收入,实行"零地价",甚至"负地价",或者以土地换项目、先征后返、补贴等形式变相减免土地出让收入;也不得违反规定通过签订协议等方式,将应缴地方国库的土地出让收入,由国有土地使用权受让人直接将征地和拆迁补偿费支付给村集体经济组织或农民等。

7. 组织实施土地征收、补偿和安置工作，应为相关政府的法定义务

【裁判要旨】

案涉项目为旧村改造项目，需将城中村范围内的集体土地征收转为国有土地，在完成征收过程中，依法应给予村集体、村民进行拆迁、安置和补偿。依据《土地管理法》的相关规定，国家征收土地的，依照法定程序批准后，由县级以上地方人民政府予以公告并组织实施。政府代表国家组织实施征收被征收人合法房屋，同时有确保被征收人取得公平合理补偿的义务。对于集体土地的征收、安置和补偿，应为相关政府的法定义务。

【基本案情】

2007年7月25日，市房管局批复同意《大枣园社区旧村改造拆迁补偿安置方案》，该方案第3条载明："'拆迁人'是大枣园社区居委会或实施拆迁的合作开发单位。"

2007年年底，大枣园社区旧村改造项目启动拆迁工作。

2008年10月底，区政府（以下简称A政府）发布大枣园社区旧村改造项目招标公告，案外人富力公司中标。

2008年12月12日，市房管局向大枣园社区居委会颁发房屋拆迁许可证，但因富力公司退出合作，项目拆迁工作陷入停滞。

2009年6月5日，甲方A政府与乙方B公司签订《框架协议》，主要约定：大枣园社区旧村改造项目按照一次招标出让、分期拆迁、分期供地、分期办证、分期建设的原则进行，确保成熟一片、开发一片。大枣园地块上的拆迁安置工作由A政府负责实施，B公司有权参与。A政府应根据B公司的

建设进度要求,并按照B公司的拆迁要求完成相关地块内的房屋拆迁安置工作。本项目的拆迁模式为B公司向A政府提供拆迁资金,A政府完成约定区域的拆迁工作后,协调市国土局与B公司按照本协议约定的交地期限分块签订国有土地使用权出让合同。在B公司依据土地出让合同支付相应土地出让金后,由市国土局将收取的土地出让金返还给A政府及社区,再由A政府或社区将B公司垫付的拆迁资金从土地出让金中返还给B公司。

2009年6月29日,市国土局与A政府共同向市政府提交《请示》,请求市政府批准大枣园社区旧村改造项目按照"项目招标"模式进行,市政府予以同意。

2009年7月,A政府发布项目招标公告,将大枣园社区旧村改造事宜(招标范围包括拆迁补偿、安置房代建、经济适用房代建)与社区范围内的国有土地使用权出让进行了捆绑招标,B公司成功中标。

2009年7月23日,甲方A政府与乙方B公司签订《项目协议书》,主要约定:B公司作为招标出让地块的国有土地使用权受让人并作为建设主体,对大枣园社区旧村改造项目实施开发建设,负责本项目范围内建筑物、构筑物及地上附着物的拆迁事宜;负责接收已腾空并办理了房地产权属证书注销登记的土地;负责进行规划方案的设计和报批;负责办理土地使用证,并按照建设工程规划审查意见书进行建设用地开发建设。A政府负责向B公司提供项目所涉村庄的基本情况资料,配合B公司实施拆迁等各项工作,并组织和管理好所属单位与村民,防止发生阻挠工程建设行为,保证村庄改造顺利进行。如B公司不按时完成拆迁任务即为违约,缴纳的项目保证金不予返还,B公司除应继续履行合同义务外,还需赔偿由此给A政府造成的全部损失。

2009年7月31日,大枣园社区居委会作为甲方与乙方B公司签订《安置房工程代建协议》,主要约定:为尽早完成大枣园社区旧村改造工作,甲方有义务按照区相关职能部门的要求,并按照B公司房地产项目的建设进度要求做好大枣园社区内剩余房屋、企业的拆迁工作。B公司向A政府或甲方提供拆迁资金,由A政府及甲方完成约定区域内的拆迁工作后,由B公司与市国土局签订国有土地使用权出让合同,在B公司依据出让合同支付相应土地出让金后,由甲方返还给B公司。甲方同意,在本协议约定的安置房交付给甲方前,如A政府相关职能部门(或相关拆迁单位)及甲方未能按照B公司的要求完成大枣园社区内剩余房屋的拆迁,或A政府未能协调市国土局与B公司分块签订国有土地使用权出让合同,B公司有权推迟安置房的竣工及交付时间且无须承担任何责任。其后,大枣园社区居委会作为拆迁人,陆续与被拆迁人签订了多份拆迁安置补偿协议。

2010年11月29日,甲方A政府与乙方B公司签订《补充协议》,主要约定:大枣园社区旧村改造项目分三期供地。每期供地前,供地范围内的建筑物和构筑物应全部拆除,相应房地产权证书应全部注销。其中,C-01-02地块中的P3+P4+P5+P6部分应于2011年3月30日前完成供地。

其后,B公司依约垫付了拆迁安置资金,代建了安置房,获得了大枣园社区旧村改造项目的大部分国有建设用地,并缴纳了土地出让金,社区居民也已全部回迁,但C-01-02地块中的P3+P4+P5+P6部分土地一直未完成拆迁工作,不能满足供地条件。B公司认为,案涉项目"捆绑招标"既有合同约定,也有政策规定,部分地块没有拆迁的原因是A政府和大枣园社区居委会的工作延迟所致。据此,B公司诉至法院提出4项诉讼请求:(1)确认A政府与B公司就C-01-02地块中P3+P4+P5+P6的国有建设用地成立的国有土地使用权出让合同关系;(2)判令A政府和大枣园社区居委会共同向B公司赔偿迟延履行义务导致的经济损失共计16,804.694181万元(以未完成拆迁工作的P3+P4+P5+P6地块所对应的国有土地使用权出让金为基数,按照中国人民银行5年期人民币贷款基准利率的标准,自约定的供地时间2011年3月30日至起诉前的2018年9月28日计算得出);(3)判令A政府、大枣园社区居委会继续履行拆迁义务以具备供地条件;(4)本案诉讼费用由A政府和大枣园社区居委会承担。

A政府辩称:无论是依据国务院《房屋拆迁管理条例》,还是依据本省《土地征收管理办法》,地方政府参与房屋拆迁工作均是履行行政管理职责,而非法定的民事义务。《框架协议》是招商引资协议,其中关于"项目地块的拆迁安置工作由A政府实施"的内容只是初步的意向约定。由于《框架协议》约定了案涉项目要通过公开招标的方式确定最终的投资开发者,因此A

政府与B公司之间的法律关系以及彼此间的权利义务内容应取决于招标文件和B公司中标后所签订的《项目协议书》。根据招标文件,大枣园社区旧村改造项目的招标范围包括拆迁安置工作,故该工作应由竞得人B公司负责。而《项目协议书》不仅将案涉项目地块的拆迁安置工作变更为B公司的合同义务,还特别就B公司履行该义务约定了违约责任。此外,《安置房工程代建协议》的当事人系B公司和大枣园社区居委会,其中有关"由A政府及大枣园社区居委会完成约定区域内的拆迁工作"的约定,因A政府并非本协议当事人,因此,对A政府不具有约束力。同时,案涉项目在B公司介入后即进行了"捆绑招标",实行的是"拆建合一"模式,B公司系通过参与公开招标被许可为拆迁安置补偿主体和安置房代建主体。此后,大枣园社区居委会根据《安置房工程代建协议》从事具体拆迁工作,实际就是受B公司委托而为。由于A政府从未参与并实施过任何拆迁行为,B公司要求A政府与大枣园社区居委会共同履行拆迁义务没有事实理由和法律依据。

【一审争议焦点】

1. 能否确定A政府与B公司就C-01-02地块中P3+P4+P5+P6的国有建设用地已成立国有土地使用权出让合同关系?

2. B公司所主张的经济损失应否得到支持?

3. 案涉地块是否还有可能通过合同履行达到供地条件?

【一审裁判观点】

关于争议焦点1:根据《城市房地产管理法》第15条的规定,土地使用权出让,应当签订书面出让合同,土地使用权出让合同由市、县人民政府土地管理部门与土地使用者签订。根据《城镇国有土地使用权出让和转让暂行条例》第11条的规定,土地使用权出让合同应当按照平等、自愿、有偿的原则,由市、县人民政府土地管理部门与土地使用者签订。根据《最高人民法院关于审理涉及国有土地使用权合同纠纷案件适用法律问题的解释》第1条的规定,该解释所称的土地使用权出让合同是指市、县人民政府土地管理部门作为出让方将国有土地使用权在一定年限内让予受让方,受让方支付土地使用权出让金的合同。案涉项目虽由 A 政府进行招标，但根据《合作框架协议》约定，案涉项目项下的各个国有建设用地使用权的出让合同均是与市国土资源和房屋管理局签订。也就是说，不论是大枣园社区居委会，还是 A 政府，均不是国有建设用地使用权的法定出让主体。因此，B 公司诉请确认 A 政府与其已成立国有土地使用权出让合同关系，明显没有法律依据。

关于争议焦点 2：B 公司的第二项诉讼请求是以其已支付的土地出让金的每亩均价乘以 C-01-02 地块中 P3+P4+P5+P6 的土地面积，并按照 5 年期银行贷款利率计算损失。但是，该地块尚未签订土地出让合同，土地出让金的具体数额没有合同依据，B 公司主张的经济损失同样也没有依据。故，本案在原告 B 公司未能举证证明其主张的损失的情形下，本院对其提出的 A 政府和大枣园社区居委会共同向其赔偿迟延履行义务导致的经济损失 16,804.694181 万元的请求，不予支持。

关于争议焦点 3：本案是在特殊背景下进行的国有土地使用权出让，原参与案涉项目的富力公司退出了该项目，旧村改造工作面临停滞。在案涉协议签订之前，市政府明确批复同意用一次出让、分期供地的方式进行项目国有土地使用权的出让。在具体实施过程中，对于每一个具备了土地使用权出让合同的地块，市国土资源和房屋管理局均与 B 公司签订了国有土地使用权出让合同。由此可知，市人民政府及其国有土地管理部门对于本项目的供地方式一直认可，也证明本项目仍然具备继续供地的条件。而集体土地的征收、安置和补偿均为政府的法定义务，尽管项目招标文件中约定了中标方需要负责拆迁补偿事宜，但招标文件中的此项内容及之后签订的《项目协议书》中要求 B 公司负责具体拆迁事宜的约定并未实际履行。从本案查明的事实看，大枣园社区旧村改造项目中的拆迁事宜被区分成了两个部分，其中具体拆迁事宜包括签订拆迁补偿协议等具体工作，是由大枣园社区居委会受政府委托具体实施，B 公司只是为拆迁补偿事宜垫付资金。从《框架协议》、《项目协议书》、《安置房工程代建协议》和《补充协议》的承继性来看，对于拆迁工作是“成熟一片，开发一片”。所谓“成熟一片”，是指该地块拆迁完毕，具备供地条件。本案查明的情况是，大枣园社区居委会的安置回迁工作已经完成，现已基本具备继续开发的条件。对于未完成的相关拆迁工作,各方当事人应当按照拆迁工作的实际履行模式,共同协商,共同解决。综上所述,本案土地的开发按市人民政府批准的模式经历了招标、投标、中标、拆迁安置及补录合同等流程,虽时间有所延误,但这种模式的实施并未遇到任何不可逾越的障碍,A政府和大枣园社区居委会应当继续根据相关合同规定履行拆迁义务以具备供地条件。

【二审争议焦点】

一审判令A政府继续履行《框架协议》、《项目协议书》和《补充协议》,大枣园社区居委会继续履行《安置房工程代建协议》,并按照拆迁工作实际履行模式,根据相关合同规定履行拆迁义务以具备供地条件是否正确?

【二审裁判观点】

首先,案涉项目为旧村改造项目,需将城中村范围内的集体土地征收转为国有土地,在完成征收过程中,依法应给予村集体、村民进行拆迁、安置和补偿。依据《土地管理法》的相关规定,国家征收土地的,依照法定程序批准后,由县级以上地方人民政府予以公告并组织实施。政府方代表国家组织实施征收被征收人合法房屋,同时有确保被征收人取得公平合理补偿的义务。对于集体土地的征收、安置和补偿,应为相关政府的法定义务。本案中,从《请示》以及A政府发布项目招标公告的过程来看,市政府认可A政府实际实施案涉项目的拆迁工作。这与《框架协议》有关"大枣园地块上的拆迁安置工作由A政府负责实施,B公司有权参与A政府的拆迁安置工作。A政府根据B公司的建设进度要求,并按照B公司的拆迁要求完成相关地块内的房屋拆迁安置工作"的约定相符。同时,依据《城市房屋拆迁管理条例》(已失效)的规定,拆迁人是指取得房屋拆迁许可证的单位,拆迁人应当对被拆迁人给予补偿和安置。而大枣园社区居委会于2008年取得项目房屋拆迁许可证,并作为拆迁人陆续与被拆迁人签订拆迁协议。结合以上事实,一审有关A政府作为案涉项目的拆迁安置主体主导实施相关拆迁工作,大枣园社区居委会具体完成拆迁安置工作的认定,并无不当。

其次,《项目协议书》有关"B公司负责本项目范围内建筑物、构筑物及地上附着物的拆迁事宜”的约定，并不能完全等同于拆迁安置补偿工作。A政府以此主张，案涉项目地块上的拆迁安置工作已变更为B公司的协议义务，B公司应为拆迁义务人，大枣园社区居委会具体完成拆迁安置等工作是受B公司委托，依据明显不充分。

最后，从案涉项目的实施情况看，A政府、大枣园社区居委会与B公司签订的各份协议均是以A政府提出的“捆绑招标”模式为基础，B公司开发案涉项目必须以获得已完成拆迁安置工作的土地为条件。在一审已查明大枣园社区的回迁安置工作已经基本完成的情况下，对于未完成的拆迁工作，应由各方当事人继续按照各自订立的协议约定履行。A政府作为拆迁安置工作的主导者，大枣园社区居委会作为拆迁安置工作的具体实施者，应当按照相关合同的约定继续履行各自的合同义务，以完成拆迁工作。

【评析】

《土地管理法》第47条第1款规定：国家征收土地的，依照法定程序批准后，由县级以上地方人民政府予以公告并组织实施。《土地管理法实施条例》第27条第1款规定：县级以上地方人民政府应当依据社会稳定风险评估结果，结合土地现状调查情况，组织自然资源、财政、农业农村、人力资源和社会保障等有关部门拟定征地补偿安置方案。第28条第1款规定：征地补偿安置方案拟定后，县级以上地方人民政府应当在拟征收土地所在的乡(镇)和村、村民小组范围内公告，公告时间不少于三十日。《国有土地上房屋征收与补偿条例》第4条、第8条、第10条、第11条、第17条、第18条、第21条、第27条规定：市、县级人民政府负责本行政区域的房屋征收与补偿工作；征收决定由市、县级人民政府作出；征收补偿方案由市、县级人民政府论证、公布并修改；被征收人由市、县级人民政府补偿。综合前述规定可知，市、县级人民政府负有组织实施征收、安置、补偿等拆迁工作的法定职责，是法定的拆迁义务人。

同时，《国有土地上房屋征收与补偿条例》第4条规定：市、县级人民政府负责本行政区域的房屋征收与补偿工作。市、县级人民政府确定的房屋征收部门(以下称房屋征收部门)组织实施本行政区域的房屋征收与补偿工作。市、县级人民政府有关部门应当依照本条例的规定和本级人民政府规定的职责分工,互相配合,保障房屋征收与补偿工作的顺利进行。第5条规定:房屋征收部门可以委托房屋征收实施单位,承担房屋征收与补偿的具体工作。房屋征收实施单位不得以营利为目的。房屋征收部门对房屋征收实施单位在委托范围内实施的房屋征收与补偿行为负责监督,并对其行为后果承担法律责任。综合前述规定亦可知,国有土地上的房屋征收与补偿工作依法由市、县级人民政府确定的房屋征收部门组织实施,且房屋征收部门还可以委托具有拆迁资格的单位具体实施拆迁工作。

但是,与民事主体之间委托代理的一般规则不同,行政主体虽可通过委托方式组织实施具体行政行为,但其法定职责却不能通过委托方式假手他人并推卸责任。换言之,负有法定拆迁职责的市、县政府以及土地行政主管部门的确可以委托相关的适格主体具体落实拆迁工作,但同时必须尽到监督管理责任,并需要承担委托主体实施相关行为的法律后果,并没有通过协议方式转移其法定义务的契约自由。因为,在缺乏法律依据时,若允许行政机关通过民事协议转移其法定职责,显然既有违国家治理的依法行政原则,也有违现代公法学理论的法律保留原则,同时还有可能放纵行政机关任意转嫁义务,损害公民的基本权利。正因如此,司法实践中,被拆迁人若认为具体实施的拆迁工作存侵害其合法权益,则应向人民法院提出行政诉讼而非民事诉讼,而行政机关亦不能以订有委托协议为由,规避其应当承担的法定职责和相应的法律后果。

本案中,市房管局在批复同意《大枣园社区旧村改造拆迁补偿安置方案》时,曾指定拆迁人是"大枣园社区居委会或实施拆迁的合作开发单位"。其后,大枣园社区居委会不仅取得了案涉项目的拆迁许可证,并陆续与被拆迁人签订拆迁协议,应视为接受市房管局的委托具体完成拆迁补偿安置工作。至于A政府,其作为县处级区政府,本身即具备组织实施案涉项目拆迁工作的主体资格,负有法律规定的职责义务,且市政府亦认可其实际实施拆迁工作。据此,A政府抗辩拆迁义务已通过招标文件和《项目协议书》概括转移为B公司的合同义务的主张,不能成立。况且,A政府发布的招标文件仅为要约邀请,所签订的《项目协议书》虽约定由B公司"负责本项目范围内建筑物、构筑物及地上附着物的拆迁事宜”，但该“拆迁事宜”明显不同于政府所负的法定拆迁义务。此外，本案的实际情况是案涉项目的拆迁工作一直系由A政府组织实施，并由接受市房管局委托的大枣园社区居委会具体承担。因而，A政府的法定拆迁义务不仅依法不能通过民事协议转移，且事实上也没有发生转移。在A政府未能全面履行该义务的情形下，B公司有权主张其应继续推进拆迁工作以具备供地条件。

【重点规范链接】

《城市房地产管理法》（2019年8月26日）

第十五条 土地使用权出让，应当签订书面出让合同。

土地使用权出让合同由市、县人民政府土地管理部门与土地使用者签订。

《土地管理法》（2019年8月26日）

第四十七条第一款 国家征收土地的，依照法定程序批准后，由县级以上地方人民政府予以公告并组织实施。

《土地管理法实施条例》（2021年7月2日）

第二十七条第一款 县级以上地方人民政府应当依据社会稳定风险评估结果，结合土地现状调查情况，组织自然资源、财政、农业农村、人力资源和社会保障等有关部门拟定征地补偿安置方案。

第二十八条第一款 征地补偿安置方案拟定后，县级以上地方人民政府应当在拟征收土地所在的乡（镇）和村、村民小组范围内公告，公告时间不少于三十日。

《城镇国有土地使用权出让和转让暂行条例》（2020年11月29日）

第十一条 土地使用权出让合同应当按照平等、自愿、有偿的原则，由市、县人民政府土地管理部门（以下简称出让方）与土地使用者签订。

《国有土地上房屋征收与补偿条例》（2011年1月21日）

第四条 市、县级人民政府负责本行政区域的房屋征收与补偿工作。

市、县级人民政府确定的房屋征收部门（以下称房屋征收部门）组织实施本行政区域的房屋征收与补偿工作。

市、县级人民政府有关部门应当依照本条例的规定和本级人民政府规定的职责分工,互相配合,保障房屋征收与补偿工作的顺利进行。

第五条 房屋征收部门可以委托房屋征收实施单位,承担房屋征收与补偿的具体工作。房屋征收实施单位不得以营利为目的。

房屋征收部门对房屋征收实施单位在委托范围内实施的房屋征收与补偿行为负责监督,并对其行为后果承担法律责任。

第八条 为了保障国家安全、促进国民经济和社会发展等公共利益的需要,有下列情形之一,确需要征收房屋的,由市、县级人民政府作出房屋征收决定:

(一)国防和外交的需要;

(二)由政府组织实施的能源、交通、水利等基础设施建设的需要;

(三)由政府组织实施的科技、教育、文化、卫生、体育、环境和资源保护、防灾减灾、文物保护、社会福利、市政公用等公共事业的需要;

(四)由政府组织实施的保障性安居工程建设的需要;

(五)由政府依照城乡规划法有关规定组织实施的对危房集中、基础设施落后等地段进行旧城区改建的需要;

(六)法律、行政法规规定的其他公共利益的需要。

第十条 房屋征收部门拟定征收补偿方案,报市、县级人民政府。

市、县级人民政府应当组织有关部门对征收补偿方案进行论证并予以公布,征求公众意见。征求意见期限不得少于30日。

第十一条 市、县级人民政府应当将征求意见情况和根据公众意见修改的情况及时公布。

因旧城区改建需要征收房屋,多数被征收人认为征收补偿方案不符合本条例规定的,市、县级人民政府应当组织由被征收人和公众代表参加的听证会,并根据听证会情况修改方案。

第十七条 作出房屋征收决定的市、县级人民政府对被征收人给予的补偿包括:

(一)被征收房屋价值的补偿;

(二)因征收房屋造成的搬迁、临时安置的补偿;

（三）因征收房屋造成的停产停业损失的补偿。

市、县级人民政府应当制定补助和奖励办法，对被征收人给予补助和奖励。

第十八条 征收个人住宅，被征收人符合住房保障条件的，作出房屋征收决定的市、县级人民政府应当优先给予住房保障。具体办法由省、自治区、直辖市制定。

第二十一条 被征收人可以选择货币补偿，也可以选择房屋产权调换。

被征收人选择房屋产权调换的，市、县级人民政府应当提供用于产权调换的房屋，并与被征收人计算、结清被征收房屋价值与用于产权调换房屋价值的差价。

第二十七条 实施房屋征收应当先补偿、后搬迁。

作出房屋征收决定的市、县级人民政府对被征收人给予补偿后，被征收人应当在补偿协议约定或者补偿决定确定的搬迁期限内完成搬迁。

任何单位和个人不得采取暴力、威胁或者违反规定中断供水、供热、供气、供电和道路通行等非法方式迫使被征收人搬迁。禁止建设单位参与搬迁活动。

《最高人民法院关于审理涉及国有土地使用权合同纠纷案件适用法律问题的解释》（2020年12月29日）

第一条 本解释所称的土地使用权出让合同，是指市、县人民政府自然资源主管部门作为出让方将国有土地使用权在一定年限内让与受让方，受让方支付土地使用权出让金的合同。

8. 一方当事人延迟履行合作开发义务超过合理期限的，另一方当事人享有法定解除权

【裁判要旨】

当事人需要一定时间履行合同义务自属常理，但土地一级开发合作协议作为具有特定商业开发目的的合同，当事人履行其主要义务亦应有一个合理的履行期限。A公司虽然存在履行合同义务的积极行为，但一直未能调整合同项下的土地性质及规划用途等，未能实现合同约定的主要目的。考虑到自双方签订协议之日起至B公司向一审法院提起本案诉讼时已近5年时间，距本院裁判时更长达9年之久，《合作协议》和《补充协议》的约定都未能得到有效履行，案涉土地至今仍未达到合同约定的土地一级开发状态，已经导致B公司的合同目的根本无法实现，一审认定A公司构成根本违约，并无不当。

【基本案情】

2010年4月19日，甲方A公司与乙方B公司签订《合作协议》，主要约定：甲方根据市政府授权，已获得东河606亩项目土地的一级开发权。现甲方与乙方合作开发该土地，合作范围包括但不限于征地、拆迁、规划及市政基础设施建设。甲方负责完成土地征用立项、规划申报、土地测绘、征地拆迁报批及缴纳征地税费等工作；负责与本项目开发涉及的镇、村或其他单位及个人洽谈、签署补偿协议；负责协调处理项目与被征地单位（个人）发生的矛盾纠纷；负责将项目土地由集体土地变更为国有土地，将项目土地的规划变更为商业和住宅开发用途；负责协助乙方将乙方编制的控制性规划通过

政府部门审批。乙方负责提供土地一级开发所需资金;负责按照项目开发进度,分批将资金转账到约定的银行专户内;负责项目控制性详细规划的编制、立项工作;负责委派专业人员,协助甲方管理开发现场。甲乙双方应当全面履行本协议,任何一方无权单方解除本协议。非因乙方原因导致本协议无法继续履行的情形,甲方应立即通知乙方。乙方同意解除本协议的,甲方应在协议解除之日起10日内返还乙方已投入的全部资金和已投入资金的10%作为损失补偿。若逾期不能支付,应按照日息1‰的标准计算并支付相应利息。

2013年9月3日,甲方A公司、乙方B公司、丙方C公司(A公司的全资子公司)、丁方D公司(B公司的控股公司)共同签订《补充协议》,主要约定:丙方与丁方共同组建项目公司负责开发项目土地,四方共同努力促使项目公司尽快获取项目土地。项目土地分期分块出让,由项目公司参与土地公开出让程序。甲方争取在本协议签订之日起1年内促进项目公开出让的土地面积不低于200亩的目标达成,并保证项目公司可以自由参与竞买。项目公司自设立起1年内若未能通过招拍挂方式获取任何一宗项目土地使用权,则在一年期限届满后的30日内按照法定程序清算。甲方、丙方除需返还乙方已投入一级开发资金外,还应参照项目土地周边现行一级开发成本及地价等因素向乙方支付违约金,具体违约金比例由四方协商确定。

合作开发期间,因区人大搬迁新址需要占用案涉项目土地,市政府曾于2013年8月15日形成《会议纪要》,在提及"占用A公司与B公司合作整理土地相关事宜"时称:鉴于市政府授权A公司整理东河土地的实际情况,本着尊重历史并保证投资方利益的原则,区人大占用投资方整理土地的成本由审计部门审定,原则上参照土地整理三方协议的补偿标准,对投资方投入的土地整理资金从投入至今计算时间予以补偿,具体补偿标准另行确定。其余投资方合作整理的土地,由区政府及国土资源部门尽快办理农用地征转和组件报批手续。

2014年8月27日,A公司向市政府请示称:A公司4年前已投入资金2.9亿元用于项目土地整理,若区人大办公新址不需占用项目土地,则恳请市政府协调区人大将287亩项目土地返还A公司,A公司和B公司将依据原合作协议尽快完成该地块的整理出让及后续开发工作。

2014年11月,B公司向A公司发函提出解约条件,A公司未予直接回复。

2014年12月15日,A公司召开董事会并形成如下决议意见:同意与B公司解除协议,退还B公司已支付的2.9亿元土地一级开发资金。对2.9亿元的融资成本,以B公司支付土地一级开发资金当年(2010年)房地产行业平均贷款融资成本作为参考依据,并报请市政府及市国资局批准后执行。2010年房地产行业贷款融资方式主要包括银行贷款和信托融资两种,其中银行贷款平均融资成本为银行基准利率上浮10%~50%(利率区间应为6.34%~8.64%),信托融资的平均成本为12%~15%。

2015年1月5日,A公司分别向市政府和市国资局发出《关于终止A公司与B公司合作开发土地的请示》,载明:“B公司于2010年底前已支付土地一级开发资金2.9亿元,现因新城市规划无法满足合作开发土地的要求,同时由于部分项目土地还存在补偿争议且短期内无法解决等原因,已经提出解约要求。我司拟同意与B公司解除协议,退还一级开发资金及利息,请批准。”针对A公司的请示内容,市国资局回函称:解除协议、退还土地开发资金及相关利息为企业日常经营行为,不属于市国资委的审批事项,应由A公司依法妥善解决。市政府相关领导批示称:建议仍由A公司办理,将来收益亦归A公司。

2015年2月9日,B公司再次向A公司发出《关于解除土地合作开发的函告》,载明:“贵司拒不按照《合作协议》履行义务,构成严重违约,造成我方重大经济损失。我方现将解约底线条件再次申明如下:(1)2015年2月18日前全额归还我方已支付的2.9亿元土地一级开发资金。(2)对我方支付的2.9亿元一级开发资金,按年利率9.5%计算资金占用费,并于2015年2月28日前一次性支付完成。如贵司仍继续拖延,我方将向我公司所属管辖区的人民法院提出诉讼。”

2015年2月11日,A公司向市政府提交《关于终止A公司与B公司合作开发土地有关事宜的报告》,详细描述了B公司提出的解约底线条件,并提出自身就相关事宜咨询过多家律师事务所,均认为若B公司提起诉讼,可能会发生下列情况：(1)依据双方原签订协议的相关违约责任约定，经法院审判后，A公司需支付的补偿金额可能会增加；(2)双方就土地合作开发签订的相关协议可能面向社会公开，并产生不良影响；(3)该合作土地开发过程中涉及区人大等机关单位，如因诉讼引起公众效应，可能造成不良影响。

其后，B公司诉至法院提出6项诉讼请求：(1)判决确认双方签订的《合作协议》于2014年12月15日A公司作出董事会决议时已解除；(2)判令A公司向B公司支付一级开发资金2.9亿元；(3)判令A公司向B公司支付损失补偿金2900万元；(4)判令A公司向B公司赔偿资金占用损失12,545.20万元(自B公司资金实际投入之日起按年利率10%的标准计算至2014年12月25日止)；(5)判令A公司向B公司支付逾期付款利息，该逾期利息截至2015年11月25日暂计为11,324.50万元(逾期利息以3.19亿元为基数，自2014年12月26日起按日息1‰的标准计算至A公司向B公司付清3.19亿元资金之日止)；(6)本案诉讼费用由A公司承担。

A公司辩称：B公司从未行使法定解除权，其于2014年11月、2015年2月两次发函的内容均只提出解约条件，性质属于发出协议解除合同的要约。对于该两次要约，A公司从未正式回复B公司。A公司所作的董事会决议及向市政府和市国资局提交的《请示》，仅是A公司在特定时间形成的单方意见，存在因情势变化而变化的可能，并未送达给B公司，不应对A公司产生约束力。并且，《合作协议》约定了甲乙双方均不享有单方解除权，并约定了“非因乙方原因导致本协议无法继续履行的，甲方应立即通知乙方，乙方同意解除本协议的，甲方应在协议解除之日起十日内返还……”即《合作协议》约定的合同解除程序为A公司先发出解除要约，再由B公司作出承诺。

同时，A公司还辩称自身并未违约，《合作协议》仍在履行，理由是：土地一级开发整理过程周期较长，不确定因素较多。对于此种风险，B公司早有预见，故《合作协议》未约定完成土地开发整理的具体期限和办理规划变更的具体时间。目前，A公司已经完成了大部分项目土地的报批、拆迁工作，仅有小部分项目土地未规划为住宅和商业用地，原因一是被区人大占用287亩土地，原因二是任何大型商业和住宅社区都必须配建绿地、学校、停车场等基础配套设施，因此，项目土地不可能全部规划为商业和住宅用地。对于区人大占用的土地,A公司曾积极向市政府提出“返还”请示。B公司通过市政府发布的《关于2012年度第二十批次城市建设项目更改为2013年度第三十三批次城市建设项目的说明》和区政府发布的《关于变更2013年度第六十八批次城市建设项目批次名称情况说明的函》等文件,早已明知此情况,并因此与A公司重新签订了《补充协议》。而《补充协议》变更了《合作协议》的内容,双方的合同目的是争取实现项目公开出让的土地面积不低于200亩。目前,项目土地中规划为商业和住宅用地的土地面积已经超过200亩,暂时未完成的报批、拆迁工作也可继续完成,A公司正在积极协调推进前述工作,双方的合同目的仍可实现。B公司在项目正常推进的情况下,因房地产市场不景气的原因单方提出解约,完全是基于自身利益考量,提出返还投资款是意图将开发风险转嫁给A公司。

【一审争议焦点】

1. A公司在合同履行过程中是否存在违约情形?

2.《合作协议》是否解除?以及解除的具体时间。

3. A公司应当承担的责任。

【一审裁判观点】

关于争议焦点1:根据《合作协议》的内容,A公司的主要合同义务为办理规划及土地性质变更等。A公司没有将全部项目土地由集体土地转为国有土地并规划为住宅和商业用地,另还有部分土地没有完成报批、拆迁工作。虽然《合作协议》对双方履行义务的具体时间没有约定,但作为具有商业项目开发之目的的合同,A公司完成其主要义务依合同性质必然有一个合理期限。考虑到签约至今已逾期较长时间,A公司长期未完成主要义务的行为已构成违约。

关于争议焦点2:虽然A公司表示仍在积极履行相关义务、项目手续完善仍存在可能,但考虑到A公司未完成主要义务拖延时间过长,且其在接到B公司解除合同函件后,在内部董事会和向有关部门请示中均明确表达了认可B公司解除合同意见的意思表示。综合以上情况,应确认双方《合作协议》解除。从双方来往函件来看,B公司在多份函件中均表达了解除合同之意思表示。其中,最后一份函件明确了合同解除的意思表示及确定的期限,应以最后一份解除合同的意思表示为准,即《合作协议》的解除时间为2015年2月9日。

关于争议焦点3:《合作协议》约定:"A公司应在协议解除之日起十日内返还B公司已投入的全部资金和已投入资金10%作为损失补偿。若逾期不能支付,应按照日息1‰的标准并计算支付相应利息。"现A公司违约在先,B公司提出解除合同及后续补偿的主张,A公司对于该主张内部均认可,却长期怠于行使配合解除合同的责任,应依约返还2.9亿元和支付2900万元损失补偿,合计3.19亿元。由于合同解除系A公司违约所致,由于A公司实际获得资金,应支付资金占用损失,即资金使用期间的利息,其具体数额应以中国人民银行同期贷款基准利率标准计算。此外,A公司存在逾期未返还垫付资金及支付损失补偿的情形,应以3.19亿元为本金计算基础承担罚息。考虑到违约情形与实际损失情况,合同约定的日息1‰标准过高,本院酌定按照中国人民银行同期贷款基准利率4倍计算。

【二审争议焦点】

1. A公司是否存在违约行为?
2. 案涉合同是否已经解除,于何时解除?
3. 合同解除后A公司应当承担的民事责任。

【二审裁判观点】

关于争议焦点1:从案涉土地现状来看,项目土地有相当部分未规划为住宅和商业用地,有部分土地没有完成报批和拆迁,A公司没有全部完成《合作协议》所约定的将集体土地转为国有土地的义务。A公司履行其合同义务时,可能会涉及政府部门的审批问题。但就合同的履行而言,履行义务一方是否系因第三人原因无法履行合同应在所不问。虽然《合作协议》对于双方履行义务的具体时间没有约定,但从《补充协议》有关"项目土地将分期分块出让,项目公司将参与公开出让程序;甲方争取在本协议签订之日起1

年内公开出让的土地面积不低于200亩,同时保证项目公司可以自由参与竞买;项目公司自设立起1年内未能通过招拍挂方式获取任何一宗项目土地使用权,或者所获取第一宗土地未能按照本协议第2条第3款约定取得土地出让收益和土地出让金返还的,项目公司在1年期限届满后30日内按照法定程序进行清算"的约定可知,《补充协议》对履行《合作协议》的阶段性目标和任务作了约定。而从本案认定的事实来看,项目公司显然自设立起1年内未能通过招拍挂方式获取任何一宗项目土地使用权,因此,A公司未能按照《补充协议》的约定履行合同义务,构成违约。

A公司主张,其已经报送了相关规划变更审批手续,对于目标土地开发中存在的一些暂时性障碍,已经积极协调有关部门努力解决,不存在违约行为,且正是双方考虑到土地一级开发整理实际运作过程中往往会出现诸多复杂因素,周期较长,双方签订的协议内容才未约定具体的完成期限。对此,本院认为,当事人需要一定时间履行合同义务自属常理,但土地一级开发合作协议作为具有特定商业开发目的的合同,当事人履行其主要义务亦应有一个合理的履行期限。A公司虽然存在履行合同义务的积极行为,但一直未能调整合同项下的土地性质及规划用途等,未能实现合同约定的主要目的。考虑到自双方签订协议之日起至B公司向一审法院提起本案诉讼时已5年时间,距本院裁判时更长达9年之久,《合作协议》和《补充协议》的约定都未能得到有效履行,案涉土地至今仍未达到合同约定的土地一级开发状态,已经导致B公司的合同目的根本无法实现,一审认定A公司构成根本违约,并无不当。

关于争议焦点2:B公司于2014年11月至2015年2月多次向A公司发函提出解约条件,A公司于2014年12月15日召开董事会决议表明同意解除协议并退还其土地开发资金2.9亿元,但未完全同意B公司的解约条件,B公司于2015年2月9日再次发函重申解约底线条件。从以上事实看,B公司系以发函的方式与A公司协商解除条件,虽然双方并未就合同解除条件达成合意,但B公司在函件中载明"我方现将解约底线条件申明如下……"实际上表明了B公司通知A公司解除合同的意思,至于当事人之间就合同解除条件未达成合意,并不影响B公司通知解除合同行为的效力。

而且，合同订立至起诉时已逾5年之久，A公司仍未完成土地整理，再结合A公司在向市国资局发出请示函中所描述的“现因上述合作土地现行城市规划无法满足B公司的开发要求且暂时无法调整，同时部分土地存在补偿争议且短期内无法解决等情况”，以及A公司内部董事会决议同意解除合同等情形，可以综合认定在B公司提起诉讼时A公司仍未完成土地整理义务致使B公司的合同目的不能实现，已构成根本违约，故一审法院将B公司多份表达解除合同意思函件中的最后一份送达给A公司的时间（2015年2月9日）作为合同的解除时间，并无不当。

关于争议焦点3：《合作协议》解除后，A公司应当返还B公司的投资款2.9亿元。一审法院判决支持了B公司主张的“按已投资金额的10%进行损失补偿”的请求，另认为因合同解除系A公司违约所致，故合同履行期间的资金占用损失作为法定孳息，应当支付，具体数额以中国人民银行同期同类贷款利率计算。鉴于B公司自资金投入起至合同解除之日已逾5年时间，按已投资金额10%补偿损失显然不足以弥补其在合同履行期间的资金损失，一审法院判决A公司在承担投资款10%的损失补偿费外，另需支付法定孳息，并无不当。

另外，关于合同解除后的违约金问题，本院认为，一方面，B公司于诉前多次发函与A公司协商合同解除事宜，A公司内部也同意解除合同，并认可投资本金2.9亿元应当退还，在B公司将A公司诉至法院时，尽管资金占用损失及违约金等存在争议，但基于诚实信用的履行原则，A公司至少应当在收到解除通知之日起10日内，将投资款本金2.9亿元退还B公司，而A公司仍继续占有该资金未予退还，一审法院判令合同解除后由A公司按中国人民银行同期贷款利率的4倍承担罚息，并无不当。另一方面，既然合同约定在非因B公司原因导致协议无法继续履行的情形下，A公司负有立即通知B公司的义务，后者同意解除协议的，A公司应在协议解除之日起10日内返还B公司已投入的全部资金和已投入资金的10%作为损失补偿，若逾期不能支付，应按照日息1‰计算支付相应的利息。举轻以明重，在本案构成上述情形但A公司迟迟不同意解除合同的情况下，其更应按照上述约定承担违约责任。在确定罚息计算时，根据当事人的上述约定，应当以3.19亿元为基数计算,一审法院从尊重当事人的约定的角度,以此为基础计算罚息,并无不当。此外,考虑到"日 1‰"的利息约定已经超过中国人民银行同期贷款利率的 4 倍,故一审法院调整为按照中国人民银行同期贷款利率的 4 倍计算,是正确的。

【评析】

合同条款是以文字形式固定的合同内容,其作为合同订立者协商一致的合意产物,是界定各方当事人权利义务内容边界的基础依据。对当事人而言,合同条款具有非常重大的意义,自当在文字表述方面明确、肯定及完整,若存在约定不全面或者约定模糊的情形,均容易产生分歧和争议。根据《民法典》第 470 条的指引性列举,合同条款一般包括当事人的姓名或者名称和住所;标的;数量;质量;价款或者报酬;履行期限、地点和方式;违约责任;解决争议的办法。但实践中,很多合同会出现缺少其中某项、或某几项的情况。一般认为,在买卖合同中,当事人的姓名或者名称、标的、数量是必备条款,缺少其中之一的,买卖合同不能成立。除此之外,其他类型的合同条款若有缺失或者约定不明,当事人仍可根据《民法典》第 510 条的规定继续协商补充,或者由人民法院按照合同相关条款的意思表示以及交易习惯予以确定。

在上述合同条款中,合同履行期限是较易出现合同漏洞的条款。本案中,基于土地变性及变更用途的不确定因素较多,《合作协议》没有约定履行期限,《补充协议》也仅只约定阶段性的合同履行目标,即"本协议签订之日起 1 年内公开出让的土地面积不低于 200 亩",故本案所涉合同确实存在未约定合同履行期限或者履行期限约定不明的瑕疵。而所谓合同履行期限,是指以日、旬、月、季、半年度、年度或跨年度计算的履行合同的时间界限。该条款的核心法律意义是确立了评价合同当事人是否按时履行了合同义务的客观标准。根据该标准,一方当事人迟延履行合同义务即构成违约,应当依法承担继续履行、采取补救措施或者赔偿损失等违约责任。对于守约方而言,若对方当事人存在迟延履行债务行为的,不仅相应享有同时履行义务抗辩权、先履行义务抗辩权以及不安抗辩权等权利,而且依据《民法典》第

563 条第 4 项的规定，针对当事人一方迟延履行债务致使不能实现合同目的的情形，亦享有法定解除权。此时，守约方在作出通知行为后即可解除合同，并要求对方当事人承担相应责任。

因此，对于未约定合同履行期限以及履行期限约定不明的合同，确认迟延履行义务行为后果的关键基础是分析合同目的。而所谓合同目的，是指双方通过合同的订立和履行所要达到的最终目标，具有抽象性、确定性及多样性等特征，其内涵与外延很难通过合同条款的文字予以明示固定，进而也经常需要结合相关合同条款并综合交易习惯与商业惯例进行解释和推定。值得重视的是，合同目的不等于签订合同的主观动机，否则，大部分商事合同的目的都能简单且直白地表述为"获得经济利益"。通常而言，合同目的应当根据合同约定的主给付义务，并结合当事人获得经济利益的具体方式予以判定。本案中，A 公司根据《合作协议》的合同主义务是完成征收拆迁工作，将集体土地转为国有土地，并将土地性质规划为商业和住宅用地，根据《补充协议》的合同主义务是实现项目土地挂牌出让，所以，结合 B 公司的投资盈利模式可以推定，B 公司的合同目的是受让项目土地后获取地产项目的开发利益。而地产项目开发与时段性的市场行情密切挂钩，A 公司迟延履行合同义务足以导致 B 公司欲开发的地产项目失去其盈利机会。据此，本案应当结合交易习惯并按照相关条款内容，确认《合作协议》和《补充协议》系应当约定而未约定合同履行期限，A 公司的履行行为明显会导致 B 公司无法实现其合同目的，已经构成根本违约。在此基础上，无论 A 公司是否同意解除合同，只要 B 公司清晰表达了解除合同的意思表示，就足以认定前述协议在该意思表示到达 A 公司时即已发生解除合同的效力。

【重点规范链接】

《民法典》(2020 年 5 月 28 日)

第四百七十条 合同的内容由当事人约定，一般包括下列条款：

(一)当事人的姓名或者名称和住所；

(二)标的；

(三)数量；

(四)质量;

(五)价款或者报酬;

(六)履行期限、地点和方式;

(七)违约责任;

(八)解决争议的方法。

当事人可以参照各类合同的示范文本订立合同。

第五百零九条 当事人应当按照约定全面履行自己的义务。

当事人应当遵循诚信原则,根据合同的性质、目的和交易习惯履行通知、协助、保密等义务。

当事人在履行合同过程中,应当避免浪费资源、污染环境和破坏生态。

第五百一十条 合同生效后,当事人就质量、价款或者报酬、履行地点等内容没有约定或者约定不明确的,可以协议补充;不能达成补充协议的,按照合同相关条款或者交易习惯确定。

第五百一十一条 当事人就有关合同内容约定不明确,依据前条规定仍不能确定的,适用下列规定:

(一)质量要求不明确的,按照强制性国家标准履行;没有强制性国家标准的,按照推荐性国家标准履行;没有推荐性国家标准的,按照行业标准履行;没有国家标准、行业标准的,按照通常标准或者符合合同目的的特定标准履行。

(二)价款或者报酬不明确的,按照订立合同时履行地的市场价格履行;依法应当执行政府定价或者政府指导价的,依照规定履行。

(三)履行地点不明确,给付货币的,在接受货币一方所在地履行;交付不动产的,在不动产所在地履行;其他标的,在履行义务一方所在地履行。

(四)履行期限不明确的,债务人可以随时履行,债权人也可以随时请求履行,但是应当给对方必要的准备时间。

(五)履行方式不明确的,按照有利于实现合同目的的方式履行。

(六)履行费用的负担不明确的,由履行义务一方负担;因债权人原因增加的履行费用,由债权人负担。

第五百六十三条 有下列情形之一的,当事人可以解除合同:

（一）因不可抗力致使不能实现合同目的；

（二）在履行期限届满前，当事人一方明确表示或者以自己的行为表明不履行主要债务；

（三）当事人一方迟延履行主要债务，经催告后在合理期限内仍未履行；

（四）当事人一方迟延履行债务或者有其他违约行为致使不能实现合同目的；

（五）法律规定的其他情形。

以持续履行的债务为内容的不定期合同，当事人可以随时解除合同，但是应当在合理期限之前通知对方。

第五百六十六条第一款、第二款 合同解除后，尚未履行的，终止履行；已经履行的，根据履行情况和合同性质，当事人可以请求恢复原状或者采取其他补救措施，并有权请求赔偿损失。

合同因违约解除的，解除权人可以请求违约方承担违约责任，但是当事人另有约定的除外。

第二编
土地使用权出让合同纠纷

我国实行土地用途管制制度，土地按用途分为农用地、建设用地和未利用地三种类型。其中，国有建设用地包括住宅用地、公共设施用地、商业用地、工矿用地、交通水利设施用地、旅游用地以及军事设施用地等。通过采取招标、拍卖、协议等方式，市、县人民政府的自然资源主管部门可以以土地管理者身份作为出让方，将前述国有建设用地使用权在一定年限内出让给受让方。受让方依照法律规定以及合同约定支付土地出让金等费用后，即可取得建设用地使用权，对该建设用地享有占有权、使用权、收益权以及利用该土地建造建筑物、构筑物及其附属设施的权利。根据《民法典》第348条的规定，通过招标、拍卖、协议等出让方式设立建设用地使用权的，当事人应当采用书面形式订立建设用地使用权出让合同。合同的必备条款包括：(1)当事人的名称和住所；(2)土地界址、面积等；(3)建筑物、构筑物及其附属设施占用的空间；(4)土地用途、规划条件；(5)建设用地使用权期限；(6)出让金等费用及其支付方式；(7)解决争议的方法。

9. 当事人可依法行使程序选择权，就土地使用权出让合同签订后发生的履行纠纷提出民事诉讼

【裁判要旨】

根据《拍卖须知》和《成交确认书》等文件可知，双方关于出让案涉土地使用权事宜的主要合同条款已经协商一致，已经建立了土地出让合同关系，故本案案由应为建设用地使用权出让合同纠纷。《最高人民法院行政审判庭关于拍卖出让国有建设用地使用权的土地行政主管部门与竞得人签署成交确认书行为的性质问题请示的答复》(〔2010〕行他字第191号)(以下简称最高院的《答复》)中关于“土地行政主管部门通过拍卖出让国有建设用地使用权，与竞得人签署成交确认书的行为，属于具体行政行为”的意见，系从行政法角度作出的认定，并不排斥双方之间存在的民事法律关系。B公司选择民事诉讼程序来解决案涉纠纷，系当事人依法行使程序权利的结果。一审法院认定本案案由为建设用地使用权出让合同纠纷并作出判决，并无不当。

【基本案情】

2018年9月7日，A市自然资源局(以下简称A局)发布拍卖公告，委托土地交易中心以网上拍卖方式出让某号地块国有建设用地使用权。《拍卖须知》载明：“出让地块的基本情况为：宗地红线外三通(通路、通电、通水)，宗地红线内维持现状。竞得人缴纳的竞买保证金，在签订《出让合同》后转作受让土地的定金。未竞得人缴纳的竞买保证金，由我局在拍卖活动结束后5个工作日内予以退还，竞买保证金不计利息。竞得人须自宗地成交之日起60日内缴清土地出让金，逾期30日未缴清的，出让人可单方解除出让合

同。竞得人有下列行为之一的,竞得结果无效,竞买保证金不予退还:(1)逾期或拒绝签订《出让合同》的;(2)逾期 30 日未缴清地价款的……”此外,《拍卖须知》还载明:“此次交易不组织对网上出让地块的现场踏勘,竞买申请人可自行前往现场踏勘。竞买人一经提交《竞买申请书》,即视为对交易规则、应急处置办法、出让公告、交易须知、其他相关文件以及宗地现状等无异议,并对可能存在的风险完全接受。”

经实地踏勘后,B 公司提交《竞买申请书》,载明:“经认真阅读某号地块拍卖出让文件及相关资料,我方完全接受并愿意遵守该文件的规定和要求,且对该文件及相关资料均无异议。”其后,B 公司支付竞买保证金 7350 万元,并以 26,032.5 万元成交价竞得土地使用权,此外还支付了土地交易服务费 10.4133 万元。

2018 年 10 月 8 日,A 局委托土地交易中心与 B 公司签订了《成交确认书》,除确认了成交地块的位置、面积、成交金额以及土地出让金的支付方式外,还约定:B 公司应当在签订本《成交确认书》后的 10 个工作日内,与出让人签订《出让合同》。签订《出让合同》后,B 公司缴纳的竞买保证金转作受让土地的定金。若 B 公司不按规定签订《出让合同》,应当承担相应违规违约责任,竞买保证金和交易服务费不予退还。

2018 年 10 月 12 日至 28 日,B 公司连续向 A 局递交三份《报告》,反映其竞得的某号地块没有设置规划红线界址,无法确定土地四至,地块内尚有水塘、菜地、房屋、高压电线、通信线路和坟墓等,不符合“净地出让”标准,地块外规划的城市道路也未修建,没有达到“三通一平”条件,并要求 A 局尽快解决问题。

2018 年 10 月 24 日,A 局组织相关单位会同 B 公司对某号地块进行了现场勘查,并于 2018 年 10 月 30 日出具《回复》,载明:“某号地块现已设置了界址基桩,地块内的水塘、房屋均已征收补偿到位,已接通自来水管网,铺设了高压供电缆线,并有一条自建施工便道直通附近某大道,足以满足你司施工的通路要求。某号地块是某片区推出的首宗经营性住宅用地,周边基础配套设施相对其他成熟片区略有欠缺,但目前该片区的城市道路项目正按规划有序推进。你司提出的相关问题已妥善解决,应尽快签订《出让合同》及缴纳土地出让金。”

2018年11月20日，A局又向B公司出具《意见》，督促B公司立即签订《出让合同》并缴纳土地出让金，否则视作其单方解除《成交确认书》，A局将没收B公司的竞买保证金和交易服务费。

2018年12月10日，B公司向A局出具《解除函》，通知解除《成交确认书》，要求A局返还B公司已支付的竞买保证金、交易服务费和资金占用期间的同期贷款利息，并赔偿B公司所受损失。

2019年4月12日，A局向B公司出具《处理决定》，载明：“你司不签订《出让合同》，不缴纳土地出让金，我局视为你司自动放弃竞得宗地，对你司缴纳的7350万元竞买保证金予以没收，上缴国库。我局将对该地块进行重新公开出让。”

其后，B公司向法院提起民事诉讼，提出4项诉讼请求：(1)确认《成交确认书》已解除；(2)判令A局双倍返还B公司已付竞买保证金共计14,700万元，并向B公司赔付利息损失；(3)判令A局赔偿B公司已交付的交易服务费10.4133万元、工程设计费6.21万元和公证费0.8万元；(4)本案诉讼费用由A局承担。同时，B公司还提交了一组经公证的现场视频和照片作为证据，显示案涉地块内还有多处水塘、菜地未填平，电杆电线、坟墓未拆除，地块有一条简易外连通道，但规划的城市道路尚未修建竣工。

A局辩称：本案案由应为拍卖合同纠纷，应依照行政诉讼程序审理。最高人民法院的《答复》明确规定，土地行政主管部门通过拍卖出让国有建设用地使用权，与竞得人签署成交确认书的行为，属于具体行政行为。B公司对A局作出的相关行政行为有异议，应当依法提起行政复议或者行政诉讼。《拍卖须知》已经载明“宗地红线内为现状”，而“现状”出让方式并不违反法律、行政法规的强制性规定。B公司在参与竞买前已到案涉地块现场踏勘，对地块内遗留鱼塘、菜地等“现状”均系知情，其提交的《竞买申请书》亦承诺“对交易规则、应急处置办法、出让公告、交易须知、其他相关文件及宗地现状等无异议，并对可能存在的风险完全接受。”B公司在签署《成交确认书》后无故拒绝签订《出让合同》和缴纳土地出让金，属于恶意违约，无权主张赔偿，所缴纳的竞买保证金应予没收。

一审过程中,按照B公司的要求,A局将某号地块的遗留物进行了填平和清理。对于自身在竞买土地前曾前往争议地块实地踏勘的事实,B公司则主张,因地块区域范围过大且未定界桩,导致其无法确定农田、菜地、水塘、坟墓、电线杆所属地块是否在案涉土地范围内。其基于对政府的信任,一直认为《拍卖须知》中的"土地现状"应当符合国家的"净地出让"标准。A局未保障"净地出让",不仅违反了应尽的合同义务,而且严重影响了自身对案涉土地的开发和利用,"宗地红线内为现状"的约定不能成为A局免责的抗辩理由。

【一审争议焦点】

1. 本案是否属于民事诉讼受案范围?

2. 本案应否确认《成交确认书》已经解除?

3. A局是否应向B公司双倍返还已付的保证金及利息?

4. A局应否赔偿B公司已支付的交易服务费、工程设计费、公证费等损失?

【一审裁判观点】

关于争议焦点1:A局是受委托对国家土地进行管理的行政主管机关,但同时也是依法具有民事权利能力和行为能力的民事主体。其与B公司进行国有土地使用权交易的行为,应属于民事法律行为,而非行使行政职权的具体行政行为。理由如下:首先,从《成交确认书》的形成过程来看,A局发布公告,拍卖案涉地块,B公司通过公开竞买的方式与A局缔结法律关系,符合自愿平等、等价有偿的民事法律行为特点;其次,从《成交确认书》的内容看,一是确认成交地块的位置、面积和成交金额,二是确认双方在未来某一时间签订正式的《出让合同》,符合民事合同中"预约合同"的法律规定;再次,从本案当事人争议的内容看,双方争议的问题是《成交确认书》能否履行,是否应当确认解除以及解除后的责任如何承担,并非对A局的具体行政行为是否合法提出异议;最后,《最高人民法院关于审理涉及国有土地使用权合同纠纷案件适用法律问题的解释》中界定了建设用地使用权出让合同的民事性质，且"建设用地使用权出让合同纠纷"在《民事案件案由规定》中也有明确规定。因此，A局认为本案属于行政诉讼受案范围没有事实和法律依据，不予支持。

关于争议焦点2：《成交确认书》具有作为《出让合同》的预约合同的性质，A局与B公司之间既已形成合同关系，就应当诚实守信地履行各自的合同义务，促使合同目的顺利实现。在土地使用权出让合同关系中，受让方的合同目的是取得土地使用权，通过对土地进行开发、使用和经营等活动，实现一定的经济利益。因此，确保用于出让的土地符合现行法律规定和政策规定，不存在不利于合同目实现的障碍和瑕疵，是提供土地使用权一方当事人的基本合同义务。国务院相关部门多次明确发文要求，土地挂牌应当做到"净地出让"，A局理应了解并严格遵守相关要求。但根据B公司提交的三份《报告》以及经公证的视频、照片资料，案涉土地内还有多处水塘、菜地未填平，电杆电线也仍在使用，坟墓亦未拆除。虽然A局在本案第一次庭审后将鱼塘、菜地、坟墓进行了填平和拆除，但不能以事后事实推导出案涉土地在挂牌出让时符合"净地出让"要求的结论。从现有证据看，对坟墓的拆迁安置需要政府协调处理，对输电线的拆除更需要政府职能部门依职权进行，B公司无法自行拆除。因此，B公司主张其基于对政府的信任，一直认为《拍卖须知》所指的"土地现状"应当是指"净地"，符合经验常理。综上，本院对A局以B公司在《竞买申请书中》表示"经认真阅读某号地块拍卖出让文件及相关资料，我方完全接受并愿意遵守该文件的规定和要求，且对该文件及相关资料均无异议"为由，主张自己没有过错，B公司拒不签订出让合同构成违约的观点，不予采信。

土地是否属于无权利瑕疵并符合"三通一平"条件的"净地"，涉及受让人能否顺利实现其合同目的，应当是出让人的主要合同义务。A局未保障案涉出让土地为"净地"，违反了其应尽的合同义务，后经B公司多次催促仍未解决相关问题，已经构成违约。B公司认为该重大瑕疵行为影响了其对土地的整体开发利用，导致其合同目的无法实现，理由成立。B公司于2018年12月10日向A局出具《解除函》，通知解除《成交确认书》，以及于2018年12月27日提起确认《成交确认书》已经解除的民事诉讼，均是明确主张解除双方的合同关系。根据《合同法》第94条第4项和第96条的规定,B公司与A局之间的民事法律关系应予解除。

关于争议焦点3:《成交确认书》约定,“签订《出让合同》后,竞得人交付的竞买保证金转作受让土地的定金”。但因发生土地争议,B公司并未签订《出让合同》,其缴纳的7350万元保证金尚未转化为定金,要求A局双倍返还保证金没有事实与法律依据。关于利息问题,《拍卖须知》约定“竞买保证金不计利息”。该约定应当理解为,在B公司提出退款申请后的合理期限内,A局若返还竞买保证金将“不计利息”。而B公司在致函A局要求解除《成交确认书》前,并未提出退款申请。现双方合同关系已经解除,A局仍占用B公司资金,明显已经超出合理期限,故其对B公司的利息损失应当予以赔偿。但是,B公司对于出让土地状况,也未尽到充分、谨慎的审查义务,亦应自行承担部分利息损失。因此,综合本案实际情况,本院酌定B公司缴纳的7350万元保证金自其向一审法院起诉时起,按照中国人民银行公布的同期同类银行贷款利率计算返还利息。

关于争议焦点4:B公司为案涉土地支付的其他费用主要有土地交易服务费10.4133万元、方案设计费6.21万元、公证费0.8万元,且与相关合同和付款凭证等相互印证,本院予以认定。但其中的方案设计费,系B公司在2019年1月24日向某设计公司支付的合同定金。而2018年10月10日,B公司已向A局出具《报告》反映土地问题,对案涉土地的真实情况已经知晓,应当预见其合同目的已难以实现并应尽量采取措施避免损失扩大。在此情形下,对于后续发生的方案设计费损失,B公司存在主观上的放任故意与行为过错,应自行承担该部分损失。但对于土地交易服务费及公证费损失,因A局和B公司对本案发生合同无法继续履行的结果均存在相应过错,因此应由双方分担,酌定各承担50%。

【二审争议焦点】

1. 本案争议能否通过民事诉讼程序解决?
2. 《成交确认书》是否应予解除?

【二审裁判观点】

关于争议焦点1：本案是B公司与A局因《成交确认书》签订之后的履行行为引发的民事纠纷，属于民事诉讼的受案范围，案由应为建设用地使用权出让合同纠纷。首先，A局既是受托对国有土地进行管理的行政主管机关，也是依法具有民事权利能力和行为能力的民事主体。A局虽然在案涉土地拍卖成交阶段行使了相应的行政管理职权，但其委托市土地交易中心与B公司签订《成交确认书》的行为却属于平等主体之间的民事法律行为，双方不存在管理与被管理的关系。其次，拍卖是建立买卖合同关系的手段之一，具体是指拍卖者以公开竞价的形式，将特定物品或者某项财产权利转让给最高应价者的交易过程。B公司通过公开竞价的拍卖方式竞得签订案涉土地建设用地使用权出让合同的资格，并与市土地交易中心签订了《成交确认书》，双方在拍卖过程中并没有产生争议，拍卖程序已经终结。换言之，B公司与A局在本案中争议的是《成交确认书》签订后如何履行双方约定的后续权利义务的问题，并不涉及拍卖成交的效力，故本案案由并非拍卖合同纠纷。根据《拍卖须知》和《成交确认书》等文件可知，双方关于出让案涉土地使用权事宜的主要合同条款已经协商一致，已经建立了土地出让合同关系，故本案案由应为建设用地使用权出让合同纠纷。最后，最高人民法院的《答复》中关于"土地行政主管部门通过拍卖出让国有建设用地使用权，与竞得人签署成交确认书的行为，属于具体行政行为"的意见，系从行政法角度作出的认定，并不排斥双方之间存在的民事法律关系。B公司选择民事诉讼程序来解决案涉纠纷，系当事人依法行使程序权利的结果。一审法院认定本案案由为建设用地使用权出让合同纠纷并作出判决，并无不当。

关于争议焦点2：2018年11月20日，A局向B公司出具《回复》，督促B公司签订《出让合同》并缴纳土地出让金，否则视作B公司单方解除《成交确认书》，A局将没收竞买保证金和交易服务费。2019年4月12日，A局作出《处理决定》，没收B公司缴纳的竞买保证金，并表示其将对案涉土地进行重新公开出让。2018年12月10日，B公司向A局出具《解除函》，通知解除《成交确认书》，随后又向一审法院起诉请求确认解除《成交确认书》。可见，A局与B公司均作出了解除合同的意思表示，解除《成交确认书》符合双方的真实意愿,本院予以确认。《拍卖须知》载明:"出让地块的基本情况:宗地红线外三通(通路、通电、通水),宗地红线内为现状。"B公司进行土地现场踏勘后,仍提交了《竞买申请书》,表示完全接受并愿意遵守《拍卖须知》等文件的规定和要求,对相关资料均无异议。由此表明,本案双方就案涉土地以《拍卖须知》约定的条件交付达成了一致。B公司作为竞拍人,理应在竞拍前了解案涉土地的现状并对竞拍土地后的风险进行评估,在竞得案涉土地后应自觉履行相应的付款义务。但B公司对案涉土地状况未尽到充分、谨慎的审查义务,对于《成交确认书》的解除存在过错。同时,根据现有证据表明,案涉土地在出让时不符合"宗地红线外三通"的条件,即无论宗地红线内的"现状"是否满足"净地"标准,A局也未向B公司交付符合《拍卖须知》约定的土地,对本案合同关系的解除亦有过错。在双方当事人均具有过错的情况下,一审法院综合本案实际情况,判令A局返还B公司竞买保证金并支付利息,利息自B公司向一审法院提起本案诉讼之日起按照中国人民银行同期同类贷款利率计算,A局就B公司支付的土地交易服务费及公证费承担50%的赔偿责任,利于平衡双方之间的利益,亦无不当。

【评析】

关于国有土地出让合同的性质问题,理论界的争议一直较大,存在"民事合同说"、"行政协议说"和"双重性质合同说"三种观点。其中,"民事合同说"的主要观点是:土地出让合同的签订遵循平等、自愿、有偿原则,合同双方是平等的民事主体关系。土地管理部门在该合同关系中,仅是代表国家作为土地所有人,并不是以土地管理者的身份出现。土地受让方签订出让合同的根本目的是在土地所有权上设定用益物权,并使其转化为受民法保护的财产权利。"行政协议说"的主要观点是:土地出让合同的一方主体恒定为行政机关,符合行政协议的典型特征。土地管理部门代表国家签订出让合同的目的,是为了履行自身保护、开发、利用土地的行政管理职责,不仅享有监督合同履行、单方解除合同等行政优益权,还可采取警告、罚款直至无偿收回土地使用权等行政处罚措施直接规制受让方的履约行为,行政色彩极为浓厚。"双重性质合同说"的主要观点是:土地管理部门作为国家土地所有权的代表,出让土地并签订出让合同的目的有二,其一是在土地所有权上设定土地使用权,以此实现国家土地所有权的物权权能;其二是落实土地规划管制目标和国家调控政策,以此实现对土地的高效集约利用,并促进城市建设和经济发展。同时,在调整、规范土地出让行为的现行法律法规中,既有突出其民事行为属性的《城镇国有土地使用权出让和转让暂行条例》,也有重于保障其行政行为属性的《城市房地产管理法》,均能印证土地出让合同的"复合"性质。

从司法实践的角度看,《最高人民法院关于审理涉及国有土地使用权合同纠纷案件适用法律问题的解释》作为民事类司法解释,明确规定了国有土地使用权出让合同的法律内涵,并就该类合同的无效情形、有效情形以及可解除情形等作出了细化规定。《最高人民法院关于审理行政协议案件若干问题的规定》第 2 条在界定行政协议范围时,也仅明确矿业权等国有自然资源使用权出让协议属于行政协议,并未将国有土地使用权出让合同包含在内。此外,在《民事案件案由规定》中,"建设用地使用权出让合同纠纷"也被规定为四级案由。据此,正如本案裁判观点,许多法院都认可因土地使用权出让合同履行行为而发生的纠纷,可以作为民事纠纷立案受理。但同时,最高院的《答复》也指出,土地管理部门通过拍卖出让国有建设用地使用权,与竞得人签署成交确认书的行为,属于具体行政行为。此外,一些地方性规章甚至直接规定了土地出让合同的性质为行政协议,如《湖南省行政程序规定》在 2018 年修正后依然延续了旧有规定,将"国有土地使用权出让"明确列举为政府可以签订行政合同的事项范围。而"(2018)最高法民申 3890 号"案的裁判文书亦指出:国土局系行政机关,其出让土地系代表国家履行国土部门行政职责,出让土地的目的是实现土地建设及相关配套设施建设,符合公共利益目标。故国有建设用地使用权出让合同具有行政法上的权利义务内容,符合行政协议之特征。故此,有部分法院亦认为,土地使用权出让合同的性质系行政协议,而非民事合同。

针对上述矛盾认知,本案实质是采纳了"双重性质合同说",即承认土地出让合同兼具行政协议和民事协议特征,并从实务处理的角度,确认了人民法院可以结合当事人实际诉争的权利义务内容,尊重原告的程序选择权,依照民事诉讼程序审理土地出让合同纠纷。应当说,最高人民法院在本案中的裁判说理,体现了重于分析当事人诉争法律关系之实质内容的请求权基础思维,并与《行政诉讼法》第 61 条及其司法解释第 141 条有关"行政争议与相关民事争议可以一并审理,一并审理相关民事争议,适用民事法律规范的相关规定"的立法精神保持一致。值得特别指出的是,虽然最高人民法院在"(2018)最高法民申 3890 号"案中确认了土地出让合同符合行政协议特征,但亦聚焦当事人争议的法律关系性质,论证了符合行政协议特征的土地出让合同依然可以适用民事诉讼程序予以审理的法律理由:"本案中,易祥公司提出的诉讼请求是要求汤阴县国土局交付符合《国有建设用地使用权出让合同》约定条件的土地,该请求并不涉及行政优益权问题。因此,根据原审审理时尚在实施的《最高人民法院关于适用〈中华人民共和国行政诉讼法〉若干问题的解释》(法释〔2015〕9 号)第 14 条'人民法院审查行政机关是否依法履行、按照约定履行协议或者单方变更、解除协议是否合法,在适用行政法律规范的同时,可以适用不违反行政法和行政诉讼法强制性规定的民事法律规范'之规定,本案仍可适用《合同法》等民事法律规范予以调整。"换言之,最高人民法院在处理该案时的观点仍然是:即便土地出让合同具备行政协议的诸多特征,也不意味着该类合同纠纷只能依照行政诉讼程序予以审理。在案件实质诉争的权利义务内容不涉及行政优益权行使的情形下,当事人仍然有权就土地出让合同纠纷提出民事诉讼。

【重点规范链接】

《民法典》(2020 年 5 月 28 日)

第四百九十五条 当事人约定在将来一定期限内订立合同的认购书、订购书、预订书等,构成预约合同。

当事人一方不履行预约合同约定的订立合同义务的,对方可以请求其承担预约合同的违约责任。

第五百六十三条 有下列情形之一的,当事人可以解除合同:

(一)因不可抗力致使不能实现合同目的;

(二)在履行期限届满前,当事人一方明确表示或者以自己的行为表明不履行主要债务；

（三）当事人一方迟延履行主要债务，经催告后在合理期限内仍未履行；

（四）当事人一方迟延履行债务或者有其他违约行为致使不能实现合同目的；

（五）法律规定的其他情形。

以持续履行的债务为内容的不定期合同，当事人可以随时解除合同，但是应当在合理期限之前通知对方。

第五百六十五条 当事人一方依法主张解除合同的，应当通知对方。合同自通知到达对方时解除；通知载明债务人在一定期限内不履行债务则合同自动解除，债务人在该期限内未履行债务的，合同自通知载明的期限届满时解除。对方对解除合同有异议的，任何一方当事人均可以请求人民法院或者仲裁机构确认解除行为的效力。

当事人一方未通知对方，直接以提起诉讼或者申请仲裁的方式依法主张解除合同，人民法院或者仲裁机构确认该主张的，合同自起诉状副本或者仲裁申请书副本送达对方时解除。

第五百九十一条 当事人一方违约后，对方应当采取适当措施防止损失的扩大；没有采取适当措施致使损失扩大的，不得就扩大的损失请求赔偿。

当事人因防止损失扩大而支出的合理费用，由违约方负担。

《城市房地产管理法》（2019年8月26日）

第八条 土地使用权出让，是指国家将国有土地使用权（以下简称土地使用权）在一定年限内出让给土地使用者，由土地使用者向国家支付土地使用权出让金的行为。

第十一条 县级以上地方人民政府出让土地使用权用于房地产开发的，须根据省级以上人民政府下达的控制指标拟订年度出让土地使用权总面积方案，按照国务院规定，报国务院或者省级人民政府批准。

第十二条 土地使用权出让，由市、县人民政府有计划、有步骤地进行。出让的每幅地块、用途、年限和其他条件，由市、县人民政府土地管理部门会同城市规划、建设、房产管理部门共同拟定方案，按照国务院规定，报经有批准权的人民政府批准后,由市、县人民政府土地管理部门实施。

直辖市的县人民政府及其有关部门行使前款规定的权限,由直辖市人民政府规定。

第二十条 国家对土地使用者依法取得的土地使用权,在出让合同约定的使用年限届满前不收回;在特殊情况下,根据社会公共利益的需要,可以依照法律程序提前收回,并根据土地使用者使用土地的实际年限和开发土地的实际情况给予相应的补偿。

《城镇国有土地使用权出让和转让暂行条例》(2020年11月29日)

第十一条 土地使用权出让合同应当按照平等、自愿、有偿的原则,由市、县人民政府土地管理部门(以下简称出让方)与土地使用者签订。

《最高人民法院关于审理涉及国有土地使用权合同纠纷案件适用法律问题的解释》(2020年12月29日)

第一条 本解释所称的土地使用权出让合同,是指市、县人民政府自然资源主管部门作为出让方将国有土地使用权在一定年限内让与受让方,受让方支付土地使用权出让金的合同。

第二条 开发区管理委员会作为出让方与受让方订立的土地使用权出让合同,应当认定无效。

本解释实施前,开发区管理委员会作为出让方与受让方订立的土地使用权出让合同,起诉前经市、县人民政府自然资源主管部门追认的,可以认定合同有效。

第三条 经市、县人民政府批准同意以协议方式出让的土地使用权,土地使用权出让金低于订立合同时当地政府按照国家规定确定的最低价的,应当认定土地使用权出让合同约定的价格条款无效。

当事人请求按照订立合同时的市场评估价格交纳土地使用权出让金的,应予支持;受让方不同意按照市场评估价格补足,请求解除合同的,应予支持。因此造成的损失,由当事人按照过错承担责任。

第四条 土地使用权出让合同的出让方因未办理土地使用权出让批准手续而不能交付土地,受让方请求解除合同的,应予支持。

第六条 受让方擅自改变土地使用权出让合同约定的土地用途,出让方请求解除合同的，应予支持。

《最高人民法院关于审理行政协议案件若干问题的规定》（2019 年 11 月 27 日）

第二条 公民、法人或者其他组织就下列行政协议提起行政诉讼的，人民法院应当依法受理：

（一）政府特许经营协议；

（二）土地、房屋等征收征用补偿协议；

（三）矿业权等国有自然资源使用权出让协议；

（四）政府投资的保障性住房的租赁、买卖等协议；

（五）符合本规定第一条规定的政府与社会资本合作协议；

（六）其他行政协议。

《最高人民法院行政审判庭关于拍卖出让国有建设用地使用权的土地行政主管部门与竞得人签署成交确认书行为的性质问题请示的答复》（2010 年 12 月 21 日）

土地行政主管部门通过拍卖出让国有建设用地使用权，与竞得人签署成交确认书的行为，属于具体行政行为。当事人不服提起行政诉讼的，人民法院应当依法受理。

10. 经政府同意，土地竞得人可以将其依法取得的挂牌中标权转让给他人，由他人与自然资源主管部门签订土地使用权出让合同

【裁判要旨】

A公司已依法取得案涉土地使用权的竞得权，根据《招标拍卖挂牌出让国有土地使用权规范（试行）》第10.2（6）条的规定，申请人可以组建新公司与出让人签订《国有土地使用权出让合同》。本案中，B公司虽然不是A公司组建的新公司，但A公司与B公司的实际控制人为同一人，在县政府知情且同意的情形下，由B公司作为土地使用权受让人签订案涉《出让合同》，并未扰乱"招、拍、挂"出让国有建设用地使用权市场秩序，并未违反法律、行政法规的强制性规定。B公司代替A公司与C局签订案涉《出让合同》，征得了县政府的同意，本案没有证据证明B公司与A公司存在恶意串通、逃避税费的故意。而即便B公司和A公司签订《中标权转让协议》可能存在违反税收征管法律规定的情形，也应由税收征管部门予以查处，不能因此否认B公司与C局之间自愿签订的《出让合同》的效力。

【基本案情】

2007年1月23日，县政府与A公司形成《会谈备忘录》，明确该县新区项目的开发商可以分期支付土地款，第一期支付600万元，后期视拆迁进度分期支付。

2007年2月12日，A公司通过参与挂牌出让竞得新区项目69.5亩国有建设用地使用权（宗地编号为2007-1#），并与县自然资源局（以下简称C

局)签订《成交确认书》。

因A公司不具备房地产开发经营资质，而A公司董事长控股的B公司具备房地产开发经营资质，经县政府同意，A公司与B公司于2007年2月25日签订《中标权转让协议》，约定A公司自愿将挂牌中标权无偿转让给B公司。

2007年4月20日，县政府与B公司签订《投资协议书》，确认B公司依法取得新区项目69.5亩商住用地，并约定由县政府负责协调督促土地拆迁，新区项目拆迁工作应于2007年12月31日前全部完成。

2007年9月28日，甲方C局与乙方B公司签订《出让合同》，主要约定：甲方将2007-1#宗地的69.5亩国有土地使用权出让给乙方，土地价格为26万元/亩，土地出让金为1808.547万元，合同签订30日内缴付600万元作为履约定金，定金抵作土地出让金，剩余土地出让金视拆迁进度分期付款。甲方同意在2007年12月31日前将出让宗地交付给乙方，同意在交付土地时该宗地应达到本条第(三)款规定的土地条件即“现状土地交付”。

其后，C局从B公司支付的1000万元竞买押金中直接扣除了600万元作为土地出让金，剩余400万元则退还给了B公司。

2008年8月28日，县政府向B公司颁发2007-1#宗地中的25亩土地使用权证，B公司利用其中的10.96亩土地开展了第一期项目建设。对于剩余的14.04亩土地和尚未取得土地使用权证的44.5亩土地，B公司规划全部用于第二期项目建设。其后，因C局迟迟未完成44.5亩土地的拆迁补偿安置工作，已交付土地使用权证的14.04亩土地上亦残留着未被拆除的电力设备(两台变压器)，B公司多次向县政府提出请求尽快协调解决的报告，但前述问题一直未得到妥善处理。

2015年2月9日，在未经通知B公司的情况下，C局决定再次公开挂牌出让2007-1#宗地中的44.5亩土地，后被D公司以110.37万元/亩的摘牌价格竞得。随即，C局与D公司签订土地使用权出让合同，并交付土地。

2016年12月31日，C局以B公司一直未开发利用其已取得土地使用权证的14.04亩土地为由，向B公司发出《闲置土地调查通知》。

2017年1月22日，B公司向C局提交《关于14.04亩土地不构成闲置土地的报告》。在此期间，B 公司发现 2007-1#宗地中剩余的 44.5 亩土地正被 D 公司开发利用，遂向县政府提交《关于恳求尽快交付土地的报告》，请求县政府立即责令 D 公司停止不法侵害，并督促 C 局向 B 公司交付该 44.5 亩土地。

2017 年 2 月 8 日，B 公司再次向县政府提交《关于强烈要求 D 公司立即停止土地违法行为，并追究相关责任人的法律责任，维护浙商已依法取得土地使用权合法权益的报告》。

2017 年 3 月 8 日，B 公司向 D 公司发送《律师函》，告知其正在开发建设的 44.5 亩土地的土地使用权归 B 公司合法享有，其应当立即停止施工作业。

2017 年 7 月 18 日，C 局向 B 公司发出《关于解除未付价款部分国有土地使用权出让合同的通知》，以 B 公司至今未缴纳土地出让金，也未取得国有土地使用权，以及土地规划调整、土地拆迁成本过高和土地出让市场价格上升为由，要求解除《出让合同》中涉及 44.5 亩土地的部分。B 公司则向 C 局提交《关于我司与贵局所签〈出让合同〉中因贵方原因部分未履行完毕的函》，主要内容为：按照《出让合同》的约定，土地出让金应视拆迁进度分期付款。但贵局一直未能落实 44.5 亩土地的征地拆迁补偿安置工作，我司不存在任何违约行为。贵局已办理了土地使用权证的 14.04 亩土地上还存留电力设备，不能满足动工开发的条件，贵司至今尚未按约向我司交付该土地。现贵司又将我司已经取得购买权的 44.5 亩土地出让给他人，导致我司开展第二期项目建设的合同目的无法实现，已经蒙受重大损失。

其后，B 公司诉至法院提出 3 项诉讼请求：(1)判决解除《出让合同》中涉及 B 公司已取得国有土地使用权的 14.04 亩土地部分，判令 C 局返还土地出让金 365.04 万元；(2)判令 C 局向 B 公司赔偿可得利益损失 9800 万元及利息(自起诉之日起按中国人民银行同期贷款利率计算至款项清偿之日止)；(3)本案诉讼费用由 C 局承担。同时，B 公司向法院提交书面申请，要求对其实际未开发的 58.54 亩土地的现有价值及可得利益损失予以鉴定，鉴定结果为：以 2017 年 9 月 7 日为基准日，59.54 亩土地的市场价格为 113.5 万元/亩，总价为 6658.16 万元，若交付开发的可实现利润为 19,590.46 万元。

C 局辩称:《出让合同》涉及的 25 亩土地已经交付并办理了国有土地使用权证,B 公司请求解除其中的 14.04 亩土地部分,没有法律依据。从 2007-1#宗地挂牌出让至与 A 公司签订成交确认书期间,C 局作为土地出让方,实施的是行政许可行为,许可内容是 A 公司取得的中标权。根据《行政许可法》第 9 条的规定,行政许可行为不得转让,亦即 A 公司通过行政许可程序取得的中标权不得转让。此外,A 公司和 B 公司签订《中标权转让协议》的目的是逃避土地转让税费,存在恶意串通的主观目的,损害了国家利益,应属无效合同。据此,C 局与 B 公司签订的《出让合同》亦应无效,B 公司不能就无效合同主张履行利益。同时,本案即便认可《中标权转让协议》和《出让合同》的法律效力,但在 B 公司仅缴纳 1/3 土地出让金,且该土地的出让金在 8 年后已大幅上涨的情形下,C 局作为承担土地管理职能的行政机关,应当为维护国家和社会的公共利益行使行政优益权解除《出让合同》。

另外,2019 年 5 月 27 日,县政府在本案二审期间作出《行政处理决定书》,主要内容为:确认 A 公司对 2007-1#宗地国有土地使用权公开挂牌出让的竞得结果无效,撤销 C 局与 A 公司就 2007-1#宗地国有土地使用权挂牌出让项目所签订的《成交确认书》。后经 A 公司申请复议,市政府于 2019 年 12 月 30 日作出行政复议决定书,撤销县政府作出的《行政处理决定书》。

【一审争议焦点】

1.《出让合同》的效力。

2.《出让合同》中涉及 14.04 亩土地的部分是否可以解除?

3. C 局是否应当承担赔偿责任?

【一审裁判观点】

关于争议焦点 1:B 公司与 C 局于 2007 年 9 月 28 日签订的《出让合同》系双方当事人的真实意思表示,内容未违反法律的强制性规定,合法有效。B 公司在合同生效时已取得案涉 69.5 亩土地使用权的购买权,且已于 2008 年 8 月 28 日取得了前述 69.5 亩土地中 25 亩的国有土地使用权证,B 公司对剩余 44.5 亩国有土地使用权的购买权依法应予保护。

关于争议焦点2：根据《会谈备忘录》、《投资协议书》和《出让合同》的约定，B公司在交付第一期600万元土地出让金后，有权根据拆迁安置进度分期交付剩余土地出让金，C局应当在2007年12月31日前完成拆迁工作，并向B公司交付全部土地。C局以B公司未缴纳土地出让价款，也未取得国有土地使用权，以及土地规划调整，土地拆迁成本过高和土地出让市场价格上升为由，主张其可以行使行政优益权单方解除《出让合同》涉及44.5亩土地的部分，缺乏事实和法律依据。本案中，C局未按约交付土地，并将B公司享有购买权的土地重新出让给D公司显然已构成违约，并导致B公司客观上难以在剩余的14.04亩土地上完成第二期项目建设规划，其竞买土地、开发建设房地产的合同目的已经无法实现。故B公司请求部分解除《出让合同》，并返还土地出让金365.04万元，符合法律规定，本院予以支持。

关于争议焦点3：C局未按约完成拆迁，未向B公司交付全部土地，并在明知B公司享有土地购买权的情形下，另行将案涉土地出让给D公司，存在一定过错。根据《合同法》第97条、第113条之规定，B公司有权要求C局赔偿相应损失。但本案的委托鉴定结果系评估案涉土地的市场价值以及预测B公司或可实现的利润，并非B公司已经实际产生的损失，故对该鉴定报告的数据结论，本院不予采信。根据本案的具体情况，B公司一直未交纳剩余的出让土地价款，也有一定过错，其实际损失应为案涉44.5亩土地通过两次出让所形成的溢价款。第一次出让时，B公司按《出让合同》约定的26万元/亩价格，需要缴纳的土地出让金为1159.6万元；第二次出让时，D公司的竞买均价为110.37元/亩，实际缴纳的土地出让金为4922.502万元；两次出让所形成的土地溢价款合计为3748.184万元。由于双方在履行《出让合同》时均有过错，本院酌定由B公司自行承担60%的损失，由C局承担40%的损失赔偿责任计1499.2736万元。因B公司所受损失中已经概括包含了C局将案涉土地出让给第三人后所获得的全部溢价款，其再行主张C局承担前述损失的资金占用利息和部分开发可得利润，没有法律依据，本院不予支持。

【二审争议焦点】

1.《中标权转让协议》和《出让合同》的效力应当如何认定？

2. 若《中标权转让协议》和《出让合同》应当解除或被认定无效，基于合同解除或合同无效导致的法律后果应当如何处理？

【二审裁判观点】

关于争议焦点 1：本案涉及的法律关系性质为国有建设用地使用权出让合同关系，案由应为国有建设用地使用权出让合同纠纷。对于国有建设用地使用权出让行为，我国相关法律、行政法规以及部门规章等均进行了规定。1990 年颁布的《城镇国有土地使用权出让和转让暂行条例》第 8 条第 1 款规定：土地使用权出让是指国家以土地所有者的身份将土地使用权在一定年限内让与土地使用者，并由土地使用者向国家支付土地使用权出让金的行为。第 9 条规定：土地使用权的出让，由市、县人民政府负责，有计划、有步骤地进行。2009 年《城市房地产管理法》第 10 条规定：土地使用权出让，必须符合土地利用总体规划、城市规划和年度建设用地计划。第 12 条第 1 款规定：土地使用权出让，由市、县人民政府有计划、有步骤地进行。出让的每幅地块、用途、年限和其他条件，由市、县人民政府土地管理部门会同城市规划、建设、房产管理部门共同拟定方案，按照国务院规定，报经有批准权的人民政府批准后，由市、县人民政府土地管理部门实施。第 13 条规定：土地使用权出让，可以采取拍卖、招标或者双方协议的方式。商业、旅游、娱乐和豪华住宅用地，有条件的，必须采取拍卖、招标方式；没有条件，不能采取拍卖、招标方式的，可以采取双方协议的方式。采取双方协议方式出让土地使用权的出让金不得低于按国家规定所确定的最低价。第 19 条规定：土地使用权出让金应当全部上缴财政，列入预算，用于城市基础设施建设和土地开发。《物权法》* 第 137 条第 1 款规定：设立建设用地使用权，可以采取出让或者划拨等方式。第 138 条第 1 款规定：采取招标、拍卖、协议等出让方式设立建设用地使用权的，当事人应当采取书面形式订立建设用地使用权出让

---

* 《物权法》已被 2020 年 5 月 28 日公布的《民法典》废止，下同。——编者注

合同。除了以上法律和行政法规规定外,国土资源部还颁布了《招标拍卖挂牌出让国有建设用地使用权规定》,明确出让人可根据出让土地性质和用途对竞买人的竞买资格设置条件,适格的竞买人依照法定程序竞买土地成功的,出让人应当与竞得人签订成交确认书,并在限定时间内签订出让合同。

根据以上法律、行政法规以及部门规章的规定,国有建设用地使用权出让作为土地一级市场的交易方式,涉及国计民生和社会公共利益,需要按照特定程序予以实施。该程序起于国有土地的整体出让规划,止于竞买人与国土部门签订《国有建设用地使用权出让合同》。竞买人只有在与国土部门签订《成交确认书》后,才享有后续签订《国有建设用地使用权出让合同》的资格。而竞买人之所以能够与国土部门签订《成交确认书》,是基于其首先是符合竞买条件的适格竞买人,并参与了严格的竞买程序选定,故该种通过竞买而取得的中标权、签约权具有身份专属性,不能再让与他人。本案中,A 公司通过参与挂牌出让程序与 C 局签订了《成交确认书》,该《成交确认书》对 A 公司及 C 局具有法律上的约束力。A 公司作为竞得人,本应按照《成交确认书》约定的时间与 C 局签订出让合同,但其放弃与 C 局签订出让合同,直接将中标权转让给没有竞买人资格的 B 公司,此种行为实际上属于放弃竞得宗地,将导致案涉土地需要重新以招拍挂方式出让,并重新确定竞得人。A 公司对其转让中标权的行为,应承担缔约过失责任。同时,A 公司与 B 公司系两个独立法人,A 公司将中标权转让给 B 公司,既不同于竞得土地使用权后再组建新公司进行开发建设,也不同于通过股权流转或者增资扩股的方式进行开发建设,不属于对土地出让结果的具体落实。该行为实际上达到了出让土地使用权的目的效果,并逃避了土地在二级市场依法转让时所应当缴纳的税费。

综上,A 公司与 B 公司通过签订《中标权转让协议》转让中标权的行为客观上扰乱了招拍挂出让国有建设用地使用权的市场秩序,并使这一程序形同虚设。若认可该种行为的法律效力,不利于促进和保障我国房地产市场健康有序的发展。同时,这种转让中标权的行为逃避了土地在二级市场依法转让时所应当缴纳的税费,损害了国家利益和社会公共利益,符合《合同法》第 52 条规定的合同无效条件,案涉《中标权转让协议》应当认定为无效合同。因《中标权转让协议》无效，《出让合同》也失去了合法的来源和基础，亦应认定为无效合同。

关于争议焦点 2：《合同法》第 58 条规定：合同无效或者被撤销后，因该合同取得的财产，应当予以返还；不能返还或者没有必要返还的，应当折价补偿。有过错的一方应当赔偿对方因此所受到的损失，双方都有过错的，应当各自承担相应的责任。合同无效后，仅存在返还财产及赔偿直接损失的问题，故原审判决认定合同应当解除以及支持 C 局向 B 公司赔偿可得利益损失错误，支持 C 局返还 B 公司土地出让金 365.04 万元正确。对于合同无效，B 公司与 C 局均有过错。C 局作为管理国有土地的专门机关，默许中标权转让行为，并与中标权受让人 B 公司签订《出让合同》，应当承担主要责任。由于《出让合同》无效，C 局占有 B 公司土地出让金 365.04 万元没有合法基础。B 公司缴纳该款项后，客观存在资金被占用的直接损失，C 局作为资金实际占用方应当承担赔偿责任。故 C 局应以 365.04 万元为基数，自 2007 年 2 月 12 日该款项支付之日起至支付完毕之日止，按中国人民银行同期同类贷款利率计算并赔偿 B 公司的资金占用损失。

【再审争议焦点】

1. 案涉《出让合同》的效力问题。
2. 14.04 亩土地部分对应的《出让合同》是否应当解除的问题。
3. C 局的违约责任问题。

【再审裁判观点】

关于争议焦点 1：案涉《出让合同》是双方的真实意思表示，不存在违反法律、行政法规的强制性规定，损害社会公共利益以及恶意串通损害国家或第三人的利益情形，应当认定有效。具体理由如下：

其一，2007 年 2 月 25 日，经县政府同意，A 公司与 B 公司签订《中标权转让协议》，约定 A 公司自愿将案涉土地的挂牌中标权无偿转让给 B 公司。2007 年 4 月 20 日，县政府与 B 公司签订《投资协议书》，确认由 B 公司取得案涉土地使用权。2007 年 9 月 28 日，B 公司与 C 局签订《出让合同》，约定将案涉 69.5 亩国有土地使用权出让给 B 公司。因此,C 局追认了 A 公司转让案涉土地竞得权。在履行《出让合同》的过程中,C 局直至 2016 年 12 月 31 日作出《闲置土地调查通知书》时,也从未对由 B 公司代替 A 公司签订《出让合同》提出异议,其在本案应诉过程中主张 B 公司与 A 公司恶意串通取得案涉土地竞得权,没有事实依据,违反诚实信用原则,本院不予支持。

其二,根据 2007 年施行的《城市房地产管理法》第 13 条的规定和《最高人民法院关于审理涉及国有土地使用权合同纠纷案件适用法律问题的解释》第 3 条第 1 款的规定,国家并未禁止土地使用权以协议方式出让。此外,A 公司已依法取得案涉土地使用权的竞得权,根据《招标拍卖挂牌出让国有土地使用权规范(试行)》第 10.2(6)条的规定,申请人可以组建新公司与出让人签订《国有土地使用权出让合同》。本案中,B 公司虽然不是 A 公司组建的新公司,但 A 公司与 B 公司的实际控制人为同一人,在县政府知情且同意的情形下,由 B 公司作为土地使用权受让人签订案涉《出让合同》,并未扰乱招拍挂出让国有建设用地使用权市场秩序,并未违反法律、行政法规的强制性规定。

其三,B 公司代替 A 公司与 C 局签订案涉《出让合同》,征得了县政府的同意,本案没有证据证明 B 公司与 A 公司存在恶意串通逃避税费的故意。而即便 B 公司和 A 公司签订《中标权转让协议》可能存在违反税收征管法律规定的情形,也应由税收征管部门予以查处,不能因此否认 B 公司与 C 局之间自愿签订的《出让合同》的效力。

综上,二审判决认定《出让合同》无效,适用法律错误,本院予以纠正。此外,B 公司在提起本案诉讼时,未就其与 A 公司之间《中标权转让协议》的效力提出诉讼请求,二审法院亦未追加 A 公司作为案件当事人。在此情形下,二审判决 B 公司与 A 公司签订的《中标权转让协议》无效,超出了本案诉讼请求,本院一并予以纠正。

关于争议焦点 2:B 公司主张其虽然已经领取了 25 亩土地的使用权证,但其中的 14.04 亩土地上尚有未拆除的电力设备,C 局尚未交付土地,且 C 局另行出让 44.5 亩土地也导致其无法进行第二期项目开发,C 局构成根本违约,该部分土地对应的《出让合同》应当解除。本院认为,B 公司的上述主张不能成立，具体理由如下：

其一，根据本案查明的事实，《出让合同》第5条约定："出让人同意在2007年12月31日前将出让宗地交付给受让人，出让方同意在交付土地时该宗地应达到本条第(三)款规定的土地条件，即现状土地交付。"从合同约定来看，双方约定C局按照现状土地条件交付，并无拆除地上设施的合同义务。因此，即便14.04亩土地上仍有未拆除的电力设备，B公司以此为由主张对方根本违约，也没有合同依据。

其二，2008年8月28日，政府向B公司颁发25亩国有土地使用权证，其中包括B公司已开发建设的10.96亩土地和B公司主张解除合同的14.04亩土地。而10.96亩土地已经实际开发的事实，能够印证C局有关25亩土地已经全部实际交付的主张。B公司主张案涉14.04亩土地尚未交付，但未提供相反证据予以证明，也没有提交证据证明存在无法开发利用该地块的权利障碍，该公司关于尚未向其交付该地块的主张证据不足，本院不予支持。

其三，《出让合同》项下共69.5亩土地的用途为商住综合用地，即B公司与C局签订《出让合同》的目的为投资开发土地以获取投资收益。10.96亩土地已由B公司开发完毕，44.5亩土地使用权已由D公司取得。至于剩余14.04亩土地，B公司主张C局另行出让44.6亩土地导致其无法进行整体开发，无法实现合同目的，但B公司并未提供证据证明存在不能单独开发14.04亩土地的客观原因。

综上，B公司主张解除14.04亩土地对应的《出让合同》，理据不足，本院不予支持。B公司以其对14.04亩土地对应的《出让合同》享有解除权为由，请求C局返还14.04亩土地对应的出让金365.04万元并承担相应违约责任的诉讼请求，没有事实和法律依据，本院不予支持。

关于争议焦点3：本案中，C局在未依法解除《出让合同》前，即将案涉《出让合同》项下的44.5亩土地出让给D公司，另行出让之后才以行使行政优益权为由，向B公司发送《关于解除未付价款部分国有土地使用权出让合同的通知》，违反合同约定。现B公司同意解除该部分土地对应的《出让合同》，根据《合同法》第97条的规定，其有权要求赔偿损失。

《合同法》第113条第1款规定:“当事人一方不履行合同义务或者履行合同义务不符合约定,给对方造成损失的,损失赔偿额应当相当于因违约所造成的损失,包括合同履行后可以获得的利益,但不得超过违反合同一方订立合同时预见到或者应当预见到的因违反合同可能造成的损失。”根据原审查明的事实,C局另行出让44.56亩土地的均价为110.37万元/亩,B公司取得案涉土地的单价为26万元/亩,则C局另行出让44.56亩土地的溢价收益约为3759.53万元[(110.37万元/亩-26万元/亩)×44.56亩计算得出],此属合同履行后可获利益范畴。B公司至今未缴纳44.56亩土地的出让金,亦没有取得国有土地使用权证和进行开发建设。一审法院结合本案的具体情况以及过错程度,酌定C局按获得利益40%的范围承担违约赔偿责任,并无不当,本院予以维持。故,C局对于解除44.56亩土地部分对应的《出让合同》,应向B公司赔偿损失1503.81万元(3759.53万元×40%计算得出)。该部分损失在未经法院确定时,赔偿责任的履行期限并不确定,计算利息缺少起算时间依据。B公司主张C局自起诉之日起向其赔偿该部分损失相应的利息,没有法律依据,本院不予支持。

【评析】

土地既是不可再生的稀缺资源,也是激发全社会创造力和市场活力的核心要素。地方政府要推动经济发展的质量变革、效率变革和动力变革,就必须强化对土地利用的规划管制。因此,在国有土地使用权出让合同的履行过程中,客观存在行政机关主动行使“行政优益权”,单方变更或者解除出让合同的可能。所谓“行政优益权”,是指行政机关基于保护公共利益和实现行政管理目标的职责需要而享有的优先权利,通常包括以下三个方面内容:一是行政机关对行政协议的履行享有指导权和监督权;二是在符合法定条件的情况下,行政机关有权决定解除或者变更行政协议;三是在行政相对人拒绝履行协议以及不按照协议履行时,行政机关有权强制执行或者给予行政处罚。我国现行立法虽未明确界定“行政优益权”的概念内涵,但有关法律规范以及司法解释已经实质性地认可了该权力的客观存在。例如,《市政公用事业特许经营管理办法》第10条规定了行政机关享有对企业履行协议义务的监督权，在危及或者可能危及公共利益、公共安全等紧急情况下，行政机关可以临时接管特许经营项目。第 18 条明确规定了行政机关应当依法终止特许经营协议，即应当行使行政优益权的具体情形。而《最高人民法院关于审理行政协议案件若干问题的规定》第 16 条第 1 款也间接承认了行政机关行使行政优益权的合法性，并确立了行政机关在行使该权力时应当予以补偿的基本原则，即在履行行政协议过程中，可能出现严重损害国家利益、社会公共利益的情形，被告作出变更、解除协议的行政行为后，原告请求撤销该行为，人民法院经审理认为该行为合法的，判决驳回原告诉讼请求；给原告造成损失的，判决被告予以补偿。

本案中，C 局以其作为承担土地管理职能的行政机关，应当为维护国家和社会的公共利益行使行政优益权为由，对自身单方解除《出让合同》的行为提出了免责抗辩主张。而基于本案系以民事诉讼程序予以审理的原因，三级法院的裁判文书均未详细分析不予采信 C 局前述辩称意见的具体理由。因而，仍有必要依据行政优益权的本质特点与行使规则，探寻分析本案中 C 局以行使行政优益权为由提出的抗辩主张不能成立的法律原因。根据最高人民法院第四巡回法庭的观点，行政优益权作为行政机关享有的特殊权力，具有“法无明文规定不可为”的法定性、只能由行政机关行使的专属性以及无须征得行政相对人同意的单方性和强制性。行政机关在行使该权力时，应当严格恪守公益优先原则、合同自由原则、信赖保护原则、比例原则、权责均衡原则以及损害弥补原则。作为行政权的延伸，行政优益权“在一定程度上可以视为公权力，应当具备一定的谦抑性，如果行政机关为了国家利益或社会公共利益等更高的价值而对私人权利的行使和义务的履行施加强制或干预，应当要有合理而适当的理由”，“如果一味强调行政机关享有行政优益权，那么就可能会造成行政机关随意变更和解除行政协议，使行政协议所具有的合同属性大受影响”。[①]

也就是说，基于行政优益权的行使无须征得协议相对人的同意，因而必须防止行政机关滥用该权力破坏诚实信用的契约精神，损害行政相对人的

① 姜伟主编：《最高人民法院第四巡回法庭疑难案件裁判要点与观点》，人民法院出版社 2020 年版，第 547~548 页。

合法权益。例如,本案中县政府在二审期间还行使行政优益权作出《行政处理决定书》,否认 A 公司在 12 年前实施的竞拍行为效力,确认其竞得结果无效,并据此撤销《成交确认书》,即系滥用行政优益权的典型表现。而 C 局在诉讼过程中提出土地行政管理部门在土地挂牌出让至签订成交确认书期间所实施的行为是行政许可行为,进而以所谓的“行政许可不得转让”为由,主张 A 公司和 B 公司签订的《中标权转让协议》无效,根本目的亦是希望凭借行政机关的优益权,阻却其应当承担的违约责任。而无论是县政府或者 C 局,在认知层面上均存在将“行政优益权”等同于“行政机关在《合同法》框架之外所享有的单方处置权”的错误。事实上,即便是在最典型的行政协议,如政府特许经营协议、土地征收征用补偿协议以及矿业权等国有自然资源使用权出让协议、政府投资的保障性住房的租赁、买卖等协议中,行政机关也不具有抽象的、普遍的、无条件的行政优益权。行政机关单方变更或者解除协议,不仅必须有相应的行政法律规范依据作为合法性支撑,其行权目的也应是保护重大且明显的国家利益或社会公共利益。至于在土地使用权出让合同这类兼具民事协议与行政协议性质的合同中,行政机关作为合同当事人,更不应存在超出法律规定以及合同约定之外的单方处置权。

【重点规范链接】

《民法典》(2020 年 5 月 28 日)

第一百五十三条 违反法律、行政法规的强制性规定的民事法律行为无效。但是,该强制性规定不导致该民事法律行为无效的除外。

违背公序良俗的民事法律行为无效。

第一百五十七条 民事法律行为无效、被撤销或者确定不发生效力后,行为人因该行为取得的财产,应当予以返还;不能返还或者没有必要返还的,应当折价补偿。有过错的一方应当赔偿对方由此所受到的损失;各方都有过错的,应当各自承担相应的责任。法律另有规定的,依照其规定。

第三百四十七条 设立建设用地使用权,可以采取出让或者划拨等方式。

工业、商业、旅游、娱乐和商品住宅等经营性用地以及同一土地有两个以上意向用地者的，应当采取招标、拍卖等公开竞价的方式出让。

严格限制以划拨方式设立建设用地使用权。

第三百四十八条 通过招标、拍卖、协议等出让方式设立建设用地使用权的，当事人应当采用书面形式订立建设用地使用权出让合同。

建设用地使用权出让合同一般包括下列条款：

（一）当事人的名称和住所；

（二）土地界址、面积等；

（三）建筑物、构筑物及其附属设施占用的空间；

（四）土地用途、规划条件；

（五）建设用地使用权期限；

（六）出让金等费用及其支付方式；

（七）解决争议的方法。

第五百六十六条第一款、第二款 合同解除后，尚未履行的，终止履行；已经履行的，根据履行情况和合同性质，当事人可以请求恢复原状或者采取其他补救措施，并有权请求赔偿损失。

合同因违约解除的，解除权人可以请求违约方承担违约责任，但是当事人另有约定的除外。

第五百八十四条 当事人一方不履行合同义务或者履行合同义务不符合约定，造成对方损失的，损失赔偿额应当相当于因违约所造成的损失，包括合同履行后可以获得的利益；但是，不得超过违约一方订立合同时预见到或者应当预见到的因违约可能造成的损失。

《城市房地产管理法》（2019 年 8 月 26 日）

第十条 土地使用权出让，必须符合土地利用总体规划、城市规划和年度建设用地计划。

第十一条 县级以上地方人民政府出让土地使用权用于房地产开发的，须根据省级以上人民政府下达的控制指标拟订年度出让土地使用权总面积方案，按照国务院规定，报国务院或者省级人民政府批准。

第十二条 土地使用权出让，由市、县人民政府有计划、有步骤地进行。出让的每幅地块、用途、年限和其他条件，由市、县人民政府土地管理部门会同城市规划、建设、房产管理部门共同拟定方案,按照国务院规定,报经有批准权的人民政府批准后,由市、县人民政府土地管理部门实施。

直辖市的县人民政府及其有关部门行使前款规定的权限,由直辖市人民政府规定。

第十三条 土地使用权出让,可以采取拍卖、招标或者双方协议的方式。

商业、旅游、娱乐和豪华住宅用地,有条件的,必须采取拍卖、招标方式;没有条件,不能采取拍卖、招标方式的,可以采取双方协议的方式。

采取双方协议方式出让土地使用权的出让金不得低于按国家规定所确定的最低价。

第十九条 土地使用权出让金应当全部上缴财政,列入预算,用于城市基础设施建设和土地开发。土地使用权出让金上缴和使用的具体办法由国务院规定。

《城镇国有土地使用权出让和转让暂行条例》(2020年11月29日)

第八条 土地使用权出让是指国家以土地所有者的身份将土地使用权在一定年限内让与土地使用者,并由土地使用者向国家支付土地使用权出让金的行为。

土地使用权出让应当签订出让合同。

第九条 土地使用权的出让,由市、县人民政府负责,有计划、有步骤地进行。

《招标拍卖挂牌出让国有建设用地使用权规定》(2007年9月28日)

第七条 出让人应当根据招标拍卖挂牌出让地块的情况,编制招标拍卖挂牌出让文件。

招标拍卖挂牌出让文件应当包括出让公告、投标或者竞买须知、土地使用条件、标书或者竞买申请书、报价单、中标通知书或者成交确认书、国有建设用地使用权出让合同文本。

第九条 招标拍卖挂牌公告应当包括下列内容:

(一)出让人的名称和地址;

(二)出让宗地的面积、界址、空间范围、现状、使用年期、用途、规划指标要求;

（三）投标人、竞买人的资格要求以及申请取得投标、竞买资格的办法；

（四）索取招标拍卖挂牌出让文件的时间、地点和方式；

（五）招标拍卖挂牌时间、地点、投标挂牌期限、投标和竞价方式等；

（六）确定中标人、竞得人的标准和方法；

（七）投标、竞买保证金；

（八）其他需要公告的事项。

第二十条 以招标、拍卖或者挂牌方式确定中标人、竞得人后，中标人、竞得人支付的投标、竞买保证金，转作受让地块的定金。出让人应当向中标人发出中标通知书或者与竞得人签订成交确认书。

中标通知书或者成交确认书应当包括出让人和中标人或者竞得人的名称，出让标的，成交时间、地点、价款以及签订国有建设用地使用权出让合同的时间、地点等内容。

中标通知书或者成交确认书对出让人和中标人或者竞得人具有法律效力。出让人改变竞得结果，或者中标人、竞得人放弃中标宗地、竞得宗地的，应当依法承担责任。

第二十一条 中标人、竞得人应当按照中标通知书或者成交确认书约定的时间，与出让人签订国有建设用地使用权出让合同。中标人、竞得人支付的投标、竞买保证金抵作土地出让价款；其他投标人、竞买人支付的投标、竞买保证金，出让人必须在招标拍卖挂牌活动结束后5个工作日内予以退还，不计利息。

第二十三条 受让人依照国有建设用地使用权出让合同的约定付清全部土地出让价款后，方可申请办理土地登记，领取国有建设用地使用权证书。

未按出让合同约定缴清全部土地出让价款的，不得发放国有建设用地使用权证书，也不得按出让价款缴纳比例分割发放国有建设用地使用权证书。

《招标拍卖挂牌出让国有土地使用权规范（试行）》（2006年5月31日）

10.2 申请

（6）申请人竞得土地后，拟成立新公司进行开发建设的，应在申请书中明确新公司的出资构成、成立时间等内容。出让人可以根据招标拍卖挂牌出让结果,先与竞得人签订《国有土地使用权出让合同》,在竞得人按约定办理完新公司注册登记手续后,再与新公司签订《国有土地使用权出让合同变更协议》;也可按约定直接与新公司签订《国有土地使用权出让合同》。

《市政公用事业特许经营管理办法》(2015年5月4日)

第十条 主管部门应当履行下列责任:

(一)协助相关部门核算和监控企业成本,提出价格调整意见;

(二)监督获得特许经营权的企业履行法定义务和协议书规定的义务;

(三)对获得特许经营权的企业的经营计划实施情况、产品和服务的质量以及安全生产情况进行监督;

(四)受理公众对获得特许经营权的企业的投诉;

(五)向政府提交年度特许经营监督检查报告;

(六)在危及或者可能危及公共利益、公共安全等紧急情况下,临时接管特许经营项目;

(七)协议约定的其他责任。

第十八条 获得特许经营权的企业在特许经营期间有下列行为之一的,主管部门应当依法终止特许经营协议,取消其特许经营权,并可以实施临时接管:

(一)擅自转让、出租特许经营权的;

(二)擅自将所经营的财产进行处置或者抵押的;

(三)因管理不善,发生重大质量、生产安全事故的;

(四)擅自停业、歇业,严重影响到社会公共利益和安全的;

(五)法律、法规禁止的其他行为。

《最高人民法院关于审理涉及国有土地使用权合同纠纷案件适用法律问题的解释》(2020年12月29日)

第三条 经市、县人民政府批准同意以协议方式出让的土地使用权,土地使用权出让金低于订立合同时当地政府按照国家规定确定的最低价的,应当认定土地使用权出让合同约定的价格条款无效。

当事人请求按照订立合同时的市场评估价格交纳土地使用权出让金

的，应予支持；受让方不同意按照市场评估价格补足，请求解除合同的，应予支持。因此造成的损失，由当事人按照过错承担责任。

《最高人民法院关于审理行政协议案件若干问题的规定》（2019 年 11 月 27 日）

第十六条第一款 在履行行政协议过程中，可能出现严重损害国家利益、社会公共利益的情形，被告作出变更、解除协议的行政行为后，原告请求撤销该行为，人民法院经审理认为该行为合法的，判决驳回原告诉讼请求；给原告造成损失的，判决被告予以补偿。

11. 行政机关不得接受委托,征收不具备用地规划手续的土地并以协议方式出让

【裁判要旨】

虽然A公司与B局所签合同名为《委托征地协议》,但内容实为A公司先向B局提供部分资金,由B局用于该协议项下地块的征收报批和拆迁安置开支,B局在完成对该地块的征收工作后,再将其建设用地使用权中的一部分划拨、另一部分出让给A公司。虽然《委托征地协议》系双方当事人的真实意思表示,其内容包括双方当事人的名称,交易标的及其数量、质量,标的交付时间、地点,交易价格及其支付方式、时间等合同必要条款,但在A公司不具备相关用地规划手续的情况下,双方约定由国土局征收尚属集体所有的土地并以协议方式低价出让土地使用权,属于恶意串通损害国家利益的行为,根据《合同法》第52条第2项之规定,该协议应当认定无效。

【基本案情】

2007年11月2日,甲方A公司与乙方B国土局(以下简称B局)签订《委托征地协议》,主要约定:甲方拟修建电力调度中心,委托乙方征收城北256亩土地。其中168亩作为出让地,剩余88亩划拨给甲方用于电力基础设施建设。本宗土地的征地价格,包括征地红线范围内所需支付给被征地单位和个人的土地补偿费、安置补助费、青苗补偿费和地上附着物补偿以及按规定由国土部门代收的国家税费等。乙方负责做好被征地单位和农户的思想工作及处理好征地过程中出现的各种问题,保证甲方在双方约定的时间内完成征地及搬迁工作,并在2008年2月28日前完成征地手续办理。关于本宗土地的出让价格,乙方同意以10万元/亩作为征地价格及甲方完成报

批手续费用和有关征地税费及办证费用,最终价格以实际发生为准。本协议签订后 5 日内甲方首付 1000 万元;待乙方办理报批手续完毕后 30 日内由双方签订土地出让合同后再付 1000 万元;乙方办好一切用地手续并待甲方取得用地手续后,一次性支付余款。甲方如在征地红线范围内使用土地而发生定界权属纠纷,由乙方负责解决。如遇政策原因不能办理土地征用手续,乙方应在 10 日内将甲方所付款项退还给甲方。

协议签订后,自 2007 年 11 月至 2010 年 9 月,A 公司自行或通过委托某房地产公司、某电力局分八十多次支付征地费用、征地下乡补助、生产扶持金、测绘费、征地搬迁费及业务协调费等直接费用合计 1585. 277979 万元。其中,向县非税管理局支付 230 万元,向县土地收购储备中心支付 938 万元,向某村村民委员会支付 318. 7845 万元等,但仅向 B 局支付 100 万元。此外,A 公司还实际参与了征地拆迁工作,共支出人员工资、办公费、差旅费、修理费、材料费和业务招待费等间接费用合计 455. 845252 万元。

2010 年 9 月 8 日,A 公司向县政府递交《关于城北 256 亩土地征用价格问题的请示》,称:A 公司于 2007 年 11 月与 B 局签订协议,委托 B 局征用城北 256 亩土地作为建设县电力调度中心及以文化旅游项目为主的电力系统接待中心用地,协议约定土地征地价格每亩 10 万元左右,B 局应在 2008 年 2 月 28 日前完成征地手续办理。由于各种原因,到目前为止,该宗地仅完成了电力调度中心 30 亩土地征收手续,剩余土地中的 138 亩即将进入挂牌程序,88 亩尚无征地指标,A 公司已支付了约 1500 万元购地款。对于即将挂牌的 138 亩土地,A 公司请求仍按原协议约定的 10 万元/亩的价格购买,理由如下:10 万元/亩的价格是双方对该宗地的征用成本估算,是计价基础。所谓"以实际发生为准"是指以征地过程中发生的实际费用为准,而不是以土地评估价为准。A 公司的直管单位某电力局曾承诺县政府在电网改造等方面给予支持,以此作为以 10 万元/亩的价格出让城北土地的条件。目前,某电力局已兑现该承诺,政府也应履行原协议。按原协议约定,B 局完成该宗地的征地手续的时间应为 2008 年 3 月,现已延误两年半时间。在此期间,土地升值的因素不应由 A 公司承担。A 公司一直高度重视该宗地的开发建设工作,引进了实力很强的合作伙伴共同对该宗地进行规划设计,设计方案得到了专家和领导的一致好评。如果政府不按照原协议约定的土地出让价格履行,A 公司的合作方将失去投资信心。此外,该宗地为山地,建设成本巨大,且地块离核心景区较远,人气不足。A 公司拟建设的项目是投资回报期较长的文化旅游产业项目,需要承担较大的投资风险,希望政府在土地出让价格方面将该宗地与纯商业地块区别对待。同时,该宗地尚未满足“三通一平”条件,未达到可挂牌出让的熟地标准,A 公司摘牌拿地后还需投入大量资金进行场地平整、电力线路改造、搬迁等工作。鉴于上述原因,A 公司请求政府仍以 10 万元/亩的价格出让该宗地,并建议政府:(1)履行土地挂牌程序,但需设定限制性条件,以确保 A 公司顺利摘牌。(2)A 公司将不再缴纳摘牌价与 10 万元/亩的价差部分,而是用该宗地电力线路搬迁费用以及“三通一平”所需的费用予以抵扣,概算约 3200 万元。A 公司同时将该请示抄送 B 局。

2010 年 9 月 25 日,县政府出具复函,载明:“A 公司递交的请示已收悉,经研究,现复函如下:(1)原则同意城北 256 亩土地征用程序完成后,尽快依法启动招拍挂程序,可征求 A 公司意见设定条件。(2)根据 A 公司与 B 局签订的《委托征地协议》,本宗土地最终出让价格以实际为准,原约定的 10 万元/亩仅为征地价格和完成报批手续及有关征地税费、办证费等的约计。(3)依据 2002 年 7 月 1 日实施的《招标拍卖挂牌出让国有土地使用权规定》的有关规定,国有土地使用权招拍挂出让应不低于评估价格。该宗地经中介机构评估,其价格为 33 万元/亩(不含‘三通一平’),亦即为该宗地的挂牌出让底价。如 A 公司依法取得该宗地的使用权,预先支付的 10 万元/亩的征地等款项,可折抵受让款。”县政府同时将该复函亦抄送给 B 局。

2012 年 11 月 28 日,B 局发布土地挂牌公告,拟以挂牌起始价 1 亿元(≈91.65 万元/亩),出让城北地块中 73,139.5 平方米商业、居住用地使用权,A 公司未参与竞拍。

2012 年 12 月 4 日,A 公司向 B 局发出《律师函》,提出:A 公司已依约支付 B 局挂牌公告项下地块的征地拆迁费用,A 公司作为委托人和投资人的合法权益不容忽视,请求 B 局在收到函件后三个工作日内采取措施暂缓对该宗地的挂牌程序。

2012 年 12 月 27 日,案外人以 1.76 亿元的价格竞得上述 73,139.5 平方米国有土地使用权。

2013 年 12 月 13 日,B 局再次发布土地挂牌公告,拟以挂牌起始价 2.1 亿元(≈103.31 万元/亩),出让城北地块所剩余的 135,511 平方米商业、居住用地使用权,但没有成交。在此期间,县政府还将城北地块中 A 公司拟建设电力调度中心的 30 亩征收土地划拨给某电力局使用。

其后,A 公司诉至法院提出 3 项诉讼请求:(1)判令 B 局返还 A 公司因征地等土地整理工作而发生的各项费用共计 2433.32 万元;(2)判令 B 局赔偿 A 公司信赖利益损失 7566.68 万元;(3)由 B 局承担本案全部诉讼费用。

B 局辩称:《委托征地协议》因违法而无效。案涉土地属于尚未办理征收手续的集体所有土地,A 公司无权进行委托征收。A 公司未经合法的申请、审批及出让程序,无权直接获得国有土地使用权,无权要求赔偿信赖利益损失。A 公司没有履行《委托征地协议》的合同义务,并未按协议约定在 2007 年 11 月 7 日前向 B 局支付首付款 1000 万元。至今为止,B 局只收到 A 公司支付的 100 万元工作经费。A 公司在没有依法履行用地申请、审批手续的情况下,直接向县政府请示用地价格并提出其他要求,表明 A 公司放弃和终止了《委托征地协议》的履行。同时,在县政府明确告知建设用地使用权必须依法进行招拍挂的情况下,A 公司没有参加土地竞拍,亦即公开表示放弃用地权。除 100 万元工作经费外,A 公司已支付款项的收款单位均为独立法人主体,并非 B 局,A 公司无权要求 B 局返还。同时 A 公司支付用于征地拆迁工作的间接费用,并非《委托征地协议》约定的合同义务,亦不应由 B 局返还。此外,本案案由应为委托代理合同纠纷,而非建设用地使用权出让合同纠纷。县政府划拨 30 亩土地给某电力局,与 B 局无关,与本案无关。

【一审争议焦点】

1. 本案案由和审理范围。

2.《委托征地协议》是否有效?

3. B 局应否及如何返还 A 公司因履行《委托征地协议》支付的直接费用和间接费用?

4. B 局应否及如何赔偿 A 公司的经济损失?

【一审裁判观点】

关于争议焦点 1:虽然 A 公司与 B 局于 2007 年 11 月 2 日所签合同的名为《委托征地协议》,但内容实为 A 公司先向 B 局提供部分资金,由 B 局用于该协议项下地块的征收报批和拆迁安置的开支,B 局在完成对该地块的征收工作后,再将其建设用地使用权中的一部分划拨、另一部分出让给 A 公司。因建设用地使用权的划拨属于行政行为,由此产生的纠纷依法不属于民事案件的审理范围,故对该协议中有关建设用地使用权的划拨问题,本案不予审理。A 公司如因该部分协议内容与 B 局有争议,可另行诉讼。就该协议中关于 168 亩建设用地使用权的出让问题而言,除了国有土地使用权的现时状态及相关款项的支付方式有所不同外,其他内容与建设用地使用权出让合同基本相同。双方现因该协议中关于建设用地使用权的出让而发生争议,根据最高人民法院颁布的《民事案件案由规定》(法〔2011〕41 号)第 77 条第 1 项的规定,本案案由应确定为建设用地使用权出让合同纠纷。

关于争议焦点 2:虽然《委托征地协议》系双方当事人的真实意思表示,其内容包括双方当事人的名称,交易标的及其数量、质量,标的交付时间、地点,交易价格及其支付方式、时间等合同必要条款,但在 A 公司不具备相关用地规划手续的情况下,双方约定由国土局征收尚属集体所有的土地并以协议方式低价出让土地使用权,属于恶意串通损害国家利益的行为,根据《合同法》第 52 条第 2 项之规定,该协议应当认定无效。

关于争议焦点 3:因《委托征地协议》无效,根据《合同法》第 58 条之规定,B 局应当向 A 公司返还其因征收案涉土地自行及委托某房地产公司、某电力局所支付的直接费用 1585. 277979 万元,以及因配合 B 局完成案涉土地征收工作而承担的间接费用 455. 845252 万元,合计 2041. 123231 万元。A 公司提出的超出该金额的返还请求,没有事实和法律依据,依法不予支持。虽然 B 局没有直接收到前述直接费用和间接费用,但该直接费用和间接费用均因 A 公司履行《委托征地协议》而发生,且其中的直接费用已被 B 局的下属单位县土地收购储备中心收取 788 万元,被当时依法有权代表 B 局收取建设用地使用权出让金的县非税管理局收取230万元，被依法有权从B局处获得土地补偿的某村村民委员会收取318万余元等。同时，A公司支付的间接费用亦因被案涉土地没有交付给A公司而全部由B局受益。故B局提出的关于其总共只收到A公司支付的100万元工作费用，A公司无权向其主张返还的辩驳理由不能成立。

关于争议焦点4：B局作为专门负责土地工作的职能部门，理应知道该县哪些土地依法可以用于经营性项目建设，哪些土地已经列入经营性用地范围，哪些土地应当通过招标拍卖挂牌程序出让，哪些土地可以通过协议方式出让。B局在知道或者应当知道案涉建设用地使用权应当通过招标拍卖挂牌程序方式出让的情况下，违反国家规定与A公司签订出让协议，不正当获得A公司资金用于案涉土地的征收开发，并在案涉大部分建设用地使用权通过挂牌程序成功出让后仍长期占用该资金拒不返还，具有重大过错。根据《合同法》第58条之规定，B局理应赔偿A公司的经济损失。即便不考虑案涉建设用地使用权的市场交易价格在2008年3月至2010年9月的上涨部分，仅按县人民政府于2010年9月25日回函电力公司时自认的每亩33万元的评估价格，与其一部分于2013年12月27日实际成交的每亩160.424832万元(1.76亿元÷73139.5平方米×666.67平方米/亩)的价格差，并按合同约定的出让面积168亩计算，B局因不正当利用A公司的资金完成征地拆迁工作后又拒绝履行合同，实际或可获得的利益高达2.141亿元[168亩×(160.424832万元-33万元)/亩]。如果不适当考虑A公司的利益，将有违公平原则和诚实信用原则。综合本案案情，根据《合同法》第5条、第6条之规定，酌情责令B局将其实际及可预期获得利益的25%，即5352.5万元(2.141亿元×25%)赔偿给A公司。A公司提出的超出该金额的赔偿请求，没有事实和法律依据，依法不予支持。B局提出的因案涉合同无效，其无须向A公司承担损害赔偿责任的辩驳理由，不能成立。

【二审争议焦点】

1. 如何认定A公司支付的直接费用以及实际发生的间接费用的性质？
2. 合同无效的过错责任应当如何分配？

3. 原审判决B局赔偿A公司经济损失5352.5万元是否正确?

【二审裁判观点】

关于争议焦点1:虽然A公司及其委托单位实际支付的1585.277979万元中的绝大部分没有直接支付给B局,但均为B局征收案涉土地需要支出的费用,实际上系A公司代B局支付,可以认定为B局因案涉合同取得的财产。根据《合同法》第58条之规定,该部分款项以及占用期间的利息,B局应当予以返还。根据原审查明的事实,上述款项共分八十多笔支付,为简化法律关系,本院酌定以第一笔费用的支付时间作为利息起算时间,即2006年12月28日。对于原审认定的A公司为履行案涉合同支出的人员工资、办公费、差旅费、修理费、材料费、业务招待费等共计455.845252万元的间接费用,系A公司为履行合同所实际支出的费用,应当认定为A公司因合同无效所受到的损失。

关于争议焦点2:本院认为,B局作为专门负责土地工作的职能部门,有责任按照法律、法规和国家有关规定依法征收并妥善管理使用土地,以保障国家利益。B局在明知A公司不符合相关用地条件的情况下,仍违反规定与其签订案涉合同,利用职权征收集体土地,并低价出让土地使用权,严重损害了国家利益,原审认定B局对合同无效具有重大过错,并无不当。A公司在不具备相关用地规划手续的情况下,意图通过私下签订协议的方式低价获得土地使用权,也存在一定过错。根据《合同法》第58条规定,B局作为主要过错方,应当赔偿A公司为履行案涉合同所受到的损失455.845252万元。鉴于A公司对合同无效亦存在一定过错,对于上述费用的利息损失由A公司自行负担。

关于争议焦点3:《合同法》第56条规定,无效合同自始没有法律约束力。确定合同无效是国家公权力对当事人意欲发生私法效果的根本否定,无效合同不应予以履行,故当事人预期通过履行合同可以获得的利益,为非法利益,不受法律保护。本案中,由于合同无效,不能得到履行,原审判决以案涉土地拍卖价与评估价之间的差价作为A公司的损失,并判决B局赔偿A公司经济损失5352.5万元,没有法律依据,本院予以纠正。

【评析】

从实务角度看，本案主要涉及三大问题：一是自然资源主管部门在何种情形下可以采用协议方式出让土地；二是以协议方式出让的土地价格是否可由出让方和受让方自由约定；三是自然资源管理部门征收集体土地的行政职权是否可以成为民事委托合同的委托事务内容。

对于第一个问题，根据《协议出让国有土地使用权规定》可知，通过协议出让方式，可以合法获得国有土地使用权，但依照法律、法规和规章的规定应当采用招标、拍卖或者挂牌方式出让的土地除外。这就是说，采用协议方式出让土地的前提条件是该土地不属于应当以招拍挂方式出让的土地。一般而言，应当采用招拍挂方式出让土地的具体情形包括：供应工业、商业、旅游、娱乐和商品住宅等各类经营性用地的；其他土地供地计划公布后，同一宗地有两个或者两个以上意向用地者的；划拨土地使用权改变用途或者转让，《国有土地划拨决定书》或法律法规、行政规定等明确应当收回土地使用权，实行招标拍卖挂牌出让的；出让土地使用权改变用途，《国有土地使用权出让合同》约定或法律、法规、行政规定等明确应当收回土地使用权，实行招标拍卖挂牌出让的。此外，需要注意的是，2006 年国土资源部发布的《招标拍卖挂牌出让国有土地使用权规范（试行）》建立了国有土地出让的集体认定程序，对于不能确定是否符合协议或招标拍卖挂牌出让范围的具体宗地，应先由国有土地使用权出让协调决策机构（该机构由市、县国土资源管理部门决定成立）集体认定出让的具体方式，若经集体认定应当采取招标拍卖挂牌方式的，也应当以招标拍卖挂牌方式出让。

对于第二个问题，虽然协议出让的土地使用权价格具有“协商议定”的基本特征，但仍存在“不得低于按国家规定所确定的最低价”，该最低价“不得低于新增建设用地的土地有偿使用费、征地（拆迁）补偿费用以及按照国家规定应当缴纳的有关税费之和”以及“有基准地价的地区，不得低于出让地块所在级别基准地价的 70%”的红线规定，即协议价格低于该土地的“最低价”时，国有土地使用权不得出让。同时，在协议出让土地的过程中，市、县人民政府的国土资源行政主管部门没有自行拟定“最低价”的权利，该权利只能由省、自治区、直辖市人民政府国土资源行政主管部门行使，且拟定的“最低价”应报同级人民政府批准后公布。其后,在协议出让的具体过程中,市、县人民政府国土资源行政主管部门应当根据国家产业政策和拟出让地块的具体情况,按照《城镇土地估价规程》的规定,对拟出让地块的土地价格进行评估,经集体决策后才能确定协议出让底价。而该协议出让底价不得低于政府公布的“最低价”,确定后应当保密,任何单位和个人不得泄露。至协议出让土地方案和出让底价经有批准权的人民政府批准后,市、县人民政府国土资源行政主管部门才可与意向用地者就土地出让价格等进行充分协商,协商一致的出让价格不低于出让底价时,方可签订土地出让协议。当然,在土地资源极为稀缺的地方,也有可能出现出让方不愿以协议方式出让土地、拟定的协议底价明显过高或意向用地者难于与出让方达成一致的情况。此时,若协议出让的土地属于经营性基础设施、矿业开采等具有独占性和排他性的用地,则意向用地者可提请出让方的上一级国土资源管理部门裁决该出让价格争议。

对于第三个问题,需要明确的是,自然资源管理部门属于行政机关,征收集体土地属于行政行为。而行政机关作出行政行为的合法性前提是其具有作出该行为的法定职权,此既为依法行政的基本要求,亦属法律的明确规定。正如法谚有云:“法无授权不可为”,各行政机关均应在其法定职权范围内行事。在此,所谓“法定职权”,顾名思义,显然不包括受其他主体委托从事某一行为的权力。换言之,行政机关作出行政行为是行使国家公权力的表现,只有在有法律(广义之“法律”)明文规定的前提下方可实施。如若允许某一行政机关任意接受他人(包括另一行政机关)委托行事,则不仅将造成行政机关职责混乱等严重后果,而且还会损害国家公权力的正义基础。事实上,启动征地程序和土地出让程序的决定权亦是由市、县人民政府掌握,国土资源行政主管部门在前述两项程序中的行政职能,一是根据经济社会发展计划、产业政策、土地利用总体规划、土地利用年度计划、城市规划和土地市场状况,编制国有建设用地使用权出让年度计划,报经同级人民政府批准后,及时向社会公开发布;二是按照出让年度计划,会同城市规划等有关部门共同拟订招标拍卖挂牌出让地块的出让方案,报经市、县人民政府批准后,再组织实施土地出让。因而,本案中,无论B局与A公司签订的《委托征地协议》中是否存在涉及低价出让土地的条款，该缔约行为本身就应受到法律的否定性评价。A 公司在明知自身不具备相关用地规划手续的情况下，还意图通过签订民事协议的方式低价获得土地使用权，对于合同无效的后果自然也难辞其咎。

【重点规范链接】

《民法典》（2020 年 5 月 28 日）

第六条 民事主体从事民事活动，应当遵循公平原则，合理确定各方的权利和义务。

第七条：民事主体从事民事活动，应当遵循诚信原则，秉持诚实，恪守承诺。

第一百五十四条 行为人与相对人恶意串通，损害他人合法权益的民事法律行为无效。

第一百五十五条 无效的或者被撤销的民事法律行为自始没有法律约束力。

第一百五十七条 民事法律行为无效、被撤销或者确定不发生效力后，行为人因该行为取得的财产，应当予以返还；不能返还或者没有必要返还的，应当折价补偿。有过错的一方应当赔偿对方由此所受到的损失；各方都有过错的，应当各自承担相应的责任。法律另有规定的，依照其规定。

《协议出让国有土地使用权规定》（2003 年 6 月 11 日）

第三条 出让国有土地使用权，除依照法律、法规和规章的规定应当采用招标、拍卖或者挂牌方式外，方可采取协议方式。

第五条 协议出让最低价不得低于新增建设用地的土地有偿使用费、征地（拆迁）补偿费用以及按照国家规定应当缴纳的有关税费之和；有基准地价的地区，协议出让最低价不得低于出让地块所在级别基准地价的 70%。

低于最低价时国有土地使用权不得出让。

第六条 省、自治区、直辖市人民政府国土资源行政主管部门应当依据本规定第五条的规定拟定协议出让最低价，报同级人民政府批准后公布，由市、县人民政府国土资源行政主管部门实施。

第十一条 市、县人民政府国土资源行政主管部门应当根据国家产业政策和拟出让地块的情况,按照《城镇土地估价规程》的规定,对拟出让地块的土地价格进行评估,经市、县人民政府国土资源行政主管部门集体决策,合理确定协议出让底价。

协议出让底价不得低于协议出让最低价。

协议出让底价确定后应当保密,任何单位和个人不得泄露。

第十二条 协议出让土地方案和底价经有批准权的人民政府批准后,市、县人民政府国土资源行政主管部门应当与意向用地者就土地出让价格等进行充分协商,协商一致且议定的出让价格不低于出让底价的,方可达成协议。

《招标拍卖挂牌出让国有建设用地使用权规定》(2007年9月28日)

第四条 工业、商业、旅游、娱乐和商品住宅等经营性用地以及同一宗地有两个以上意向用地者的,应当以招标、拍卖或者挂牌方式出让。

前款规定的工业用地包括仓储用地,但不包括采矿用地。

第十条 市、县人民政府国土资源行政主管部门应当根据土地估价结果和政府产业政策综合确定标底或者底价。

标底或者底价不得低于国家规定的最低价标准。

确定招标标底,拍卖和挂牌的起叫价、起始价、底价,投标、竞买保证金,应当实行集体决策。

招标标底和拍卖挂牌的底价,在招标开标前和拍卖挂牌出让活动结束之前应当保密。

《招标拍卖挂牌出让国有土地使用权规范(试行)》(2006年5月31日)

4.3 招标拍卖挂牌出让国有土地使用权范围

(1)供应商业、旅游、娱乐和商品住宅等各类经营性用地以及有竞争要求的工业用地;

(2)其他土地供地计划公布后同一宗地有两个或者两个以上意向用地者的;

(3)划拨土地使用权改变用途,《国有土地划拨决定书》或法律、法规、行政规定等明确应当收回土地使用权,实行招标拍卖挂牌出让的;

（4）划拨土地使用权转让，《国有土地划拨决定书》或法律、法规、行政规定等明确应当收回土地使用权，实行招标拍卖挂牌出让的；

（5）出让土地使用权改变用途，《国有土地使用权出让合同》约定或法律、法规、行政规定等明确应当收回土地使用权，实行招标拍卖挂牌出让的；

（6）法律、法规、行政规定明确应当招标拍卖挂牌出让的其他情形。

4.4.3　协调决策机构

国有土地使用权出让实行集体决策。市、县国土资源管理部门根据实际情况，可以成立国有土地使用权出让协调决策机构，负责协调解决出让中的相关问题，集体确定有关事项。

5.5　根据意向用地者申请情况，符合4.3规定条件的土地使用权出让，应当采取招标拍卖挂牌方式。对不能确定是否符合4.3规定条件的具体宗地，可由国有土地使用权出让协调决策机构集体认定。

对具有综合目标或特定社会、公益建设条件、开发建设要求较高、仅有少数单位和个人可能有受让意向的土地使用权出让，可以采取招标方式，按照综合条件最佳者得的原则确定受让人；其他的土地使用权出让，应当采取招标、拍卖或挂牌方式，按照价高者得的原则确定受让人。

采用招标方式出让国有土地使用权的，应当采取公开招标方式。对土地使用者有严格的限制和特别要求的，可以采用邀请招标方式。

《协议出让国有土地使用权规范（试行）》（2006年5月31日）

4.5　协议出让价格争议裁决

对于经营性基础设施、矿业开采等具有独占性和排他性的用地，应当建立协议出让价格争议裁决机制。此类用地协议出让过程中，意向用地者与出让方在出让价格方面有争议难以达成一致，意向用地者认为出让方提出的出让价格明显高于土地市场价格的，可提请出让方的上一级国土资源管理部门进行出让价格争议裁决。

12. 出让土地不符合约定的“净地”标准导致合同目的无法实现的，受让方享有法定解除权

【裁判要旨】

严格按照合同约定的条件向受让人交付土地，是出让人的一项主要合同义务。土地是否属于无权利瑕疵的“净地”，是土地使用权出让合同关系中的重要内容，涉及受让人合同目的能否顺利实现。国土局作为负责土地开发建设与管理的政府职能部门，理应了解并严格遵守相关政策和法律要求，应当清楚将尚不符合条件的土地进行出让，既违反相关政策和法律，也会对合同相对方构成违约。

【基本案情】

2013年9月17日，B公司通过竞拍与国土局（以下简称A局）签订《土地使用权出让合同》，主要约定：A局出让的1365号宗地（面积27,724.9平方米）四至及界址点明确，权属清晰，无地上建筑物。A局同意在2013年11月18日前，按宗地现状交付给B公司。宗地出让价格为14,600万元，B公司应于2013年10月17日之前交付第一期出让款10,220万元，于2014年8月30日之前交付第二期出让款4380万元。出让人未按时提供出让土地的，每延期1日，应当按受让人已经支付的国有建设用地使用权出让价款的1‰给付违约金，土地使用年期自实际交付土地之日起计算。出让人延期交付土地超过60日，经受让人催交后仍不能交付的，受让人有权解除合同，出让人应当双倍返还定金，并退还已经支付国有建设用地使用权出让价款的其余部分，受让人并可请求出让人赔偿损失。出让人交付的土地未能达到本

合同约定的土地条件或单方改变土地使用条件的,受让人有权要求出让人按照规定的条件履行义务,并且赔偿延误履行而给受让人造成的直接损失,土地使用年期自达到约定的土地条件之日起计算。其后,B 公司依约支付了第一期土地出让款 10,220 万元。

2013 年 11 月 21 日,B 公司在办理土地交付手续时发现宗地上存在一处由县城管局建设的垃圾中转站,遂拒绝在《交付土地确认书》上签字。按照实地测量数据,该垃圾站的占地面积为 19.34 平方米。而根据规划许可证标注,该垃圾站的建设规模为 560 平方米,周边应当留有 5 米宽的绿化带。之后,B 公司多次找 A 局协商,要求即时拆除垃圾站,并称其在参与宗地竞拍前确实看过宗地现场,但以为垃圾中转站不在拍卖地块内,直到交接时才知道实际情况。

2014 年 6 月 26 日,A 局向 B 公司发出《责令限期开工的通知》,表示不同意拆除垃圾站,并称该垃圾站在宗地出让前就已建成,符合出让合同"按现状交付"的约定,B 公司应按期开工,否则需按出让价款总额 1‰承担违约金。

2014 年 7 月 4 日,B 公司向 A 局发出《关于尽快交付土地的律师函》,要求 A 局全面履行合同,完整交付标的物。

其后,B 公司诉至法院提出 3 项诉讼请求:(1)解除《土地使用权出让合同》;(2)判令 A 局退还 B 公司已经支付的土地出让金 10,220 万元,向 B 公司支付自 2013 年 11 月 18 日起至合同解除之日按照每日 14.6 万元计算的违约金;(3)由 A 局承担本案诉讼费。

A 局辩称,案涉宗地的竞买、拍卖文件均明确了土地交付条件为"现状交付",B 公司签收了拍卖文件,并踏勘了出让地块现场,当时对土地现状未提出任何异议。A 局已按期实际交付了该宗土地,只是 B 公司不愿接收。垃圾中转站的占地面积为 19.43 平方米,仅占宗地面积的 0.07%,至多能视为面积误差,不影响 B 公司对案涉宗地的开发建设,不妨碍其实现合同目的,其可退还该误差面积的相应价款。此外,A 局还提出,自身也是在交付宗地时才知道垃圾中转站处于宗地红线范围内,当即已向政府相关部门反映,但一直未能解决。如果 B 公司同意,其还可从相邻地块中补足垃圾站的占地面积,并负责办妥相关法律手续。

对于 A 局提出的“退款”方案和“补足”方案,B 公司均不接受,并主张按照《城市环境卫生设施规划规范》(GB 50337—2003)规定的建设标准,案涉垃圾中转站需要占用的宗地面积远远不止 19.43 平方米,A 局拒绝拆除垃圾中转站,已经导致其无法实现合同目的,其享有法定解除权。同时,因 A 局至今还未交付符合约定的“净地”,《土地使用权出让合同》约定的解除条件也已成就。

【一审争议焦点】

1. 垃圾中转站占用的宗地面积是否影响 B 公司实现合同目的?
2. B 公司能否依据《土地使用权出让合同》的约定解除合同?
3. A 局是否构成违约? B 公司主张解除合同是否有事实和法律依据?

【一审裁判观点】

关于争议焦点 1:B 公司提出,垃圾中转站的占地面积不是 19.34 平方米,而应按照《城市环境卫生设施规划规范》(GB 50337—2003)第 4.2.3 条“生活垃圾转运站设置标准:转运站用地面积在 200~1000 平方米的,与相邻建筑间距应大于或等于 8 米”的规定进一步核定。本院认为,前述国标规范规定的垃圾站与相邻建筑的间距,应理解为新建垃圾站与相邻建筑物的距离,不能视为垃圾站的占地面积。同时,本案所涉垃圾站建设在先,宗地开发在后,B 公司在受让宗地前对土地的现场情况已经知晓,有义务在开发宗地时合理避让垃圾中转站。由于垃圾中转站的占地面积仅为宗地总面积的 0.07%,不影响 B 公司的开发建设,且 A 局在诉讼中已表示,短少的土地面积可以用周边相邻地块补齐,也可退还相应地价款,以确保《出让合同》的履行和宗地的开发,故 B 公司主张其因垃圾站的存在而无法实现合同目的,没有事实依据。

关于争议焦点 2:《土地使用权出让合同》约定:出让人延期交付土地超过 60 日,经受让人催交后仍不能交付的,受让人有权解除合同。而 A 局只是交付面积有误差,B 公司不同意接受,并未延期交付土地,故不属于该条约定的情形。《土地使用权出让合同》还约定：出让人交付的土地未能达到本合同约定的土地条件或单方改变土地使用条件的，受让人有权要求出让人按照规定的条件履行义务，并且赔偿延误履行而给受让人造成的直接损失，土地使用年期自达到约定的土地条件之日起计算。从内容看，该条并未约定受让方有权解除合同。因此，B 公司请求依据《土地使用权出让合同》解除合同，本院不予支持。

关于争议焦点 3：本案中，A 局在出让 1365 号宗地时，应当对宗地相邻界址点进行测量复核。其因工作失误，将垃圾中转站的面积计入出让宗地面积，履行合同义务存在瑕疵，根据《合同法》第 107 条的规定，应当承担继续履行、采取补救措施或者赔偿损失等违约责任。但 B 公司据此请求解除《土地使用权出让合同》，没有事实和法律依据，且 A 局亦不同意解除，本院难以支持。

【二审争议焦点】

1. A 局是否存在违约行为？

2.《土地使用权出让合同》是否应当解除？

【二审裁判观点】

关于争议焦点 1：本院认为，A 局在合同履行过程中构成根本违约，理由如下：首先，A 局未能提供符合合同约定的净地。《土地使用权出让合同》载明，1365 号宗地的现状是权属清晰，无地上建筑物，面积为 27,724.9 平方米，四至及界址点明确。B 公司基于对政府公信力的信任，通过公开竞拍方式取得 1365 号宗地的开发使用权，A 局应当按照《城镇国有土地使用权出让和转让暂行条例》第 15 条的规定和合同约定交地。此外，国务院相关部门多次明确发文要求，土地挂牌出让前必须完成安置补偿，做到“净地”出让。A 局作为负责土地开发建设与管理的政府职能部门，理应了解并严格遵守相关政策和法律要求，应当清楚出让不符合条件的土地，既违反相关政策和法律，也将会对合同相对方构成违约。据此，A 局交付建有垃圾中转站的土地，构成对合同义务和法定义务的违反。

其次,未能提供“净地”是 A 局的过错造成。经查,案涉宗地曾进行过一次拍卖,结果流拍。第二次(本次)拍卖时,土地测绘人员仍然使用了第一次拍卖的宗地图,没有对宗地相邻界址点进行测量复核,从而导致将垃圾中转站的部分面积计入出让宗地面积。直到对拟交付土地进行测量复核时,A 局才发现该错误的存在。而垃圾中转站占用的宗地面积实质上已对 B 公司形成《物权法》所规定的“地役权负担”,该负担在《土地使用权出让合同》中并没有约定。此外,垃圾中转站归属于县城管局,占用的土地使用权经划拨亦归属于县城管局。A 局作为政府职能部门,应该及时采取积极措施,努力使宗地具备出让条件,但一直拖延放任,未能消除影响合同继续履行的不利因素。也就是说,本案影响合同继续履行的原因是 A 局工作失误造成,B 公司对此没有过错。A 局构成对合同的不当履行,应当承担相应的违约责任。

再次,垃圾中转站的占地面积为 480. 72 平方米,不能视为交付面积误差。根据《城市环境卫生设施规划规范》(GB 50337—2003)的标准,该垃圾中转站与相邻建筑的距离应当大于等于 8 米,绿化隔离带的宽度应大于等于 3 米(案涉垃圾中转站的规划红线图载明:垃圾中转站周边应留有 5 米宽绿化带)。按照上述规定,A 局在确定出让宗地平面界址时,应当对已建成的垃圾中转站进行合理避让,而非如原审判决所认定的应由受让方 B 公司进行合理避让。因为:(1)确定出让宗地四至界址的主体是 A 局;(2)出让土地用于商业开发,B 公司欲取得的地块应当是“净地”的全部面积,不应包括需避让的面积,这也与其交付的价款相对应;(3)如果确需 B 公司合理避让,则 A 局应当在出让土地前作出明确说明。就本案而言,A 局显然并未采取前述措施。按照垃圾中转站规划红线图、案涉宗地界线与实际现状套合图所示,垃圾中转站实际占用土地除去建筑物本身占用面积外,还包括按强制技术规范要求占用的面积[(25. 1 米+5 米)×8 米+26. 99 米×8 米+8 米×3 米=480. 72 平方米],因此,垃圾中转站占用案涉宗地面积为 480. 72 平方米。而垃圾中转站涉及出让宗地面积及权属问题,必然导致 B 公司无法进行统一规划设计,无法办理对出让宗地进行开发建设必需的建设用地规划许可证和建设工程规划许可证,从而不能视为交付面积误差。

最后,A 局的行为足以导致 B 公司合同目的无法实现。土地是否属于无权利瑕疵的“净地”,是土地使用权出让合同关系中的重要内容,涉及受让人合同目的能否顺利实现。因而,严格按照合同约定的条件向受让人交付土地,是出让人的主要合同义务。同时,垃圾中转站的特殊作用和性质,极有可能产生污染和不利影响,其存在会影响整个出让地的整体美感,也难以与一个环境优美、干净整洁的住宅用地相协调,甚至可能导致该出让地的规划都难以进行。因此,案涉垃圾中转站的存在,极大降低了该出让地的品质,使得潜在购房者额外负有因相邻关系而受损之虞,极有可能导致B公司失去该宗地开发建设的商业价值。原审判决有关垃圾中转站占用的面积为19.34平方米,只占宗地总面积27,724.9平方米的0.07%,并不影响B公司对案涉宗地的开发建设的认定与事实不符,于法律无据,依法应予纠正。

关于争议焦点2:本院认为,B公司有权解除合同,并有权要求A局承担合同解除的相应法律后果,理由如下:首先,本案符合约定解除的条件。《土地使用权出让合同》约定“出让人延期交付土地超过60日,经受让人催交后仍不能交付土地的,受让人有权解除合同”,形成了有关约定解除权的行使条件的合意。而所谓“约定解除权的行使条件”,是指当事人双方在合同中约定,自合同成立后至未履行或未完全履行前,一旦出现某种情况,一方当事人即可通过行使解除权消灭合同关系。我国《合同法》第93条规定:“……当事人可以约定一方解除合同的条件。解除合同的条件成就时,解除权人可以解除合同。”本案中,A局未在合同约定的时间内向B公司提供符合合同约定的土地,B公司有权依据《土地使用权出让合同》行使约定解除权。

其次,B公司享有法定解除权。法定解除是指合同在有效成立之后尚未履行或者未完全履行完毕前,由于法律规定的事由行使解除权而使合同归于消灭的行为。我国《合同法》第94条规定:“有下列情形之一的,当事人可以解除合同:……(三)当事人一方迟延履行主要债务,经催告后在合理期限内仍未履行;(四)当事人一方迟延履行债务或者有其他违约行为致使不能实现合同目的……”《城镇国有土地使用权出让和转让暂行条例》第15条亦明确规定:“出让方应当按照合同规定,提供出让的土地使用权。未按合同规定提供土地使用权的,土地使用者有权解除合同,并可请求违约赔偿。”本案中,A 局没有做到“净地”出让,《交付土地确认书》也只有单方面签章,说明 A 局未完成交付。原审判决认定 A 局并未延期交付土地,只是交付的土地面积存有误差与事实不符,应予纠正。

再次,综合合同相关约定,《土地使用权出让合同》既赋予 B 公司解除权并对解除权的设立约定了条件,同时也赋予 B 公司要求赔偿损失的权利。B 公司享有独立的选择权,而非被限制于仅可要求 A 局继续履行的权利。本案中,违约方行为已导致另一方合同目的不能实现,违约方也拒不履行合同主要义务,仅赋予守约方要求对方继续履行的权利而剥夺其解除合同的权利不仅显失公平,而且不符合法律的基本原则。原判认定 A 局的违约行为尚不构成合同解除的条件,B 公司仅能适用《合同法》第 107 条和《土地使用权出让合同》之规定,仅有权要求 A 局承担继续履行、采取补救措施或者赔偿损失等违约责任,属于适用法律错误。

最后,B 公司有权要求 A 局赔偿损失。《土地使用权出让合同》约定:出让人延期交付土地超过 60 日,经受让人催交后仍不能交付土地的,受让人有权解除合同,出让人应当双倍返还定金,并退还已经支付国有建设用地使用权出让价款的其余部分,受让人并可请求出让人赔偿损失。本案中,A 局已构成根本违约,且已占用 B 公司土地出让金 10,220 万元近 3 年之久。《民法通则》* 第 115 条规定:“合同的变更或者解除,不影响当事人要求赔偿损失的权利。”合同解除后,确因一方的过错造成另一方损害,则有过错的一方应向受损害方赔偿损失。因此,A 局除应当返还 B 公司已经支付的土地出让金 10,220 万元之外,还负有赔偿由此给 B 公司造成损失的责任。B 公司的损失主要包括:订立合同所支出的必要费用、因相信合同能够适当履行而做准备所支出的必要费用等。就本案而言,《土地使用权出让合同》约定:由于出让人未按时提供出让土地而致使受让人本合同项下宗地占有延期的,每延期 1 日,出让人应当按受让人已经支付的国有建设用地使用权出让价款的 1‰向受让人给付违约金。而 A 局既未提出该违约金数额过高,亦未要求减少违约金,且在《责令限期开工的通知》中,其亦要求 B 公司按出让价款总

* 《民法通则》已被 2020 年 5 月 28 日公布的《民法典》废止,下同。——编者注

额的1‰承担违约金。综合前述情况考虑，本院确定A局自2013年11月18日起，每日按已经支付的国有建设用地使用权出让价款10,220万元的0.5‰（计51,100元）给付B公司违约金至本判决生效之日止。

【评析】

本案二审法院在裁判说理时，直接使用了土地出让过程中用以描述土地现状指标和土地交付条件的业内俗称——“净地”，并将A局交付净地的义务定性为法定义务和合同义务。而净地交付作为法定义务的先决前提，是必须存在统一的“净地”评价标准。从国家规范层面看，该标准体现在《国土资源部关于加大闲置土地处置力度的通知》第2条和《闲置土地处置办法》第21条的规定中，即所谓“净地”，是指土地权利清晰、安置补偿落实到位、没有法律经济纠纷、地块位置和使用性质以及容积率等规划条件明确、具备动工开发所必需的其他基本条件，如应当完成必要的通水、通电、通路、土地平整等前期开发工作的土地。此外，通过制定政府规章，一些地方政府进一步细化了有关“净地”的国家标准。如辽宁省朝阳市制定的《朝阳市市级国有土地使用权出让收支管理办法》规定，所谓“净地”，应是扣除城市规划中的市政路网、公共绿化等用地面积，且应当拆除地面上所有建筑物及附属物，可供开发商直接开发建设的土地。安徽省蚌埠市制定的《蚌埠市市区国有建设用地使用权净地出让实施办法》规定，本办法所指“净地”，是指已经征收为国有、完成征收补偿、地面无建筑物和附着物的土地。

显而易见，拟出让土地要达到“净地”标准，不仅需要投入巨额的前期开发资金，还需承担长期的时间成本。故实践中，许多地方都采用了“毛地”（“非净地”）出让方式，将土地的前期开发责任及相应风险转移给土地受让方。而“毛地出让”涉及的法律关系、利益冲突极为复杂，各类不确定因素较多，不仅极易产生纠纷争议，还有可能导致土地闲置。同时，允许“毛地出让”也是助推地方政府依赖土地财政，进而造成地价攀升、房价飙涨的重要原因。因此，为防止发生出让纠纷，缩短项目开发周期，保障楼市供应平稳，督促土地受让方加大对闲置土地的开发力度，抑制其盲目竞拍哄抬土地价格的现象，国家自2007年起就开始逐步推广“净地出让”方式。《国土资源部关于认真贯彻〈国务院关于解决城市低收入家庭住房困难的若干意见〉进一步加强土地供应调控的通知》(国土资发〔2007〕236号)即规定,“成片开发建设的土地应统一规划,统一进行基础设施建设,按‘净地’分块供应”。《国土资源部、住房和城乡建设部关于进一步加强房地产用地和建设管理调控的通知》(国土资发〔2010〕151号)亦规定,“土地出让必须以宗地为单位提供规划条件、建设条件和土地使用标准,严格执行商品住房用地单宗出让面积规定,不得将两宗以上地块捆绑出让,不得‘毛地’出让”。

本案中,《土地使用权出让合同》并未直接使用“净地”概念,但A局和B公司在约定“按宗地现状交付”的同时,还载明宗地现状为“四至及界址点明确,权属清晰,无地上建筑物”。根据前述约定,综合本案其他情况,应当认定《土地使用权出让合同》所描述的宗地现状,并非指合同签订之时的土地现状,或者说,并非指B公司在竞拍前现场踏勘时所看到的“土地现状”,而是指拟交付的土地应当符合国家规范的“净地”标准,故A局同时负有交付净地的法定义务和合同义务。但是,值得探究的是,若政府方违反国家有关“净地出让”等政策及规范性文件规定,依旧采用“毛地出让”方式签订出让合同,该有关“毛地出让”的合同约定是否会影响出让合同的效力?根据(2019)最高法民终2013号判决书的意见,国务院、国土资源部的文件虽然有不得“毛地出让”的规定,但因其性质属于部门规范性文件,而非法律或行政法规,相关规定不属于法律的强制性禁止规定,不能因此产生合同无效的法律后果。换言之,国有土地使用权出让合同中有关“毛地出让”的约定内容依然受意思自治原则调整,自然资源主管部门违反“净地出让”行为的相应责任应由相关行政管理规范予以确定和追究。

【重点规范链接】

《民法典》(2020年5月28日)

第三百七十二条第一款 地役权人有权按照合同约定,利用他人的不动产,以提高自己的不动产的效益。

第五百六十二条 当事人协商一致,可以解除合同。

当事人可以约定一方解除合同的事由。解除合同的事由发生时,解除权人可以解除合同。

第五百六十三条 有下列情形之一的，当事人可以解除合同：

（一）因不可抗力致使不能实现合同目的；

（二）在履行期限届满前，当事人一方明确表示或者以自己的行为表明不履行主要债务；

（三）当事人一方迟延履行主要债务，经催告后在合理期限内仍未履行；

（四）当事人一方迟延履行债务或者有其他违约行为致使不能实现合同目的；

（五）法律规定的其他情形。

以持续履行的债务为内容的不定期合同，当事人可以随时解除合同，但是应当在合理期限之前通知对方。

第五百六十六条第一款、第二款 合同解除后，尚未履行的，终止履行；已经履行的，根据履行情况和合同性质，当事人可以请求恢复原状或者采取其他补救措施，并有权请求赔偿损失。

合同因违约解除的，解除权人可以请求违约方承担违约责任，但是当事人另有约定的除外。

第五百七十七条 当事人一方不履行合同义务或者履行合同义务不符合约定的，应当承担继续履行、采取补救措施或者赔偿损失等违约责任。

《城镇国有土地使用权出让和转让暂行条例》（2020 年 11 月 29 日）

第十五条 出让方应当按照合同规定，提供出让的土地使用权。未按合同规定提供土地使用权的，土地使用者有权解除合同，并可请求违约赔偿。

《闲置土地处置办法》（2012 年 6 月 1 日）

第二十一条 市、县国土资源主管部门供应土地应当符合下列要求，防止因政府、政府有关部门的行为造成土地闲置：

（一）土地权利清晰；

（二）安置补偿落实到位；

（三）没有法律经济纠纷；

（四）地块位置、使用性质、容积率等规划条件明确；

（五）具备动工开发所必需的其他基本条件。

《国土资源部关于加大闲置土地处置力度的通知》(2007 年 9 月 8 日)

二、实行建设用地使用权“净地”出让,出让前,应处理好土地的产权、补偿安置等经济法律关系,完成必要的通水、通电、通路、土地平整等前期开发,防止土地闲置浪费。

《国土资源部关于认真贯彻〈国务院关于解决城市低收入家庭住房困难的若干意见〉进一步加强土地供应调控的通知》(2010 年 12 月 3 日)

二、加强土地供应管理,保证住宅用地供应……成片开发建设的土地应统一规划,统一进行基础设施建设,按“净地”分块供应,以增加土地供应的宗数,防止房地产开发企业大面积“圈占”土地。

《国土资源部、住房和城乡建设部关于进一步加强房地产用地和建设管理调控的通知》(2010 年 9 月 21 日)

四、严格住房建设用地出让管理……土地出让必须以宗地为单位提供规划条件、建设条件和土地使用标准,严格执行商品住房用地单宗出让面积规定,不得将两宗以上地块捆绑出让,不得“毛地”出让。拟出让地块要依法进行土地调查和确权登记,确保地类清楚、面积准确、权属合法,没有纠纷。

13. 土地使用权出让合同约定“按拆迁进度支付余款”的，受让方享有先履行拆迁义务抗辩权

【裁判要旨】

根据合同约定，土地受让方在地块成交之日首付全部土地成交价款的20%，余款按拆迁进度支付，并在地块成交之日起1年内全部付清。受让方按照约定支付土地首付款后，政府及相关部门未办理拆迁许可证，也未启动其他任何拆迁工作。在此情况下，受让方有权拒绝支付剩余土地价款。

【基本案情】

2009年11月2日，甲方城建局（以下简称A局）与乙方B公司签订《投资协议》，主要约定：甲方选择乙方为本项目唯一开发商，乙方承诺在竞拍项目土地使用权之前在甲方区域内注册一个独资房地产开发公司。项目土地摘牌时乙方按《成交确认书》的总土地款的20%支付土地首付款（含竞买保证金），余款按拆迁进度支付。甲方负责项目拆迁，乙方于取得整块净地后的4年分期完成开发。其后，B公司依约设立了C公司。

2010年1月25日，甲方A局与乙方C公司签订《补充协议》，主要约定：若因甲方原因未在1年时限内完成拆迁进度，致使乙方逾期支付土地款所产生的违约责任，由甲方负责与相关政府部门协调办理，免除乙方违约责任。同日，B局还与土地储备交易中心（以下简称D中心）签订《征收承包协议》，约定了项目地块的拆迁时间、交地条件以及逾期交付土地的违约责任。

2010年1月26日，国土局公布项目地块的挂牌交易公告，地块情况说明表及《挂牌交易须知》中的“供地状况”均载明为“净地”。

2010 年 3 月 3 日,D 中心与 C 公司签订《成交确认书》,确认 C 公司为项目地块的竞得人,成交价款为 117,681.059,6 万元,并约定:受让方按照总土地价款的 20%支付首期土地款(含竞买保证金),余款按拆迁进度提前支付,并在地块成交之日起 1 年内全部付清。同日,C 公司缴纳了首期土地款(含竞买保证金)23,536.212 万元。之后,D 中心将前述款项中的 4739 万元上缴至市财政局,剩余约 1.87 亿元划转至区政府用于土地拆迁补偿。

鉴于《成交确认书》有关"受让方按照总土地价款的 20%支付首期土地款"的约定不符合财政部、国土资源部、中国人民银行、监察部、审计署于 2009 年 11 月 18 日联合发布的《关于进一步加强土地出让收支管理的通知》中有关"首次缴纳比例不得低于全部土地出让价款的 50%"的要求,市政府特别召开专题会议研究讨论,并形成 2010 年第 14 号市政府《会议纪要》。该纪要第 4 条载明:"鉴于该地块土地成交价款首付比例为 20%是在国家财政部等 5 部委联合下发文件前根据市政府文件确定的,并已签订协议,现为维护政府公信力,推进项目实施,原则同意该地块出让时土地成交价款首付比例仍为 20%,余款在取得土地使用权后 1 年内缴齐。"

但是,A 局并未按约启动拆迁工作,至诉讼发生后的一审审理终结之日也未办理拆迁许可证。其间,A 局曾以办理拆迁许可证需要土地受让方首付 50%以上土地出让金为由,要求 C 公司继续交付土地价款。但 C 公司认为,该问题在土地摘牌成交前就已充分协商,《成交确认书》明确其只需首付 20%的土地出让金,且在 A 局未启动拆迁工作的情形下,其没有继续支付土地出让价款的义务。

其后,B 公司和 C 公司以 A 局和 D 中心为共同被告,诉至法院提出 5 项诉讼请求:(1)解除 B 公司与 A 局签订的《投资协议》及《补充协议》。(2)解除 C 公司与 D 中心签订的《成交确认书》(鉴于 D 中心多次口头同意返还已缴纳的全部土地款,对此双方暂无争议,原告对返还合同款项暂不提出诉讼请求,但保留追诉权利)。(3)判令由 A 局向 B 公司支付因违反《投资协议》致使该协议无法履行给 B 公司造成的实际损失 140.1821 万元。(4)判令由 D 中心向 C 公司支付因违反《成交确认书》的"净地"交付义务造成的实际损失和预期利益损失共计人民币 19,002.147176 万元。包括已付合同价款约 2.35 亿元的利息损失按照中国人民银行同期贷款(5 年期)利率计算至返还之日，截至 2015 年 8 月 31 日，利息损失为 8365.588676 万元；土地增值损失 1 亿元(实际总损失应为 38,617 万元，原告本次诉讼仅请求其中的 1 亿元，对于剩余的 28,617 万元保留诉讼的权利)；其他各项损失(C 公司运营费用)为 634.547498 万元。(5)判令 A 局对第 4 项诉讼请求承担连带赔偿责任。

起诉时，C 公司提交了其自行委托形成的《土地估价报告》以及有关公司运营费用的《明细分类账》。《土地估价报告》估测项目地块净地现价值为 310,761.9200 万元，超过《成交确认书》确定的净地总地价 117,681.0596 万元。《明细分类账》显示 C 公司自 2010 年设立至 2015 年 8 月发生的运营费用包括：开发间接费用 85.125512 万元、固定资产费用 3300 元、管理费用 319.597332 万元、财务费用 229.824654 万元，合计 634.547498 万元。其中，“开发间接费用”项下业务招待费为 1.49606 万元，“管理费用”项下业务招待费为 231.8643 万元。

A 局和 D 中心辩称：《补充协议》约定“土地余款按拆迁进度提前支付”，按照该约定，A 局有权根据拆迁工作的实际资金需求，要求 C 公司提前支付土地成交价款。而 B 局在申请办理拆迁许可证的过程中，房屋拆迁主管部门依据国家政策规定明确要求 C 公司交付土地出让金的比例应达到 50%以上方可办理拆迁许可证，但 C 公司拒绝支付，违反了“余款按照拆迁进度提前支付”的义务。同时，《成交确认书》约定：地块竞得人在成交当日首付全部土地成交价款的 20%，余款按照地块拆迁进度提前支付，并在地块成交之日起一年内全部付清。《会议纪要》要求：项目地块出让时土地成交价款首付比例为 20%，余款在取得土地使用权后 1 年内缴齐。按照前述约定和要求，C 公司支付余款的义务在先，D 中心交付土地的义务在后。但是，C 公司在案涉地块成交之后，仅支付了土地成交价款 20%的首付款，并未按照地块拆迁进度提前支付余款，违反了先履行合同义务，D 中心有权拒绝向其交付土地。并且，《投资协议》仅约定了 A 局负责土地拆迁，并未约定拆迁完成期限。而《投资协议》和《成交确认书》签订后，国家政策发生调整，原约定的 20%土地首付价款须补足至 50%，否则无法办理拆迁许可证。现 C 公司未补足土地价款,导致拆迁工作无法完成,A 局没有责任。此外,A 局不是《成交确认书》的合同相对人,根据合同相对性原则,A 局就 D 中心无法交付净地承担连带赔偿责任缺乏事实及法律依据。况且,A 局对案涉地块进行拆迁的法律基础是与 D 中心签订的《征收承包协议》,该协议约定了拆迁时间、交地条件及逾期交付土地的违约责任。如果 A 局违反了该协议约定的交地期限,应当按照合同相对性原则向 D 中心承担责任,而非向 B 公司和 C 公司承担违约赔偿责任。至于 C 公司提交的《明细分类账》,系其依据自身提供的账目记载径行认定的费用,未履行司法鉴定或审计程序。且 C 公司为维持公司正常运行及开发建设案涉地块项目而支出的运营费用 636.5585 万元是其自身应当承担的经营风险,与履行《成交确认书》没有因果关系,要求 D 公司担连带赔偿责任,缺乏事实和法律依据。

【一审争议焦点】

1.《投资协议》、《补充协议》和《成交确认书》的关联性和效力。

2. 本案谁违约以及违约责任如何分担?

3.《投资协议》、《补充协议》和《成交确认书》是否能够继续履行?

4. 如不能继续履行,则案涉协议是否解除?解除协议的原因以及责任承担问题。

【一审裁判观点】

关于争议焦点 1:判断《投资协议》、《补充协议》和《成交确认书》的关联性和效力,除了需要依据有关法律规定外,还必须考虑项目以及项目土地使用权出让的实际操作情况。土地使用权出让行为作为创设土地使用权的民事法律行为,必须通过合同形式实现,其基础是合同行为。本案中,区政府负责项目规划、提供土地、招商、项目建设优惠支持,项目所需土地通过招拍挂程序交易出让,最终通过《成交确认书》确定 C 公司对案涉项目的开发建设权利。虽然《投资协议》和《补充协议》签署在先,但两份协议就取得项目土地后的使用开发情况作出了约定。因此,《投资协议》、《补充协议》与《成交确认书》具有高度相关性,同案审理并无不妥。且上述协议中各方当事人意思表示真实，对各方权利义务进行了约定，并不违反法律或行政法规的强制性规定，因此应当认定上述协议合法有效，对当事人具有约束力。

关于争议焦点2：《投资协议》约定：地块摘牌时乙方（C公司）按《成交确认书》的总土地款20%支付土地首付款（含竞买保证金），余款按拆迁进度支付。《成交确认书》约定：地块竞得人在成交当日首付全部土地成交价款的20%，余款按照地块拆迁进度提前支付。结合竞买文件中设定供地状况为“净地”的规定，上述约定应当理解为对竞得人付款时间进度的约定，竞得人对于土地的拆迁并无任何法定或合同义务。至于如何拆迁（包括取得拆迁许可证），恰恰是政府方面作为拆迁主体按约定应当承担的义务。C公司于2010年3月3日已向D中心电汇23,536.212万元作为履约保证金，款项在土地成交当日即转为全部首付款。从该款项的实际流向看，其中一部分上缴至市财政局约4739万元，剩余约1.87亿元划转给区政府用于土地拆迁补偿。由此可见，B公司已经实际履行了《投资协议》中约定的付款义务，C公司也履行了《成交确认书》中约定的付款义务。而至今，A局没有履行《投资协议》中约定的拆迁义务，D中心没有履行《成交确认书》中约定的提供净地的义务，应当承担违约责任。

关于争议焦点3：根据C公司提供的《土地估价报告》，本案当事人均不否认2008年以来案涉项目土地价格大幅上涨的事实，由此必然引起土地拆迁成本的上涨。在此背景下，D中心继续按照约定价格实施拆迁提供净地，已经没有现实可能性。因此，上述协议不具备继续履行的条件。

关于争议焦点4：本案中，A局没有履行《投资协议》的约定义务，应承担违约责任。D中心没有履行《成交确认书》中的约定义务致使合同目的不能实现，应当承担违约责任。考虑到本案土地招拍挂的实际操作情况（区政府主导运作、先摘牌后拆迁）足以在事实上造成两被告之间权利义务高度相关，以及A局在本案中作为实际拆迁人的身份和作用，应当认定B局与D中心承担连带赔偿责任。A局和D中心承担连带赔偿责任的范围包括：（1）因D中心违约并收取了C公司缴付的首期土地价款，占用上述资金给B公司造成的损失应予赔偿，损失数额的计算应以中国人民银行同期贷款利率为标准计算至实际给付之日。（2）B公司系为开发建设案涉项目而注册成立 C 公司,C 公司设立后记入公司账目的各项实际支出费用,包括项目建设的准备费用以及维持公司正常运行的费用,均为开发建设该项目所必需,故可认定为应予赔偿的直接损失。此外,C 公司以土地增值为依据计算的预期利益损失为间接损失,因 A 局提出异议,且 C 公司未提供新的可供采信的《土地估价报告》,亦未提出评估申请,故无法认定土地增值数额,对原告该项请求不予支持。

【二审争议焦点】

1. A 局、D 中心是否应当承担违约责任?

2. C 公司主张的运营损失责任承担及数额认定。

【二审裁判观点】

关于争议焦点 1:关于 D 中心是否应当承担违约责任。根据合同约定,综合本案相关证据,C 公司在地块成交之日首付全部土地成交价款的 20% 即 23,536.212 万元,符合双方《投资协议》和《成交确认书》的约定。C 公司主张余款按照拆迁进度支付,具有合同依据。然而,C 公司按照约定支付土地首付款后,区政府及相关部门未办理拆迁许可证,也未启动其他任何拆迁工作,在此情况下,C 公司有权拒绝支付剩余土地价款。D 中心作为合同相对人不能按照合同约定提供相应的土地,构成违约,应向 C 公司承担违约责任。

关于 A 局的连带责任问题。虽然 A 局主张其不是 D 中心与 C 公司《成交确认书》的合同相对人,只是框架性《投资协议》的当事人,但《投资协议》系《成交确认书》的前提和基础,双方当事人之间的投资和开发关系明显具有招商引资的特点。正如原判决所分析的,A 局与其他几个政府部门之间具有权利义务高度的相关性,B 局和 D 中心可以作为概括的一方合同主体,均负有按照合同约定履行相关行为的义务。A 局在本案中实际上处于拆迁人的地位,《投资协议》和《成交确认书》最终没能履行,与区政府、A 局没有及时启动拆迁存在直接的关系,因此,原审判决 A 局对 D 中心的债务承担连带责任,适用法律并无不当。

关于争议焦点 2：《合同法》第 97 条规定，合同解除后，当事人有权要求赔偿损失。违约方对于守约方因违约所遭受的全部损失承担违约赔偿责任。本案中，根据 A 局与 B 公司签订的《投资协议》约定，A 局选择 B 公司为唯一开发商，B 公司承诺在竞拍土地使用权之前注册一个独资房地产开发公司。此后，B 公司专门设立 C 公司，经营范围即为案涉地块的开发及商品房销售，且 C 公司设立后，并未开展其他业务。因此，C 公司正常的运营费用系为履行案涉合同而支出的费用，属于直接损失的范围，D 中心作为违约方应当承担赔偿责任。但是，C 公司提供的“明细分类账”包括 4 大类、26 种具体支出，分别为：开发间接费 85.125512 万元、固定资产 3300 元、管理费用 319.597332 万元和财务费用 229.824654 万元，合计 634.547498 万元。其中，开发间接费项下业务招待费为 1.49606 万元，管理费项下业务招待费为 231.8643 万元，管理费项下业务招待费超过公司运营费用的 1/3，明显超出合理范围。基于 A 局和 D 中心对此均持有异议，C 公司亦不能作出合理解释，故本院对原判决确定的 D 中心承担的 C 公司运营损失数额予以扣减，即 D 中心应赔偿 C 公司运营损失的数额为 402.683198 万元。

【评析】

本案中，D 中心实质是以“净地出让”为名，行“毛地出让”之实，尽管其同时就征地拆迁义务与作为行政机关的 A 局签订了具有委托性质的《征收承包协议》，约定了案涉地块的拆迁时间、交地条件以及逾期交付土地的违约责任，但仍然无法有效控制自身不能依约交付土地的重大风险，进而导致《成交确认书》失去继续履行的现实可能，由此不仅损害了当地政府的诚信形象，而且产生了巨额违约赔偿责任，并使得案涉土地事实被长期闲置。换言之，本案以鲜活事实，深刻证明了以“净地出让”方式出让土地的价值和意义，同时亦反向揭示了“毛地出让”方式下法律关系、利益冲突的复杂性，以及基于不确定因素过多而极易产生纠纷争议的客观事实。当然，本案的核心争议并非交地标准，而是根据“余款按拆迁进度提前支付”的合同约定，B 公司和 C 公司是否享有先履行抗辩权，即在 A 局作为实际拆迁人不履行拆迁义务的情形下，C 公司是否有义务继续支付土地出让余款？

不言而喻,凡生效合同必须严守。如果合同义务有先后履行顺序,先履行一方怠于履行给后履行的一方履行合同造成困难的,后履行的一方因此取得先履行抗辩权,并有权要求对方履行全部合同义务。前述法理体现为《民法典》第526条的规定:当事人互负债务,有先后履行顺序,应当先履行债务一方未履行的,后履行一方有权拒绝其履行请求。先履行一方履行债务不符合约定的,后履行一方有权拒绝其相应的履行请求。从而,所谓先履行抗辩权"是指依照合同约定或法律规定负有先履行义务一方的当事人,到期未履行义务或者履行义务不符合约定时,对方当事人为保护其后履行利益而中止履行合同的权利"。[①] 该权利又可称为"违约救济权",实质是合同相对方出现违约行为时的法定抗辩理由。由于"先履行抗辩权"是为保护后履行一方的期限利益或者其合同履行条件而规定的权利,故其适用条件应当包括:其一,合同当事人根据同一双务合同而互负债务;其二,合同当事人的债务履行有先后次序;其三,应当先履行的乙方当事人没有履行或者履行不符合约定;其四,应当先履行的债务是可能履行的。

本案中,D中心和C公司在《成交确认书》中互负债务。其中,D中心所负债务是按约交付"净地"。为满足该"净地"要求,D中心将拆迁义务的工作内容承包给A局履行。C公司所负债务是在按约支付第一笔转让价款后,"按拆迁进度"分期支付剩余土地价款。据此,可以认定D中心应当先履行拆迁义务,然后才能要求C公司履行付款义务。而C公司按约支付第一笔转让价款后,A局迟迟未能启动拆迁工作,直至诉讼时也未办理拆迁许可证,前述事实足以证明D中心已经构成对先履行义务的违反。因而,依据先履行抗辩权,C公司可以拒绝继续支付土地价款。同时,由于C公司作为守约方享有全部合同权利,包括依法解除合同的权利,在C公司选择行使合同解除权,提出解除合同的诉讼请求后,人民法院根据《成交确定书》已经失去继续履行基础的客观事实判决解除合同,符合法律规定。当然,如果假设《成交确认书》签订后,D中心作为先履行义务方立即启动了拆迁工作,而C公司拒绝支付剩余土地价款,并出现将来可能会不履行或者不能履行合同

① 人民法院出版社编:《最高人民法院司法观点集成》(民事卷②·第3版),人民法院出版社2017年版,第1203页。

的情形（如明显丧失付款能力）时，则D中心依据《民法典》第527条将享有不安抗辩权。此时，D中心享有中止拆迁工作并通知C公司在合理期限内提供适当担保的权利，在C公司拒绝提供担保的情形下，其可诉请人民法院依法解除《成交确认书》。

【重点规范链接】

《民法典》（2020年5月28日）

第五百一十八条 债权人为二人以上，部分或者全部债权人均可以请求债务人履行债务的，为连带债权；债务人为二人以上，债权人可以请求部分或者全部债务人履行全部债务的，为连带债务。

连带债权或者连带债务，由法律规定或者当事人约定。

第五百二十六条 当事人互负债务，有先后履行顺序，应当先履行债务一方未履行的，后履行一方有权拒绝其履行请求。先履行一方履行债务不符合约定的，后履行一方有权拒绝其相应的履行请求。

第五百二十七条 应当先履行债务的当事人，有确切证据证明对方有下列情形之一的，可以中止履行：

（一）经营状况严重恶化；

（二）转移财产、抽逃资金，以逃避债务；

（三）丧失商业信誉；

（四）有丧失或者可能丧失履行债务能力的其他情形。

当事人没有确切证据中止履行的，应当承担违约责任。

第五百二十八条 当事人依据前条规定中止履行的，应当及时通知对方。对方提供适当担保的，应当恢复履行。中止履行后，对方在合理期限内未恢复履行能力且未提供适当担保的，视为以自己的行为表明不履行主要债务，中止履行的一方可以解除合同并可以请求对方承担违约责任。

第五百六十六条第一款、第二款 合同解除后，尚未履行的，终止履行；已经履行的，根据履行情况和合同性质，当事人可以请求恢复原状或者采取其他补救措施，并有权请求赔偿损失。

合同因违约解除的，解除权人可以请求违约方承担违约责任，但是当事人另有约定的除外。

第五百七十七条 当事人一方不履行合同义务或者履行合同义务不符合约定的,应当承担继续履行、采取补救措施或者赔偿损失等违约责任。

第五百八十条 当事人一方不履行非金钱债务或者履行非金钱债务不符合约定的,对方可以请求履行,但是有下列情形之一的除外:

(一)法律上或者事实上不能履行;

(二)债务的标的不适于强制履行或者履行费用过高;

(三)债权人在合理期限内未请求履行。

有前款规定的除外情形之一,致使不能实现合同目的的,人民法院或者仲裁机构可以根据当事人的请求终止合同权利义务关系,但是不影响违约责任的承担。

14. 土地规划用途发生变更后,该土地使用权出让合同中有关出让方办理国有土地使用权证书的约定不适于强制履行

【裁判要旨】

国有土地使用权出让合同能否继续履行,应当将土地是否符合原定规划条件作为重要考量因素。本案中,《协议书》对案涉土地的规划期望是转为工业用地,而根据《A 县某镇总体规划(2017 年~2030 年)》中的《总体用地布局规划图》,案涉土地目前已规划为商业用地及二类居住用地,另有部分仍为一般农田及未利用地。从而,在案涉土地规划已经变更的情况下,《协议书》的履行存在障碍。同时,不经过招标、拍卖等公开竞价方式而直接依据协议转让国有建设用地使用权,已不为现行法律及部门规章所允许,本案不具备强制履行的基础。综合来看,无论案涉 308 亩土地尚属农用地抑或国有土地,《协议书》关于"甲方承诺在 30 日内发给乙方首期用地国有土地使用权证书"的约定均属于债务标的不适于强制履行的情形。

【基本案情】

2005 年 1 月 20 日,甲方 A 县民族工业园区管理委员会(以下简称 A 管委会)与乙方 B 公司签订《意向书》,主要约定:甲方同意为乙方提供 2000 亩土地作为建设仿古家具出口生产基地的项目用地,乙方分期进行开发,一期用地约 308 亩。乙方承诺按园区规划在一期用地上建成古木家具展示中心,展示中心占地面积不少于一期用地的 50%。乙方承诺在 5 年内通过发挥自身影响力,吸引同行企业对一期用地以北的 1700 亩土地(作为二期用地)进行开发。甲方承诺及时办理二期用地土地报批手续,待所有土地批准为建

设用地后,马上提供给乙方开发建设使用。双方初步约定,一期用地土地出让价格暂定为每亩 10 万元,乙方不再享受土地出让金返还优惠政策。

2005 年 3 月 14 日,县政府形成《会议纪要》,载明:“同意将 308 亩一期土地出让给 B 公司,每亩地价 7.5 万元,责成民族工业园区、镇政府、国土资源局(以下简称 C 局)抓紧依法办理土地出让手续。该 308 亩土地中,150 亩存量土地和 158 亩预征土地应付农民的土地补偿金均按 1.8 万元/亩的价格一次性付清,158 亩预征土地向省、市部门报批的费用一次性付清,全部 308 亩土地的地上附着物补偿款及其他费用一次性付清。”

2005 年 3 月 18 日,甲方 A 管委会与乙方 B 公司签订《协议书》,主要约定:本协议书作为双方签订仿古家具出口生产基地项目《国有土地使用权出让合同》的前提条件,项目土地出让价格为 7.5 万元/亩,乙方不再享受土地出让金返还优惠政策。乙方在签订本协议书之日起 10 日内先交付首期用地(面积 150 亩)出让金,即 1000 万元。甲方承诺在 30 日内发给乙方首期用地的国有土地使用权证书,乙方于收到首期用地的国有土地使用权证书当日,一次性向甲方缴清首期用地的剩余土地出让金(125 万元)。乙方在 2005 年 5 月 1 日之前按 1 万元/亩的价格交付二期用地(面积约 158 亩)定金,甲方抓紧为乙方办理二期用地的国有土地使用权证书。如果在甲方办妥二期用地的国有土地使用权证书当日,乙方不能将二期用地剩余土地出让金向甲方一次性缴清,甲方将收回二期用地的国有土地使用权,并有权对二期用地进行自主开发。

2005 年 4 月 4 日、4 月 11 日、4 月 30 日、7 月 4 日,B 公司向 C 局分次缴纳土地出让金 800 万元、150 万元、130 万元、45 万元,总计 1125 万元。

2005 年 8 月 2 日,因征收补偿工作进展不利,县政府形成《会议纪要》,载明:“仿古家具出口生产基地项目是县政府在‘商务节’上签约的重点项目,各方要全力抓好落实,特别是在项目用地的问题上,要抓紧做群众工作,尽快办理土地征用手续,确保项目的顺利实施。县政府成立项目征地工作领导小组,责成 A 管委会、C 局全力配合做好该项目征地工作。涉及‘钉子户’要列出名单,分组攻坚,确保项目征地工作顺利进行。”

但是,B 公司始终未取得 308 亩土地的国有土地使用权证书,亦未实际利用前述土地。同时，根据《A 县某镇总体规划（2017 年~2030 年）》中的《总体用地布局规划图》，前述 308 亩项目土地中有部分土地规划为商业用地及二类居住用地，有部分土地仍为一般农田及未利用地。

2017 年，省国土资源厅发布《关于妥善解决历史遗留建设用地有关问题的通知》，载明："用地行为发生在 1999 年 1 月 1 日至 2009 年 12 月 31 日之间，农民无意见，权属无争议的，依法缴纳耕地开垦费和新增建设用地土地有偿使用费，落实处理（处罚）措施后办理土地转用征收手续。"

其后，B 公司诉至法院提出 3 项诉讼请求：（1）判令 A 管委会、C 局继续履行《意向书》和《协议书》，向 B 公司颁发 308 亩建设用地使用权的不动产权属证书，并交付土地；（2）判令 A 管委会、C 局向 B 公司赔偿损失 15,192 万元；（3）A 管委会、C 局承担本案全部诉讼费用。对于第 2 项诉讼请求，B 公司提供了 A 县近年来工业用地和商业用地出让价格、基准地价汇总表以及 A 县公示的 16 份国有建设用地使用权挂牌出让成交结果，以证明其预期利益损失为 15,192 万元。

A 管委会、C 局辩称：A 管委会不是出让国有土地使用权的适格主体，且《意向书》和《协议书》协商出让的 308 亩土地系农用地，在未取得相应审批、规划手续的情形下，应属无效合同。同时，土地出让必须经过招拍挂程序，308 亩项目土地的规划性质现均为农用地，无法按《协议书》的约定继续履行。《省国土资源厅关于妥善解决历史遗留建设用地有关问题的通知》的适用前提是发生了用地行为，且农民无异议，而案涉土地并未被 B 公司实际使用，农民亦有异议，因此未进行征收，本案不符前述通知的要求。B 公司主张的 1.5 亿余元损失系其对或有经营利润的估算，既未得到 A 管委会、C 局的认可，也无切实依据。

B 公司认为：《协议书》关于一期 150 亩土地在缴纳土地出让金当日即可办理国有土地使用权证书的约定，充分说明其时一期土地已征收完成。《会议纪要》明确表明一期 150 亩为"存量土地"，二期 158 亩土地为"预征土地"，亦说明一期土地系已办理转征手续、符合出让条件的国有土地。《A 县某镇总体规划（2017 年~2030 年）》中的《总体用地布局规划图》显示案涉项目土地部分为商业用地及二类居住用地，并非农用地，完全符合继续履行的条件。征地是《意向书》中A管委会的主要合同义务,要求其继续履行是督促其兑现合法合规政策承诺的必然要求。如行政机关不愿履行时即可不履行,相当于鼓励行政机关肆意毁约。根据《合同法》第113条规定,我国违约损害赔偿范围采用完全赔偿原则,履行利益属于违约赔偿范围。即使《协议书》不能继续履行,A管委会、C局也应当就案涉土地增值部分向B公司承担违约责任。

【一审争议焦点】

1.《意向书》和《协议书》的性质。

2.《意向书》和《协议书》的效力。

3.《意向书》和《协议书》能否继续履行?

4. A管委会、C局应否承担责任及如何承担责任?

【一审裁判观点】

关于争议焦点1:合同的性质应按照合同内容即合同双方的权利义务来确定。本案中,《意向书》是A管委会与B公司就在A县投资建设项目的相关事宜进行明确,其中虽然涉及A管委会为B公司提供若干土地用于项目建设,但并未最终确定土地价格、面积、出让金支付时间等具体事项,且《意向书》中还约定了古木家具展示中心建设、二期建设规划等其他事项,因此该《意向书》应为招商引资合作协议而非土地出让合同。2005年3月14日,A县政府形成《会议纪要》,同意将案涉308亩土地出让给B公司,同时确定出让价格为7.5万元/亩。为落实该次会议决议,A管委会于2005年3月18日与B公司签订《协议书》,对出让土地的位置、面积、出让价格及出让金支付时间等土地使用权出让合同的必备条款进行了约定,A管委会的主要权利义务为收取土地出让金并办理土地使用权证,B公司的主要权利义务为缴纳土地出让金并获得土地使用权,且B公司已依照《协议书》约定缴纳土地出让金,C局也予以收取,故该《协议书》性质应为土地使用权出让合同。虽然《协议书》约定"本协议书作为双方签订仿古家具出口生产基地项目《国有土地使用权出让合同》的前提条件",但结合协议其他内容可知,签订制式《国有土地使用权出让合同》只是双方当事人办理土地出让手续中的一个环节，并不能以此否定《协议书》的性质。

关于争议焦点2：《协议书》虽由A管委会作为出让方，但合同签订后B公司依约向C局缴纳了1125万元一期土地出让金，C局收取B公司土地出让金的行为应视为其对该《协议书》的追认，符合《最高人民法院关于审理涉及国有土地使用权合同纠纷案件适用法律问题的解释》第2条“开发区管理委员会作为出让方与受让方订立的土地使用权出让合同，应当认定无效。本解释实施前，开发区管理委员会作为出让方与受让方订立的土地使用权出让合同，起诉前经市、县人民政府土地管理部门追认的，可以认定合同有效”的规定，故A管委会主张《协议书》无效理据不足。根据双方提交的相关证据，案涉土地的确至少有一部分尚未办理征地手续，仍属农用地。而《土地管理法》第44条虽然规定出让土地应为国有土地，但《协议书》只是约定A管委会负有按照法定程序办理农用地转为建设用地审批手续和征地手续的义务，并未直接将农用地出让给B公司。对此内容，《会议纪要》和《县长办公会议纪要》亦均有所体现。参照《最高人民法院关于审理买卖合同纠纷案件适用法律问题的解释》第3条之精神，应认定《协议书》本身并未违反相关法律规定。至于审批和征地手续能否成功办理，则属于合同履行问题，并不是导致合同无效的事由。即使案涉土地为农用地，也不能据此认定《协议书》无效。综上，《意向书》和《协议书》是双方当事人真实意思表示，不违反法律、行政法规的效力性强制性规定，合法有效。

关于争议焦点3：虽然《合同法》第107条规定了继续履行是违约责任的一种形式，但第110条同时规定：“当事人一方不履行非金钱债务或者履行非金钱债务不符合约定的，对方可以要求履行，但有下列情形之一的除外：(一)法律上或者事实上不能履行；(二)债务的标的不适于强制履行或者履行费用过高；(三)债权人在合理期限内未要求履行。”本案中，B公司要求继续履行的即属于非金钱债务，案涉土地至少有一部分仍为农用地，如欲继续履行合同，需要由相关政府行政主管部门按照《土地管理法》之相关规定就农用地转为建设用地问题进行规划、审批、征收等。而前述工作能否完成是政府行政权范畴，不以双方当事人意志为转移，司法亦无权干涉，因此本案债务标的属于不适于强制履行的情形。在 A 管委会、C 局明确表示不同意继续履行、无法继续履行的情况下,B 公司关于继续履行合同的诉讼请求不能成立,案涉合同只能终止。

关于争议焦点 4:A 管委会在签订《协议书》之后,未能按照合同约定向 B 公司出让国有土地使用权并交付土地,构成违约,应依法承担违约责任。在合同无法继续履行的情况下,C 局首先应返还 B 公司已经缴纳的土地出让金 1125 万元。其次,B 公司主张的 1.5 亿余元损失系其对经营利润的估算,并无切实证据,未得到 A 管委会、C 局认可,且该经营利润也受市场、经营方式及政策等多种复杂因素影响,具有不确定性,故对其该项主张无法采信。但同时,B 公司缴纳土地出让金已近 15 年之久,按照银行同期贷款利率计算资金占用损失并不足以弥补 B 公司之损失。根据合同的履行情况、当事人的过错程度、资本市场资金融通收益率及通货膨胀等因素综合考量,酌定 A 管委会、C 局以已付土地出让金 1125 万元为基数,按照中国人民银行同期同类贷款利率的两倍赔偿损失。关于损失起算点,《协议书》约定为 B 公司办理一期土地使用权证的期限为合同签订后 30 日内,但此时 B 公司尚未全部完成约定的 1000 万元付款义务,故损失计算应根据 B 公司付款时间,以 1080 万元为基数自 2005 年 4 月 30 日起、以 45 万元为基数自 2005 年 7 月 4 日起,按照中国人民银行同期同类贷款利率的两倍计算。

【二审争议焦点】

1.《意向书》和《协议书》能否继续履行?

2. 一审有关违约责任的认定是否恰当?

【二审裁判观点】

关于争议焦点 1:本案中,《协议书》对案涉土地的规划期望是转为工业用地,而根据《A 县某镇总体规划(2017 年~2030 年)》中的《总体用地布局规划图》,案涉土地目前已规划为商业用地及二类居住用地,另有部分仍为一般农田及未利用地。从而,在案涉土地规划已经变更的情况下,《协议书》的履行存在障碍。同时,根据《县长办公会会议纪要》有关"涉及'钉子户'要列出名单,分组攻坚,确保项目征地工作顺利进行”等内容可知,案涉土地并没有完成征收工作。而《物权法》第137条第2款规定,工业、商业、旅游、娱乐和商品住宅等经营性用地以及同一土地有两个以上意向用地者的,应当采取招标、拍卖等公开竞价的方式出让。《招标拍卖挂牌出让国有建设用地使用权规定》第4条也作出了同样的规定。因此,不经过招标、拍卖等公开竞价方式而直接依据协议转让国有建设用地使用权,已不为现行法律及部门规章所允许,本案不具备强制履行的基础。综合来看,无论案涉308亩土地尚属农用地抑或国有土地,《协议书》关于“甲方承诺在30日内发给乙方首期用地《国有土地使用权证书》”的约定均属于债务标的不适于强制履行的情形,一审判决并无不当。

关于争议焦点2:《合同法》第113条第1款规定,当事人一方不履行合同义务或者履行合同义务不符合约定,给对方造成损失的,损失赔偿额应当相当于因违约所造成的损失,包括合同履行后可以获得的利益,但不得超过违反合同一方订立合同时预见到或者应当预见到的因违反合同可能造成的损失。本案中,由于我国经济社会快速发展所带来的土地大幅增值,已超出A管委会、C局在2005年3月18日订立合同时所能够预见到的情况。违约损失赔偿额虽包括合同履行后可以获得的利益,但亦应受不可预见规则之限制。一审法院综合考虑合同履行情况、当事人的过错程度、资本市场资金融通收益率及通货膨胀等因素,酌定A管委会、C局按照中国人民银行同期同类贷款利率两倍进行赔偿,符合本案实际情况,并无明显不当,本院予以维持。

【评析】

作为土地使用权出让合同,《协议书》系C局以协议方式向B公司出让土地的行为。但根据本案诉讼发生时已经实施的《物权法》、《招标拍卖挂牌出让国有建设用地使用权规定》以及《协议出让国有土地使用权规定》的相关规定,国土资源行政主管部门以协议方式出让的土地必须符合法定条件,工业、商业、旅游、娱乐和商品住宅等经营性用地以及同一土地有两个以上意向用地者的土地均只能采取招标、拍卖等公开竞价的方式出让。从而,本案所涉的308亩土地无论是未征收的农用地,还是已征收的国有建设用地,其作为仿古家具出口生产基地项目的建设用地在性质上确属经营性用地,故依据前述法律及部门规章的规定明显不能再继续履行。

同时,根据《土地管理法》和《城乡规划法》的有关规定还可知,我国实行严格的土地用途管制,使用土地的单位和个人必须按照土地利用总体规划确定的用途使用土地。所以,土地的规划条件是国有土地使用权出让合同的重要内容,合同能否继续履行,应当将土地是否符合原定规划条件作为重要考量因素。而根据《最高人民法院关于审理涉及国有土地使用权合同纠纷案件适用法律问题的解释》第1条,土地出让合同的标的是国有土地的使用权,农用地作为集体土地并不能直接成为该类合同的出让标的。因此,为实现包括农用地在内的集体土地的合法出让,除必须依法进行土地征收补偿外,还必须依法履行土地变更使用性质的审批、规划手续。

具体而言,集体土地的“变性”流程是:用地使用单位或开发建设单位首先向城市规划行政主管部门提出申请,城市规划行政主管部门则依据城市规划和有关法律、法规审查批准,并报市政府备案。在此过程中,土地变性申请若涉及重点地区的建设项目,应报市政府审批;若涉及改变对城市总体布局有重大影响的规划用地性质,需报原规划的审批部门审批。而综合前述流程规定可知,规划部门批准土地变性的首要前提是相关申请应当符合城市总体规划和土地利用规划。但本案中,B公司的用地意图是欲建设仿古家具出口生产基地项目,即意图将案涉308亩土地的性质由“农用地”变性为“工业用地”。而根据《A县某镇总体规划(2017年~2030年)》中的《总体用地布局规划图》,该308亩土地已有部分被规划为商业用地及二类居住用地,还有部分土地仍为一般农田及未利用地。在此情形下,要求A管委会继续办理《意向书》约定的审批规划手续的确已经存在重大障碍。

此外,对于本案一审裁判提出的“政府行政权范畴,不以双方当事人意志为转移,司法亦无权干涉”的观点,不能将其理解为“因《意向书》约定的土地报批手续办理义务属于行政权范畴,故人民法院不能以给付判决形式判令A管委会继续履行”。因为,即便仅从行政诉讼的角度看,人民法院的司法活动也已经切实发挥着监督、制约行政机关正当行使行政权力的价值功能。而最高人民法院民事审判第二庭亦指出："一方不履行报批义务时，另一方可以请求其履行报批义务，人民法院也可以根据当事人的诉讼请求判令该方当事人履行报批义务。当事人根据生效判决履行了报批义务，但有关部门未批准的，此时合同不具有可履行性，合同因嗣后履行不能而解除。至于报批义务人应否承担责任，则要视其对不能取得批准有无过错来具体判断。如果不能取得批准是因为报批义务人怠于履行报批义务所导致，如本可以取得批准，但因政策变化导致不能取得批准的，报批义务人应当承担责任。反之，纯粹是因为批准机关不批准所导致的，则其无需承担责任。"[①] 据此，即便在政府方与他人签订的民事合同（如招商引资类合同）中，人民法院亦可判令政府方履行合同约定的报批义务，更何况 A 管委会也并非行政机关。因而，笔者认为，本案认定《意向书》和《协议书》只能终止履行的根本原因是案涉土地的规划性质发生了变更，相关有权部门根据现行法律规范不可能批准土地变性申请，即合同必然会出现嗣后履行不能的情况，而非仅是基于司法谦抑原则需要尊重行政权。

【重点规范链接】

《民法典》（2020 年 5 月 28 日）

第三百四十七条　设立建设用地使用权，可以采取出让或者划拨等方式。

工业、商业、旅游、娱乐和商品住宅等经营性用地以及同一土地有两个以上意向用地者的，应当采取招标、拍卖等公开竞价的方式出让。

严格限制以划拨方式设立建设用地使用权。

第五百七十七条　当事人一方不履行合同义务或者履行合同义务不符合约定的，应当承担继续履行、采取补救措施或者赔偿损失等违约责任。

第五百八十条　当事人一方不履行非金钱债务或者履行非金钱债务不符合约定的，对方可以请求履行，但是有下列情形之一的除外：

（一）法律上或者事实上不能履行；

---

① 最高人民法院民事审判第二庭编著：《〈全国法院民商事审判工作会议纪要〉理解与适用》，人民法院出版社 2019 年版，第 287 页。

(二)债务的标的不适于强制履行或者履行费用过高;

(三)债权人在合理期限内未请求履行。

有前款规定的除外情形之一,致使不能实现合同目的的,人民法院或者仲裁机构可以根据当事人的请求终止合同权利义务关系,但是不影响违约责任的承担。

第五百八十四条 当事人一方不履行合同义务或者履行合同义务不符合约定,造成对方损失的,损失赔偿额应当相当于因违约所造成的损失,包括合同履行后可以获得的利益;但是,不得超过违约一方订立合同时预见到或者应当预见到的因违约可能造成的损失。

《土地管理法》(2019年8月26日)

第四十四条 建设占用土地,涉及农用地转为建设用地的,应当办理农用地转用审批手续。

永久基本农田转为建设用地的,由国务院批准。

在土地利用总体规划确定的城市和村庄、集镇建设用地规模范围内,为实施该规划而将永久基本农田以外的农用地转为建设用地的,按土地利用年度计划分批次按照国务院规定由原批准土地利用总体规划的机关或者其授权的机关批准。在已批准的农用地转用范围内,具体建设项目用地可以由市、县人民政府批准。

在土地利用总体规划确定的城市和村庄、集镇建设用地规模范围外,将永久基本农田以外的农用地转为建设用地的,由国务院或者国务院授权的省、自治区、直辖市人民政府批准。

《城乡规划法》(2019年4月23日)

第三条第一款 城市和镇应当依照本法制定城市规划和镇规划。城市、镇规划区内的建设活动应当符合规划要求。

第九条第一款 任何单位和个人都应当遵守经依法批准并公布的城乡规划,服从规划管理,并有权就涉及其利害关系的建设活动是否符合规划的要求向城乡规划主管部门查询。

第三十八条 在城市、镇规划区内以出让方式提供国有土地使用权的,在国有土地使用权出让前,城市、县人民政府城乡规划主管部门应当依据控制性详细规划,提出出让地块的位置、使用性质、开发强度等规划条件,作为国有土地使用权出让合同的组成部分。未确定规划条件的地块,不得出让国有土地使用权。

以出让方式取得国有土地使用权的建设项目,建设单位在取得建设项目的批准、核准、备案文件和签订国有土地使用权出让合同后,向城市、县人民政府城乡规划主管部门领取建设用地规划许可证。

城市、县人民政府城乡规划主管部门不得在建设用地规划许可证中,擅自改变作为国有土地使用权出让合同组成部分的规划条件。

第三十九条 规划条件未纳入国有土地使用权出让合同的,该国有土地使用权出让合同无效;对未取得建设用地规划许可证的建设单位批准用地的,由县级以上人民政府撤销有关批准文件;占用土地的,应当及时退回;给当事人造成损失的,应当依法给予赔偿。

《协议出让国有土地使用权规定》(2003 年 6 月 11 日)

第三条 出让国有土地使用权,除依照法律、法规和规章的规定应当采用招标、拍卖或者挂牌方式外,方可采取协议方式。

《招标拍卖挂牌出让国有建设用地使用权规定》(2007 年 9 月 28 日)

第四条 工业、商业、旅游、娱乐和商品住宅等经营性用地以及同一宗地有两个以上意向用地者的,应当以招标、拍卖或者挂牌方式出让。

前款规定的工业用地包括仓储用地,但不包括采矿用地。

《最高人民法院关于审理涉及国有土地使用权合同纠纷案件适用法律问题的解释》(2020 年 12 月 29 日)

第一条 本解释所称的土地使用权出让合同,是指市、县人民政府自然资源主管部门作为出让方将国有土地使用权在一定年限内让与受让方,受让方支付土地使用权出让金的合同。

第二条 开发区管理委员会作为出让方与受让方订立的土地使用权出让合同,应当认定无效。

本解释实施前,开发区管理委员会作为出让方与受让方订立的土地使用权出让合同,起诉前经市、县人民政府自然资源主管部门追认的,可以认定合同有效。

15. 不得将行政机关对有关事项的审批权，约定为土地使用权出让合同的生效条件

【裁判要旨】

政府机关对有关事项或者合同进行审批以及作出批准的权限和职责，源于法律和行政法规规定，不属于当事人约定的范围。当事人将法律和行政法规规定的政府机关对有关事项或者合同的审批权、批准权约定为“附条件的合同”中的“条件”，不符合《合同法》有关“附条件的合同”的规定。当事人将法律和行政法规没有规定的政府机关对有关事项或者合同的审批权、批准权约定为“附条件的合同”中的“条件”，同样不符合《合同法》有关“附条件合同”的规定。根据《合同法》的规定精神，当事人在订立合同时，将法定的审批权或者批准权作为合同生效条件的，视为没有附条件。将法律未规定为政府机关职责范围的审批权或者批准权作为包括合同在内的民事法律行为生效条件的，同样视为没有附条件，所附的“条件”不产生限制合同效力的法律效果。

【基本案情】

2001年2月23日，市政府举办招商活动。活动中，某村委会和B公司签订《开发“澳大利亚旅游观光度假村”联建合同书》，副市长作为证人在该合同书上签字。

2001年8月15日，区国土局（以下简称A局）原局长收受B公司3万元贿赂，以A局名义与B公司签订《土地使用权预约协议》，主要约定：拟出让位于某村的20万平方米土地，规划用途为综合用地，使用期限50年，出让价格为21万元/亩，总计6300万元。

2002 年 1 月 24 日，市发展计划局作出《关于“澳洲花园”项目立项的批复》，同意实施“澳洲花园”开发项目。

2002 年 2 月 4 日，市规划局作出《建设工程规划审查意见书》，载明：“‘澳洲花园’项目用地规划性质为居住用地，开发性质与规划用地性质相符，同意选址建设。请建设单位依据村庄总体规划，按照《城市规划编制办法》的要求，先行编制控制性详细规划方案并报市规划局审批后，再办理相关规划手续。”

2002 年 7 月 29 日，市规划局规划作出《建设用地规划设计条件通知书》，同意 B 公司按规划设计条件，对该用地进行规划设计。

2002 年 12 月 26 日，市政府向省政府报送《关于 A 市某区 2002 年度第十八批城市建设用地的请示》(以下简称《用地请示》)称：经审查，该批用地(含“澳洲花园”项目用地)符合土地利用总体规划，在确定的建设用地范围内，所占耕地已开发补充同等数量的耕地，并且验收合格，拟同意作为某区 2002 年度第十八批城市建设用地呈报，办理农用地转用和土地征用手续。

2002 年 12 月 27 日，市规划局下发《建设工程规划方案审查意见书》，表示同意 B 公司报送的道路工程规划设计方案，并要求 B 公司报审施工图。

2003 年 1 月 6 日，A 局与 B 公司签订《土地使用权出让合同》，主要约定：出让土地面积 152,702 平方米，出让年期 50 年，出让金 369.15 元/平方米，总额 5636.99433 万元，土地用途为住宅。B 公司应在支付全部土地使用权出让金之日起的 30 日内，向 A 局申请办理土地登记。A 局应在受理土地登记申请之日起的 30 日内，依法为 B 公司办理出让土地使用权登记，颁发国有土地使用权证。基于本合同项下宗地出让方案需经省政府批准，本合同自省政府批准之日起生效。

同日，A 局与 B 公司还签订了《补充协议》，主要约定：B 公司同意代征道路及绿化带面积 33,533 平方米，价格为 5 万元/亩，征地费总计 251.4975 万元；A 局供地时间为《土地使用权出让合同》批准之日；本协议经双方签字、盖章后生效。

2001 年 9 月 28 日至 2003 年 5 月 29 日，B 公司按约付清了土地出让金和征地费共计 5888.49183 万元。

2003年1月13日,市规划局向B公司发放了《建设用地规划许可证》,明确“澳洲花园”项目用地符合城市规划要求,准予办理规划用地手续。

2003年2月19日,省政府下发《关于A市某区2002年第十八批次城市建设用地的批复》(以下简称《用地批复》),载明:“同意A市将‘澳洲花园’项目所在的20万平方米农用地转为建设用地,征收后用于A市城市建设。A市应严格按照有关规定向具体建设项目提供用地,供地情况由A市国土资源部门及时报省国土资源厅备案。”

其后,有群众举报A局原局长贪腐受贿,A局重新委托评估机构评估“澳洲花园”项目土地价格,结论为:同以2002年8月13日为基准日,“澳洲花园”项目用地的土地价格应为1001.9元/平方米,每平方米高出《土地使用权出让合同》的土地价格632.75元,该项目土地出让价款少计了9662.21905万元。

2004年3月1日,市政府法制办与市国土局共同下发《关于“澳洲花园”项目用地的情况报告》,主要意见为:鉴于目前情况,该宗用地实际已不能按2003年1月6日A局与B公司签订的《土地使用权出让合同》的约定进行协议出让,处理该问题的关键是依法解除该出让合同。但因该合同的性质属民事法律关系范畴,其主体是A局与B公司,不是市政府,故应由合同双方当事人依法解除该合同。为此,建议市政府召集区政府及相关单位会议对下列事项进行研究和明确后,由有关责任单位依法组织实施:(1)A局依法解除与B公司签订的《土地使用权出让合同》,退还土地出让金等相关费用。(2)A局依法完善该宗地征地手续,并将其依法纳入政府储备。

2004年3月8日,市政府办公厅将上述报告报送给省政府督查处。

2004年4月12日,A局以合同无效且合同约定的义务无法履行为由,通知B公司解除《土地使用权出让合同》,并要求B公司在接到通知后的30日内办理退款等事宜。

2004年6月18日,A局再次向B公司送达《关于抓紧办理土地出让金退款手续的函》,要求B公司在接到该函后的15日内办理土地出让金退款等手续,逾期将依法律程序退还B公司已经缴纳的土地出让金。

2004年6月28日,B公司诉至法院提出2项诉讼请求:(1)判令A局继续履行《土地使用权出让合同》，向 B 公司颁发国有土地使用权证；(2)诉讼费用由 A 局承担。

A 局辩称：《合同法》第 45 条规定：当事人对合同的效力可以约定附条件。附条件的合同，自条件成就时生效。而《土地使用权出让合同》约定“本合同项下宗地出让方案尚需经省政府批准，本合同自省政府批准之日起生效”，《补充协议》约定“A 局供地时间自《土地使用权出让合同》批准之日起”。但省政府对前述合同约定的生效条件，即“本合同项下宗地出让方案”，从未进行过批复。同时，我省人大常委会制定的《某省实施〈中华人民共和国土地管理法〉办法》（以下简称《地方办法》）第 24 条规定，“占用土地 8 公顷以上的，由省人民政府批准”，《土地管理法实施条例》(2014)第 22 条中规定供地方案“需要上级人民政府批准的，应当报上级人民政府批准”。而本案所涉的土地面积为 152,702 平方米（15.27 公顷），依法应由省政府审批。并且，《建设用地审查报批管理办法》第 10 条第 4 款规定，土地出让方案应当包括供地方式、面积、用途、土地有偿使用费标准、数额等。根据前述规定可知，《用地批复》仅是省政府对农用地的转用审批，不是对土地出让方案的审批。由此，《土地使用权出让合同》不仅尚未生效，而且当属无效。

同时，A 局还主张，《城市房地产管理法》第 9 条规定，“城市规划区内的集体所有的土地，经依法征用转为国有土地后，该幅土地的使用权方可有偿转让”。根据该规定，建设用地须先征用，后签订出让合同。但本案中，省政府于 2003 年 2 月 19 日才批复同意项目土地由农用地转为建设用地，《土地使用权出让合同》却早在 2003 年 1 月 6 日即已签订。根据《招标拍卖挂牌出让国有土地使用权规定》第 4 条规定，“商业、旅游、娱乐和商品住宅等各类经营性用地，必须以招标、拍卖或者挂牌方式出让”。根据该规定，本案项目用地必须以招标、拍卖、挂牌方式公开出让，但《土地使用权出让合同》仍采用了协议出让方式。另外，某刑事判决书载明，2002 年 10 月 31 日，A 局原局长指令 A 局作出《关于确认土地估价结果的批复》，并根据 B 公司自行作出的土地估价结论确定土地出让价格，而该出让价格仅为真实价格的 1/3，A 局原局长亦据此向 B 公司索贿 33 万元。因此，《土地使用权出让合同》除违反了法律、法规的强制性规定外，还存在恶意串通损害国家利益的法定无效情形。

此外,A 局还提出,改革开放以来,我国土地管理立法滞后,部分房地产商与个别官员相互勾结,在暴利诱惑下不惜采用非法手段攫取土地,导致土地出让秩序混乱,国有资产严重流失。省政府在充分调查案涉土地的出让过程后,已经认定该宗地为非法出让,并指示 A 局查处,故不会再批准该宗地的协议出让方案。而按照国家有关规定,在 2002 年 7 月 1 日前未经市、县政府前置审批或者签订书面项目开发协议而在此后协议出让经营性用地的,应当按照有关规定改为以招标拍卖挂牌方式出让。故在国家整顿和治理土地管理秩序的大背景下,A 局事实上也无法继续履行《土地使用权出让合同》。

【一审争议焦点】

1.《土地使用权出让合同》是否生效?

2.《土地使用权出让合同》应否继续履行?

【一审裁判观点】

关于争议焦点 1:根据约定,《土地使用权出让合同》的生效条件为"本合同项下宗地出让方案需经省人民政府批准,本合同自省政府批准之日起生效"。经查,本案所涉项目是市政府的招商引资项目。项目引进后,市政府有关职能部门已经批准了相关立项、规划和用地等手续文件。2002 年 12 月 26 日,市政府向省政府报送了《用地请示》,该请示的内容包括了本案所涉及的土地。2003 年 2 月 19 日,省政府下发《用地批复》,批准了市政府的用地请示。至此,《土地使用权出让合同》的生效条件已成就,该合同自省政府批复之日起生效。至于市政府报送的请示中是否包括合同约定的"出让方案",不影响该合同的效力。A 局关于《土地使用权出让合同》没有生效的抗辩主张不成立,不予支持。

关于争议焦点 2:按照《土地使用权出让合同》和《补充协议》的约定,B 公司付清了土地出让金和代征道路及绿化用地征地费,A 市政府有关职能部门为该项目办理了项目立项、规划、土地农转用和征用等手续,双方的合同义务已基本履行完毕。根据合同的约定，今后只要 A 局继续履行合同义务，依约为 B 公司办理国有土地使用权证，合同目的即可实现。因此，对于 B 公司请求 A 局继续履行合同，向 B 公司颁发国有土地使用权证的主张，本院予以支持。

【二审争议焦点】

1.《土地使用权出让合同》是否生效？

2.《土地使用权出让合同》是否有效？

【二审裁判观点】

关于争议焦点 1：《合同法》第 45 条规定，“当事人对合同的效力可以约定附条件。附条件的合同，自条件成就时生效”。所谓“附条件的合同”，是指当事人在合同中特别约定一定的条件，并以条件是否成就作为合同效力发生的根据。而合同所附条件必须是将来发生的、不确定的事实，是当事人约定的而不是法定的，同时还必须是合法的。在我国，政府机关对有关事项或者合同进行审批以及作出批准的权限和职责，源于法律和行政法规规定，不属于当事人约定的范围。当事人将法律和行政法规规定的政府机关对有关事项或者合同的审批权、批准权约定为附条件的合同中的条件，不符合《合同法》有关附条件的合同的规定。当事人将法律和行政法规没有规定的政府机关对有关事项或者合同的审批权、批准权约定为附条件的合同中的条件，同样不符合《合同法》有关附条件合同的规定。根据《合同法》的规定精神，当事人在订立合同时，将法定的审批权或者批准权作为合同生效条件的，视为没有附条件。将法律未规定为政府机关职责范围的审批权或者批准权作为包括合同在内的民事法律行为生效条件的，同样视为没有附条件，所附的“条件”不产生限制合同效力的法律效果。

A 局与 B 公司在《土地使用权出让合同》中约定，“本合同项下宗地出让方案需经省人民政府批准，本合同自省人民政府批准之日起生效”，表明双方通过约定，将“省政府批准合同项下宗地出让方案”作为《土地使用权出让合同》的生效条件，但该条件不属于我国《合同法》规定的附生效条件合同的条件。因此,双方关于合同项下宗地出让方案需经省政府批准生效的约定,对本案所涉《土地使用权出让合同》不产生限制合同效力的法律效果。A 局认为双方签订的《土地使用权出让合同》约定的合同生效条件未成就,以此为由主张所涉土地出让合同未生效,没有法律依据。一审法院认为市政府报送的请示中是否包括合同约定的"出让方案",不影响该合同的效力,适用法律正确。

关于争议焦点 2:本案双方所签《土地使用权出让合同》是在平等自愿基础上达成的协议,意思表示真实。根据自《土地管理法》第 44 条的规定,建设占用土地,涉及农用地转为建设用地的,应当办理农用地转用审批手续。在土地利用总体规划确定的城市和村庄、集镇建设用地规模范围内,为实施该规划而将农用地转为建设用地的,按土地利用年度计划分批次由原批准土地利用总体规划的机关批准。在已批准的农用地转用范围内,具体建设项目用地可以由市、县人民政府批准。本案讼争土地已经省政府批复批准,属于已批准的建设用地,土地出让方案应由市、县人民政府批准。而根据一审法院和本院查明的事实,本案涉及的"澳洲花园"项目是市政府在招商引资活动中引入的项目,与该项目相关的立项、规划及用地等手续已经市政府的有关职能部门以及区政府的有关职能部门陆续批准。2002 年 12 月 26 日,市政府向省政府报送了《用地请示》,内容中包括了本案所涉及的土地。2003 年 2 月 19 日,省政府下发《用地批复》,同意将项目所涉 20 万平方米农用地转为建设用地。该批复还指出,"A 市要严格按照有关规定向具体建设项目提供用地,供地情况由 A 市国土资源部门及时报省国土资源厅备案"。这表明省政府对建设项目供地管理采取的是备案制而不是审批制,有关供地事项不需要报经省政府审批。

根据《土地管理法实施条例》(2014)第 22 条的规定,具体建设项目占用土地利用总体规划确定的城市建设用地范围内的国有建设用地的,需要市、县土地行政主管部门出具建设项目用地预审报告,由市、县人民政府批准土地行政主管部门拟定的供地方案,市、县人民政府批准供地方案后向建设单位颁发建设用地批准书,然后由市、县土地行政主管部门与土地使用者签订国有土地有偿使用合同。本案中,作为市、县一级土地行政主管部门的 A 局在签订《土地使用权出让合同》前，虽未取得建设用地批准书，但这属于 A 局在办理有关供地手续过程中的程序简化或遗漏，不属于违反《合同法》第 52 条规定导致合同无效的情形。同时，在 2003 年 1 月 6 日《土地使用权出让合同》签订后不久，即 2003 年 2 月 19 日，省政府批准了合同项下宗地农用地转为建设用地的审批手续和征地手续，这表明《土地使用权出让合同》项下的土地已经履行了农用地转为建设用地的审批手续以及征地手续，是符合《土地管理法》规定的由市、县人民政府批准的具体建设项目用地，不再需要将合同项下的宗地出让方案报经省人民政府批准，而合同项下宗地也具备建设用地条件，可以进入土地出让市场，《土地使用权出让合同》的效力得到补正，符合《合同法》第 51 条关于"无处分权的人处分他人财产，经权利人追认或者无处分权的人订立合同后取得处分权的，该合同有效"的规定精神。

自 2002 年 7 月 1 日起施行的《招标拍卖挂牌出让国有土地使用权规定》(2007 年 9 月 28 日国土资源部修订了该文件，并更名为《招标拍卖挂牌出让国有建设用地使用权规定》)，是国土资源部为加强土地管理而制定的部门规章。根据《合同法》第 52 条第 5 项的规定和《最高人民法院关于适用〈中华人民共和国合同法〉若干问题的解释(一)》* 第 4 条"合同法实施以后，人民法院确认合同无效，应当以全国人大及其常委会制定的法律和国务院制定的行政法规为依据，不得以地方性法规、行政规章为依据"的规定，只有违反法律和行政法规强制性规定的合同才能被确认为无效，地方性法规和行政规章不能作为确认合同无效的依据。因此，A 局提出双方签订的《土地使用权出让合同》违反省人大常委会制定的地方性法规和国土资源部制定的部门规章，应认定为无效的请求，于法无据，不予支持。此外，按照国家有关规定，在 2002 年 7 月 1 日前未经市、县政府前置审批或者签订书面项目开发协议而在此后协议出让经营性用地的，应当按照有关规定改为以招标拍卖挂牌方式出让。A 局提出其出让讼争土地的行为违反有关行政管理规定需要完善招标拍卖挂牌手续，无法继续履行《土地使用权出让合同》，属于对相关合同的变更或解除，影响到相关合同能否实际履行以及是否解除的

* 该文件已被自 2021 年 1 月 1 日起施行的《最高人民法院关于废止部分司法解释及相关性文件的决定》废止。——编者注

问题,不影响和限制合同的效力,不是认定合同无效的理由和依据。

根据A局提供的刑事判决书,A局原局长在收受B公司3万元贿赂后签订《土地使用权预约协议》,签订《出让合同》后又向B公司索贿33万元,均是其个人犯罪行为,已由有关法院对其追究了相应的刑事责任。A局与B公司签订《土地使用权预约协议》和《土地使用权出让合同》,是具体落实A市政府的招商引资项目,A局原局长不具有决定有关协议和合同是否签订的权力和责任,其受贿、索贿事实不能证明A局与B公司签订预约协议和出让合同时恶意串通,损害国家利益。A局以此为由主张《土地使用权出让合同》无效,证据不足,不予采信。

A局主张其在处理群众对本案的举报过程中,同以2002年8月13日为基准日,对本案项下的土地进行价格评估后发现,该价格与当时作为签订出让合同价款依据的土地评估价格相差很大,并以此为由主张《土地使用权出让合同》无效。本院注意到,A局委托评估时的土地用途为"住宅用地",双方签订出让合同之前B公司委托评估的土地用途为"综合用地"。因此,虽然两次评估同以2002年8月13日为基准日,但鉴定机构和鉴定人员不同,评估时间不同,土地用途不同,土地评估价格自会出现较大差异。双方在《土地使用权预约协议》中约定的土地用途是"综合用地",但市规划局于2002年2月4日下发的《建设工程规划审查意见书》载明该项目用地规划性质为"居住用地",开发性质与规划用地性质相符,同意选址建设。因此,在双方签订《出让合同》之前B公司委托评估土地用途为"综合用地",在签订《出让合同》中将土地用途变成"住宅",这属于A局与B公司通过签订合同的形式对部分条款内容的变更,与《土地管理法》第56条关于建设单位使用国有土地的,应当按照土地使用权出让等有偿使用合同的约定或者土地使用权规划批准文件的规定使用土地的内容不相冲突。双方签订的《出让合同》与规划和评估报告中的土地用途不相同,如果可能导致土地使用权出让金低于订立合同时当地政府按照国家规定确定的最低价,属于影响《土地使用权出让合同》价格条款效力的因素,但不导致合同整体无效。

【评析】

根据《民法典》第 502 条的规定,依法成立的合同自成立时生效,但当事人另有约定或者依照法律、行政法规的规定应当办理批准手续的合同除外。例如,涉及购买商业银行、证券公司、保险公司 5%以上股权的合同;涉及需由国有资产监督管理机构予以批准的重大事项的合同;涉及外商投资企业股权变更的合同以及涉及采矿权转让的合同均系需经有权部门批准方能生效的合同,未经批准,即为违反了法律、行政法规有关合同生效条件的管理性强制规定,除合同中约定的履行报批等义务条款以及相关条款外,其他条款尚不能发生法律效力。但是,我国法律、行政法规并未规定土地使用权出让合同也应当办理批准手续,故本案中,最为核心的法律问题是 A 局和 B 公司是否可以通过意思自治,将法律和行政法规规定的政府机关对有关事项或者合同的审批权、批准权约定为附条件合同中的"条件"。

不同于一审法院的认可态度,最高人民法院对上述问题的观点是:合同所附"条件",必须是将来发生的、不确定的事实,是当事人约定的而不是法定的,同时还必须是合法的。政府机关对有关事项或者合同进行审批、批准的权限和职责,均源于法律和行政法规的规定,不属于当事人可以自由约定的对象。换言之,既然政府机关对有关事项或者合同进行审批、批准的权限职责均源于法律和行政法规的规定,同时政府机关在依法行政的法治框架下,又必须依法作出准予或者不予批准的决定,因而,该职责权限所涉及的事项并非"将来发生的不确定事实",而是"将来必然发生的确定事实"。据此,以该类约定作为附条件合同中的条件,显然违反了《合同法》的规定精神。

当然,本案的复杂性还在于,既然最高人民法院认定《土地使用权出让合同》未附特别生效条件,同时又不存在无效情形,为何又并未判令 A 局继续履行合同?这涉及民事主体从事民事活动的基本原则问题。根据本案审理时尚为有效的《民法通则》第 6 条的规定,"民事活动必须遵守法律,法律没有规定的,应当遵守国家政策"。而在国土资源部印发的《关于进一步治理整顿土地市场秩序中自查自纠若干问题的处理意见》(国土资发〔2003〕365 号)中,国家已明文要求"在 2002 年 7 月 1 日前未经市、县政府前置审批或者签订书面项目开发协议,而在此后协议出让经营性用地的,应当按照有关规定改为以招标拍卖挂牌方式出让”。也就是说,案涉《土地使用权出让合同》的继续履行存在违反国家政策的障碍。此时,“法院的判决必须考虑到法律效果与社会效果,与国家政策精神不吻合的判决,肯定不是两个效果有机统一的判决”。[①] 由此,最高人民法院在认定本案所涉的《土地使用权出让合同》有效并生效的基础上,还针对该合同应如何处理的问题作出了如下分析:

从双方当事人在本案一审和二审中的诉辩情况看,当事人争议的焦点问题始终围绕本案所涉《土地使用权出让合同》的效力问题。在经法院审理A局主张合同未生效、无效的理由不成立的情况下,本案还存在一个合同权利义务是否应当终止的问题,或者说合同应否解除的问题。民事主体从事民事活动,除必须遵守法律外,在法律没有规定的情况下还应当遵守国家政策。参照国家有关规定,本案所涉项目用地在 2002 年 7 月 1 日前只取得计划立项而未取得建设用地规划许可证,不属于已进行了前置审批情形。在 2002 年 7 月 1 日前,双方当事人虽然签订了联建合同书和土地使用权预约协议,但未签订书面的项目开发协议,故本案讼争用地超出了国家政策确定的可以继续以协议方式处理的历史遗留问题的范围,应当改为以招标拍卖挂牌方式出让。A 局未严格执行国家有关政策通过招标拍卖挂牌方式出让本案讼争土地使用权,是造成《土地使用权出让合同》无法继续履行的原因。这一政策方面的程序要求虽不导致本案所涉《土地使用权出让合同》无效,但却导致了该合同在客观上无法继续履行,故 B 公司要求判令 A 局继续履行《土地使用权出让合同》的诉讼请求,难以支持,一审判决相关判项应予撤销,对 B 公司的该项诉讼请求应予驳回。根据有关法律规定精神,解除权在实体方面属于形成权,在程序方面则表现为形成之诉,在没有当事人依法提出该诉讼请求的情况下,人民法院不能依职权径行裁判。《土地使用权出让合同》的解除或者权利义务终止及其法律责任承担问题,需通过独立的诉讼请求予以保护。本案中,B 公司始终未就此问题提出诉讼请求。限于本案当事人的诉讼请求和二审案件的审理范围,本院对此问题不予审理。

---

① 人民法院出版社编:《最高人民法院司法观点集成》(民事卷④ · 第 3 版),人民法院出版社 2017 年版,第 2181 页。

【重点规范链接】

《民法典》(2020年5月28日)

第八条 民事主体从事民事活动，不得违反法律，不得违背公序良俗。

第十条 处理民事纠纷，应当依照法律；法律没有规定的，可以适用习惯，但是不得违背公序良俗。

第一百五十三条 违反法律、行政法规的强制性规定的民事法律行为无效。但是，该强制性规定不导致该民事法律行为无效的除外。

违背公序良俗的民事法律行为无效。

第一百五十四条 行为人与相对人恶意串通，损害他人合法权益的民事法律行为无效。

第一百五十八条 民事法律行为可以附条件，但是根据其性质不得附条件的除外。附生效条件的民事法律行为，自条件成就时生效。附解除条件的民事法律行为，自条件成就时失效。

第五百零二条 依法成立的合同，自成立时生效，但是法律另有规定或者当事人另有约定的除外。

依照法律、行政法规的规定，合同应当办理批准等手续的，依照其规定。未办理批准等手续影响合同生效的，不影响合同中履行报批等义务条款以及相关条款的效力。应当办理申请批准等手续的当事人未履行义务的，对方可以请求其承担违反该义务的责任。

依照法律、行政法规的规定，合同的变更、转让、解除等情形应当办理批准等手续的，适用前款规定。

《土地管理法》(2019年8月26日)

第四十四条 建设占用土地，涉及农用地转为建设用地的，应当办理农用地转用审批手续。

永久基本农田转为建设用地的，由国务院批准。

在土地利用总体规划确定的城市和村庄、集镇建设用地规模范围内，为实施该规划而将永久基本农田以外的农用地转为建设用地的，按土地利用年度计划分批次按照国务院规定由原批准土地利用总体规划的机关或者其授权的机关批准。在已批准的农用地转用范围内，具体建设项目用地可以由市、县人民政府批准。

在土地利用总体规划确定的城市和村庄、集镇建设用地规模范围外,将永久基本农田以外的农用地转为建设用地的,由国务院或者国务院授权的省、自治区、直辖市人民政府批准。

第四十六条 征收下列土地的,由国务院批准:

(一)永久基本农田;

(二)永久基本农田以外的耕地超过三十五公顷的;

(三)其他土地超过七十公顷的。

征收前款规定以外的土地的,由省、自治区、直辖市人民政府批准。

征收农用地的,应当依照本法第四十四条的规定先行办理农用地转用审批。其中,经国务院批准农用地转用的,同时办理征地审批手续,不再另行办理征地审批;经省、自治区、直辖市人民政府在征地批准权限内批准农用地转用的,同时办理征地审批手续,不再另行办理征地审批,超过征地批准权限的,应当依照本条第一款的规定另行办理征地审批。

第五十六条 建设单位使用国有土地的,应当按照土地使用权出让等有偿使用合同的约定或者土地使用权划拨批准文件的规定使用土地;确需改变该幅土地建设用途的,应当经有关人民政府自然资源主管部门同意,报原批准用地的人民政府批准。其中,在城市规划区内改变土地用途的,在报批前,应当先经有关城市规划行政主管部门同意。

《土地管理法实施条例》(2021年7月2日)

第二十五条 建设项目需要使用土地的,建设单位原则上应当一次申请,办理建设用地审批手续,确需分期建设的项目,可以根据可行性研究报告确定的方案,分期申请建设用地,分期办理建设用地审批手续。建设过程中用地范围确需调整的,应当依法办理建设用地审批手续。

农用地转用涉及征收土地的,还应当依法办理征收土地手续。

第三十条第一款 县级以上地方人民政府完成本条例规定的征地前期工作后,方可提出征收土地申请,依照《土地管理法》第四十六条的规定报有批准权的人民政府批准。

《最高人民法院关于审理涉及国有土地使用权合同纠纷案件适用法律问题的解释》(2020 年 12 月 29 日)

第三条 经市、县人民政府批准同意以协议方式出让的土地使用权,土地使用权出让金低于订立合同时当地政府按照国家规定确定的最低价的,应当认定土地使用权出让合同约定的价格条款无效。

当事人请求按照订立合同时的市场评估价格交纳土地使用权出让金的,应予支持;受让方不同意按照市场评估价格补足,请求解除合同的,应予支持。因此造成的损失,由当事人按照过错承担责任。

《国土资源部关于进一步治理整顿土地市场秩序中自查自纠若干问题的处理意见》(2003 年 10 月 13 日)

第三条 对《招标拍卖挂牌出让国有土地使用权规定》(国土资源部令第 11 号)实施前遗留的问题,要认真清理、摸清底数。在此基础上,各市、县政府应当本着有利于政府宏观调控土地市场和公平、公正、公开的原则,确定历史遗留问题截止时间,但不得超过 2002 年 7 月 1 日。在截止日期前,市、县政府已经进行了前置审批,或者市、县政府已经与开发商签订书面项目开发协议的经营性用地,作为历史遗留问题,可以继续以协议方式出让,但应逐项登记、作出说明,并将受让人及受让地块位置、面积、用途、成交地价等向社会公布,接受社会监督。

除上述规定的情形外,对 2002 年 7 月 1 日以后,应当以招标拍卖挂牌方式出让却以协议方式出让,或者弄虚作假以 2002 年 7 月 1 日以前批准立项、取得建设用地规划许可证、签订书面项目开发协议为由而协议出让经营性用地的,应当按照有关规定改为以招标拍卖挂牌方式出让,并追究有关责任人的责任。

16. 法律、法规出台导致合同不能履行的，可以“不可抗力”为由解除土地使用权出让合同

【裁判要旨】

本案《土地使用权出让合同》签订之时，我国法律法规尚允许市县政府之外的市场主体对土地实施拆迁和整理工作。在案涉《土地使用权出让合同》约定的合同履行期间，由于法律法规出台导致合同无法履行，并非合同当事人的合同不履行行为造成，也非《合同法》第121条(《民法典》第593条)所规定的第三方的原因造成，而属于不可抗力。在此情况下，应对当事人解除合同的诉请予以支持，使合同双方当事人从合同僵局中走出来，以提高经济效率、促进经济发展。鉴于双方当事人对于合同不能履行均无过错，故对当事人一方关于赔偿损失的请求，不予支持。

【基本案情】

2010年10月18日，市国土局(以下简称A局)发布土地挂牌出让公告，载明：“出让地块为现状土地条件，包括规划用地界线及现状土地整理界线内已拆迁完毕的土地和未拆迁的土地。对于未拆迁的土地由竞得人在竞得土地后自行负责拆迁整理，所发生相关费用自行承担。”

2010年11月22日，B公司向A局提交《竞买报价单》，并缴纳了竞拍保证金600万元，承诺完全接受并遵守挂牌出让公告的规定和要求。

2010年11月25日，A局与B公司签订《成交确认书》和《土地使用权出让合同》。《土地使用权出让合同》主要约定：出让宗地为现状交付，土地和地上建筑物未拆迁部分均由竞得人自行拆迁补偿整理。出让价款为2630万

元,合同签订之日起 30 日内一次性付清。受让人同意本合同项下宗地建设项目在 2011 年 11 月 25 日之前开工,在 2013 年 11 月 25 日之前竣工。受让人因自身原因终止该项目投资建设,向出让人提出终止履行合同并请求退还土地的,出让人报经原批准土地出让方案的人民政府批准后,退还除合同约定的定金以外的全部或部分国有建设用地使用权出让价款(不计利息),收回国有建设用地使用权。

2010 年 12 月 24 日,B 公司向 A 局缴纳了土地出让金 2030 万元。2012 年 9 月 26 日,B 公司还缴纳了土地出让金契税 131.5 万元。

2011 年 1 月 21 日,国务院出台《国有土地上房屋征收与补偿条例》(以下简称《条例》),其中第 4 条规定:市、县级人民政府负责本行政区域的房屋征收与补偿工作。市、县级人民政府确定的房屋征收部门(以下简称房屋征收部门)组织实施本行政区域的房屋征收与补偿工作。市、县级人民政府有关部门应当依照本条例的规定和本级人民政府规定的职责分工,互相配合,保障房屋征收与补偿工作的顺利进行。根据前述规定,《土地使用权出让合同》所涉宗地的征收补偿工作不得由 B 公司负责实施。

其后,B 公司多次与 A 局沟通,希望变更《土地使用权出让合同》有关拆迁补偿整理工作的约定,但无法协商一致,出让地块也一直未能完成拆迁补偿和整理。B 公司认为,《条例》的出台使《土地使用权出让合同》的基础条件发生了订立合同时无法预见的、不属于商业风险的重大变化,导致其无法实施土地拆迁整理工作。该情势变更不可归责于 B 公司,B 公司的合同目的已经无法实现。同时,早在 2010 年 9 月 21 日,国土资源部、住房和城乡建设部就已联合下发了《关于进一步加强房地产用地和建设管理调控的通知》(国土资发〔2010〕151 号),明确要求政府不得以“毛地”方式出让土地,但 2010 年 10 月 18 日,A 局还是以“毛地”方式出让了土地。因此,导致《土地使用权出让合同》无法履行的真正原因是 A 局存在过错。

故此,B 公司诉至法院提出 4 项诉讼请求:(1)解除《土地使用权出让合同》;(2)判令 A 局立即返还 B 公司土地出让金 2630 万元;(3)判令 A 局赔偿 B 公司已缴纳契税 131.5 万元;(4)判令 A 局向 B 公司给付利息 983.649134 万元;(5)诉讼费用由 A 局负担。

A 局辩称:双方的合同目的是 B 公司取得土地使用权并进行商业开发,A 局取得相应的土地出让金。《条例》并未否认《土地使用权出让合同》的效力,不影响 B 公司取得土地使用权。B 公司既可通过申请办理土地使用权证的方式实现合同目的,也可以通过向政府部门申请组织拆迁方式实现合同目的。而《条例》出台前,国土资源部、住房和城乡建设部就已于 2010 年 9 月 21 日联合下发《关于进一步加强房地产用地和建设管理调控的通知》(国土资发〔2010〕151 号),明确了国家对土地拆迁整理的政策调整方向。B 公司作为专业的房地产开发企业,对于《条例》的出台应当有所预见。况且,《出让合同》明确约定了 B 公司自行对土地及地上物拆迁整理,其应在合同签订后抓紧时间办理拆迁许可证。而根据《条例》第 35 条和《A 市城市房屋拆迁管理条例》第 8 条的规定,只要材料齐全,B 公司就可以在 15 个工作日内取得拆迁许可证,由此即可扫除合同履行的障碍。也就是说,B 公司是因自身延误启动拆迁准备工作而导致不能取得拆迁许可证。而即便《土地使用权出让合同》不能履行系由国家法律法规出台所导致,作为合同当事人的 A 局也没有过错,亦未构成根本违约,B 公司请求解除合同的诉请缺乏法律依据。并且,国家法律法规出台导致合同不能履行,是合同履行过程中的正常商业风险,B 公司应自行承担该风险。事实上,《条例》实施后,双方还可以协商探讨以政府代为拆迁,由 B 公司承担拆迁费用的方式克服合同履行障碍。即便因此会导致 B 公司需要承担的拆迁成本有所增加,但也符合公平原则。同时,《土地使用权出让合同》于 2010 年 11 月 25 日签订,《条例》于 2011 年 1 月 21 日实施,而 B 公司直至 2017 年才起诉要求解除合同,其行使解除权的法定期限早已届满,人民法院应当驳回 B 公司的全部诉讼请求。

【一审争议焦点】

本案是否能适用“情势变更”原则解除《土地使用权出让合同》?

【一审裁判观点】

A 局与 B 公司 2010 年 11 月 25 日签订的《土地使用权出让合同》系双方真实意思表示,未违反法律、行政法规的强制性规定,合法有效。该合同约定 A 局以现状土地条件于 2010 年 11 月 25 日前向 B 公司交付土地，土地及地上物由 B 公司自行拆迁补偿整理。现 B 公司以 2011 年 1 月 21 日出台的《条例》第 4 条规定的“市、县级人民政府负责本行政区域的房屋征收与补偿工作……”为由主张情势变更，请求解除合同。本院认为，B 公司的该主张不符合《最高人民法院关于适用〈中华人民共和国合同法〉若干问题的解释(二)》第 26 条有关“情势变更”原则的规定，应予驳回，理由如下：B 公司在 2010 年 11 月 25 日签订《出让合同》时，对其自行进行拆迁补偿整理工作的责任是明知的，对其将负担的拆迁补偿整理费用开销是有计划的，签订合同后应自行承担由其拆迁的商业风险。换言之，《条例》将 2011 年 1 月 21 日后土地征收与补偿责任归于政府，应属 B 公司承担的商业风险范畴。同时，因 B 公司在签订合同时能够预见到实际拆迁费用的发生，出让合同亦约定由其负责土地及地上物拆迁整理，双方之间继续履行《土地使用权出让合同》并不存在显失公平的情况。此外，对于不能作为拆迁主体进行拆迁的内容，即等于案涉出让合同已实际不能履行，B 公司并未提供充分证据予以证实。《条例》第 35 条亦规定：“本条例自公布之日起施行……本条例施行前已依法取得房屋拆迁许可证的项目，继续沿用原有的规定办理。”根据该规定，B 公司如在 2010 年 11 月 25 日取得土地后积极履行办理拆迁许可证，则其作为拆迁主体仍然符合法规规定。对于未积极办理拆迁许可证而导致的现阶段拆迁不能，B 公司应自行承担后果。

【二审争议焦点】

B 公司以“情势变更”为由请求解除《出让合同》的主张是否成立？

【二审裁判观点】

《最高人民法院关于适用〈中华人民共和国合同法〉若干问题的解释(二)》第 26 条规定：合同成立以后客观情况发生了当事人在订立合同时无法预见的、非不可抗力造成的不属于商业风险的重大变化，继续履行合同对于一方当事人明显不公平或者不能实现合同目的，当事人请求人民法院变更或者解除合同的，人民法院应当根据公平原则，并结合案件的实际情况确

定是否变更或者解除。从本案事实来看,《条例》的出台不构成"情势变更",理由如下:

首先,在土地使用权出让合同关系中,作为受让方的合同目的,是以支付出让金为对价取得土地使用权,通过对土地进行开发、使用和经营等活动,实现一定的经济利益。案涉合同签订并生效后,A 局已按约定将案涉土地交付给 B 公司,且在交付土地时符合当时法律和政策规定,不存在不利于合同目的实现的障碍,履行了提供土地使用权一方当事人的主要合同义务,B 公司亦支付了土地出让金,合同目的已经部分实现。其次,国土资源部、住房和城乡建设部于 2010 年 9 月 21 日联合下发的《关于进一步加强房地产用地和建设管理调控的通知》(国土资发〔2010〕151 号)已明确要求不得以"毛地"的方式出让土地。本案中,双方签订合同的日期为 2010 年 11 月 25 日,且合同既明确约定了按土地现状出让,又明确约定了 B 公司应自行进行拆迁整理。B 公司作为专门从事房地产开发的企业,在签订合同时应当能够预见其在履行合同的过程可能存在致使合同目的不能全部实现的商业风险。再次,《条例》于双方签订合同近两个月后出台,在此期间,B 公司申请办理拆迁许可证不存在障碍。况且,《条例》的实施仅影响《土地使用权出让合同》有关拆迁、整理的具体履行方式,土地使用权出让以及土地开发等合同赖以存在的客观情况并未发生变化,B 公司仍可就拆迁整理事宜与 A 局协商解决,其合同目的并不必然落空。最后,关于 B 公司提出 A 局对合同的签订及无法履行存在过错的上诉理由,虽然上述"国土资发〔2010〕151 号文"规定不得以"毛地"方式出让土地,但双方签订合同时,B 公司对土地"按现状出让"是明知并认可的,且 B 公司亦未能提供证据证明合同已无法履行,故该上诉理由亦不能成立。

【再审争议焦点】

1. 案涉《出让合同》应否解除?

2. 如应解除,解除后的责任承担问题。

【再审裁判观点】

关于争议焦点1:A局与B公司于2010年11月25日签订的《土地使用权出让合同》,系双方当事人的真实意思表示,不违反法律、行政法规的效力性强制性规定,合同依法有效。案涉《土地使用权出让合同》约定,案涉国有建设用地使用权以“毛地”方式出让,地上建筑物未拆迁部分由B公司负责。上述合同签订后的两个月内,国务院于2011年1月21日出台《条例》,明确规定市、县级人民政府负责本行政区域的房屋征收与补偿工作。据此,因上述法规的出台,使B公司无法取得拆迁主体资格,无法按照《土地使用权出让合同》的约定完成案涉土地的拆迁整理工作。B公司经过逾7年与A局的协调,始终无法解决案涉土地的拆迁问题,就此而言,B公司向人民法院起诉解除合同,并未超过解除合同的期限要求。A局关于B公司解除合同已经超过期限的抗辩,与本案事实不符,本院不予采信。B公司受让案涉国有土地使用权的目的系对该土地进行房地产开发,而土地完成拆迁工作是B公司开发案涉土地的必经环节。由于上述法规变化导致B公司无法完成案涉土地的拆迁整理工作,进而无法实现对案涉土地进行开发的合同目的,故B公司请求解除案涉《土地使用权出让合同》,符合本案其合同目的无法实现的客观实际,原审判决认定本案不存在不利于合同目的的实现的障碍,与事实不符,应予纠正。

关于争议焦点2:《合同法》第97条规定,合同解除后,尚未履行的,终止履行;已经履行的,根据履行情况和合同性质,当事人可以要求恢复原状、采取其他补救措施,并有权要求赔偿损失。因此,合同解除后,包括了恢复原状、采取其他补救措施、赔偿损失的法律后果。而本案B公司请求中包括了恢复原状和赔偿损失两项诉讼请求。对此,本院分析如下:

关于土地出让金的返还问题。根据《合同法》第97条的规定,合同解除后,已经履行的,根据履行情况和合同性质,当事人可以要求恢复原状。据此,B公司在本院判决解除合同的情况下,请求A局返还其已经支付的国有土地使用权土地出让金,符合上述法律规定,故A局应向B公司返还土地出让金以及占用资金期间的法定孳息。鉴于案涉土地使用权出让金2630万元系分两笔支付,支付时间分别为2010年11月26日和12月25日,故A局应向B公司返还土地使用权出让金2630万元及相应法定孳息(其中600万元自2010年11月26日起至实际支付之日,2030万元自2010年12月25日起至实际支付之日,均按照中国人民银行同期同类活期存款利率计算)。

关于赔偿损失的问题。案涉《土地使用权出让合同》第16条约定,B公司对于案涉土地的建设项目应于2011年11月25日之前开工,即从2010年12月25日双方签订合同至合同约定的开工日期2011年11月25日的期限,系B公司对案涉土地进行拆迁整理的期限。而2011年1月21日国务院出台了《条例》,导致拆迁制度发生改变,B公司在合同约定的拆迁期限内,因该拆迁制度变化而无法办理拆迁许可证,亦无法完成对案涉土地进行拆迁整理工作。据此,B公司未能在合同约定的期限内对案涉土地进行拆迁整理工作非因B公司的过错造成,原审判决认定B公司怠于履行合同义务导致无法办理拆迁,与本案事实不符。同样,虽然国土资源部、住房和城乡建设部于2010年9月21日下发《关于进一步加强房地产用地和建设管理调控的通知》(国土资发〔2010〕151号),规定不得以“毛地”方式出让土地,且2011年1月21日国务院出台《条例》规定市、县级人民政府负责本行政区域的房屋征收与补偿工作,但是《条例》第35条亦规定,该条例实施前已依法取得房屋拆迁许可证的项目,继续沿用原有的规定办理许可证。故如果B公司在《条例》出台前即已取得拆迁许可证,其仍可自行继续对案涉土地进行拆迁整理。而B公司在近两个月的时间内未申请拆迁许可证,导致其在上述条例施行后无法继续取得拆迁许可证,对此A局亦无过错。在A局与B公司对于案涉合同不能履行及B公司合同目的无法实现均无过错的情况下,B公司请求A局赔偿损失的诉讼请求,理据不足,本院不予支持。至于B公司为取得案涉国有土地使用权而支付的131.5万元契税,在双方当事人对于案涉合同的解除均无过错的情况下,该部分契税可由双方当事人基于公平原则予以平均分担,A局应补偿B公司65.75万元。

综上所述,对由于国家法律、法规及政策出台导致当事人签订的合同不能履行,以致一方当事人缔约目的不能实现的,该方当事人请求法院判决解除合同的,本院予以支持;在此情况下,鉴于双方当事人对于合同不能履行及一方当事人缔约目的不能实现均无过错,故本院依据《合同法》第97条关于合同解除后当事人可以要求恢复原状的规定,仅判决 A 局返还 B 公司所支付的土地出让金及法定孳息;对 B 公司关于 A 局赔偿损失的诉讼请求,本院不予支持。

【评析】

司法实践中,类似于本案的合同纠纷并不少见。事实上,无论是法律法规的出台,还是房地产调控政策的发布抑或相关规划的调整变更,均有可能导致履行周期较长的土地使用权出让合同出现无法履行或履行后一方目的将会落空的情况。因此,最高人民法院再审本案时,曾针对法律法规出台导致土地使用权出让合同不能履行时,能否支持当事人请求解除合同,返还所支付的土地出让金的问题,召开过法官会议专题讨论,并形成如下意见:“本案《土地使用权出让合同》签订之时,我国法律法规尚允许市县政府之外的市场主体对土地实施拆迁和整理工作。在案涉《土地使用权出让合同》约定的合同履行期间,由于法律法规出台导致合同无法履行,并非合同当事人的合同不履行行为造成,也非《合同法》第 121 条(《民法典》第 593 条)所规定的第三方的原因造成,而属于不可抗力。[①] 在此情况下,应对当事人解除合同的诉请予以支持,使得合同双方当事人从合同僵局中走出来,以提高经济效率、促进经济发展。鉴于双方当事人对于合同不能履行均无过错,故对当事人一方关于赔偿损失的请求,不予支持。”[②]

并且,最高人民法院亦肯定了在《民法典》颁行前,若发生法律法规出台导致合同不能履行的情况时,一方当事人主张解除合同的请求权基础既可源于《最高人民法院关于适用〈中华人民共和国合同法〉若干问题的解释(二)》(已废止)第 26 条所规定的“情势变更”,还可源于《合同法》第 94 条第 1 项所规定的“不可抗力”,认为前述两种请求权基础均有解释适用的可能性。具体到本案,A 局和 B 公司签订《土地使用权出让合同》的交易基础

① 不可抗力的范围主要包括:(1)自然灾害。(2)战争。(3)社会异常事件。(4)新的法律法规变化。(5)政府行为,如政府颁布新政策、采取新的行政措施等。

② 贺小荣主编:《最高人民法院第二巡回法庭法官会议纪要》(第 2 辑),人民法院出版社 2021 年版,第 91~92 页。

是B公司能够取得拆迁许可证，后因法律法规出台导致其无法取得，故而构成交易基础的重大变化，符合适用情势变更制度的法理基础。同时，虽然法律法规在正式出台前会经历一个比较漫长的起草、论证、审议和公布的过程，市场主体能够知悉相关立法精神的变化，但并不能控制法律法规的立法程序、立法进度以及最终出台的时间。由此，B公司因法律法规出台无法取得拆迁许可证，进而不能实施有关拆迁整理工作的合同内容，必然无法实现其合同目的，亦符合“因不可抗力致使不能实现合同目的”的条件，自应允许受不可抗力事件影响的B公司解除该合同。

但是，比照《最高人民法院关于适用〈中华人民共和国合同法〉若干问题的解释（二）》第26条的规定，即“合同成立以后客观情况发生了当事人在订立合同时无法预见的、非不可抗力造成的不属于商业风险的重大变化，继续履行合同对于一方当事人明显不公平或者不能实现合同目的，当事人请求人民法院变更或者解除合同的，人民法院应当根据公平原则，并结合案件的实际情况确定是否变更或者解除”可知，《民法典》第533条不再严格区分“情势变更”与“不可抗力”，而是“整合了不可抗力与情势变更制度，规定在合同基础条件于缔约后因不可抗力发生变化，导致继续履行合同显失公平时，仍可以按情势变更处理，即不可抗力可以作为情势变更的事由之一，此时二者存在竞合。但按严格的文义解释，情势变更制度仅调整继续履行显失公平类型的合同，对于因不可抗力导致合同基础条件发生变化，致使合同目的不能履行的情形，则非情势变更制度的调整范围，仍应依据不可抗力规定处理。因此，不可抗力制度在后《民法典》时代仍具有独立存在的价值。明确此点，对于《民法典》实施后人民法院正确适用法律规定、分类处理不同案件无疑具有现实意义”。[①] 换言之，《民法典》施行后，“情势变更”制度仅适用于“继续履行显失公平”的情形。若不可抗力所致结果是合同义务不能履行，则不应再适用《民法典》第553条，而应适用《民法典》第563条作出裁判。

① 贺小荣主编：《最高人民法院第二巡回法庭法官会议纪要》（第2辑），人民法院出版社2021年版，第94页。

【重点规范链接】

《民法典》(2020年5月28日)

第五百三十三条 合同成立后,合同的基础条件发生了当事人在订立合同时无法预见的、不属于商业风险的重大变化,继续履行合同对于当事人一方明显不公平的,受不利影响的当事人可以与对方重新协商;在合理期限内协商不成的,当事人可以请求人民法院或者仲裁机构变更或者解除合同。

人民法院或者仲裁机构应当结合案件的实际情况,根据公平原则变更或者解除合同。

第五百六十三条 有下列情形之一的,当事人可以解除合同:

(一)因不可抗力致使不能实现合同目的;

(二)在履行期限届满前,当事人一方明确表示或者以自己的行为表明不履行主要债务;

(三)当事人一方迟延履行主要债务,经催告后在合理期限内仍未履行;

(四)当事人一方迟延履行债务或者有其他违约行为致使不能实现合同目的;

(五)法律规定的其他情形。

以持续履行的债务为内容的不定期合同,当事人可以随时解除合同,但是应当在合理期限之前通知对方。

第五百六十六条第一款 合同解除后,尚未履行的,终止履行;已经履行的,根据履行情况和合同性质,当事人可以请求恢复原状或者采取其他补救措施,并有权请求赔偿损失。

《国有土地上房屋征收与补偿条例》(2011年1月21日)

第四条 市、县级人民政府负责本行政区域的房屋征收与补偿工作。

市、县级人民政府确定的房屋征收部门(以下称房屋征收部门)组织实施本行政区域的房屋征收与补偿工作。

市、县级人民政府有关部门应当依照本条例的规定和本级人民政府规定的职责分工,互相配合,保障房屋征收与补偿工作的顺利进行。

第三十五条 本条例自公布之日起施行。2001年6月13日国务院公布的《城市房屋拆迁管理条例》同时废止。本条例施行前已依法取得房屋拆迁许可证的项目,继续沿用原有的规定办理,但政府不得责成有关部门强制拆迁。

《国土资源部、住房和城乡建设部关于进一步加强房地产用地和建设管理调控的通知》(2010年9月21日)

四、严格住房建设用地出让管理

(一)……土地出让必须以宗地为单位提供规划条件、建设条件和土地使用标准,严格执行商品住房用地单宗出让面积规定,不得将两宗以上地块捆绑出让,不得"毛地"出让。拟出让地块要依法进行土地调查和确权登记,确保地类清楚、面积准确、权属合法,没有纠纷……

五、加强对住房用地供地和建设的监管

(一)加强房地产用地供应监管。各省(区、市)国土资源主管部门要加强对住房用地出让公告和合同约定内容的适时监管,对市、县发布的公告中存在捆绑出让、超用地规模、"毛地"出让、超三年开发周期出让土地的,要责令立即撤销公告,调整出让方案重新出让……

第三编
土地使用权转让合同纠纷

根据《城市房地产管理法》和《城镇国有土地使用权出让和转让暂行条例》中的广义“转让”概念，土地使用权人采用出售、交换、赠予、出资等方式将土地使用权再转移给他人的有偿行为或无偿行为，均可称为“土地使用权转让”。但根据《民法典》物权编第12章建设用地使用权中的狭义“转让”概念，本书仅评析土地使用权买卖过程中发生的合同纠纷。根据《最高人民法院关于审理涉及国有土地使用权合同纠纷案件适用法律问题的解释》第7条的规定，“土地使用权转让合同”是指土地使用权人作为转让方将出让土地使用权转让于受让方，受让方支付价款的合同。该类合同应当采用书面形式订立，并应办理使用权人变更登记手续。权利人转让土地使用权时，土地使用权出让合同和登记文件中载明的权利义务概括转移，该土地上的建筑物、构筑物及其附属设施一并处分。

17. 土地性质已经政府批准转为国有建设用地的征地留用地使用权可以转让

【裁判要旨】

A 村集体土地转为国有土地后，为保障村集体及失地农民权益，政府将 M4 地块确定为保留给 A 村集体使用的“留用地”，亦不违背“国发〔2004〕28 号”文件之精神。根据政府的相关政策，A 村可以吸引社会资金参与全面改造，可以与开发建设单位建设旧城更新改造安置房。而全面改造项目的安置房（含非住宅复建安置房）亦可确权并进行交易，若该土地或所建房产进入市场，按有关规定补交国有土地出让金即可。案涉合同订立时，M4 地块已经符合上述政策中转让或开发的适格客体条件，C 公司提出 M4 地块性质为农村集体建设用地，未经有批准权的政府批准即用于合作，故而案涉合同应属无效的主张，与事实不符，本院不予支持。至于 A 村委会签订案涉合同是否违反了民主议定程序的问题，因《村民委员会组织法》规定的民主议定原则的立法本意是保护村民的民主议事权，在 A 村村民至今未就本案合同签订提出异议并造成履行障碍的情形下，B 公司主张案涉合同违反了民主议定原则应为无效的理由亦不能成立。

【基本案情】

2003 年 5 月 8 日，区政府向市国土局发出《关于某新城 A 村留用地由集体土地转为国有土地的函》，载明：A 村于 2002 年年底完成撤村转制工作，根据市委、市政府《关于“城中村”改制工作的若干意见》的精神，A 村在某新城的留用地已由集体土地转为国有土地。

2006 年 11 月 26 日，甲方 A 村委会与乙方 B 公司签订《合作开发合同》,主要约定:鉴于2005年7月25日甲方与乙方的关联企业C公司已签订《场地租赁合同》,M4地块于2007年12月31日前仍由C公司租赁使用。双方一致同意,甲方提供平整好的M4地块使用权,乙方提供本项目建设所需的全部资金,合作兴建两栋以上的综合楼,使用性质为商业、旅游业、文化娱乐、办公及住宅等。本项目的报批手续均由乙方办理,甲方给予配合和协助,乙方因运作本项目与他人产生的债权债务关系与甲方无关。甲方应于2008年1月1日前将M4地块交付乙方使用,乙方应于2011年12月31日前将甲方可分得的物业交付给甲方。乙方承诺协调规划部门将M4地块的容积率调整至5或以上,预计可建面积125,000平方米。乙方保证,即使规划部门最终批准的M4地块容积率小于5以及项目物业总建筑面积少于125,000平方米,甲方可分得的物业面积亦不少于37,500平方米。如经乙方协调,规划部门最终批准的容积率大于5以及项目物业总建筑面积大于125,000平方米,超出部分面积均归乙方所有。如乙方未能在本合同约定的期限内将项目物业交付给甲方,从期限届满之日起,乙方需以甲方可分得的建筑面积(37,500平方米)为基数,按每月25元/平方米的标准向甲方支付违约金以作为对甲方租金损失的补偿。如逾期超过24个月仍未能交付项目物业的,乙方需以甲方可分得的建筑面积(37,500平方米)为基数,按每月50元/平方米的标准向甲方支付违约金以作为对甲方租金损失的补偿。乙方未能在本合同约定的期限内交付项目物业,且又未能按前述约定向甲方支付违约金超过60天的,甲方有权解除合同,项目用地、项目物业在建工程所有权以及与本项目有关的全部投资和收益无偿归甲方所有,甲方有权自行开发或与他人合作开发本项目,乙方在本项目中所投入的资金和履约保证金不作补偿。如因一方违约导致对方损失或本合同不能继续履行的,因此造成的损失由违约方自行承担并需补偿守约方的经济损失。

2007年12月11日,A村委会和B公司以A村名义,共同向市规划局提交《关于申请调整M4地块规划设计条件的函》和《M4地块设计方案》,申请将M4地块调整为商住用地,并将容积率提升至8。

2008年3月5日,市规划局作出复函同意调高M4地块的容积率,并表示需将M4地块的规划调整方案纳入A村的整体改造规划中统筹考虑。

2008年5月28日，甲方A村委会与乙方B公司签订《补充合同》，主要内容为：市政府已将M4地块的规划调整方案纳入A村整体改造规划中统筹考虑，现规划部门要求先对各类村留地的整体改造规划进行统筹论证后，再进行M4地块的规划调整。而整体改造规划论证工作涉及面广且复杂，预计需要4年以上时间才能完成，M4地块规划的调整审批也将相应推迟。因此，甲方同意将乙方向甲方交付项目物业的日期顺延24个月（在2013年12月31日之前），原合同关于物业交付期限的违约责任部分也按本合同约定的日期顺延，处罚标准不变。

2009年8月6日，B公司向A村委会发出《关于M4地块项目迟延开发的商榷函》，称M4地块前期规划报批工作遇阻，旧村改造统筹论证工作繁复、耗时，其难以在2013年12月31日前交付物业，希望A村委会能将交付物业时间延期至2015年12月31日前。但A村委会未予同意。

2012年8月1日，A村委会向C公司发出《解除〈场地租赁合同〉通知书》，载明："根据《场地租赁合同》，M4地块租赁期限从2005年8月1日起至2013年7月30日止。但从2008年1月开始，你司就未缴纳租金，造成我司损失近千万元。现我司发出解除租赁合同的通知，双方的租赁关系自本通知发出之日起解除，你司应在2012年8月10日前将场地和地上建筑物交还我司，同时补缴拖欠的全部租金。"

2012年8月2日，C公司向A村委会发出复函，载明："根据《合作开发合同》的约定，我司已于2007年12月31日前将M4地块交付给B公司，你司与我司签订的《场地租赁合同》已于2007年12月31日终止履行。"

2012年8月13日，B公司向A村委会发出《关于M4地块合作建设有关问题的函》，主要内容为：政府已决定将M4地块和A村整体改造规划捆绑开发，但双方签订的合同及补充合同对此情况均无任何约定。而A村委会一直不履行《合作开发合同》约定的盖章、提供资料等义务，导致项目开发受阻，双方的合同履行期限应当顺延至项目实际开发完成。

2013年1月29日，B公司向A村委会邮寄了一份2005年版本的市城市规划局立案申请表和一份《关于申请调整M4地块规划控制指标和程序的报告》，要求A村委会在两份文书上盖章。该报告内容为："市城市规划局某区分局:A 村在城中村改造过程中作出了重大牺牲,村民赖以生存的土地被陆续征用,村留地所剩无几。为了生存,我村村民只有尽早利用 M4 地块实现经济效益。市规划局已经同意调整 M4 地块规划指标,要求我们先完成整体改造规划,再编制 M4 地块的规划方案并按程序上报审批。但旧村改造的拆迁安置问题极为棘手,改造工作进展缓慢,M4 地块一直无法按程序要求规划报批,村民收入受到极大影响。现村民多次质疑并强烈要求尽快开发土地,我们已经很难继续做好解释安抚工作。而村民不满情绪一旦触发,就有可能发生集体上访等造成不良社会影响的事件。我们认为,若贵局将 M4 地块作为过渡房源项目尽快建设,不仅可以提前安置旧村村民,还可以增加村民收益、释放村民不满情绪,并且也可以加速城中村改造步伐,是一举三得的善治良政。同时,市交研所也已对 M4 地块规划调整的交通影响作出了评估建议,认为该地块容积率调整到 7 也不会影响周边交通。综上,结合市城市规划的总体要求,我们向贵局提出两点申请:一、将 M4 地块的容积率定为 6.5;二、提前审批 M4 地块规划。申请人:A 村委会。"A 村委会认为,该报告以 A 村可能会出现集体上访等社会不良事件为由提出申请,但缺乏事实依据,并且会给 A 村带来不良影响,且市规划局在 2011 年 10 月后就不再使用 2005 年版本的《立案申请表》,故拒绝在两份文书上盖章。

2013 年 3 月 22 日,B 公司向 A 村委会发出《关于 M4 地块合作开发的情况说明》,要求将合同期限延长至 2017 年 12 月 31 日。

2013 年 4 月 7 日,A 村委会向 B 公司发出复函,要求 C 公司严格履行《合作开发合同》和《补充合同》。

2014 年 6 月 24 日和 7 月 14 日,A 村委会两次向 B 公司发函,催促其尽快交付物业,并要求其从 2014 年 1 月 1 日起,以建筑面积 37,500 平方米为基数,按每月 25 元/平方米的标准支付违约金。

其后,A 村委会诉至法院提出 4 项诉讼请求:(1)判令解除《合作开发合同》和《补充合同》;(2)判令 B 公司立即向 A 村委会交还 M4 地块;(3)判令 B 公司向 A 村委会支付未能按约定交付分成物业的违约金 1500 万元(违约金以分成面积 37,500 平方米为基数,其中 2014 年 1 月至 2015 年 12 月按每月 25 元/平方米标准计算,2016 年 1 月起按照每月 50 元/平方米标准计算,计至B公司实际交还场地之日止);(4)本案全部诉讼费用由B公司承担。

B公司辩称:《项目合作合同》《补充合同》是合作合同,A村委会承担了M4地块的平整费用、租金损失以及M4地块容积率提高后需对A村改造规划控制指标进行平衡并将由B公司享有税费减免政策等风险。而M4地块作为合作地块,属于划拨土地且未经有批准权的政府批准,且A村委会提供该地块时亦未经A村民主程序决议,依据《最高人民法院关于审理涉及国有土地使用权合同纠纷案件适用法律问题的解释》第16条、《土地管理法》第43条、《村民组织法》第24条第1款第5项和第22条的规定,《合作开发合同》及《补充合同》应属无效合同。同时,《国务院关于深化改革严格土地管理的决定》(国发〔2004〕28号)第2条第10项强调:"禁止擅自通过'村改居'等方式将农民集体所有土地转为国有土地"。本案没有证据证明M4地块办理了依法征收程序并转为国有土地,A村委会既没有取得土地使用权证书,也没有经有权人民政府批准,M4地块仍属农村集体土地。因此,即便《项目合作合同》《补充合同》的性质被认定为土地使用权转让合同,亦应属无效合同。而提供合法的项目用地是A村委会应尽的法律义务,故导致合同无效的过错应完全归责于A村委会。

此外,B公司还辩称:M4地块"调规扩容"是双方履行合同的必要内容,否则以M4地块的原容积率,无法满足A村委会的保底分成面积。在A村委会单方向市规划局提交《关于申请调整M4地块规划设计条件的函》及《M4地块设计方案》后,M4地块"调规扩容"须以A村改造整体规划获得批准为前提,而A村委会至今仍未获得该批准。此外,C公司为推进"调规扩容",曾函请A村委会在市城市规划局立案申请表、《关于申请调整M4地块规划控制指标和程序的报告》上盖章,但A村委会拒绝配合。因此,本案导致合作项目建设迟滞的根本原因是A村委会没有履行自身的在先义务,使得C公司不能履行在后义务,C公司不存在违约行为。另外,B公司于2012年8月1日发给C公司的《解除〈场地租赁合同〉通知书》载明"贵司应在2012年8月10日前将场地和地上建筑物交还我司",由此可见A村委会交付的土地未达到《合作开发合同》约定的"平整"状态,是实际违约方。

在C公司提交的证据材料中,有一份由某交通顾问公司于2009年4月出具的《M4 地块规划调整交通影响评估》。该评估书第 7 章“结论与建议”部分载明:“M4 地块……原规划地块中 M4-1 地块用地性质为住宅用地,M4-2 用地性质为学校用地,容积率分别为 2.388%和 0.96%,原规划建筑面积为 48,365 平方米。按照‘某土开函〔2005〕602 号’及‘某规办〔2008〕129 号文’,同意将该地块恢复为村留用地,并调整容积率。”

另外,2016 年 4 月 28 日,省政府发布《关于加强征收农村集体土地留用地安置管理工作的意见》,提出:“留用地在城镇规划区范围外的,原则上保留集体土地性质,由地级以上市、县(市、区)人民政府依法办理建设用地手续。留用地在城镇规划区范围内,以及涉及占用其他农村集体经济组织集体土地的,依法征收为国有土地,并可由地级以上市、县(市、区)人民政府无偿返拨给被征收土地农村集体经济组织,视同以出让方式取得的国有建设用地。”

【一审争议焦点】

1.《合作开发合同》和《补充合同》的性质和效力。

2. 如果《合作开发合同》和《补充合同》有效,应否解除? B 公司应否向 A 村委会返还 M4 地块? 应否支付违约金?

【一审裁判观点】

关于争议焦点 1:《合作开发合同》及《补充合同》约定 A 村委会仅提供平整好的 M4 地块的土地使用权,B 公司提供本项目建设所需的全部资金,B 公司因运作本项目与他人产生的债权债务关系与甲方无关,无论规划部门最终如何确定 M4 地块的容积率,无论建成项目物业总建筑面积是否少于 125,000 平方米,C 公司都必须在 2013 年 12 月 31 日前向 A 村委会交付不少于 37,500 平方米建筑面积的物业。可见,A 村委会在《合作开发合同》及《补充合同》中仅收取固定利益,不需承担任何风险,根据《最高人民法院关于审理涉及国有土地使用权合同纠纷案件适用法律问题的解释》第 24 条的规定,《合作开发合同》及《补充合同》应认定为土地使用权转让合同。C 公司以 A 村委会承担了 M4 地块的平整费用、租金损失以及 M4 地块容积率提高后需对A村改造规划控制指标进行平衡并将由B公司享有税费减免政策等风险为由，主张前述合同为合作合同的辩称不能成立。

根据省政府《关于加强征收农村集体土地留用地安置管理工作的意见》，M4地块于2003年5月8日由集体土地转为国有土地后，留给A村集体使用，属视同以出让方式取得的国有建设用地。故C公司主张依据《最高人民法院关于审理涉及国有土地使用权合同纠纷案件适用法律问题的解释》(2005)第16条“土地使用权人未经有批准权的人民政府批准，以划拨土地使用权作为投资与他人订立合同合作开发房地产的，应当认定合同无效。但起诉前已经办理批准手续的，应当认定合同有效”及《土地管理法》(2004)第43条“任何单位和个人进行建设，需要使用土地的，必须依法申请使用国有土地；但是，兴办乡镇企业和村民建设住宅经依法批准使用本集体经济组织农民集体所有的土地的，或者乡(镇)村公共设施和公益事业建设经依法批准使用农民集体所有的土地的除外。前款所称依法申请使用的国有土地包括国家所有的土地和国家征用的原属于农民集体所有的土地”的规定，应认定《合作开发合同》及《补充合同》无效的理由不成立。此外，《村民组织法》第24条第1款第5项、第22条是为保护村民权益而规定，A村委会签订案涉合同时是否经过村民会议同意或者是否损害村民权益与B公司无关，故B公司以A村委会未经村民会议同意为由主张《合作开发合同》及《补充合同》无效依据不足。

关于争议焦点2：根据C公司向A村委会发出的复函可知，B公司已如约在2007年12月31日接管了M4地块，A村委会已经完成交付土地的义务，但B公司至今未能举证证实其已经向相关部门申请办理有关报批手续或者已经办妥有关报批手续，基本未履行《合作开发合同》及《补充合同》约定的义务。对此，B公司主要提出两个抗辩理由：其一，A村委会单方申请将M4地块纳入旧村改造，导致合同无法履行；其二，A村委会拒不配合其申办相关手续，拒绝履行盖章义务。本院认为，首先，2007年12月11日，A村向市城市规划局提交《申请调整M4地块规划设计条件的函》及《方案》，市规划局根据该申请作出复函同意调高M4地块的容积率，并将M4地块纳入A村改造规划中统筹考虑。鉴于此，双方签订补充合同，约定B公司交付物业的时间顺延24个月。可见,B公司主张A村委会单方将M4地块申请纳入旧村改造,导致合同无法履行,理由不成立。其次,B公司于2013年1月向A村委会邮寄2005年版本的市城市规划局立案申请表和《关于申请调整M4地块规划控制指标和程序的报告》,要求A村委会盖章。此时,市规划局已不再使用2005年版本的市城市规划局立案申请表,即C公司不能使用该版本的立案申请表向规划部门申请立案,故A村委会未在该申请表上盖章并无不当。而《关于申请调整M4地块规划控制指标和程序的报告》主要是以A村可能会出现集体上访等社会不良事件为申请理由,在B公司未与A村委会充分沟通的情况下,A村委会因报告内容缺乏事实依据,且会给A村带来不良影响的原因而不予盖章亦有正当理由。因此,C公司的行为构成根本违约,双方约定的合同解除条件已成就。根据本案实际情况,本院确定合同及补充合同于庭审之日即2015年9月29日解除。B公司应向A村委会交还M4地块,并支付未能按约定交付分成物业的违约金(按分成面积37,500平方米计算,其中2014年1月至2015年12月按照每月25元/平方米标准计算,2016年1月起按照每月50元/平方米标准计算,计至B公司实际交还M4地块之日止)。

【二审争议焦点】

1.《合作开发合同》及《补充合同》的效力。

2.如果合同有效,谁是违约方?

【二审裁判观点】

关于争议焦点1:我国的"村改居"问题随着城市化进程发展而不断演变,具有相当程度的复杂性,在一定时期采取特定的政策措施解决问题既是回应现实的需要,也是出于对历史背景的兼顾考量。本案中,根据区政府于2003年5月8日发给市国土局的《关于某新城各村委会留用地由集体土地转为国有土地的函》,案涉M4地块已由集体土地一次性转为国有土地。在没有被撤销或变更的情况下,该函具有法律效力。《国务院关于深化改革严格土地管理的决定》(国发〔2004〕28号)提出:"禁止擅自通过'村改居'等方式将农民集体所有土地转为国有土地。”该文件于 2004 年 10 月 21 日发布，而市委、市政府《关于“城中村”改制工作的若干意见》显然系于 2003 年 5 月 8 日前作出。并且，国发〔2004〕28 号文件禁止未经征收补偿即将农村集体土地转为国有土地，系出于保护原村集体组织利益的考虑，而非禁止政府批准土地转性，故 C 公司依据该决定主张 M4 地块土地尚未转变为国有，本院不予支持。

A 村集体土地转为国有土地后，为保障村集体及失地农民权益，政府将 M4 地块确定为保留给 A 村集体使用的“留用地”，亦不违背国发〔2004〕28 号文件之精神。根据政府的相关政策，A 村可以吸引社会资金参与全面改造，可以与开发建设单位建设旧城更新改造安置房。而全面改造项目的安置房（含非住宅复建安置房）亦可确权并进行交易，若该土地或所建房产进入市场，按有关规定补缴国有土地出让金即可。案涉合同订立时，M4 地块已经符合上述政策中转让或开发的适格客体条件，C 公司提出 M4 地块性质为农村集体建设用地，未经有批准权的政府批准即用于合作，故而案涉合同应属无效的主张，与事实不符，本院不予支持。至于 A 村委会签订案涉合同是否违反了民主议定程序的问题，因《村民委员会组织法》规定的民主议定原则的立法本意是保护村民的民主议事权，在 A 村村民至今未就本案合同签订提出异议并造成履行障碍的情形下，B 公司主张案涉合同违反了民主议定原则应为无效的理由亦不能成立。

关于争议焦点 2：B 公司上诉主张，由于 A 村改造整体规划未获批准，导致 M4 地块未能实现“调规扩容”之目的；整体规划获批为 A 村委会应当履行的合同先义务，而非 B 公司的合同义务；且在 B 公司履行“调规扩容”义务过程中，A 村委会拒绝配合盖章办理有关审批手续也是导致 B 公司无法开展工作以及合作项目进展迟滞的重要原因，故 B 公司不构成违约。如前所述，案涉合同名为合作开发，实为土地使用权转让，A 村委会以其土地作为受让相应物业的对价，双方各自的主合同义务为：A 村委会交付符合合同要求的土地，B 公司则交付不少于 37,500 平方米建筑面积物业。而 B 公司至今仍无法交付约定的物业，对于 B 公司无法履行该义务究竟是否因 A 村委会原因所致，本院作出分析如下：

首先,从 B 公司提交的《M4 地块规划调整交通影响评估》记载的有关 M4 地块原容积率和原规划建筑面积来看,M4 地块即使按照签订《合作开发合同》时的原状态,规划建筑面积也可达 48,365 平方米,足以满足 A 村委会根据《合作开发合同》约定取得 37,500 平方米物业的权利。C 公司主张非经"调规扩容"A 村委会基本权益即无法实现与其提交并认可的证据明显相悖。换言之,"调规扩容"并非《合作开发合同》项下之必要条件,在《合作开发合同》并未明确约定"调规扩容"为实现合同目的的前提时,C 公司不能以此作为己方履行合同义务的前提条件。从市规划局 2008 年 3 月 5 日的复函来看,规划部门作出了调高 M4 地块容积率并将 M4 地块纳入石某旧村改造规划统筹考虑的决定,A 村委会与 B 公司据此签订了《补充合同》,同意推迟 M4 地块的规划调整审批手续,并将物业交付时间顺延 24 个月。虽然双方在《补充合同》中有关于"现规划部门要求先对各类村留地的整体改造规划进行统筹论证后,再进行 M4 地块的规划调整"内容的表述,但并不能就此得出完成 A 村整体改造规划及对村留地的统筹论证是 A 村委会义务的结论。结合《合作开发合同》以及 2009 年 8 月 6 日 B 公司向 A 村委会发出的《关于 M4 地块项目迟延开发的商榷函》可知,双方在合同中明确约定与项目有关的所有报批手续均由 B 公司办理,B 公司在该商榷函中说明其面临的困难时专门提及"前期规划报批工作遇阻""旧村改造统筹论证工作繁复、耗时"等,足见 B 公司已承认 A 村整体改造规划及旧村改造统筹论证是己方义务。现 B 公司主张 A 村改造整体规划获批准为 A 村委会应当履行的先合同义务既无合同依据,也不符合合同履行的事实,不予支持。

其次,根据《合作开发合同》的约定,B 公司负责办理项目的所有报批手续,A 村委会给予配合和协助。双方当事人对于 A 村委会拒绝在市城市规划局立案申请表和《关于申请调整 M4 地块规划控制指标和程序的报告》上盖章的事实均无异议,分歧在于 A 村委会认为其拒绝盖章行为具有正当性,B 公司则认为该拒绝行为属于影响合同继续履行的重大违约。本院认为,B 公司向规划部门申请立案时使用 2005 年版本的立案申请表而不是当时使用的 2011 年版本,草拟的调规报告内容存在对 A 村的负面评价,以上行为确实存在诸多瑕疵,A 村委会拒绝盖章并非毫无道理。从本案事实来看,案涉项目报批手续具有相当程度的复杂性，就本案A村委会对上述书函拒绝盖章而言，本身尚不能证明该行为直接影响了合同目的的实现，只有在B公司已就其上述行为及时整改完善后仍遭遇A村委会的拒绝配合，方能证实A村委会存在无正当理由不予配合协助的行为。故B公司主张A村委会的上述行为导致合同不能继续履行构成重大违约的理由亦不成立。

B公司另主张A村委会交付的土地不符合合同约定的平整状态构成违约。经查，C公司自2008年1月1日接收M4地块起，在合同履行过程中从未向A村委会主张过交付土地不适格的问题，诉讼中也没有提供证据证明土地交付时没有达到平整状态，故应当认定A村委会已经依约履行了交付土地的合同义务，不存在违约。由此可见，A村委会在合同履行过程中不存在违约行为，B公司不能依约交付相应物业构成根本违约，一审法院判决自一审庭审之日解除本案《合作开发合同》及《补充合同》并无不当。

【评析】

本案中，双方当事人发生争议的土地系市政府在实施“城中村”改制（“村改居”）过程中为A村在新城区范围内安排的“征地留用地”。B公司认为，国发〔2004〕28号文明令禁止地方政府擅自通过“村改居”方式将农民集体所有土地转为国有土地，M4地块作为“征地留用地”仍归A村农民集体所有，并非当时法律允许用于开发建设的国有土地，故即便将《合作开发合同》及《补充协议》定性为土地使用权转让合同，人民法院亦应依据《土地管理法》(2004)第43条[①]的规定认定前述合同为无效合同。因此，本案要作出符合司法效果与社会效果双统一的正确判决，便需在全面了解我国征地留用地制度的历史由来与政策变迁的基础上，精准辨析该类土地使用权转让合同的法律效力。

改革开放以来，乡镇企业的迅猛发展开辟了一条具有中国特色的农业

---

① 《土地管理法》(2004)第43条规定，任何单位和个人进行建设，需要使用土地的，必须依法申请使用国有土地；但是，兴办乡镇企业和村民建设住宅经依法批准使用本集体经济组织农民集体所有的土地的，或者乡(镇)村公共设施和公益事业建设经依法批准使用农民集体所有的土地的除外。(此条被自2020年1月1日起施行的《全国人民代表大会常务委员会关于修改〈中华人民共和国土地管理法〉、〈中华人民共和国城市房地产管理法〉的决定》删除)

工业化和农村城镇化道路,对我国综合国力的提高与农民收入的增长发挥着不可替代的重要作用。统计数据表明,从 1978 年到 1998 年,乡镇企业对国内生产总值的贡献率由 4%上升至 27%左右,对同期 GDP 增长的贡献率高达 36%。在此过程中,全国许多村镇均采用了向乡镇企业提供土地的方式共享发展红利,长此以往的结果是使得农民集体和国家作为不同的土地所有者,难免在通过征地、出让程序分配土地增值收益的过程中发生现实矛盾。基于此种背景,"征地留用地"便作为在国家和农民集体之间平衡分配土地利益的方式之一应运而生。1989 年,深圳首次提出"征地返拨地"概念,率先探索征地留用地制度。接下来的数年间,在乡镇经济尤为发达的广东省,各级政府还陆续出台了多部关于征地留用地的地方政策。但直至 1997 年 5 月 18 日,中共中央、国务院下发《关于进一步加强土地管理切实保护耕地的通知》(中发〔1997〕11 号),暂时冻结了地方政府占用耕地开展非农业建设项目的实施。1998 年修订的《土地管理法》更明确规定任何单位和个人进行建设,需要使用土地的,必须依法申请使用国有土地和国家征用的原属于农民集体所有的土地。由此,各地曾一度中止了对征地留用地制度的实践探索。

2004 年,国务院下发《关于深化改革严格土地管理的决定》,载明:"禁止擅自通过'村改居'等方式将农民集体所有土地转为国有土地。禁止农村集体经济组织非法出让、出租集体土地用于非农业建设。"但是,细究前文将禁止对象限定于"擅自""非法"行为的深刻用意,已透露出国家允许地方政府规范实施征地留用地政策的态度取向。由此,广东省于 2009 年出台《征收农村集体土地留用地管理办法(试行)》,界定了"征地留用地"的概念内涵,即"征收农村集体经济组织土地所需的留用地(以下简称留用地),是指国家征收农村集体土地后,按实际征收土地面积的一定比例,作为征地安置另行安排给被征地农村集体经济组织用于发展生产的建设用地"。随后,国土资源部于 2010 年发布《关于进一步做好征地管理工作的通知》,又明文确认"在土地利用总体规划确定的城镇建设用地范围内实施征地,可结合本地实际采取留地安置方式,但要加强引导和管理。留用地应安排在城镇建设用地范围内,并征为国有;涉及农用地转用的,要纳入年度土地利用计划,防止因留地安置扩大城市建设用地规模；留用地开发要符合城市建设规划和有关规定要求。实行留用地安置的地区，当地政府应制定严格的管理办法，确保留用地的安排规范有序，开发利用科学合理”。自此，地方政府对于征地留用地制度的实践探索已具备国家层面的政策依据。

当前，随着城市更新的需求增长，特别是“三旧改造”的步伐加快，许多地方都将“征地留用地”作为一种有别于货币补偿和实物补偿的创新补偿方式，以此灵活保障村集体经济组织和失地农民的权益。而综合各地实践，征地留用地的面积一般为征地面积的10%~15%，其土地性质若根据城镇规划变性为国有建设用地的，则可采用划拨方式无偿返拨给被征收土地的农村集体经济组织，并可用于基础设施、公益事业、拆迁安置和旧村改造等项目建设，相应收益归被征收土地的农村集体经济组织所有。具体到本案，区政府认可A村委会取得案涉征收留用地符合市委、市政府《关于“城中村”改制工作的若干意见》的政策精神。市规划局认可A村委会将案涉征收留用地使用权转让给B公司，不仅表示同意“调规扩容”，还决定将本案争议地块纳入A村整体改造规划中统筹考虑。此外，省政府发布的《关于加强征收农村集体土地留用地安置管理工作的意见》亦明确，本案所涉的征地留用地可以“视同以出让方式取得的国有建设用地”。因此，基于前述事实，人民法院认定《合作开发合同》及《补充协议》均为有效合同。

综上所述，本案所确立的行为指引是：已经有权政府批准转用为国有建设用地性质的征地留用地不属于禁止转让的土地类型，若其存在未缴纳土地出让金的问题，可通过补缴出让金的方式解决。进而，利用征地留用地建成的建筑物或构筑物，同样也不存在不能确权以及无法进行市场交易的法律障碍。并且，值得特别指出的是，为深入推进土地征收制度改革，充分体现农村集体经济组织留用地的资产价值，新《土地管理法》删除了旧法第43条的内容，增加规定农村集体建设用地在符合规划、依法登记，并经2/3以上集体经济组织成员同意的情况下，可以通过出让、出租等方式交由农村集体经济组织以外的单位或个人直接使用，同时使用者在取得农村集体建设用地之后还可以通过转让、互换、抵押的方式进行再次转让。也就是说，自2020年1月1日起，即便征地留用地仍属农村集体建设用地，其亦可成为合法的转让标的物。而这一重大变化,取消了多年来集体建设用地不能直接进入市场流转的二元体制,为城乡一体化发展进一步扫除了制度性障碍,不仅有利于提高农村土地资源配置效率,还有利于保护农民的土地财产权益,可以说是本次《土地管理法》修改的重大制度创新。

【重点规范链接】

《土地管理法》(2019 年 8 月 26 日)

第四十四条 建设占用土地,涉及农用地转为建设用地的,应当办理农用地转用审批手续。

永久基本农田转为建设用地的,由国务院批准。

在土地利用总体规划确定的城市和村庄、集镇建设用地规模范围内,为实施该规划而将永久基本农田以外的农用地转为建设用地的,按土地利用年度计划分批次按照国务院规定由原批准土地利用总体规划的机关或者其授权的机关批准。在已批准的农用地转用范围内,具体建设项目用地可以由市、县人民政府批准。

在土地利用总体规划确定的城市和村庄、集镇建设用地规模范围外,将永久基本农田以外的农用地转为建设用地的,由国务院或者国务院授权的省、自治区、直辖市人民政府批准。

第四十五条 为了公共利益的需要,有下列情形之一,确需征收农民集体所有的土地的,可以依法实施征收:

(一)军事和外交需要用地的;

(二)由政府组织实施的能源、交通、水利、通信、邮政等基础设施建设需要用地的;

(三)由政府组织实施的科技、教育、文化、卫生、体育、生态环境和资源保护、防灾减灾、文物保护、社区综合服务、社会福利、市政公用、优抚安置、英烈保护等公共事业需要用地的;

(四)由政府组织实施的扶贫搬迁、保障性安居工程建设需要用地的;

(五)在土地利用总体规划确定的城镇建设用地范围内,经省级以上人民政府批准由县级以上地方人民政府组织实施的成片开发建设需要用地的;

（六）法律规定为公共利益需要可以征收农民集体所有的土地的其他情形。

前款规定的建设活动，应当符合国民经济和社会发展规划、土地利用总体规划、城乡规划和专项规划；第（四）项、第（五）项规定的建设活动，还应当纳入国民经济和社会发展年度计划；第（五）项规定的成片开发并应当符合国务院自然资源主管部门规定的标准。

第五十条 地方各级人民政府应当支持被征地的农村集体经济组织和农民从事开发经营，兴办企业。

第六十三条 土地利用总体规划、城乡规划确定为工业、商业等经营性用途，并经依法登记的集体经营性建设用地，土地所有权人可以通过出让、出租等方式交由单位或者个人使用，并应当签订书面合同，载明土地界址、面积、动工期限、使用期限、土地用途、规划条件和双方其他权利义务。

前款规定的集体经营性建设用地出让、出租等，应当经本集体经济组织成员的村民会议三分之二以上成员或者三分之二以上村民代表的同意。

通过出让等方式取得的集体经营性建设用地使用权可以转让、互换、出资、赠与或者抵押，但法律、行政法规另有规定或者土地所有权人、土地使用权人签订的书面合同另有约定的除外。

集体经营性建设用地的出租，集体建设用地使用权的出让及其最高年限、转让、互换、出资、赠与、抵押等，参照同类用途的国有建设用地执行。具体办法由国务院制定。

《最高人民法院关于审理涉及国有土地使用权合同纠纷案件适用法律问题的解释》（2020年12月29日）

第二十一条 合作开发房地产合同约定提供土地使用权的当事人不承担经营风险，只收取固定利益的，应当认定为土地使用权转让合同。

《国务院关于深化改革严格土地管理的决定》（2004年10月21日）

二、加强土地利用总体规划、城市总体规划、村庄和集镇规划实施管理

……

（十）加强村镇建设用地的管理。要按照控制总量、合理布局、节约用地、保护耕地的原则，编制乡（镇）土地利用总体规划、村庄和集镇规划，明确

小城镇和农村居民点的数量、布局和规模。鼓励农村建设用地整理,城镇建设用地增加要与农村建设用地减少相挂钩。农村集体建设用地,必须符合土地利用总体规划、村庄和集镇规划,并纳入土地利用年度计划,凡占用农用地的必须依法办理审批手续。禁止擅自通过"村改居"等方式将农民集体所有土地转为国有土地。禁止农村集体经济组织非法出让、出租集体土地用于非农业建设。改革和完善宅基地审批制度,加强农村宅基地管理,禁止城镇居民在农村购置宅基地。引导新办乡村工业向建制镇和规划确定的小城镇集中。在符合规划的前提下,村庄、集镇、建制镇中的农民集体所有建设用地使用权可以依法流转。

18. 未按出让合同约定完成25%以上开发投资总额的，不影响土地使用权转让合同的效力

【裁判要旨】

关于投资开发的问题，《城市房地产管理法》第39条关于土地使用权转让时投资应达到开发投资总额25%的规定，是对土地使用权转让合同标的物设定的有关物权变动时点的限制性条件。转让的土地未达到25%以上的投资，属于合同标的物的瑕疵，不直接影响土地使用权转让合同的效力。换言之，《城市房地产管理法》第39条中的该项规定，不是认定土地使用权转让合同效力的法律强制性规定。

【基本案情】

A公司系A电机厂为企业改制而设立，营业执照载明其营业期限终止时点为2003年6月8日。

2003年6月26日，A公司与市国土局签订《土地使用权出让合同》，取得51.9979亩工业用地使用权。

2003年9月18日，甲方A公司、B公司与乙方C公司签订《土地开发合同》，主要约定：A公司将51.9979亩土地使用权转让给C公司，转让价格2860万元，定金200万元。鉴于B公司曾对该宗土地投入了部分开发资金，C公司应另支付给B公司补偿款1640万元。本协议签订后，A公司应在2个月内办理完成市政府同意该宗土地使用权转让给C公司新设立的项目公司（以下简称D公司）的批复文件，并取得今年或明年上半年的土地开发计划指标。C公司根据开发计划指标在可以进行房地产开发之日起的1个月

内,应代A公司支付该宗土地的变性费用及契税约600万元,应代A公司向某分行偿还795万元银行贷款及表内利息约96万元(此贷款可转贷给C公司,A公司应积极协助C公司办理相关手续)。C公司支付土地变性费用及契税的同时,A公司须将该宗土地过户给D公司。A公司将土地过户给D公司后的3个月内,C公司应代A公司支付职工安置费、厂房搬迁费及零星欠款共约600万元。以上共计2300万元在C公司应支付给A公司的土地使用权转让款中扣除,余下2200万元(含支付给B公司的1640万元补偿款),C公司在可以进行房地产开发之日起的1年内支付给A公司和B公司。C公司未付给A公司、B公司的部分款项,由C公司提供相应价值的土地使用权和房产作为抵押担保。

2003年9月29日,C公司支付200万元定金。

2003年11月18日,市计划委员会向A公司发出《通知》,表示同意将案涉土地用途变更为经营性用地,并要求A公司在2004年6月30日前到有关部门办理相关手续。

2003年11月21日,A公司致函C公司,以其需要缴纳土地收益金,办理土地过户手续以及支付职工安置费、厂房搬迁费为由,要求C公司提前支付600万元。C公司未作答复,亦未付款。

2003年12月2日,A公司、B公司致函C公司,主要内容为:经咨询某分行领导意见,A公司若在今年内还清银行欠款本金,即可全部免除所欠的表内和表外利息。因不能确定明年银行是否仍有该项优惠政策,故C公司应在今年内代A公司还清全部银行欠款。如果C公司决定转贷,则必须承诺承担所有利息。同时,C公司必须提供《土地开发合同》约定的抵押担保,以使双方尽快进入下一步土地过户手续办理程序。

2003年12月15日,C公司函复A公司、B公司,要求A公司、B公司按《土地开发合同》的约定将土地过户给D公司,不同意提供抵押担保以及代还全部贷款本金。

2003年12月17日,A公司取得了案涉土地的国有土地使用权证。

2003年12月18日,A公司、B公司致函C公司,主要内容为:《土地开发合同》对C公司提供抵押担保的时间、抵押物、保证范围及担保金额未作明确约定,三方多次开会讨论后仍未达成一致意见。由于 C 公司提供并办理抵押担保登记手续对确保 A 公司、B 公司实现合同利益至关重要,故再次发函,望 C 公司务必在 2003 年 12 月 28 日前到 A 公司商谈上述问题并达成一致意见。否则,《土地开发合同》无法履行。

2003 年 12 月 20 日,C 公司函复 A 公司、B 公司,主要内容为:C 公司在此前三方协商时已经表态,只要是《土地开发合同》上约定的,C 公司都会坚决执行,但合同并未约定土地过户时 C 公司需要提供抵押担保。现 A 公司、B 公司以根本不存在的不安全因素为由拒不办理土地过户手续,已属严重违约。A 公司、B 公司应以实际行动表明合作诚意,在切实履行合同的前提下,三方才可以对合同约定以外的事项进行协商。

2003 年 12 月 29 日,A 公司、B 公司致函 C 公司,以 C 公司能否提供有效的抵押担保关系到改制企业职工的未来生活安置问题为由,决定从即日起终止履行《土地开发合同》,并要求 C 公司办理定金退还事宜。

2004 年 1 月 3 日,C 公司致函 A 公司、B 公司,表示不同意终止履行《土地开发合同》,但同意在 A 公司将土地使用权过户给 D 公司后,再以该地块作为抵押财产向 A 公司提供担保。

2004 年 1 月 18 日,某分行向 C 公司发出复函,表示若 C 公司代替 A 公司归还全部银行贷款本息,银行即立刻解除该宗土地使用权的抵押担保。

其后,C 公司诉至法院提出 3 项诉讼请求:(1)判令 A 公司与 B 公司继续履行《土地开发合同》,将案涉土地过户给 D 公司;(2)判令 A 公司、B 公司双倍返还定金 400 万元,并赔偿由此给 C 公司造成的经济损失;(3)本案诉讼费用由 A 公司、B 公司承担。

A 公司辩称:《土地开发合同》约定了"C 公司未付给 A 公司、B 公司的部分款项,由 C 公司提供相应价值的土地和房产作为抵押担保",即 A 公司过户土地与 C 公司提供抵押担保应同时履行,A 公司有权要求 C 公司履行担保义务。况且,A 公司是一个特困改制企业,尚欠 292.5 万元的职工经济补偿金未支付,C 公司提供抵押担保有利于化解职工矛盾,促进合同履行。而 C 公司设立的 D 公司注册资本较低,且出资不实,A 公司已对 C 公司失去信任。在 C 公司未依约提供抵押担保,且 D 公司根本不具备履约能力的情况下,A公司有权行使不安抗辩权终止与C公司的合作。同时,A公司已于2003年11月18日履行了争取市政府同意将案涉土地由工业用地变更为经营性用地的合同义务,C公司应当在1个月内,即2003年12月18日前支付银行贷款本息891万元。而C公司除缴纳定金200万元外,并未支付其他任何款项。此外,《土地开发合同》约定A公司将土地过户给D公司的时间是在C公司付清600万元土地变性费及契税的“同时”,C公司要求A公司履行土地过户义务的条件尚未成就。根据前述事实,C公司才是违约方,我司既无须双倍返还定金,也无须赔偿损失,且C公司并未针对“损失赔偿”提出具体的诉讼请求。

B公司辩称:A公司的营业期限至2003年6月8日止,其于2003年9月18日签订《土地开发合同》时已不具备独立的民事主体资格,无权实施签订合同的民事法律行为。并且,A公司在签订《土地开发合同》时未取得国有土地使用权证,其作为特困企业,不仅至今未付清土地出让金,还拖欠了职工经济补偿金和土地收益金,更没有能力投入土地开发资金,案涉土地至今仍未达到法律允许转让的25%的投资标准。同时,该“工业用地”转让时未办理审批、登记手续,未通知抵押权人某分行。因而,《土地出让合同》违反了法律法规的强制性规定,应认定为无效合同。C公司作为房地产开发企业,既明知上述情形的存在,也熟知法律法规的规定,对合同无效的后果应承担同等的过错责任。B公司没有收取200万元定金,也没有违约行为,而根据《合同法》的规定,定金罚则和违约金罚则不能同时适用,B公司若主张双倍返还定金,则不能主张损失赔偿。

【一审争议焦点】

1.《土地开发合同》的性质和效力。

2. 本案谁违约?《土地开发合同》是否应当继续履行?

3. A公司、B公司是否应当双倍返还定金并赔偿损失?

【一审裁判观点】

关于争议焦点1:本案性质为土地使用权转让合同纠纷。《土地开发合同》是在三方当事人自愿、协商一致的基础上签订,合同约定的转让标的物系 A 公司通过出让而取得的拥有使用权并经有关部门批准进行房地产开发的土地。该土地可以进入市场,合同内容没有违反法律规定。至于订立该合同时,A 公司已超过了营业期限的问题,根据《民法通则》的规定,法人的民事行为能力始于设立,终于法人的终止,而本案中 A 公司并未随着营业期限的到期而终止,其营业执照并未被注销或者吊销,其作为一个企业法人至今仍然合法存在,法人资格并未终止。且本案合同亦不属其营业执照所确定的营业范围之内,而是其对自身财产的自愿处分,符合合法的意思自治原则,故本案合同为有效合同。

关于争议焦点 2:根据诚实信用原则,对于有效合同,各方当事人均应恪守合同的约定,全面履行合同。C 公司已按照合同交付了定金,而 A 公司与 B 公司却没有按照合同的约定履行自己的义务,而是以三方在合同中对抵押担保问题约定不明确,又没有协商一致、其利益存在风险为由,拒绝按合同的约定办理相关的土地手续,并进而要求终止合同,显然有悖于合同约定。根据合同约定,C 公司交付 200 万元定金后,A 公司和 B 公司就应当履行办理政府批复文件并取得土地开发计划指标的义务,此间并不存在 C 公司应先行办理抵押手续的问题,因为合同并没有将 C 公司办理抵押手续作为 A 公司和 B 公司履行该义务的前置条件。而综观合同分析,"C 公司未付给 A 公司、B 公司的部分款项"不是指除 200 万元定金之外的其余应付款项,而是指 C 公司支付 2300 万元之后余下的 2200 万元。A 公司、B 公司只有在 C 公司支付 2300 万元并办理土地过户手续时才会存在合同履行风险,即此时才存在要求 C 公司办理未付余款抵押担保的必要性。由此可见,合同约定的抵押担保条款并非不明确。何况,即使存在 A 公司和 B 公司所主张的抵押担保条款不明确的问题,也不影响合同的履行。根据合同约定,C 公司在履行合同义务的过程中,除已支付给 A 公司的 200 万元定金外,还需代 A 公司履行相关义务,继续支付约 1500 万元的款项后,方能实际完成土地过户。并且,C 公司也承诺将以过户的土地使用权作为对未付款项的抵押担保,而该承诺不违反法律规定并切实可行,故 A 公司与 B 公司所主张的风险没有事实依据。综上所述,A 公司、B 公司在本案中的行为已构成违约,应承担违约责任,其无权主张终止本案合同,C公司作为守约方主张继续履行合同的诉讼请求于法有据。

关于争议焦点3:C公司主张A公司、B公司赔偿一切损失的诉讼请求,因没有提出具体的损失数量和相应证据,不予支持。由于C公司在本案中要求继续履行合同的诉讼请求已得到本院的支持,故其主张由A公司与B公司双倍返还200万元定金的诉讼请求,既与三方当事人在本案合同中的约定不符,又不符合定金罚则的适用范围。根据法律规定,定金罚则中的"双倍返还"只适用于履行落空的情形,C公司的该诉讼请求不能成立,不予支持。

【二审争议焦点】

1.《土地开发合同》的效力。

2. 一审法院有关"未付款项"的解释及本案违约方的认定是否正确?

【二审裁判观点】

关于争议焦点1:《土地开发合同》为三方当事人协商一致后作出的真实意思表示,内容亦不违反法律规定。合同签订前,市国土局已同意A公司以出让方式取得案涉土地的使用权,双方订有《土地使用权出让合同》。本案一审起诉前A公司办理了国有土地使用权证,案涉土地具备了进入市场进行依法转让的条件。而土地出让金的缴纳问题,属于土地出让合同的当事人即市国土局和A公司之间的权利义务内容,是否得到完全履行不影响本案土地使用权转让合同的效力,故B公司提出的因《土地开发合同》签订时未取得国有土地使用权证及土地出让金未全部缴清违反法律强制性规定应认定该合同无效的上诉主张,本院不予支持。关于投资开发的问题,《城市房地产管理法》第39条关于土地使用权转让时投资应达到开发投资总额25%的规定,是对土地使用权转让合同标的物设定的有关物权变动时点的限制性条件。转让的土地未达到25%以上的投资,属于合同标的物的瑕疵,不直接影响土地使用权转让合同的效力。换言之,《城市房地产管理法》第39条中的该项规定,不是认定土地使用权转让合同效力的法律强制性规定。

因此,B公司关于《土地开发合同》未达到25%投资开发条件应认定无效的主张,本院亦不予支持。关于转让土地使用权是否已向抵押权人履行通知义务的问题,某分行2004年1月18日向D公司出具的复函、2003年12月2日A公司、B公司函告C公司某分行领导人关于贷款利息的态度以及《土地开发合同》中三方当事人关于抵押债务数额及处理方式的约定内容等证据均表明,本案讼争土地的抵押权人某分行知道该土地使用权的转让事宜,且未提出异议。B公司关于本案土地使用权转让未通知该土地抵押权人导致转让无效的理由与事实不符,不能成立。综上,《土地开发合同》于签订之时虽有瑕疵,但经补正后已不存在违反法律强制性规定的情形,应认定有效。

关于争议焦点2:当事人各方在有效合同的履行过程中对合同条款的约定内容发生歧义,应依《合同法》规定的合同解释方法确定发生争议条款的真实意思表示。一审判决根据合同目的、合同条款之间的关系,确认《土地开发合同》约定的应由C公司提供抵押担保的"未付款项"是指C公司代A公司支付2300万元款项以外的余款2200万元,认定事实并无不当。A公司、B公司要求C公司先行就全部转让款项提供抵押担保作为其履行合同义务的前置条件,与合同约定不符。同时,因D公司不是履行《土地开发合同》付款义务的债务人,其工商注资问题与认定C公司是否具有履约能力之间不具有关联性。因此,A公司在未能提供确切证据证明C公司于履行期限届至时将不履行或不能履行合同的情形下,其行使合同解除权的条件尚未成就,故A公司以存在履约风险为由要求解除合同的主张因缺乏事实和法律依据,本院不予支持。关于办理土地过户手续的问题,《土地开发合同》虽然存在前后条款约定不准确的问题,但从文义表述、交易习惯等方面综合判断,可以认定合同有关"办理完成市政府同意该宗土地转让给C公司新设立的项目公司的批复文件,并取得今年或明年上半年的土地开发计划指标"的约定,是指A公司、B公司的合同义务包括办理政府同意将土地使用权转让给D公司的手续和取得政府给予的土地开发指标。A公司主张其办理了经市计划委员会批准土地变性的手续就是履行前述义务,与合同约定的内容不符。一审判决认定A公司、B公司未能按期履行合同义务,已构成违约,适用法律未有不妥。

【评析】

《城市房地产管理法》第39条第1款第2项规定了当事人转让房产时,该房产所占用的以出让方式取得的土地使用权应达到一定的投资开发条件,即“按照出让合同约定进行投资开发,属于房屋建设工程的,完成开发投资总额的百分之二十五以上,属于成片开发土地的,形成工业用地或者其他建设用地条件”。该项规定属于自然资源管理部门对土地使用权转让行为的监管措施,立法目的是为遏制房地产行业曾广泛存在的“炒地皮”现象,但在司法实践中却常常被当事人主动援引用作主张土地使用权转让合同无效的请求权基础。例如,当房地产价格上涨时,土地使用权转让方可能会以其为由主张合同无效,从而获取土地增值利益;当房地产价格下跌时,土地使用权受让方亦可能会以其为由主张合同无效,从而逃避违约责任的承担。据此,若简单以规范土地使用权交易行为、防止投机炒地以及符合立法精神为由,将该项规定视为效力性强制性规定,既概括禁止此种情形下的土地使用权转让行为,又否认转让合同的效力,显然会助长滋生更多的不诚信行为,并扰乱房地产市场的正常交易秩序。

事实上,“土地使用权”是由“土地所有权”派生而来的不动产用益物权。对该权利转移行为的效力判断,自当保持与物权法的高度统一与协调适配,遵循“只有在合同标的物客观自始不能交付的情况下,才应认定合同无效”的基本原则。也就是说,对于未达到法定投资开发条件即转让土地使用权的行为效力,应根据我国《物权法》所采的“债权形式主义的物权变动模式”予以认定。而通说认为,在债权形式主义的物权变动模式下,当事人除履行债权合同外,还需交付或者办理登记行为手续,方可实现物权变动的目的。在此过程中,当事人所实施的处分行为被纳入在债权行为中,即“在债权契约+交付(或登记)的物权变动模式下,债权合同与处分行为相统一,交付或者登记并不是对标的物的处分行为,其只是完成物权变动必须践行的法定方式,即如果没有经过动产交付或者不动产权属变更登记,不发生物权变动的效力。因此,债权形式主义立法模式下的交付或者登记行为只是作为标的物所有权转移的表征,其作用是将物权变动的时间界限确定在标的物的交付或者登记之时,属于债权合同的履行问题,不是债权合同的生效要件”。[1] 故此,转让土地使用权不符合法定投资开发条件时,土地使用权转让合同的效力既非无效,亦非效力待定,而系有效。其后,若出现无法办理土地使用权权属变更登记的障碍,则可通过瑕疵担保责任制度和违约责任制度对受让人进行救济。

并且,结合司法实践对“效力性强制性规定”的判断标准,《城市房地产管理法》有关土地使用权转让时投资开发条件的限制性规定显然也不具备“效力性强制性规定”的立法特征:第一,该条并未明确规定不符合规定条件的,将导致合同无效。第二,该条实际上只是对土地开发利用者转让土地使用权时对土地开发完成程度的要求,是否完成一定开发资本投入与转让土地使用权并无根本的利害冲突,使得合同继续有效并不会导致国家集体利益受损,此规定只是规范土地市场秩序的行政管理行为,不应因此导致民事合同的无效。第三,从立法目的看,《城市房地产管理法》第 1 条规定,“为了加强对房地产的管理,维护房地产市场秩序,保障房地产权利人的合法权益,促进房地产业的健康发展”,可见,该法的主要目的是加强对城市房地产管理的需要而设置,并非主要针对行为内容本身;第四,从调整对象看,该条规定是针对土地受让者再行转让的资格条件的限制,主要规范的是开发企业。[2] 据此,《城市房地产管理法》第 39 条第 1 款第 2 项规定应为“管理性强制性规定”,是法律对土地使用权转让合同标的物设定的有关物权变动时点的限制性条件。换言之,若当事人转让的土地使用权未达到 25%以上的投资开发程度,应视为合同标的物存在瑕疵,但不应影响转让合同的效力。

【重点规范链接】

《民法典》(2020 年 5 月 28 日)

第五十九条 法人的民事权利能力和民事行为能力,从法人成立时产生,到法人终止时消灭。

---

① 人民法院出版社编:《最高人民法院司法观点集成》(民事卷④ · 第 3 版),人民法院出版社 2017 年版,第 2175 页。

② 杜万华主编:《〈第八次全国法院民事商事审判工作会议(民事部分)纪要〉理解与适用》,人民法院出版社 2017 年 6 月第 1 版,第 233~234 页。

第四百零六条 抵押期间,抵押人可以转让抵押财产。当事人另有约定的,按照其约定。抵押财产转让的,抵押权不受影响。

抵押人转让抵押财产的,应当及时通知抵押权人。抵押权人能够证明抵押财产转让可能损害抵押权的,可以请求抵押人将转让所得的价款向抵押权人提前清偿债务或者提存。转让的价款超过债权数额的部分归抵押人所有,不足部分由债务人清偿。

第五百二十七条 应当先履行债务的当事人,有确切证据证明对方有下列情形之一的,可以中止履行:

(一)经营状况严重恶化;

(二)转移财产、抽逃资金,以逃避债务;

(三)丧失商业信誉;

(四)有丧失或者可能丧失履行债务能力的其他情形。

当事人没有确切证据中止履行的,应当承担违约责任。

第五百二十八条 当事人依据前条规定中止履行的,应当及时通知对方。对方提供适当担保的,应当恢复履行。中止履行后,对方在合理期限内未恢复履行能力且未提供适当担保的,视为以自己的行为表明不履行主要债务,中止履行的一方可以解除合同并可以请求对方承担违约责任。

第五百七十七条 当事人一方不履行合同义务或者履行合同义务不符合约定的,应当承担继续履行、采取补救措施或者赔偿损失等违约责任。

第五百八十七条 债务人履行债务的,定金应当抵作价款或者收回。给付定金的一方不履行债务或者履行债务不符合约定,致使不能实现合同目的的,无权请求返还定金;收受定金的一方不履行债务或者履行债务不符合约定,致使不能实现合同目的的,应当双倍返还定金。

第五百八十八条 当事人既约定违约金,又约定定金的,一方违约时,对方可以选择适用违约金或者定金条款。

定金不足以弥补一方违约造成的损失的,对方可以请求赔偿超过定金数额的损失。

《土地管理法》(2019年8月26日)

第五十五条第一款 以出让等有偿使用方式取得国有土地使用权的建

设单位，按照国务院规定的标准和办法，缴纳土地使用权出让金等土地有偿使用费和其他费用后，方可使用土地。

《城市房地产管理法》(2019年8月26日)

第三十九条 以出让方式取得土地使用权的，转让房地产时，应当符合下列条件：

(一)按照出让合同约定已经支付全部土地使用权出让金，并取得土地使用权证书；

(二)按照出让合同约定进行投资开发，属于房屋建设工程的，完成开发投资总额的百分之二十五以上，属于成片开发土地的，形成工业用地或者其他建设用地条件。

转让房地产时房屋已经建成的，还应当持有房屋所有权证书。

19. 土地被法院查封既不影响转让合同的效力，也不构成据以解除合同的法定条件

【裁判要旨】

法院的查封行为，并不意味着该土地使用权属于法律意义上的“绝对不能转让”，只是合同标的物因受限制不能在查封期间产生物权变动的法律效果。因而，案涉土地使用权是否被查封，不影响双方签订的土地使用权转让合同的合法成立，更不能据此作为认定《转让协议》无效的评判依据。

【基本案情】

1997 年 10 月 20 日，市政府与 A 公司签订《海涂围垦开发协议》，约定将 2400 亩海涂地[①]交由 A 公司开发，协议有效期为 70 年。

1999 年 5 月 17 日，A 公司将上述海涂地中的 2000 亩以每年 100 元/亩的价格出租给胡某某，租期为 5 年。

1999 年 6 月 29 日，市土地估价事务所接受 A 公司的委托，对 2400 亩海涂地进行价值评估，评估价为 4960 万元。

1999 年 7 月 2 日，市土地管理局（以下简称 E 局）对上述评估价格予以确认，并于 2000 年 1 月 25 日作出《土地使用权确认书》，确认 A 公司享有 2400 亩海涂地的使用权。

2000 年 7 月 5 日，某中级法院（以下简称 F 法院）在审理 B 公司诉 A 公司拖欠工程款纠纷案中，根据 B 公司的申请，查封了 2400 亩海涂地的使用权。

---

① “海涂地”即海岸滩地，是近岸海域的后备土地资源，介乎于海水平均高潮线与平均低潮线之间，既可直接用于发展海水养殖、滩涂养殖和种植芦苇、大米草等，也可用于围海造田，发展种植业、果树栽培或晒制海盐，开展石油钻探，扩大其他工业用地等，具有巨大的市场开发价值与开发潜力。

2001 年 5 月 9 日,A 公司与 C 公司签订《土地使用权转让协议》,主要约定:A 公司以 418 万元转让价格,将其对 2400 亩海涂地享有的权利义务转让给 C 公司。A 公司在办理土地使用权转让手续时必须进行地价评估,评估价格原则上等于实际转让价格。

2001 年 6 月 1 日,F 法院作出裁判,判令 A 公司向 B 公司支付工程款 612.0313 万元。

2001 年 6 月 13 日,A 公司根据《土地使用权转让协议》的约定进行地价评估,评估价为 531.32 万元。

2001 年 6 月 18 日,根据 C 公司的申请,E 局作出“〔2001〕5 号文件”,确认 2400 亩海涂地使用权归属于 C 公司。在此过程中,E 局副局长曾收受 A 公司总经理 5 万元贿赂款。

2001 年 6 月 25 日,A 公司与 C 公司又达成补充协议,主要约定:2400 亩海涂地使用权人变更前所形成的债权债务均由 A 公司自行承担,与 C 公司无关。次日,双方还公证了该补充协议。

2001 年 6 月 27 日,C 公司除直接向 A 公司支付 263 万元外,还依据 A 公司指令向土地承租人胡某某支付 125 万元,并代 A 公司向 F 法院交付了 30 万元执行款,付款总额合计 418 万元。随后,A 公司亦将其从 C 公司处收到的土地使用权转让款中的 150 万元作为执行款交给 F 法院。

2001 年 7 月 25 日,E 局以 A 公司隐瞒 2400 亩海涂地已被法院查封的事实为由,决定撤销“〔2001〕5 号文件”,并将撤销文件送达 C 公司。

2001 年 11 月 19 日,根据 B 公司的申请,F 法院解除了对 2400 亩海涂地使用权的查封,并将该裁定书送达 E 局和 B 公司。

2001 年 12 月 17 日,E 局作出“〔2001〕13 号文件”,再次将 2400 亩海涂地使用权确认给 C 公司。

2002 年 4 月 26 日,C 公司领取了土地使用权证。

2002 年 4 月 1 日,F 法院对 D 公司诉 A 公司拖欠工程款一案作出民事调解书,确认 A 公司应向 D 公司支付工程款 270 万元。

其后,因 A 公司无可执行财产,D 公司诉至 F 法院称,A 公司为逃避债务清偿,在与 D 公司的诉讼过程中,将已被 F 法院查封的土地使用权以 418

万元的畸低价格转让给 C 公司,致使 D 公司债权无法实现,故请求法院确认 A 公司与 C 公司签订的《土地使用权转让协议》无效,并撤销 C 公司取得的土地使用权证。

A 公司亦主张:其在转让土地使用权时,因公司法定代表人王某福被羁押,公司事务暂由总经理王某萍处理。B 公司起诉后,一直逼迫王某萍偿付工程款,王某萍遂要求王某福出具授权委托书,但仅告知其公司土地已被查封的情况,并未告知公司欲转让土地使用权的事宜。后王某萍持王某福的授权委托书,以 A 公司名义与 C 公司签订了《土地使用权转让协议》,转让价格仅为 418 万元,明显系低价转让,损害了 A 公司利益,应认定为无效。

C 公司则辩称:土地使用权转让价格符合当时的市场行情,即便价格偏低,也是因为 C 公司能够一次性付款。C 公司签订土地使用权转让协议时并不知道 D 公司与 A 公司存在债权债务关系,也不知道土地已被查封,受让土地不存在违法之处。其支付了土地使用权转让金,取得了国有土地使用权证,是合法权利人。D 公司作为第三人,无权主张他人签订的合同无效。

另外,2001 年 12 月 13 日,F 法院执行员在执行 B 公司诉 A 公司拖欠工程款一案的民事判决书时,曾前往羁押所提审 A 公司法定代表人王某福。当时,执行员未告知其案涉土地已裁定解封,B 公司已取得 200 万元执行款,王某福则表示对土地已被法院查封以及 A 公司欲以 418 万元的价格转让土地使用权以归还 B 公司工程款等事宜均知情且同意,并承认其向王某萍出具了授权委托书。本案诉讼发生后,F 法院再次找到正在服刑的王某福调查案情。其表示,转让土地使用权系 A 公司与 C 公司的自愿买卖行为,A 公司之所以将土地使用权卖给 C 公司,是因为当时只有 C 公司愿意以一次性付清价款的方式购买。土地解封后,其仍愿将该土地使用权以 418 万元价格转让给 C 公司,并同意 A 公司将土地使用权转让款支付给 B 公司。但在本案第二次再审时,王某福则表示土地转让协议违反法律、行政法规的强制性规定,应当认定无效。

2003 年 5 月 16 日,F 法院在审理本案过程中,曾委托某资产评估有限公司对案涉土地的价值进行评估,确定 2400 亩海涂地的总价值为 1762 万元。

【一审争议焦点】

1.《土地使用权转让协议》的效力。

2. D 公司是否享有确认《土地使用权转让协议》无效的诉权?

【一审裁判观点】

关于争议焦点 1:案涉土地使用权被查封期间,A 公司对土地使用权无处分权。其虽然是在本案讼争涉及的土地使用权被法院查封期间与 C 公司达成《土地使用权转让协议》,但后来随着民事裁定解除了对讼争涉及土地使用权的查封,A 公司恢复取得了对土地使用权的处分权。E 局于 2001 年 11 月 25 日收到法院的解封裁定后,办理了土地使用权变更登记手续,对土地使用权转让效力进行了确认。A 公司与 C 公司签订的土地使用权转让协议系双方当事人自愿签订,不违反法律、行政法规的强制性规定,应确认合法有效。

关于争议焦点 2:即使 A 公司以低价转让土地使用权,并不必然导致合同无效。如 D 公司认为低价转让行为侵犯其权益,应主张行使撤销权。本案审理过程中,考虑到对转让合同效力的认定与 D 公司主张不一致,故告知 D 公司可变更诉讼请求为要求撤销 A 公司的转让行为,但 D 公司拒不变更,坚持原诉讼请求。而撤销土地使用权证是由土地管理部门行使的职权,D 公司要求撤销 C 公司的土地使用权证,不属于人民法院民事诉讼管辖范围。

【二审争议焦点】

1. D 公司是否享有确认《土地使用权转让协议》无效的诉权?

2.《土地使用权转让协议》的效力。

【二审裁判观点】

关于争议焦点 1:D 公司虽不是本案涉及的《土地使用权转让协议》的当事人,但其是以 A 公司为逃避债务清偿,在土地被法院查封期间,与 C 公司签订《土地使用权转让协议》,以畸低价非法转让土地使用权,使其债权无法实现为由,提起合同无效的确认之诉。从其诉讼主张来看,D 公司认为本案涉及的《土地使用权转让协议》绝对无效,且该绝对无效的合同订立影响了其债权的实现,因此可认为其与本案有直接的利害关系,应认定D公司享有确认本案合同无效的诉权。

关于争议焦点2:根据《民事诉讼法》第102条规定,诉讼参与人或者其他人有六种行为之一的,人民法院可根据情节轻重予以罚款、拘留;构成犯罪的,依法追究刑事责任。其中第三种行为是隐藏、转移、变卖、毁损已被查封、扣押的财产,或者已被清点并责令其保管的财产,转移已被冻结的财产的;第六种行为是拒不履行人民法院已经发生法律效力的判决、裁定的。根据《城市房地产管理法》第37条规定,有七种房地产不得转让。其中第二种为司法机关和行政机关依法裁定、决定查封或者以其他形式限制房地产权利的。根据上述强制性规范,查封期间的土地属禁止流通物。在案涉土地被法院查封期间,A公司与C公司签订《土地使用权转让协议》,违反了上述强制性规定,故应认定转让协议无效。此种无效属绝对无效,不因"查封"这一无效原因的消灭、嗣后成为有效。A公司明知案涉土地被查封,明知自身对B公司、D公司等单位负有债务,明知自身除案涉土地外已无其他价值较大的财产,却仍与C公司签订土地使用权转让协议,逃避债务、损害D公司等债权人利益的主观恶意明显。但D公司认为C公司亦存在主观恶意,A公司与C公司恶意串通,依据不足,不予采信。

综上,本院认为,D公司与本案的诉存在正当的利益关系,故其享有确认案涉《土地使用权转让协议》无效的诉权。该协议的订立,违反了有关法律的强制性规定,应属无效。另外,在土地被查封期间,A公司作为案涉土地的使用权人,其处分权并不因此受影响,不存在在查封期间无处分权,在解封后恢复处分权的问题,而只是因为该土地属于禁止流转物,转让因合同标的违法而无效。一审适用《合同法》第51条的规定,并认定协议有效,不当。至于D公司提出的撤销土地使用权证的诉请,不属人民法院受理民事诉讼案件的范围,应予驳回起诉。

【第一次再审争议焦点】

二审法院认定《土地使用权转让协议》无效的理由能否成立?

【第一次再审裁判观点】

虽然D公司在诉讼中提出，A公司在查封期间，与C公司恶意串通，故意以极低价格转让被查封土地，既符合《合同法》第52条第2项"恶意串通，损害国家、集体或者第三人利益"的规定，又符合该条第5项"违反法律、行政法规的强制性规定"的规定而应认定无效，但二审判决认为D公司主张C公司存在主观恶意，与A公司恶意串通的依据不足，未予采信。二审判决认定合同无效的理由是：查封期间的土地属禁止流通物。在案涉土地被法院查封期间，A公司与C公司签订土地使用权转让协议，违反了有关法律的强制性规定。由于D公司在再审庭审中明确，将二审判决认定合同无效的理由作为其主张合同无效的理由，而不再将其主张的A公司与C公司恶意串通，低价转让财产损害其利益作为理由，因此再审中，各方对于合同效力问题，争议的焦点集中在二审判决的上述理由是否能够成立上。

本院认为，查封、抵押等行为只是对标的物的流转在一定期间内进行一定的限制，即在查封、抵押等期间的转让行为受到一定条件的约束，不能自由流转，而非标的物本身的法律性质决定其绝对不能转让。根据有关法学词典及法律规定中对禁止流通物及限制流通物所作的解释，禁止流通物是指依照法律规定不允许在任何民事主体之间流通的物。包括：(1)国家专有物；(2)虽非国家所有但禁止转让的物；(3)为了维护社会秩序和公共安全而禁止流通的物；(4)为了防止危害人们身心健康需要禁止流通的物。限制流通物是指法律对流通范围和程度有一定限制的物。根据国家有关法律及规定，主要有以下几类：(1)走私物品，特许减免税物品；(2)民用爆炸物；(3)特殊药品；(4)国家指定单位统一经营的物品；(5)违禁品。查封财产显然均不在上述所列的禁止流通物和限制流通物的范围之内。因此，查封财产不能认定为禁止流通物或限制流通物，而只是在一定期间内限制流通的物。一旦限制其转让的行为解除，这些标的物仍然能够流通转让。

另外，《最高人民法院关于人民法院执行工作若干问题的规定(试行)》第48条规定："被执行人申请对人民法院查封的财产自行变卖的，人民法院可以准许，但应当监督其按照合理价格在指定的期限内进行，并控制变卖的价款。"上述规定说明，被查封财产并非绝对禁止流通，在法院的准许和控制下可以转让。事实上,通过C公司支付的部分土地使用权转让款作为执行款直接被一审法院执行给了A公司的另一债权人B公司(同时也是查封申请人)之事实可知,查封法院认可本案所涉土地使用权的转让,故二审判决将查封土地认定为禁止流通物不当。同时,“土地使用权转让”应理解为是由双方协商、签订转让合同、办理转让变更登记手续等一系列行为组成的完整过程,签订合同行为仅仅是转让行为的一个环节,合同的签订并不代表转让行为的完成,因此,不能以签订合同的时间作为转让行为实际发生和完成的时间。虽然本案所涉《土地使用权转让协议》是在土地被查封期间签订,土地管理部门也在查封期间将土地使用权确权给了C公司,但是这一确权行为嗣后已被土地管理部门所撤销,再次转让登记行为发生在土地使用权解封以后。因此,本案所涉土地使用权转让并非如二审判决所认定的是发生在土地使用权被查封期间。虽然在土地使用权解封以后,A公司与C公司未重新签订土地使用权转让协议,但是A公司的法定代表人在本案一审法院找其谈话时,仍明确表达了土地使用权转让系该公司与C公司的自愿买卖行为,在土地解封后仍愿意将该土地使用权以原价格转让给C公司,并将转让款付给B公司的意思表示。C公司在土地使用权已解封并以A公司对转让合同仍表示继续履行为据向E局办理了土地使用权转让登记手续,是双方合意的体现,也是双方对土地使用权转让的再次确认。E局依申请办理了变更登记手续,是行政机关对查封土地解封后可以依法转让的确认。

至于D公司在诉讼中提出的转让价格过低的问题,本院认为,土地使用权转让是一种市场交易行为,转让的价格是否合理完全由交易双方根据当时的市场情况来作出判断。根据A公司法定代表人在一审法院所作调查笔录中的陈述,该公司曾就该土地使用权转让事宜与多个买家进行过协商,但均因对方不能一次性付款而未果,之所以能与C公司达成协议,是因为C公司可以一次性付款。A公司法定代表人一再表示,与C公司的交易行为完全是A公司自愿的,而且价格也是合理的。因土地使用权转让是A公司与C公司的真实意思表示,且不存在双方恶意串通损害第三人利益以及违反法律法规的禁止性规定的情况,故依法应当认定有效。二审判决认定查封期间的财产属禁止流通物,适用法律不当,认定A公司在查封期间转让查封财产,违反了法律的禁止性规定,也与事实不符。

【第二次再审争议焦点】

1. 法院查封财产的转让效力。

2. A公司和C公司是否存在恶意串通损害国家、集体或者第三人利益的情形?

【第二次再审裁判观点】

关于争议焦点1:《城市房地产管理法》第37条规定,司法机关和行政机关依法裁定、决定查封或者以其他形式限制房地产权利的,不得转让。《最高人民法院关于人民法院执行工作若干问题的规定(试行)》第48条规定:被执行人申请对人民法院查封的财产自行变卖的,人民法院可以准许,但应当监督其按照合理价格在指定的期限内进行,并控制变卖的价款。据此,案涉土地被F法院查封期间,A公司与C公司未经F法院准许擅自于2001年5月9日签订土地使用权转让协议,违反了法律的强制性规定,应认定无效。2001年12月13日B公司诉A公司拖欠工程款纠纷一案的执行人员提审王某福的笔录内容反映,当时未向王某福说明案涉土地已裁定解封、B公司已拿到200万元等具体执行情况,而且王某福对执行人员所作的陈述,也不能视为原转让双方就土地使用权转让已重新达成了合意。《国家土地管理局关于变更土地登记的若干规定》第3条第3项规定,因国有土地使用权转让或因地上建筑物、附着物所有权转让引起国有土地使用权转让的,土地使用权转让人和受让人在土地使用权转让合同签订后15日内,持土地使用权转让合同共同到土地管理部门申请土地权属变更登记。据此,E局在2001年11月25日收到案涉土地的解封裁定后,即于次月17日再次将案涉土地确权给C公司,程序上显然不符合上述规定。因此,原再审以王某福在提审笔录中的意思表示为据,认定这是A公司在解封后对土地使用权转让的再次确认,认为E局办理的变更登记手续是行政机关对查封土地在解封后依法可以转让的确认,均缺乏事实和法律依据。

关于争议焦点2:由于案涉土地使用权转让协议因违反法律的强制性规定而当属无效,故恶意串通损害国家、集体或者第三人利益这一合同无效的法定事由是否成立,并不影响转让协议的效力认定。一审期间,F法院委托某资产评估有限公司对案涉土地的价值进行评估,确定为1762万元。虽然C公司对评估结论有异议,但并未申请重新鉴定,因此原一、二审对该评估结论予以确认,并无不当。本案审理中,A公司亦自认因案涉土地所负的工程款债务有1000多万元,却与C公司约定以418万元的价格转让案涉土地使用权,显属不合理的低价。A公司明知案涉土地被查封,并欠有D公司、B公司等案外债权人1000多万元的工程款,除案涉土地外无其他价值较大的财产,却仍与C公司签订土地使用权转让协议并以不合理的低价转让,其逃避债务、损害D公司等债权人利益的主观恶意明显。

【第三次再审争议焦点】

《土地使用权转让协议》是否因违反法律、行政法规的强制性规定而属无效?

【第三次再审裁判焦点】

A公司与C公司签订《土地使用权转让协议》时,虽然正值案涉土地使用权处于被法院查封期间,但是法院的查封行为,并不意味着该土地使用权属于法律意义上的绝对不能转让,只是合同标的物因受到限制而依法不能在查封期间产生物权变动的法律效果。也就是说,案涉土地使用权是否被查封,不影响双方签订《土地使用权转让协议》行为的合法成立,更不能据此作为认定《土地使用权转让协议》无效的评判依据。本案二审法院第一次再审时关于"查封、抵押等行为只是对标的物的流转在一定期间内进行一定的限制,即在查封、抵押等期间的转让行为受到一定条件的约束,不能自由流转,而非标的物本身的法律性质决定其绝对不能转让"的表述,是正确的。相反,其第二次再审时,认为1994年《房地产管理法》第37条以及《执行规定》第48条等系法律强制性规定,《土地使用权转让协议》违反上述法律规定,符合《合同法》第52条第5项关于合同无效的规定情形继而认定合同无效,属于适用法律错误,应予纠正。

A 公司将从政府手中取得的土地使用权通过与他人签订合同方式转让,是平等民事主体之间的行为。A 公司的法定代表人王某福以及总经理王某萍,均在不同时期、不同场合下就本案合同效力等重要问题上做出前后相互矛盾的意思表示。关于合同效力问题,王某福时而称有效,时而又主张因违反法律强制性规定而无效。王某萍在取得 A 公司授权后,先是积极筹划、运作案涉土地使用权转让事宜,后又出具材料证明案涉土地使用权转让没有得到王某福的同意以及被逼骗取王某福的授权。二审法院鉴于王某萍与 A 公司之间存在利害关系,对 A 公司提供的王某萍的证明材料未予采信,并无不当。综观全案,A 公司对于《土地使用权转让》的效力等问题出尔反尔、在办理转让事宜过程中向相关人员行贿,原审法院对其主观恶意的认定,是正确的。A 公司系《土地使用权转让协议》的一方当事人,协议签订后,并未向人民法院提起诉讼,现在 D 公司以其作为被告要求确认合同无效的本案诉讼中,A 公司主张合同无效,对其在本案中的答辩意见及理由,不予采信。

A 公司与 C 公司签订的《土地使用权转让协议》合法有效,双方均应依约履行。虽然因合同标的物处于被法院查封状态而暂时无法办理土地权属的变更登记手续,但是一旦该限制情形消失,C 公司要求对方继续履行合同的主张就应当得到支持而无须双方重新协商并达成新的协议。2001 年 11 月 19 日,F 法院根据 B 公司的申请裁定解除了对案涉土地使用权的查封,E 局于 2001 年 12 月 17 日将案涉土地使用权确认给 C 公司,C 公司于 2002 年 4 月 26 日取得了土地使用权证书。可见,C 公司最终取得案涉土地使用权时,限制办理土地使用权权属变更登记的情形已经不复存在。虽然围绕案涉土地使用权的归属问题,E 局曾经先后几次作出处理,不过从作出各次行政行为的时间上看,其发现案涉土地被法院查封故撤销原来将土地确权给 C 公司的决定,以及得知法院解封后再次确认给 C 公司并为其办理转让变更登记的行为和做法,并无不当。

【评析】

本案争议的核心法律问题是“土地使用权被法院查封期间,当事人签订的土地使用权转让合同是否有效?"案件经过五次审理,四次改判,足以得见不同法院、不同法官对此问题的认知分歧较大。而法院"查封",是在民事执行(含财产保全)过程中经常运用的一种临时性强制措施,适用目的是敦促债务人在指定期限内全面、及时地履行义务,逾期仍不履行的,人民法院即可依法拍卖、变卖查封物以清偿债权人所享有的合法债权。因此,法院"查封"的本质是为保障将来胜诉的债权得到顺利执行而对债务人的特定财产采取的司法措施,实质可视为通过法院的司法强制力,为胜诉债权提供了具有法律效力的物的担保。故,"查封"(含扣押、冻结)既不意味着司法机关直接变更了查封财产的所有权人,也不意味着人民法院概括性地否认了查封物的可流通性。这正如最高人民法院在本案第三次再审判决书中所言,"A 公司与 C 公司签订《土地使用权转让协议》时,虽然正值案涉土地使用权处于被法院查封期间,但是法院的查封行为,并不意味着该土地使用权属于法律意义上的绝对不能转让,只是合同标的物因受到限制而依法不能在查封期间产生物权表动的法律效果"。因此,嗣后一旦法院的查封措施被解除,则物权变动的障碍亦随之消除,A 公司应继续履行转让合同而无须与 C 公司重新签订债权协议。

同时,最高人民法院在本案中还明确指出,"案涉土地使用权是否被查封,不影响双方签订的土地使用权转让合同的合法成立,更不能据此作为认定合同无效的评判依据"。此观点亦与(2013)民申字第 874 号民事裁定书的裁判意见完全一致。该案中,最高人民法院认为:土地使用权转让是指土地使用者将土地使用权再转移的行为,包括出售、交换和赠予。甲印染公司是依法取得涉案土地使用权的土地使用者,在使用年限内,其可以依法转让涉案土地。据一、二审法院查明的事实,甲印染公司与乙房地产公司签订《土地使用权转让协议》时,涉案土地已由法院依法查封,在查封或者以其他形式限制房地产权利的情形解除前,《土地使用权转让协议》不能发生物权变动的效力,也不能对抗债权人,但由于《土地使用权转让协议》是甲印染公司、乙房地产公司及丙置业公司的真实意思表示,且签订转让协议时三方对查封事实均实际知晓并接受,因而《土地使用权转让协议》对甲印染公司、乙房地产公司及丙置业公司具有法律约束力。

此外，关于法院查封行为的衍生影响，最高人民法院还明确了“土地被查封不构成土地使用权转让合同的法定解除条件”的裁判规则。例如，在〔2016〕最高法民申1924号民事裁定书中，最高人民法院认为：金霞公司称本案土地因金霞公司与江湾公司的借款担保合同纠纷案、金霞公司与深圳祺芳实业有限公司的借款合同纠纷案，被本案一审法院查封至2019年5月26日，致使本案《土地使用权转让协议》在客观上无法继续履行。但是根据原审判决的认定，金霞公司与长沙市交通局之间的《土地使用权转让协议》合法有效，长沙市交通局已经实际占有和使用了本案土地，土地使用权没有变更登记至长沙市交通局并非长沙市交通局的过错，而是金霞公司未履行《土地使用权转让协议》约定的义务所致，因此长沙市交通局依据该协议请求取得本案土地使用权应当予以保护。金霞公司因与他人之间的金钱给付之债导致本案土地被法院查封，可能对本案原审判决的执行产生影响，但并不构成《合同法》第94条规定的合同解除要件，金霞公司以此主张解除本案《土地使用权转让协议》不能予以支持。[①]

【重点规范链接】

《民法典》(2020年5月28日)

第一百四十三条 具备下列条件的民事法律行为有效：

(一)行为人具有相应的民事行为能力；

(二)意思表示真实；

(三)不违反法律、行政法规的强制性规定，不违背公序良俗。

第一百五十三条 违反法律、行政法规的强制性规定的民事法律行为无效。但是，该强制性规定不导致该民事法律行为无效的除外。

违背公序良俗的民事法律行为无效。

第一百五十四条 行为人与相对人恶意串通，损害他人合法权益的民事法律行为无效。

第一百五十五条 无效的或者被撤销的民事法律行为自始没有法律约

---

① 人民法院出版社编：《最高人民法院司法观点集成》(民事卷④·第3版)，人民法院出版社2017年版，第2175页。

束力。

第五百三十九条 债务人以明显不合理的低价转让财产、以明显不合理的高价受让他人财产或者为他人的债务提供担保,影响债权人的债权实现,债务人的相对人知道或者应当知道该情形的,债权人可以请求人民法院撤销债务人的行为。

第五百九十七条 因出卖人未取得处分权致使标的物所有权不能转移的,买受人可以解除合同并请求出卖人承担违约责任。

法律、行政法规禁止或者限制转让的标的物,依照其规定。

《民事诉讼法》(2021年12月24日)

第一百一十四条 诉讼参与人或者其他人有下列行为之一的,人民法院可以根据情节轻重予以罚款、拘留;构成犯罪的,依法追究刑事责任:

(一)伪造、毁灭重要证据,妨碍人民法院审理案件的;

(二)以暴力、威胁、贿买方法阻止证人作证或者指使、贿买、胁迫他人作伪证的;

(三)隐藏、转移、变卖、毁损已被查封、扣押的财产,或者已被清点并责令其保管的财产,转移已被冻结的财产的;

(四)对司法工作人员、诉讼参加人、证人、翻译人员、鉴定人、勘验人、协助执行的人,进行侮辱、诽谤、诬陷、殴打或者打击报复的;

(五)以暴力、威胁或者其他方法阻碍司法工作人员执行职务的;

(六)拒不履行人民法院已经发生法律效力的判决、裁定的。

人民法院对有前款规定的行为之一的单位,可以对其主要负责人或者直接责任人员予以罚款、拘留;构成犯罪的,依法追究刑事责任。

第一百二十二条 起诉必须符合下列条件:

(一)原告是与本案有直接利害关系的公民、法人和其他组织;

(二)有明确的被告;

(三)有具体的诉讼请求和事实、理由;

(四)属于人民法院受理民事诉讼的范围和受诉人民法院管辖。

《城市房地产管理法》(2019年8月26日)

第三十八条 下列房地产,不得转让:

(一)以出让方式取得土地使用权的,不符合本法第三十九条规定的条件的;

(二)司法机关和行政机关依法裁定、决定查封或者以其他形式限制房地产权利的;

(三)依法收回土地使用权的;

(四)共有房地产,未经其他共有人书面同意的;

(五)权属有争议的;

(六)未依法登记领取权属证书的;

(七)法律、行政法规规定禁止转让的其他情形。

《最高人民法院关于人民法院执行工作若干问题的规定(试行)》(2020年12月29日)

33. 被执行人申请对人民法院查封的财产自行变卖的,人民法院可以准许,但应当监督其按照合理价格在指定的期限内进行,并控制变卖的价款。

20. 涉及划拨土地使用权的转让合同，可以作为补偿性质的合同予以处理

【裁判要旨】

从案涉地块的转让过程可以看出，在国土资源部、监察部联合下发“国土资发〔2004〕71号令”后，市政府按照国土资源部和监察部要求，对案涉地块采取了先由市土地储备交易中心从A公司收回的方式，再由市国土局通过招拍挂方式与B公司签订出让合同，向B公司出让案涉地块使用权。该事实也表明市政府实际同意A公司将案涉地块使用权转让给B公司。而市国土局与B公司签订的《国有建设用地使用权出让合同》，是对出让包括17号划拨用地在内的土地使用权补办的出让手续。根据《最高人民法院关于审理涉及国有土地使用权合同纠纷案件适用法律问题的解释》中关于“土地使用权人与受让方订立合同转让划拨土地使用权，起诉前经有批准权的人民政府同意转让，并由受让方办理土地使用权出让手续的，土地使用权人与受让方订立的合同可以按照补偿性质的合同处理”的规定，《土地有偿转让协议书》的性质已转化合法有效的补偿合同。

【基本案情】

1998年8月，市政府向A公司颁发17号国有土地使用证，载明该土地用途为“工业用地”，使用权类型为“划拨”，使用权面积为37.58亩。

2001年8月24日，甲方市政府和乙方B公司签订《开发建设协议书》，主要约定：经甲方确定，将某水泥厂地区用地规划范围内的开发建设权交给乙方，总规划面积约1500亩，应交付给乙方的土地面积约917亩。乙方出资5亿元人民币，获得前述1500亩土地的开发建设权和917亩土地的使用权。

甲方责成市国土局在2001年12月底前，以出让形式将前述917亩土地证办至乙方名下。除前述917亩土地外，该地区规划范围内其余约260亩土地的开发，甲方同意按净用地50万元/亩的价格，责成市建委拆平后交给乙方，乙方按拆迁进度及时付款。前述260亩土地中的企业及居民用地（含17号土地），市国土局根据乙方搬迁进度及时以出让形式将土地证办至乙方名下。

2001年11月23日，甲方市建委与乙方A公司签订《拆迁安置协议》，主要约定：根据市政府与B公司签订的《开发建设协议书》和市政府对某水泥厂地区的总体规划，17号土地被列入规划建设范围内。乙方服从市政府规划，积极配合该地区的开发建设，甲方充分考虑乙方的实际困难给予一定支持。乙方负责17号土地的居民安置和企业外迁，负责于2002年3月底前将17号土地建筑物全部拆平并清运完毕，甲方按30万元/亩的价格给予拆迁补偿，共计1127.4万元。

2002年1月30日，省计委向市计委下发《关于某国际新城可行性研究报告的批复》，表示同意B公司在某水泥厂原址及周边地区开发建设某国际新城。

2003年8月8日，甲方B公司与乙方A公司签订《土地使用权有偿转让协议书》，载明："根据省委、市委的总体要求，由市建委协调，乙方同意将17号土地的使用权以50万元/亩的价格转让给甲方。甲方应于本协议签订之日起3日内将全部转让款1879万元一次性拨付给乙方，乙方应积极配合甲方办理土地过户手续，负责于10日内拆除清理完17号土地上的所有建筑物，于本协议签订之日起15日内将土地证原件交付甲方，并保证该宗土地未办理过户手续前不存在法律纠纷。"

2003年8月8日和2007年10月23日，B公司先后向A公司支付1729万元和150万元，合计1879万元。A公司则出具两份收据，分别注明"补偿金1729万元""拆迁补偿费150万元"。

2004年3月31日，国土资源部、监察部发布《关于继续开展经营性土地使用权招标拍卖挂牌出让情况执法监察工作的通知》（国土资发〔2004〕71号），载明："要加快工作进度，在2004年8月31日前将历史遗留问题界定并处理完毕。8月31日后，不得再以历史遗留问题为由采用协议方式出让经营性土地使用权。”

2004 年 7 月 13 日,市国土局与 B 公司签订《国有土地使用权出让合同》,主要约定:市国土局将 973.77 亩土地使用权(含 17 号土地)出让给 B 公司,出让年期为“住宅用地 70 年”“配套公建用地 50 年”,自出让方向受让方实际交付土地之日起计算,原划拨土地使用权补办出让手续的,出让年期自本合同签订之日起算。

2006 年 2 月 25 日,B 公司以补办出让手续为由,从 A 公司处领走 17 号地块的土地证。

2007 年 6 月 1 日,市国土局与 B 公司又签订《国有土地使用权出让合同变更协议》,将出让宗地总面积调整为 1002.2676 亩。

2007 年 12 月 5 日,市政府下发《关于同意收回(购)A 公司国有土地使用权的批复》,表示同意收回 17 号土地使用权,交由市土地储备交易中心储备。其后,甲方市土地储备交易中心与乙方 A 公司订立《国有土地使用权收回(购)合同》,载明:经双方协商同意,甲方采用货币补偿方式收购乙方 17 号土地使用权,补偿总额为 1879 万元。乙方注销《国有土地使用证》和《房屋产权证》,将该宗土地使用权和地上建(构)筑物移交给甲方的 20 个工作日内,甲方(含第三方代甲方)向乙方支付土地补偿费。

2011 年 5 月 23 日,市国土局挂牌出让含 17 号地块的 147.63 亩宗地,B 公司一人参与竞价,竞得土地后与市国土局签订《国有建设用地使用权出让合同》。该合同载明:“本合同项下出让宗地用途为‘其他普通商品住房用地’,出让价格为 59,052.6 万元。”按约缴纳土地使用权出让金后,B 公司以 A 公司转让划拨用地使用权未经政府批准,违反法律、法规禁止性规定为由,要求 A 公司退还其依据《土地有偿转让协议书》支付的 1879 万元土地使用权转让款,A 公司不予同意。

故此,B 公司诉至法院提出 4 项诉讼请求:(1)确认《土地有偿转让协议书》无效;(2)判令 A 公司向 B 公司返还转让款 1879 万元;(3)判令 A 公司赔偿 B 公司利息损失 225.366745 万元(自 2011 年 7 月 20 日计算至 2013 年 6 月 18 日,剩余期间利息按中国人民银行同期贷款利率计算至判决生效之日);(4)由 A 公司承担本案的诉讼费。

A公司辩称:2001年8月24日,市政府与B公司签订《开发建设协议书》时,就已明确指示市国土局要及时以出让形式将17号土地证办至B公司名下,即已批准了该划拨土地使用权的转让。市建委亦根据市政府的意见,与A公司达成了《拆迁补偿协议》。其后,市国土局收储并挂牌出让17号土地,均是对《土地有偿转让协议书》的批准和追认,且市土地储备交易中心也未按照《国有土地使用权收回(购)合同》的约定向A公司支付土地补偿费。而A公司签订《土地有偿转让协议书》后,履行了拆除地上所有建筑物和将土地使用权交回给政府的义务。B公司在参与所谓的"招拍挂"程序前,也早已在案涉土地上建设了房产并销售完毕。B公司不仅实际占用、使用了17号土地,还拿走了A公司的土地证,现又按法定程序取得了土地使用权,《土地有偿转让协议书》无论如何都已履行完毕。而即便《土地有偿转让协议书》无效,则依照合同无效的处理原则,B公司也应将案涉土地的使用权以及拆除地上物、安置原土地上的企业及人员费用返还给A公司,并支付土地使用费。

2014年10月23日,市国土局向一审法院出具复函,载明:"2003年8月8日A公司与B公司签订《土地有偿转让协议书》,系双方之间的民事行为。该协议约定转让的土地为划拨土地,未取得我局批准。该协议是否有效,应由法院依据有关法律、法规判定。2008年,我局根据法律及政策规定将17号土地进行收储,并于2011年公开挂牌出让。B公司通过此次挂牌取得土地使用权并缴纳土地出让金,与《土地有偿转让协议书》没有关联。因A公司与B公司发生纠纷,我局依据贵院发出的协助保全通知,暂缓向A公司支付1879万元。而该1879万元,系因我局收储土地而应给予A公司的补偿,与《土地有偿转让协议书》亦无关。"

2015年7月10日,市政府向B公司核发包含17号土地在内的147.63亩出让土地的国有土地使用权证,载明:"使用权终止日期为2074年7月12日。"

【一审争议焦点】

1.《土地有偿转让协议书》转让案涉土地使用权是否经过有批准权的人

民政府同意?

2. 应否支持B公司要求A公司向其返还1789万元土地使用权转让款的诉讼请求?

3. 应否支持B公司提出的赔偿利息损失的诉讼请求?

【一审裁判观点】

关于争议焦点1:《城市房地产管理法》第40条第1款规定:以划拨方式取得土地使用权的,转让房地产时,应当按照国务院规定,报有批准权的人民政府审批。有批准权的人民政府准予转让的,应当由受让方办理土地使用权出让手续,并依照国家有关规定缴纳土地使用权出让金。本案中,案涉地块系国有划拨土地,土地使用权人与受让方订立合同转让国有划拨土地使用权时应当经过有批准权的人民政府批准。而从本案证据来看,均不能明确说明有批准权的市政府同意A公司将案涉地块的使用权转让给B公司,市国土局在复函中亦说明A公司与B公司通过《土地有偿转让协议书》转让划拨土地未取得其批准。并且,《土地有偿转让协议书》订立后,案涉土地使用权也未直接办理到B公司名下,而是由市土地储备交易中心向A公司收储,再由市国土局通过挂牌程序出让给B公司。《最高人民法院关于审理涉及国有土地使用权合同纠纷案件适用法律问题的解释》(2005)第11条规定:"土地使用权人未经有批准权的人民政府批准,与受让方订立合同转让划拨土地使用权的,应当认定合同无效。但起诉前经有批准权的人民政府批准办理土地使用权出让手续的,应当认定合同有效。"鉴于案涉划拨土地使用权转让未经过有批准权的人民政府批准,《土地有偿转让协议书》应属无效。

关于争议焦点2:《合同法》第58条规定:合同无效或者被撤销后,因该合同取得的财产,应当予以返还;不能返还或者没有必要返还的,应当折价补偿。有过错的一方应当赔偿对方因此所受到的损失,双方都有过错的,应当各自承担相应的责任。鉴于《土地有偿转让协议书》无效,A公司应当向B公司返还该协议书约定的转让款1879万元。

关于争议焦点3:A公司在依据无效合同占有转让款1879万元期间,给

B 公司造成了利息损失。B 公司主张以 1879 万元为基数,自 2011 年 7 月 20 日起至判决生效之日止,按照中国人民银行同期贷款利率计算利息损失,并无不当。但是,对于土地使用权人与受让方订立合同转让国有划拨土地使用权应当经有批准权的人民政府批准,A 公司、B 公司均系明知,从而对由此造成的合同无效后果均负有责任。因此,根据《合同法》第 58 条的规定,对于 B 公司的利息损失,A 公司与 B 公司各应承担 50%。

【二审争议焦点】

1.《土地有偿转让协议书》的效力。

2. 一审法院未判决 B 公司返还土地使用权,适用法律是否正确?

【二审裁判观点】

关于争议焦点 1:根据案涉国有土地使用权证的记载,案涉建设用地使用权在法律性质上属于行政划拨的工业用地。依照《城市房地产管理法》、《土地管理法》、《城镇国有土地使用权出让和转让暂行条例》第 45 条以及《最高人民法院关于审理涉及国有土地使用权合同纠纷案件适用法律问题的解释》(2005)第 11 条的规定,我国实行严格的土地用途管制制度,土地使用者取得的行政划拨建设用地使用权只能在符合国家规定的用途下使用。土地使用者取得划拨建设用地使用权后,依法享有占有、使用、收益的权利,但不得随意处分。也就是说,如果土地使用者将划拨建设用地使用权转让给他人,必须经有批准权的人民政府审批同意,并办理建设用地使用权出让手续,缴纳土地出让金。尽管我国自 20 世纪 80 年代末推行国有土地有偿使用制度以来,国有土地供应和使用政策随形势的变化多次发生调整,但是,划拨国有土地使用权转让需要经过有批准权的人民政府前置审批这一原则却始终一以贯之。据此规定,划拨建设用地使用权在我国现行法下属于限制流通物,土地使用者取得的划拨建设用地使用权在未经有批准权的人民政府审批同意的情形下不得自由处分或者入市转让,否则即违反了法律、行政法规的效力性强制性规定,所签订的转让合同效力应做出否定性评价。

最高人民法院基于维护交易安全和秩序的考量,根据合同效力补正规则,允许土地使用权人在向法院起诉前补办前置审批手续,以维护合同的有效性。A公司主张其转让涉案建设用地使用权业已取得当地有批准权的人民政府相关行政主管部门审批同意。根据原国家土地管理局《划拨土地使用权管理暂行办法》第5条的规定,有批准权的人民政府是指市、县人民政府的土地管理部门,但从A公司提供的省、市有关行政主管部门,特别是土地管理部门出具的公文文书的内容来看,均属于对涉案土地上进行房地产项目开发的建设用地及规划审批手续,而没有提供相关省市有关行政主管部门同意其转让划拨建设用地使用权的直接审批手续。而一审法院曾就涉案建设用地使用权转让的审批问题向某市国土资源行政主管部门发函,该部门向一审法院出具正式复函,明确证明A公司转让涉案划拨建设用地使用权时未办理相应的行政审批手续,因此A公司关于转让涉案建设用地使用权业已通过有批准权的人民政府审批同意的主张没有直接充分的证据予以证明。二审庭审中,A公司主张2001年其与市建委签订的涉案土地拆迁安置协议实际上包含了当地人民政府有关行政主管部门审批。对此,本院认为,一是该协议未涉及向B公司转让涉案土地使用权的内容,而且协议订立时间与本案双方订立转让合同的时间不吻合;二是有批准权的人民政府的行政审批行为应当明确具体,而从该协议内容无法得出政府同意其转让的明确意思,因此,该证据无法证实政府有关部门实施了同意A公司转让案涉划拨建设用地使用权的审批行为。综上,本案A公司转让案涉划拨建设用地使用权,至一审起诉前尚未取得有批准权的人民政府同意,故一审判决认定案涉建设用地使用权转让合同无效于法有据。

关于争议焦点2:依照《合同法》第58条合同无效的处理原则,合同当事人基于无效合同取得的财产应当相互返还。但是,本案的特殊情况是案涉建设用地使用权已经通过当地人民政府有关部门与A公司订立协议的方式收回,纳入土地储备后,又依法出让给了B公司。B公司通过出让方式依法取得案涉建设用地使用权,将案涉建设用地使用权返还给A公司已在客观上不可能,故本案不具有适用相互返还财产处理原则的法律基础。一审判决未判令B公司将案涉建设用地使用权返还给A公司,具有事实依据和法律依据。

【再审争议焦点】

1. A 公司与 B 公司签订的《土地有偿转让协议书》的性质与效力。

2. A 公司应否返还 B 公司款项并赔偿利息损失?

【再审裁判观点】

关于争议焦点 1:本院认为,案涉地块系划拨用地,A 公司与 B 公司签订《土地有偿转让协议书》转让的土地使用权性质上属于转让划拨用地使用权。《城市房地产管理法》第 40 条规定:“以划拨方式取得土地使用权的,转让房地产时,应当按照国务院规定,报有批准权的人民政府审批。”因此,案涉《土地有偿转让协议书》是否有效,取决于协议约定转让划拨用地使用权是否经过有批准权的人民政府批准。

根据本案查明的事实,2001 年 8 月 24 日,市政府和 A 公司签订《开发建设协议书》约定:经市政府确定,将市规划部门确定的某水泥厂地区用地规划范围内的开发建设权交给 B 公司,总规划面积约 1500 亩。2001 年 11 月 23 日,市建委与 A 公司签订《拆迁安置协议》,载明:“根据市政府与 B 公司签订的《开发建设协议书》和市政府对某水泥厂地区的总体规划,乙方 17 号土地被列入规划范围。乙方服从市政府规划,积极配合该地区的开发建设,甲方充分考虑乙方的实际困难给予一定支持。”由此可见,市政府对该区域的总体规划是 A 公司与 B 公司签订《土地有偿转让协议书》的依据和原因。正是基于案涉 17 号土地被市政府列入该地区规划范围,且市政府明确该地区规划范围内的开发建设由 B 公司实施,2003 年 8 月 8 日,A 公司才与 B 公司签订《土地有偿转让协议书》,约定 B 公司将案涉土地使用权以 1879 万元的价格转让给 B 公司。在 A 公司与 B 公司签订《土地有偿转让协议书》后,B 公司分别于 2003 年 8 月 8 日、2007 年 10 月 23 日向 A 公司支付 1729 万元、150 万元,共计 1879 万元。A 公司在收到合同约定款项后,为履行合同约定的协助办理土地证的义务,于 2006 年 2 月 25 日将 17 号土地的原土地使用权证交给了 B 公司。

另外,根据本案查明的事实,B 公司未能在签订履行《土地有偿转让协议书》后办理案涉地块国有土地使用证,主要是因 2004 年国土资源部、监察部联合下发的“国土资发〔2004〕71号令”,要求2004年8月31日后不得再以历史遗留问题为由采用协议方式出让经营性土地使用权,并非系A公司的原因所致。在市政府2007年12月5日下发《关于同意收回(购)A公司国有土地使用权的批复》后,A公司与市土地储备交易中心签订《国有土地使用权收回(购)合同》,实际交出了案涉地块。2011年5月23日,市国土局通过招拍挂方式和B公司签订《国有建设用地使用权出让合同》,约定市国土局向B公司出让包括案涉地块在内的147.63亩国有土地使用权,B公司于2015年7月10日取得包括案涉地块在内的国有土地使用证。从上述案涉地块的转让过程可以看出,在国土资源部、监察部联合下发的“国土资发〔2004〕71号令”之后,市政府按照国土资源部和监察部要求,对案涉地块采取了先由市土地储备交易中心从A公司收回的方式,再由市国土局通过招拍挂方式与B公司签订出让合同,向B公司出让案涉地块使用权。该事实也表明市政府实际同意A公司将案涉地块使用权转让给B公司。而市国土局与B公司于2011年5月23日签订的《国有建设用地使用权出让合同》,是对出让包括17号划拨用地在内的土地使用权补办的出让手续。根据《最高人民法院关于审理涉及国有土地使用权合同纠纷案件适用法律问题的解释》第12条关于“土地使用权人与受让方订立合同转让划拨土地使用权,起诉前经有批准权的人民政府同意转让,并由受让方办理土地使用权出让手续的,土地使用权人与受让方订立的合同可以按照补偿性质的合同处理”的规定,《土地有偿转让协议书》的性质已转化合法有效的补偿合同。在本案一审期间,市国土局向一审法院出具复函说明A公司与B公司之间转让划拨土地未经其批准,与本案事实不符,本院不予采信。一、二审判决认定《土地有偿转让协议书》未经有批准权人民政府同意转让,合同无效,认定事实和适用法律均存在错误,本院予以纠正。

关于争议焦点2:案涉《土地有偿转让协议书》合法有效。根据《土地有偿转让协议书》的约定,A公司履行了拆除清理地上建筑物、将土地证原件交付B公司等协助办理国有土地使用证的合同义务,B公司亦按约定向A公司支付了转让款1879万元。在A公司按照市政府要求交回某区某路17号地块,B公司从市国土局受让并取得包括某区某路17号地块在内的国有土地使用证之后，B 公司主张 A 公司返还 1879 万元转让款并赔偿经济损失，没有事实及法律依据。

【评析】

本案中，《土地有偿转让协议书》所涉的转让标的物系划拨土地使用权。而根据现行有关法律规范可知，所谓"划拨土地使用权"，是指土地使用者通过各种方式依法无偿取得的，且通常没有使用期限限制的土地使用权；所谓"土地使用权划拨"，是指县级以上人民政府依法批准，在土地使用者缴纳补偿、安置等费用后将该幅土地交付其使用，或者将土地使用权无偿交付给土地使用者使用的行为。对于土地使用者而言，其在无偿获得划拨土地使用权后仍应依法缴纳土地使用税，若因迁移、解散、撤销、破产或者其他原因停止使用该划拨土地的，市、县人民政府应无偿收回划拨土地使用权。此外，根据城市建设发展需要和城市规划的要求，市、县人民政府也可主动决定收回划拨土地使用权。但无论政府因何原因收回划拨土地使用权，均应根据实际情况，就该土地上的建筑物和其他附着物给予土地使用者以适当补偿。

作为政府的行政行为，"划拨"并非市场化的土地资源配置手段，故此受到法律与政策的严格限制，即只有国家机关用地、军事用地、城市基础设施用地、公益事业用地以及国家重点扶持的能源、交通、水利等基础设施用地和法律、行政法规规定的其他用地才能设立划拨土地使用权。同时，划拨土地使用权虽非禁止流通物，但作为转让标的仍需符合一定条件，如土地使用者应为领取了国有土地使用证的公司、企业、其他经济组织和个人；土地上的建筑物和其他附着物应具有合法的产权证明；划拨决定书未规定应收回该划拨土地使用权重新公开出让等。此外，现行法律、行政法规还明确规定了当事人转让、出租、抵押划拨土地使用权时，应"经有批准权的人民政府批准"。《城市房地产管理法》第 40 条即规定：以划拨方式取得土地使用权的，转让房地产时，应当按照国务院规定，报有批准权的人民政府审批。《城镇国有土地使用权出让和转让暂行条例》第 45 条亦规定：符合下列条件的，经市、县人民政府土地管理部门和房产管理部门批准，其划拨土地使用权和地上建筑物、其他附着物所有权可以转让、出租、抵押……

所谓“经有批准权的人民政府批准”,既需表现为当事人向有关行政机关履行了报批手续,亦需表现为有关行政机关作出了相应的“同意”批复。因此,司法实践中,当事人为证明划拨土地使用权转让“已经有批准权的人民政府批准”,通常需要提交其曾向有权政府提交的报批文件和有权政府作出的批复文件。而本案中,A公司并未就其向B公司转让划拨土地的事宜向市政府或市国土局提出过审批申请,市政府和国土局出具的各份文件内容也均未涉及是否允许A公司转让案涉划拨土地的问题,即本案并不存在一个形式意义上的“政府批准行为”。但是,考察《土地有偿转让协议书》的签订背景,并结合B公司取得案涉地块国有土地使用权证的具体过程,本案足以推定得出市政府对A公司转让案涉划拨土地持认可态度。更何况,其还为B公司核发了国有土地使用权证,完成了物权变动公示,故即便事先缺乏形式上的审批手续流程办理,也应视为案涉划拨土地使用权的转让已取得了市政府追认。据此,B公司以《土地有偿转让协议书》未经政府批准为由主张合同无效,不能成立。

当然,根据理论界与实务界现已普遍认同的“物债二分”原则,当事人订立合同转让划拨土地使用权未经有权政府批准的,仅只意味着该合同履行尚不具备物权变动条件,其作为债权合同的效力应不受影响。事实上,《最高人民法院关于审理涉及国有土地使用权合同纠纷案件适用法律问题的解释》于2020年修改时也已经删除了原解释第11条(土地使用权人未经有批准权的人民政府批准,与受让方订立合同转让划拨土地使用权的,应当认定合同无效。但起诉前经有批准权的人民政府批准办理土地使用权出让手续的,应当认定合同有效)的规定。同时,根据上述司法解释第10条、第11条(原解释第12条、第13条)的规定还可知,土地使用权人与受让方订立合同转让划拨土地使用权,起诉前经有批准权的人民政府同意转让的,意味着该合同具备了继续履行的现实条件。但此时,无论政府是否决定通过出让程序以改变该土地使用权的性质,受让方实质都不是通过转让合同直接取得该土地使用权。因此,该合同的性质并非严格意义上的“土地使用权转让合同”,但可按照补偿性质的合同处理。相应地,如果通过出让程序,“受让方最终没有取得出让土地使用权的,《合同》关于费用、价款支付等等额约定,可按照双方之间的债权债务关系处理”。[①]

【重点规范链接】

《民法典》(2020 年 5 月 28 日)

第一百五十七条 民事法律行为无效、被撤销或者确定不发生效力后,行为人因该行为取得的财产,应当予以返还;不能返还或者没有必要返还的,应当折价补偿。有过错的一方应当赔偿对方由此所受到的损失;各方都有过错的,应当各自承担相应的责任。法律另有规定的,依照其规定。

第三百四十七条 设立建设用地使用权,可以采取出让或者划拨等方式。

工业、商业、旅游、娱乐和商品住宅等经营性用地以及同一土地有两个以上意向用地者的,应当采取招标、拍卖等公开竞价的方式出让。

严格限制以划拨方式设立建设用地使用权。

《土地管理法》(2019 年 8 月 26 日)

第五十四条 建设单位使用国有土地,应当以出让等有偿使用方式取得;但是,下列建设用地,经县级以上人民政府依法批准,可以以划拨方式取得:

(一)国家机关用地和军事用地;

(二)城市基础设施用地和公益事业用地;

(三)国家重点扶持的能源、交通、水利等基础设施用地;

(四)法律、行政法规规定的其他用地。

第五十八条 有下列情形之一的,由有关人民政府自然资源主管部门报经原批准用地的人民政府或者有批准权的人民政府批准,可以收回国有土地使用权:

(一)为实施城市规划进行旧城区改建以及其他公共利益需要,确需使用土地的;

(二)土地出让等有偿使用合同约定的使用期限届满,土地使用者未申请续期或者申请续期未获批准的;

(三)因单位撤销、迁移等原因,停止使用原划拨的国有土地的;

---

① 人民法院出版社编:《最高人民法院司法观点集成》(民事卷④·第 3 版),人民法院出版社 2017 年版,第 2226~2227 页。

（四）公路、铁路、机场、矿场等经核准报废的。

依照前款第（一）项的规定收回国有土地使用权的，对土地使用权人应当给予适当补偿。

《城市房地产管理法》（2019年8月26日）

第二十三条 土地使用权划拨，是指县级以上人民政府依法批准，在土地使用者缴纳补偿、安置等费用后将该幅土地交付其使用，或者将土地使用权无偿交付给土地使用者使用的行为。

依照本法规定以划拨方式取得土地使用权的，除法律、行政法规另有规定外，没有使用期限的限制。

第二十四条 下列建设用地的土地使用权，确属必需的，可以由县级以上人民政府依法批准划拨：

（一）国家机关用地和军事用地；

（二）城市基础设施用地和公益事业用地；

（三）国家重点扶持的能源、交通、水利等项目用地；

（四）法律、行政法规规定的其他用地。

第四十条 以划拨方式取得土地使用权的，转让房地产时，应当按照国务院规定，报有批准权的人民政府审批。有批准权的人民政府准予转让的，应当由受让方办理土地使用权出让手续，并依照国家有关规定缴纳土地使用权出让金。

以划拨方式取得土地使用权的，转让房地产报批时，有批准权的人民政府按照国务院规定决定可以不办理土地使用权出让手续的，转让方应当按照国务院规定将转让房地产所获收益中的土地收益上缴国家或者作其他处理。

《城镇国有土地使用权出让和转让暂行条例》（2020年11月29日）

第四十三条 划拨土地使用权是指土地使用者通过各种方式依法无偿取得的土地使用权。

前款土地使用者应当依照《中华人民共和国城镇土地使用税暂行条例》的规定缴纳土地使用税。

第四十四条 划拨土地使用权，除本条例第四十五条规定的情况外，不得转让、出租、抵押。

第四十五条 符合下列条件的，经市、县人民政府土地管理部门和房产管理部门批准，其划拨土地使用权和地上建筑物、其他附着物所有权可以转让、出租、抵押：

（一）土地使用者为公司、企业、其他经济组织和个人；

（二）领有国有土地使用证；

（三）具有地上建筑物、其他附着物合法的产权证明；

（四）依照本条例第二章的规定签订土地使用权出让合同，向当地市、县人民政府补交土地使用权出让金或者以转让、出租、抵押所获收益抵交土地使用权出让金。

转让、出租、抵押前款划拨土地使用权的，分别依照本条例第三章、第四章和第五章的规定办理。

第四十六条 对未经批准擅自转让、出租、抵押划拨土地使用权的单位和个人，市、县人民政府土地管理部门应当没收其非法收入，并根据情节处以罚款。

第四十七条 无偿取得划拨土地使用权的土地使用者，因迁移、解散、撤销、破产或者其他原因而停止使用土地的，市、县人民政府应当无偿收回其划拨土地使用权，并可依照本条例的规定予以出让。

对划拨土地使用权，市、县人民政府根据城市建设发展需要和城市规划的要求，可以无偿收回，并可依照本条例的规定予以出让。

无偿收回划拨土地使用权时，对其地上建筑物、其他附着物，市、县人民政府应当根据实际情况给予适当补偿。

《最高人民法院关于审理涉及国有土地使用权合同纠纷案件适用法律问题的解释》（2020 年 12 月 29 日）

第十条 土地使用权人与受让方订立合同转让划拨土地使用权，起诉前经有批准权的人民政府同意转让，并由受让方办理土地使用权出让手续的，土地使用权人与受让方订立的合同可以按照补偿性质的合同处理。

第十一条 土地使用权人与受让方订立合同转让划拨土地使用权，起诉前经有批准权的人民政府决定不办理土地使用权出让手续，并将该划拨土地使用权直接划拨给受让方使用的，土地使用权人与受让方订立的合同可以按照补偿性质的合同处理。

21. 涉及划拨土地使用权的转让合同未改变土地用途的，不因未经有批准权的人民政府审批而无效

【裁判要旨】

有批准权的人民政府的审批事项仅为转让划拨土地行为的合法合规性，而非审批转让合同的效力。《最高人民法院关于审理涉及国有土地使用权合同纠纷案件适用法律问题的解释》(2005)第11条作为司法解释，亦应受《合同法》第52条合同无效情形规定的统领和约束。在无证据证明双方于缔约及履约过程中存在明显违法情形的情况下，如僵化适用前述司法解释认定合同无效，不仅违背国家政策有关土地资源利用的效率原则，也不符合负担行为和处分行为在效力上应分别评价的基本法理。

【基本案情】

2003年1月13日，A学院以2002年11月30日为基准日，自行对其旧校区的存量教育资产进行净值评估，《资产评估报告1》的评估结论为6033.71927万元(其中，12栋教工宿舍的评估净值为939.147625万元)。

2003年8月18日，省发改委作出批复，同意B公司创办独立学院。

2003年10月31日，A学院与B公司签订《协议书1》，主要约定：A学院将其旧校区的存量教育资产和4栋尚未取得产权证的新建教学楼、学生公寓转让给B公司，转让价款预估约为8533万元。其中，存量教育资产组成状况以《资产评估报告1》为准，新建教学楼、学生公寓的价值以审计报告为准。土地使用证、房产证的过户税费由A学院、B公司各自承担50%。

2003年12月11日，省发改委作出同意函，同意B公司利用A学院旧校

区的教育用地和建筑物建设独立学院。

2004 年 7 月 7 日，A 学院与 B 公司签订《协议书 2》，约定 A 学院应于 2004 年 7 月 31 日前移交土地和房产。

2004 年 10 月 18 日，A 学院向省教育厅提交《关于置换某校区资产的请示》，并将《协议书 1》和《资产评估报告 1》作为附件，称："我院拟将旧校区的存量教育资产置换给 B 公司，B 公司以该资产为基础开办某独立学院，协议价款为 6033 万元。"

2005 年 1 月 12 日，A 学院新建的 4 栋教学楼及学生公寓通过审计，《审计报告》载明该新建资产的工程造价为 2483.756986 万元。

2005 年 10 月 11 日，省教育厅作出《关于同意 A 学院资产置换的复函》，载明："同意你校将旧校区的存量教育资产转让给 B 公司，用于开办某独立学院，请依据有关法律法规和省市有关规定及时办理国有资产登记和过户手续。"

2008 年 12 月 30 日，A 学院与 B 公司签订《协议书 3》，主要约定：A 学院同意按照 B 公司的指定，将全部转让资产过户到独立学院名下。截至 2008 年 2 月 29 日，双方已完成实物交接。其中，交付土地面积 86 亩，按 30 万元/亩的价格进行结算。经核对，A 学院的转让资产价值为 7690 万元，B 公司已支付 6347 万元，尚欠 1343 万元。鉴于双方对《协议书 1》未及时履行完毕均有责任，B 公司本着谅解精神，同意支付违约金 677 万元，即合计还应向 A 学院支付 2020 万元。自本协议签订之日起 7 个工作日内，B 公司应支付其中的 1020 万元。A 学院在收到 B 公司支付的 1020 万元后的 10 个月内，应将转让土地及房屋产权变更登记至独立学院名下。如 A 学院逾期完成，应以未完成过户的资产金额为基数，按每日 1‰的标准支付违约金。办理过户手续的费用（含各类税费、规费、测量费、评估费），均由双方各自承担 50%。B 公司收到过户土地证时，向 A 学院支付尾款 500 万元，收到全部过户资产权属证书后的 5 日内，将扣除 A 学院应付办证费用后的余款全部支付给 A 学院。

2009 年 1 月 7 日，B 公司向 A 学院支付 1020 万元。

2009 年 3 月 6 日，A 学院与 B 公司签订《协议书 4》，主要约定：经协商，

A学院交付土地证书和资产权属证书的期限定为2009年11月5日。A学院每提前1个月交付证书的,B公司奖励A学院15万元。

2009年7月2日、8月18日,A学院分别向省财政厅、省教育厅提交《关于补办资产转让手续的请示》,并将此前其与省教育厅的往来函件、《资产评估报告1》、《审计报告》、《协议书1》以及其收取A公司转让款的财务进账证明等作为附件,载明:“我校与B公司于2003年签订《协议书1》,已完成约定的存量资产转让和款项兑付,但因我校当时处于改制时期,未及时办理资产转让审批手续。现恳请贵厅给予审批同意,使我校最终完成资产转让和置换,实现土地和房产过户。”

2009年9月2日,省财政厅向省教育厅发出《财政厅复函》,载明:“同意A学院将其旧校区的土地及房产有偿转让给B公司,按照有关规定及时补办产权转让手续。”

2009年9月23日,省教育厅向A学院发出《省教育厅复函》,载明:“同意你院将旧校区的土地及房产有偿转让给B公司,并按照相关规定及时补办产权转让手续。”

2009年11月2日,A学院向B公司发函称:“根据法律规定和房地产主管部门要求,拟过户到独立学院名下的房地产应按现时的资产评估价计算营业税、契税和土地收益金,并据此缴纳过户税费。2009年3月18日,某评估公司对我院拟过户的12栋教工宿舍、4栋新教学楼和学生公寓进行了评估,评估总价上涨至12,023.57万元,过户费用因此将大幅增加。如贵公司同意此评估价,则房产过户工作可如期进行。同时,鉴于2009年4月15日至2009年9月23日(共计160天)期间,我院一直在补办财政厅和教育厅的资产转让批复手续,因此,《协议书3》约定的过户期限应当顺延160天。”

2009年11月27日,B公司向A学院发出《回复》称:“过户房产评估价值过高,直接影响贵我双方利益。据我方了解,转让教育资产不存在‘营业税’一项。在签订《协议书3》时,我方已经考虑到办理房屋过户手续的复杂性,该过户期限完全是按照贵方提出的要求确定,故过户期限须按《协议书3》执行。”其后,B公司一直未取得土地证、房产证,亦未支付剩余转让款,但独立学院已正常开办。

2013年，B公司诉至法院提出4项诉讼请求：(1)确认《协议书1》、《协议书2》、《协议书3》及《协议书4》均有效；(2)判令A学院继续履行《协议书3》，将86亩教学用地、12栋教工宿舍楼、4栋新建教学楼和学生公寓的权属证书登记至独立学院名下；(3)判令A学院以未过户的资产价值为基数，按每日0.25‰的标准，从2009年11月6日起计算至2013年10月31日止，向B公司承担违约金共计2289.09万元；(4)本案诉讼费由A学院承担。

A学院辩称：本案4份协议书的转让标的均为国有资产，但既未经国有资产管理部门批准，也未按国有资产管理规定办理资产评估手续。同时，4份协议所涉的转让标的中含有86亩国有划拨土地使用权，但既未取得市政府的同意，也未办理土地使用权出让手续。B公司通过协议约定将土地、房产直接过户给独立学院，系为逃避国家税收，损害国家利益。因此，4份协议均为无效合同。并且，因协议转让的资产本身不具备过户办证的法定条件，A学院无法办理过户手续属于客观履行不能，不构成违约，不应承担违约责任。

【一审争议焦点】

1.《协议书1》、《协议书2》、《协议书3》及《协议书4》的效力。

2. A学院应否承担违约责任以及应承担的违约金数额？

【一审裁判观点】

关于争议焦点1：A学院的性质为事业单位，将其占有、使用的存量教育资产转让给B公司，系国有资产转让行为。根据财政部《事业单位国有资产管理暂行办法》第6～8条和第25条规定，各级财政部门负责对事业单位的国有资产实施综合管理；事业单位的主管部门负责对本部门所属事业单位的国有资产实施监督管理；事业单位处置国有资产，应当严格履行审批手续。本案中，省财政厅是国有资产管理的职能部门，省教育厅是A学院的主管部门。根据国务院《国有资产评估管理办法》第3条第1款第1项，第8条第1款、第2款的规定，B公司与A学院之间的教育资产转让行为，应由国有资产主管部门管理和监督，该教育资产的评估工作，应由行业主管部门负责。但是,前述行政法规提出的评估程序要求,属于管理性强制规范,可能导致违规单位需承担相应行政责任,但不能据此认定本案转让协议无效。

事实上,本案的资产转让和交付行为发生在前,报送审批的行为发生在后。双方当事人在签订《协议书 1》时,明确约定转让的存量教育资产组成状况以《资产评估报告 1》为准,转让的新教学楼和学生宿舍价值以《审计报告》为准。协议签订后,B 学院分别于 2004 年 10 月 18 日向省教育厅、2009 年 7 月 2 日向省财政厅、2009 年 8 月 18 日向省教育厅提交转让资产的书面请示,并将转让协议、资产评估报告、审计报告等作为附件一并提交,以为办理审批手续。而省教育厅、省财政厅在审查批准过程中,对本案当事人转让教育资产的范围、方式、价款、资产评估结论以及实物交接等情况均系明知,且未提出异议,并作出了同意转让的复函。上述行为表明,本案涉及的教育资产转让已经得到了相关行政机关的批准。

另外,涉案教育资产中的 86 亩土地系国有用地,性质为划拨,转让前后的用途均为教育用地。根据《城市房地产管理法》第 40 条第 2 款"以划拨方式取得土地使用权的,转让房地产报批时,有批准权的人民政府按照国务院规定决定可以不办理土地使用权出让手续的,转让方应当按照国务院规定将转让房地产所获收益中的土地收益上缴国家或作其他处理"的规定,在不改变土地性质和用途的情况下转让划拨用地,属于变更土地使用权人,转让协议并不以土地管理部门的审批为生效要件,但转让方仍应向土地管理部门申请办理变更报批手续,由土地管理部门审查划拨土地使用权人是否适格等相关材料。故本案涉及的教育资产转让经省财政厅审批后,双方当事人还需向土地管理行政部门办理变更登记的相关手续。

综上所述,B 公司与 A 学院签订的 4 份协议属双方当事人的真实意思表示,符合《民法通则》和《合同法》的规定,亦不违反关于国有资产转让审批的效力性强制性规范,应当认定有效。A 学院应于本判决生效之日起 10 日内,按《协议书 3》的约定,将 86 亩教学用地以及合计 16 栋教工宿舍楼、教学楼及学生宿舍的权属证书送至房产、土地行政管理部门办理变更登记手续(变更登记至独立学院名下)。

关于争议焦点 2:依据《协议书 3》,B 公司尚欠转让尾款 1000 万元,但该

1000万元，应于A公司收到过户的土地证时支付500万元，收到全部登记为独立学院的资产权属证书后的5日内再支付500万元，故尚未达到付款条件。据此，B公司已依约履行了支付转让价款的义务，A学院应向B公司承担逾期办理资产变更登记手续的违约责任。《协议书3》约定，“如A学院逾期完成，应以未完成过户的资产金额为基数，按每日1‰的标准支付违约金”。由于4份协议书仅约定了转让总价值，未逐项分类明确需办理过户手续的资产价值金额，故对86亩土地，参照《协议书3》约定的“按每亩30万元计价的方式计算价值”，确定价值金额为2580万元；对12栋教工宿舍楼，参照《资产评估报告1》确定价值金额为939.147625万元；对4栋新建的教学楼、学生公寓，参照《审计报告》确定价值金额为2483.756986万元。鉴于A学院已将资产实物移交给B公司，其违约行为未对B公司正常开办独立学院造成实质性影响，本院将违约金的标准调整为中国人民银行同期同类贷款利率，从2009年11月6日起至2013年10月31日止计付。

【二审争议焦点】

1. 案涉教育资产中含有划拨土地使用权，是否影响转让合同的效力？
2. 案涉教育资产的转让，是否已经国有资产管理部门批准？
3. 转让资产直接过户到某独立学院名下，是否违法？
4. 一审判决违约金数额是否过高？

【二审裁判观点】

关于争议焦点1：《城市房地产管理法》第40条规定，“以划拨方式取得土地使用权的，转让房地产时，应当按照国务院规定，报有批准权的人民政府审批”。据此，案涉转让协议所提及划拨土地上的房地产完成权属转移，应按照相关规定进行相应行政审批。但本案中，转让协议约定了双方在完成实物移交前后，应当办理土地、房产的转移过户手续，并对可能产生的全部过户成本含各类税费、规费、测量费及评估费等负担作出约定。在履行过程中，A学院先后向省计委、省财政厅和省教育厅如实申报了相关转让资产的对象、区位、范围以及价格等重要事项，强调转让资产将用于B公司筹办独立学院,即继续以教育用地的用途使用该土地。而从国家对土地交易管制的一般规定来看,法律法规并未明确必须先审批,然后才可签合同。转让方和受让方先签订转让合同,再将该合同作为审批基础提交审批,不违背国家对划拨土地转让的管理目的,有权机关依法严格审查其是否符合相应条件即可。《最高人民法院关于审理涉及国有土地使用权合同纠纷案件适用法律问题的解释》(2005)第11条规定:土地使用权人未经有批准权的人民政府批准,与受让方订立合同转让划拨土地使用权的,应当认定合同无效。但起诉前经有批准权的人民政府批准办理土地使用权出让手续的,应当认定合同有效。此项规定作为国家管制划拨土地使用权流转的司法手段,与划拨土地使用权的特殊性质密切相关。划拨土地使用权系因国防、能源、交通、水利、文化、教育等基础和公共建设事业,经有批准权的人民政府批准由土地使用者无偿使用的国有土地使用权。司法机关为防止土地使用者和受让人在未经批准的情形下,即通过签订转让合同,改变土地用途,将土地使用于非公益的经营性项目,以此规避监管并逃避法定税费义务,共同谋取不当利益,故认为确有必要对双方基于上述违法目的所签订的使用权转让合同作出效力上的否定性评价。而本案所涉的转让协议系将划拨土地使用权办理至另一教育机构(独立学院)名下,教育、财政等主管部门也通过同意转让的批复文件表达了支持民办教育发展的态度。双方当事人不仅未将案涉土地不经批准直接转性用于商业经营或开发,还对转让中可能产生应缴的全部税费以转让款预留差额补足的方式作出了预先安排。上述事实证明双方在缔约时对经有批准权的人民政府审批转让方式的不确定性已作出充分预估,并无规避法律规定和行政审批,恶意偷逃土地出让金或国家税款的情形,也无擅自变更原划拨土地的规划用途,将案涉土地用于商业开发,继而损害国家利益或社会公共利益的情形。

此外,有批准权的人民政府的审批事项仅为转让划拨土地行为的合法合规性,而非审批转让合同的效力。《最高人民法院关于审理涉及国有土地使用权合同纠纷案件适用法律问题的解释》(2005)第11条作为司法解释,亦应受《合同法》第52条合同无效情形规定的统领和约束。在无证据证明双方于缔约及履约过程中存在明显违法情形的情况下,如僵化适用前述司法解释认定合同无效，不仅违背国家政策有关土地资源利用的效率原则，也不符合负担行为和处分行为在效力上应分别评价的基本法理。同时，本案中，包括案涉土地、房产在内的全部教育资产已交付独立学院占有使用10余年，独立学院在该土地、房产上以其行业资质办学多年，有批准权的人民政府也从未就其对土地和房产现有利用用途、利用方式以及权能来源作出过否定性评价，更未责令其整改或者决定收回其土地。如本案仅以未经批准为由否定转让协议的效力，所带来的回转成本以及对教育人群利益的损害则远大于维护该划拨土地使用权行政审批秩序的收益。综上，案涉转让协议虽涉及国有划拨土地使用权转让，且就该单独事项未经有批准权的人民政府批准，但基于双方缔约目的、履约情况以及相关职能部门对教育资产整体转让行为的批准，应认定案涉协议系双方真实意思表示，未违反法律法规禁止性规定，合法有效。双方应遵循诚信原则，按照协议的根本目的，严守国家法律法规，为履行后续义务作出妥善安排并实际履行，不能因后续合同义务未履行完毕而反推或抗辩订立在先的民事合同无效。

根据现行法律规定，A学院在履行土地、房产过户义务时，如需改变用地性质出让，尚需先履行规划及报有批准权的人民政府批准，再与土地管理部门签订土地出让合同等法定程序。如不改变用地性质，而仅变更划拨用地使用权人，同样也需报有批准权的人民政府批准。因此，一审判决判令A学院在判决确定的期限内按约到房产、土地行政管理部门办理房产、土地的变更登记手续，实际上尚需双方先行办理划拨土地转让的行政审批手续，以促成变更登记条件的成就。一审法院此判项虽未充分考虑行政审批的具体流程，但在指引双方诚信履约的裁判理念上并无不妥，且不存在对案涉土地、房产未经审批准许流转或径行认定所有权等导致司法权与行政权冲突的情形，故应予维持。

关于争议焦点2：本案中，资产转让已分别经省财政厅、省教育厅书面复函批准。A学院在请示报告中一并提交了《协议书1》及《资产评估报告1》，而前述资料系两机关审核批准资产转让的主要材料依据，也构成为批准事项不可分割的组成部分。A学院主张资产转让价格未经国有资产管理部门批准，缺乏事实依据，不能成立。依据《国有资产评估管理办法》第3条第1

款、第8条规定,案涉国有教育资产转让应进行资产评估,由财政部门负责管理和监督,由教育主管部门负责组织。但同时应当明确的是,国有资产转让中的评估程序系通过第三方机构运用科学的评估方法得出待转让国有资产的公允价格,审批机关再以此作为审批依据,有效监管国有资产转让中的不规范行为,防范国有资产流失。因此,上述评估程序系国有资产管理部门行使审批权的手段和方式,而非审批目的。本案中,《资产评估报告1》与《协议书1》形成于同一年,评估对象为拟转让资产上一年度的全部净资产价格。省教育厅、省财政厅的审批行为表明其认可该报告所反映的资产价值,且并未要求再次进行资产评估。因此,A学院针对本次转让行为未作专项评估,既不表明行政管理部门批准的转让价格有失公允,更不应导致案涉转让协议无效。

关于争议焦点3:《协议书3》约定,A学院应将转让的资产过户到独立学院名下。《合同法》第64条规定,"当事人约定由债务人向第三人履行债务的,债务人未向第三人履行债务或者履行债务不符合约定,应当向债权人承担违约责任"。因此,《合同法》并不禁止缔约双方约定由债务人向第三人履行债务,该项约定具有法律依据,不构成协议无效的法定事由。同时,B公司受让资产的根本目的是开办独立学院,将资产过户到独立学院名下符合双方缔约时的真实目的,不存在以此方式偷逃税款的问题。

关于争议焦点4:一审法院在双方当事人仅约定以待过户资产金额为基数,而未对需过户资产的转让价格逐项、分类予以确认,并结合逾期办证不影响A公司占有使用转让资产的实际情况,以相关证据反映的待过户土地、房产价值合计金额作为基数,将违约金标准调减至中国人民银行同期同类贷款利率标准计付,具有一定的法律和事实依据。本院认为,一审法院上述违约金调减的计算方法虽在一定程度上维护了当事人意思自治,但尚不足以反映本案双方全部缔约和履约情况,不能体现约定违约金的法律属性及其与实际损失的辩证关系,具体分析如下:

首先,A学院在签订《协议书3》后分别向省财政厅、省教育厅提交了《关于补办资产转让手续的请示》,且取得两机关复函批准。上述两机关的审批职权虽与有批准权的人民政府审批土地流转这一行政职权并行独立,但在我国现有行政审批工作机制背景下，国有资产管理部门的项目审批确系土地转让审批的条件之一。A 学院的上述请示行为和获批结果系为土地、房产审批创造条件，准备机会，可构成履行过户义务之一部分。由此，协议约定的过户和办证义务虽应以结果作为评价基础，但前述请示亦应构成该义务履行不可分割的先置部分。在此意义上讲，A 学院对约定办证义务并非完全不履行，而是未完全履行。其次，B 公司已实际接收全部转让的教育资产用于办学多年，权属登记与否不对其办学资质、校区利用构成实质性妨害，也不影响其合同目的的实现。再次，双方资产过户完成与否受行政审批程序制约，而非仅由双方履行意愿单独决定，双方虽基于对审批程序复杂性的认知在《协议书 3》中安排了一定的办证期限，但仅以该期限作为 A 学院怠于履行办证义务的衡量标准，不能全面反映本案的客观实际，也不足以证明 A 学院具有完全的履约过错。案涉土地、房产未在约定期限内完成过户，具有包括需经有批准权的人民政府批准与否以及批准周期等复杂性成因，而非完全由双方或单方过错所致，故《协议书 3》约定的违约金计算方法并不能完全与 A 学院的违约过错程度相适。最后，A 学院和 B 公司均未对该逾期办证造成的实际损失进行举证。《物权法》第 184 条规定：学校、幼儿园、医院等以公益为目的的事业单位、社会团体的教育设施、医疗卫生设施和其他社会公益设施不得抵押。上述规定表明过户后案涉土地及房产的权利主体不得利用受让的教育资产为其自身或他人基于经营性或融资性需求设定担保，此事项对案涉土地、房产的用益性能的延伸产生相应限制，故在独立学院已实际占有使用上述标的情形下，不动产过户登记并不会导致直接损失或其他间接损失的产生，而仅对 B 公司受让资产的缔约信赖利益和权属稳定性产生损害。因此，一审法院以待过户的土地、房产价值作为违约金计价基数的计算方法不能与 B 公司的实际损失之间产生法律上的相当因果关系和直接的关联性，亦过分高于 B 公司的实际损失。《最高人民法院关于适用〈中华人民共和国合同法〉若干问题的解释（二）》第 29 条规定："当事人主张约定的违约金过高请求予以适当减少的，人民法院应当以实际损失为基础，兼顾合同的履行情况、当事人的过错程度以及预期利益等综合因素，根据公平原则和诚实信用原则予以衡量，并作出裁决。"A 学院主张其不应承担违约责任,本院在认定其应承担违约责任的基础上,有权对一审判决确定的违约金进行调整。综合协议约定的资产转让价格、协议履行效果、违约方履约过错及对履行结果的影响、守约方实际损失及可期待利益损失等因素,本院酌定A学院向B公司支付违约金700万元,对B公司超出此限度的违约金请求不予支持。

【评析】

根据《城市房地产管理法》第40条第1款以及《城镇国有土地使用权出让和转让暂行条例》第44条、第45条的规定,划拨土地使用权并非绝对禁止转让,以划拨方式取得的土地使用权及其地上房产在报请有批准权的人民政府审批同意后,即可实现自身作为合法财产的交易流通性。同时,为保障落实国家对土地用途的管制目的和监管措施,严格规范划拨用地的交易秩序,《最高人民法院关于审理涉及国有土地使用权合同纠纷案件适用法律问题的解释》(2005)第11条采"效力待定"行为模式规定:土地使用权人未经有批准权的人民政府批准,与受让方订立合同转让划拨土地使用权的,应当认定合同无效。但起诉前经有批准权的人民政府批准办理土地使用权出让手续的,应当认定合同有效。而显然,本案A学院与B公司签订的教育资产转让协议中包括划拨土地使用权及房产,双方在协议签订时,该划拨土地使用权的转让尚未经有审批权的人民政府审批。因而,本案要突破前述司法解释的规定,确认转让协议合法有效,便需立足《合同法》有关合同效力问题的基本规定,并恪守诚实信用的原则精神,作出符合逻辑与价值相一致思维的综合判断。

首先,综合《合同法》所规定的五种合同无效的法定情形,并结合转让协议的约定内容以及实际履行情况等因素看,本案所涉的划拨土地使用权系由A学院直接转让至B公司出资成立的独立学院名下,并由独立学院继续作为教育用地使用,亦即并未改变该划拨土地的办学用途,符合国家对该块用地的管制目的。同时,在履行协议的过程中,A学院也并非完全无视审批监管规定,而是先后向省教育厅、省财政厅如实申报了资产转让的对象、区位、范围和价格等重要事项,省教育厅、省财政厅也均表示同意A学院将该资产转让给 B 公司，并作出了同意 A 学院补办资产转让手续的复函。此外，案涉教育资产转让协议还对资产转让的税费负担作出了明确约定，不存在当事人恶意规避法律监管和行政审批以谋取不正当利益的违法情形，并未损害国家利益或社会公共利益。而正如二审法院所言，在案涉教育资产转让已经省教育厅和省财政厅审批同意，B 公司除依约支付了 7000 余万元转让款外，还在案涉划拨土地上继续投资建设独立学院，且该学院已招生办学多年等客观事实的基础上，如果僵化适用司法解释的规定，单纯以未经批准为由否定转让协议的效力，所带来的回转成本以及对教育人群利益的损害显然远大于维护该划拨土地使用权行政审批秩序的收益，无法实现司法效果与社会效果的相统一。

其次，如果探究 A 学院在本案中主张合同无效的主观意图，可以发现，A 学院提出该主张的目的是获取超出合同约定的更大利益。其在履行合同的过程中，早已收取了 B 公司依约支付的 7367 万元，基本实现了自身的合同目的。而在履行资产过户的合同义务时，A 学院首先单方主张案涉转让资产的评估价上涨为 12,023.57 万元，并提出如 B 公司同意此价格，则案涉相关房地产过户工作可如期进行。嗣后，A 学院又在本案诉讼中主张案涉土地、房产过户因未经审批缺乏法定条件，其无法办理相关房地产过户手续系客观履行不能，不应承担违约责任。而客观事实是，案涉土地、房产过户的法定条件并非当然具备，A 学院的合同义务恰恰包括促使过户的法定条件得以成就。在 B 公司已依约支付协议约定价款，省教育厅、财政厅均已审批同意 A 学院转让案涉教育资产并补办转让手续后，本案诉讼的发生实质是因 A 学院怠于依法办理划拨土地使用权转让的相关行政审批手续所致，其在本案中的系列做法均有悖于诚实信用原则。

此外，值得特别指出的是，2020 年 12 月 23 日，最高人民法院在修正《关于审理涉及国有土地使用权合同纠纷案件适用法律问题的解释》时，已经删除了原解释的第 11 条规定。自此，有关未经政府审批的划拨土地使用权转让合同的效力问题，转化为《民法典》第 153 条的适用问题，即应判断该“未经政府审批”的情形是否违反了法律、行政法规的效力性强制性规定，或者是否违背了公序良俗。但无论是基于“违法”无效，还是基于“背俗”无效，都必须保持与诚实信用原则的协调,并综合考衡量法益得失,合理保护合同自由,避免社会成本的无谓浪费。

【重点规范链接】

《民法典》(2020年5月28日)

第一百五十三条 违反法律、行政法规的强制性规定的民事法律行为无效。但是,该强制性规定不导致该民事法律行为无效的除外。

违背公序良俗的民事法律行为无效。

第一百五十四条 行为人与相对人恶意串通,损害他人合法权益的民事法律行为无效。

第五百二十二条 当事人约定由债务人向第三人履行债务,债务人未向第三人履行债务或者履行债务不符合约定的,应当向债权人承担违约责任。

法律规定或者当事人约定第三人可以直接请求债务人向其履行债务,第三人未在合理期限内明确拒绝,债务人未向第三人履行债务或者履行债务不符合约定的,第三人可以请求债务人承担违约责任;债务人对债权人的抗辩,可以向第三人主张。

《城市房地产管理法》(2019年8月26日)

第四十条 以划拨方式取得土地使用权的,转让房地产时,应当按照国务院规定,报有批准权的人民政府审批。有批准权的人民政府准予转让的,应当由受让方办理土地使用权出让手续,并依照国家有关规定缴纳土地使用权出让金。

以划拨方式取得土地使用权的,转让房地产报批时,有批准权的人民政府按照国务院规定决定可以不办理土地使用权出让手续的,转让方应当按照国务院规定将转让房地产所获收益中的土地收益上缴国家或者作其他处理。

《国有资产评估管理办法》(2020年11月29日)

第三条 国有资产占有单位(以下简称占有单位)有下列情形之一的,应当进行资产评估:

(一)资产拍卖、转让;

(二)企业兼并、出售、联营、股份经营;

（三）与外国公司、企业和其他经济组织或者个人开办外商投资企业；

（四）企业清算；

（五）依照国家有关规定需要进行资产评估的其他情形。

第八条　国有资产评估工作，按照国有资产管理权限，由国有资产管理行政主管部门负责管理和监督。

国有资产评估组织工作，按照占有单位的隶属关系，由行业主管部门负责。

国有资产管理行政主管部门和行业主管部门不直接从事国有资产评估业务。

《事业单位国有资产管理暂行办法》（2019年3月29日）

第六条　各级财政部门是政府负责事业单位国有资产管理的职能部门，对事业单位的国有资产实施综合管理。其主要职责是：

（一）根据国家有关国有资产管理的规定，制定事业单位国有资产管理的规章制度，并组织实施和监督检查；

（二）研究制定本级事业单位实物资产配置标准和相关的费用标准，组织本级事业单位国有资产的产权登记、产权界定、产权纠纷调处、资产评估监管、资产清查和统计报告等基础管理工作；

（三）按规定权限审批本级事业单位有关资产购置、处置和利用国有资产对外投资、出租、出借和担保等事项，组织事业单位长期闲置、低效运转和超标准配置资产的调剂工作，建立事业单位国有资产整合、共享、共用机制；

（四）推进本级有条件的事业单位实现国有资产的市场化、社会化，加强事业单位转企改制工作中国有资产的监督管理；

（五）负责本级事业单位国有资产收益的监督管理；

（六）建立和完善事业单位国有资产管理信息系统，对事业单位国有资产实行动态管理；

（七）研究建立事业单位国有资产安全性、完整性和使用有效性的评价方法、评价标准和评价机制，对事业单位国有资产实行绩效管理；

（八）监督、指导本级事业单位及其主管部门、下级财政部门的国有资产管理工作。

第七条　事业单位的主管部门（以下简称主管部门）负责对本部门所属

事业单位的国有资产实施监督管理。其主要职责是:

(一)根据本级和上级财政部门有关国有资产管理的规定,制定本部门事业单位国有资产管理的实施办法,并组织实施和监督检查;

(二)组织本部门事业单位国有资产的清查、登记、统计汇总及日常监督检查工作;

(三)审核本部门所属事业单位利用国有资产对外投资、出租、出借和担保等事项,按规定权限审核或者审批有关资产购置、处置事项;

(四)负责本部门所属事业单位长期闲置、低效运转和超标准配置资产的调剂工作,优化事业单位国有资产配置,推动事业单位国有资产共享、共用;

(五)督促本部门所属事业单位按规定缴纳国有资产收益;

(六)组织实施对本部门所属事业单位国有资产管理和使用情况的评价考核;

(七)接受同级财政部门的监督、指导并向其报告有关事业单位国有资产管理工作。

第八条 事业单位负责对本单位占有、使用的国有资产实施具体管理。其主要职责是:

(一)根据事业单位国有资产管理的有关规定,制定本单位国有资产管理的具体办法并组织实施;

(二)负责本单位资产购置、验收入库、维护保管等日常管理,负责本单位资产的账卡管理、清查登记、统计报告及日常监督检查工作;

(三)办理本单位国有资产配置、处置和对外投资、出租、出借和担保等事项的报批手续;

(四)负责本单位用于对外投资、出租、出借和担保的资产的保值增值,按照规定及时、足额缴纳国有资产收益;

(五)负责本单位存量资产的有效利用,参与大型仪器、设备等资产的共享、共用和公共研究平台建设工作;

(六)接受主管部门和同级财政部门的监督、指导并向其报告有关国有资产管理工作。

第二十五条 除本办法第五十六条另有规定外,事业单位处置国有资产,应当严格履行审批手续,未经批准不得自行处置。

22. 因当事人不履行划拨土地使用权转让合同导致土地出让合同嗣后履行不能的，自然资源主管部门不应承担违约责任

【裁判要旨】

案涉国有土地使用权出让合同并非独立存在，而是与划拨土地使用权转让合同密切相关，后者是基础法律关系，是前者履行的前提和基础。在履行土地使用权转让合同的过程中，当事人产生的重大分歧构成为土地权属变更的实质性障碍，导致土地使用权出让合同嗣后履行不能。对于因不可归责于自身原因而导致的合同嗣后履行不能，自然资源主管部门没有过错，无须承担违约责任。

【基本案情】

1997 年 4 月 19 日，新华社某分社（以下简称 A 分社）与 B 公司签订《合同书》约定，A 分社以其 Q2188 号土地证内的 18,700 平方米划拨土地为对价，置换 B 公司投资建设的 16,000 平方米新闻中心大厦。

2001 年 4 月 28 日，A 分社向市政府提交《关于请求减免土地出让费用的报告》，主要内容为："由于我社拨款逐年减少，只能采取以土地使用权交换房产的方式，与 B 公司合作建设新闻中心大厦。根据我社与 B 公司签订的协议，该大楼交付时，我社应向 B 公司转让部分土地使用权。故请求市政府批准办理出让手续，免去土地出让金及其他费用。"对于该报告，市政府作出"给予支持，同意减免 65%土地出让金"的批复意见。

2001 年 7 月 18 日，按 B 公司要求，甲方 A 分社与乙方 C 公司签订《土地使用权转让合同》，约定甲方将 Q2188 号土地证内的 9608. 29 平方米土地

使用权转让给乙方,转让金按1147元/平方米计,总额为1102.0709万元,并约定该合同在双方签字盖章后,经市国土局(以下简称D局)办理变更登记手续后生效。同日,A分社与C公司持该合同共同向D局提交《土地使用权转让、受让申请书》,主要内容为:A分社与C公司已签订有效合同,由A分社将部分土地使用权转让给C公司,特申请贵局核准办理变更登记,有关税费由A分社承担65%、B公司承担35%。

2001年8月30日,市土地信息服务中心发布《土地产权交易公示牌》,标注转让土地证号为Q2188号,转让面积为9608.29平方米,受让方为C公司,评估地价为1147元/平方米。

2001年10月17日,市规划用地报建评审小组在《划拨土地使用权转让审批表》上加盖评审业务专用章,评审意见为:经讨论,同意补办Q2188号土地证内的9608.29平方米土地使用权出让手续,按土地评估价的40%收取出让金,直接出让给C公司。

2001年12月3日,D局向市政府提交《关于新华社A分社转让土地有关情况的汇报》,主要内容为:A分社拟转让的土地评估价为1147元/平方米,土地出让金按评估价40%收取应为440.8283万元。鉴于市政府已批准减免65%土地出让金,A分社实际需缴出让金154.29万元。

2001年12月6日,A分社致函D局,主要内容为:"新闻中心大厦已竣工验收,需提交土地证以办理房产证。但为办理部分土地转让手续,我分社已将Q2188号国有土地使用证上交贵局,现特申请借回该土地使用证,待办理房产证后我社再予归还。"D局遂将该土地证交给了A分社,但A分社一直未再归还。

此后,在履行《合同书》和《土地使用权转让合同》的过程中,A分社、B公司及C公司围绕新闻中心大厦欠付的工程款、设备费以及土地转让费用负担等问题,持续发生争议并引发诉讼,D局亦未与C公司签订《土地使用权出让合同》。

2003年3月5日,A分社向市政府递交《关于缓交土地转让费的报告》,主要内容为:"截至2002年,我社已连续6年没有被总社列入财政拨款单位,只能采取以土地换房的方式与B公司合作建设新闻中心大厦。此前,经市政府批准，已为我社减免了65%的土地出让金，但仍需缴纳154万余元。为此，特申请批准我社延缓2年缴纳此笔费用，先行办理土地转让手续，待总社将该笔款项划拨到账后我社再予以缴清。”D局的处理意见是：“鉴于A分社的特殊情况，可考虑允许土地转让费缓交1年，待其完税后先办理土地证。”

2003年5月12日，D局向C公司发出《关于办理纳税手续的通知》，主要内容为：“经有批准权的一级人民政府批准，同意我局将9608.29平方米国有土地使用权出让给你单位作为建设用地，土地评估总价值1102.0709万元(1147元/平方米)。请贵单位持本通知于6月1日前到市地税局办理完税手续。”但此时，C公司与B公司共同被债权人E公司起诉，C公司故未按前述通知要求缴纳契税。

2007年11月8日，E公司申请强制执行时，某法院将案涉9608.29平方米土地作为C公司的财产予以查封。A分社旋即提出执行异议之诉，主张该土地仍归自己所有，且不同意将该土地转让给C公司。2013年11月20日，该案二审法院作出维持原判的终审裁定，以诉争的土地使用权仍登记在A分社名下，权属未发生变更为由，驳回了E公司的执行申请。

2008年5月20日，D局向C公司发出《划拨地补办出让缴交出让金通知书》和《缴纳契税通知书》，限其在规定期限内缴纳土地出让金154.29万元及相应契税，否则有权解除《国有土地使用权出让合同》。

2008年5月21日、5月30日，E公司未经C公司委托，代替C公司缴纳了土地出让金154.29万元和税金4.6287万元。D局向E公司出具了“非税收入一般缴款书”，载明付款人为C公司，并注明系由E公司代缴。

2010年4月28日，C公司向D局递交《关于请求立即撤销E公司假冒我司名义代缴A分社土地转让有关税费、停办过户手续的函》，主要内容为：“我司因与A分社存在经济纠纷，A分社不同意转让土地使用权给我司。2007年11月8日，该土地已被某法院查封，A分社提出异议，认为该土地仍归其所有，而法院至今还未作出裁决。根据相关法律规定，土地在司法查封期间不能办理转让过户手续，我司强烈要求贵局撤销有关通知文件，停止办理转让手续。”

2012年12月18日，A分社、B公司、C公司在执行异议之诉的二审程序中达成《和解协议》,共同确认:Q2188 号土地证内的 9608.29 平方米土地使用权仍属 A 分社所有,A 分社与 B 公司、C 公司基于合作建房签订的《合同书》和《土地使用权转让合同》以及由此产生的一切权利义务关系均已解除或消灭。

2012 年 12 月 20 日,A 分社向 D 局提交《关于停办土地过户手续的意见函》称:“某法院作出的一审判决已确认 Q2188 号证内的 9608.29 平方米的土地使用权仍归我分社所有,今后未经我分社授权同意,包括 B 公司、C 公司等在内的任何公司以任何名义前往贵局办理上述土地的过户手续,均属非法无效。”

2013 年 4 月 8 日,A 分社向 D 局提交《关于撤销〈土地使用权转受让申请书〉的函》,称:“因 C 公司在与我分社合作过程中存在严重违约行为,双方已达成解除合同的协议,特申请撤销《土地使用权转受让申请书》。”

2013 年 10 月 8 日,D 局于向 A 分社出具《关于划拨土地转让问题的函》,主要内容为:“2007 年 11 月,C 公司因借款合同纠纷,被债权人 E 公司申请法院查封了拟转让土地。同年 5 月,E 公司代缴了该宗地土地出让金及相关税费。现 E 公司向我局递交了《关于请迅速办理土地证的报告》,要求为 C 公司办理 9608.29 平方米土地的变更登记,办理土地证。由于该用地转让手续的办理时间较长且涉及你社权益,现要求你社重新提供 9608.29 平方米土地转让的书面申请以及 Q2188 号土地证原件。”

2013 年 10 月 10 日,A 分社向 D 局提交《关于划拨土地问题的函》,称:“我社正通过诉讼途径解决 9608.29 平方米土地的历史遗留问题,请贵局暂缓执行。如贵局在法院二审裁决前擅自将我社名下的土地办理过户手续,将造成无法执行回转的后果,由此造成的法律责任将由贵局承担。”

2013 年 12 月 3 日,A 分社又向 D 局去函称:“某高院已作出终审判决维持原判,确认案涉土地的使用权仍归我分社所有。今后未经我分社授权,任何公司以任何名义前往贵局办理上述土地的过户手续均属非法无效。”

2014 年 1 月 23 日,D 局向 A 分社发出《关于明确划拨土地转让手续办理的函》,载明:“近期,市政府审批办公室提出清理历史积压业务材料的要求,我局正在组织清理。而贵社将 9608.29 平方米土地使用权转让给 C 公司的申请材料经我局审核已有多年,但至今仍未办结,已属历史积压业务,我局拟先予办理退档手续。”

2014 年 1 月 26 日,A 分社向 D 局复函称:“该划拨土地转让业务可不再办理,请贵局依照程序予以退档处理。”

2014 年 7 月 16 日,D 局报经市政府批准同意后,决定撤销有关 Q2188 号土地证内 9608.29 平方米划拨土地转让的审批文件,办理退档手续,同时向市财政局提出:“因 E 公司代缴的 154.29 万元土地出让金已缴入市财政专户,建议财政局将该出让金拨付给我局,由我局退还给 D 公司。”

2014 年 9 月 10 日,D 局向 A 分社、C 公司发出《关于给予办理划拨土地转让业务退档的函》,载明:“经我局上报市政府批准,同意给予你们办理 9608.29 平方米划拨土地使用权转让业务退档手续。”

2014 年 9 月 23 日,A 分社前往 D 局办理了退档手续,D 局退回了《土地使用权转受让申请书》及《土地使用权转让合同》原件,并撤销了相关审批文件。

C 公司认为,其与 D 局之间存在土地使用权出让合同关系,且合同并未解除。在出让合同的履行过程中,E 公司代 C 公司缴纳土地出让金及办证契税,属于典型的“债务加入”。代缴之后,相当于 C 公司已经完成土地使用权出让合同项下的付款义务和缴纳办证契税的责任。同时,对于 E 公司代替 C 公司实施的缴款行为,D 局不仅知情而且认可,向 E 公司出具了“非税收入一般缴款书”,载明付款人为 C 公司,并注明系由 E 公司代缴。而“债务加入”不以债务人委托为前提,因此,9608.29 平方米土地的使用权已经出让给了 C 公司,是属于 C 公司的合法财产。同时,D 局未经 C 公司同意,即对 9608.29 平方米划拨土地使用权转让业务办理退档手续,是以单方行政行为消灭了 C 公司的合法权利。据此,C 公司以 D 局为被告,以 A 分社为第三人,诉至法院提出 3 项诉讼请求:(1)判令 D 局履行交付 9608.29 平方米土地给 C 公司的法定义务;(2)判令 D 局履行交付 9608.29 平方米土地权证给 C 公司的法定义务;(3)若 D 局不能履行上述第一项和第二项义务,则赔偿 C 公司经济损失 11,880.6506 万元(依据起诉时案涉土地的市场评估价值计算)。

D局辩称:D局与A分社既没有签订书面合同,又没有对土地出让的诸多必备事项进行约定,双方之间不存在土地出让的权利义务关系。本案所谓的“土地使用权出让关系”,是D局针对A分社将划拨土地使用权转让给C公司行为的行政审批及补办出让手续的法律关系,而这种行政审批及补办出让手续的法律关系以划拨地转让为前提,需要依当事人申请办理。但本案的事实是,A分社不仅撤回了申请,还与C公司达成了《和解协议》,共同确认《土地使用权转让合同》以及由此产生的一切权利义务关系均已解除或消灭。并且,生效裁判文书已经确认案涉土地权利仍属A分社享有,亦即该土地使用权并未被政府收回。在政府未收回宗地且未经A分社同意的情况下,国土部门显然不可能将已经登记在A分社名下的土地出让给C公司。退一步讲,与C公司签订土地使用权转让合同的相对人是A分社,若A分社违约,C公司请求权利救济的对象应当是A分社,而不应是D局。此外,退档业务是行政机关在规定时限内不能办结相关业务的处理行为,并不具有解除或者撤销土地使用权转让合同权利的法律效果,仅是将规定时限内无法办结的事项及相关材料退还给当事人。D局根据实际情况按退档业务处理A分社和C公司的相关申请,没有任何过错。如果A分社、C公司愿意继续履行土地使用权转让合同,仍然可以继续共同申请办理,不存在D局以行政行为消灭上诉人民事权利的情形,C公司要求D局向其赔偿损失没有依据。

A分社辩称:案涉地块作为划拨土地,仍登记在A分社名下。D局从没有与C公司签订过《国有土地使用权出让合同》,A分社与C公司签订的《土地使用权转让合同》已经合意解除。E公司未经委托代付土地出让金及契税,是不受法律保护的无效民事行为。

另外,2015年1月20日,E公司以A分社、C公司于2012年12月8日签订的《和解协议》损害了其债权人权益,向法院起诉请求撤销该《和解协议》并判令A分社返还价值11,880.6506万元的9608.29平方米土地。该案二审判决撤销《和解协议》,同时驳回E公司其他诉讼请求。

【一审争议焦点】

1. D 局是否应将案涉土地交付给 C 公司并交付该地的土地使用权证?

2. 若不能办理土地过户和交付土地使用权证,D 局是否应赔偿 C 公司直接经济损失 11,880.6506 万元?

【一审裁判观点】

关于争议焦点 1:划拨地的使用权转让事实上产生了政府与划拨土地使用权人、受让人三者之间的关系,政府将划拨土地使用权从划拨土地使用权人手中收回,再出让给受让人,划拨土地使用权人同意政府收回其划拨土地的使用权,受让人才能与政府订立土地出让合同,取得该宗土地的使用权。本案中,A 分社将名下划拨土地使用权转让给 C 公司,D 局依据 A 分社与 C 公司的申请办理划拨转出让审批手续,依照程序向 C 公司送达了《关于办理纳税手续的通知》、《划拨地补办出让缴纳出让金通知书》和《缴纳契税通知书》等通知书,此时,双方形成了事实上的国有土地使用权出让合同关系。从本案查明的事实看,案涉土地迄今仍登记在 A 分社名下,未办理土地变更登记手续。2010 年 4 月 28 日,C 公司向 D 局出具《关于请求立即撤销 E 公司假冒我司名义代缴 A 分社土地转让有关税费、停办过户手续的函》,认为 E 公司假冒其名义代缴土地出让金及税费,要求 D 局停止办理转让手续。而 A 分社亦多次向 D 局提出停止办理土地过户手续的函,并在收到 D 局发出的《关于明确划拨土地转让手续办理的函》后,还复函提出请 D 局依照程序予以退档处理。2014 年 7 月 16 日,D 局报市政府批准后,撤销案涉土地的转让审批,办理了退档手续,亦退回了《土地使用权转受让申请书》及《土地使用权转让合同》原件。另外,虽然 C 公司和 A 分社的划拨土地使用权转让经过了市政府审批同意,但 C 公司与 D 局未签订土地出让合同,且 C 公司并未缴纳案涉的土地出让金及契税,已缴土地出让金及契税系 E 公司未经 C 公司委托所缴纳。由此,D 局与 C 公司的国有土地使用权出让关系因上述事实而解除。C 公司主张 D 局向其交付土地及土地证没有事实和法律依据,不予支持。

关于争议焦点 2:2008 年 5 月 20 日,D 局向 C 公司送达了《划拨地补办出让缴纳出让金通知书》和《缴纳契税通知书》,通知C公司在规定的期限内缴纳土地出让金及契税,否则该局有权解除《国有土地使用权出让合同》。E公司是在未经C公司授权委托情况下缴纳土地出让金及契税,且C公司随后向D局去函称E公司是假冒公司名义代缴的,并要求D局撤销有关转让手续,停止办理。同时A分社又申请D局不办理划拨土地使用权转让手续,请求依退档程序处理其申请业务。在上述情况下,D局报市政府批准办理退档手续,不存在违约行为。因此,C公司主张D局赔偿其直接经济损失11,880.6506万元没有事实和法律依据,不予支持。

【二审争议焦点】

D局是否应向C公司交付案涉土地并交付该地的土地使用权证?是否应基于退档行为赔偿C公司直接经济损失11,880.6506万元?

【二审裁判观点】

C公司的诉讼请求建立在其与D局之间的国有土地使用权出让合同关系之上,其请求权类型为债权请求权,具体为请求继续履行合同与违约损害赔偿。因此,D局应否交付土地及土地使用权证或者承担赔偿责任,取决于双方之间是否存在合同关系及D局应否承担违约责任。而通过D局向C公司送达的《关于办理纳税手续的通知》、《划拨地补办出让缴纳出让金通知书》和《缴纳契税通知书》等,以及D局收取土地出让金及契税等事实,原审认定D局与C公司之间形成了事实上的国有土地使用权出让合同关系,符合本案实际情况。

但是,2014年7月16日,D局报经市政府批准同意后,办理了退档手续,撤销了案涉划拨土地使用权转让的有关审批文件,并建议市财政局将E公司代缴的154.29万元土地出让金拨付给D局,由D局予以退还。2014年9月10日,D局给A分社、C公司发出《关于给予办理划拨土地转让业务退档的函》,同意办理案涉划拨土地使用权转让业务退档手续。2014年9月23日,A分社办理了退档手续,D局退回了《土地使用权转受让申请书》和《土地使用权转让合同》原件。至此,D局以退档行为表明其不再履行与C

公司之间的国有土地使用权出让合同。在A分社、C公司未继续共同申请办理土地使用权转让,并提交所需相关资料的情况下,D局目前已不能继续办理案涉土地使用权转让手续。根据《合同法》第110条第1项"当事人一方不履行非金钱债务或者履行非金钱债务不符合约定的,对方可以要求履行,但有下列情形之一的除外:(一)法律上或者事实上不能履行……"之规定,C公司要求D局交付案涉土地并办理土地使用权证的上诉请求,本院不予支持。但对于原审认定D局与C公司之间的国有土地使用权出让关系业已解除,本院认为,由于双方并未约定一方解除合同的条件,本案也不具备法定解除的情形,D局亦未明确通知对方解除合同。同时,C公司主张合同未解除,D局在其答辩意见中也称退档业务是行政机关在规定时限内不能办结相关业务的处理行为,并不具有解除或者撤销土地使用权转让合同权利的法律效果。因此,原审依据《合同法》第94条的规定,认定D局与C公司之间的国有土地使用权出让关系已经解除,在认定事实和适用法律上存在瑕疵,本院予以纠正。

本案划拨土地使用权的转让事实上产生了D局与划拨土地使用权人A分社、受让人C公司三者之间的关系,即政府将划拨土地使用权从A分社手中收回,再出让给C公司,A分社同意政府收回其划拨土地的使用权,C公司才能与政府订立土地使用权出让合同,并通过合同的履行取得该宗土地使用权。因此,C公司与D局之间的国有土地使用权出让合同,并非独立存在,而是与A分社和C公司之间的划拨土地使用权转让合同密切相关,后者是基础法律关系,是前者履行的前提和基础。D局与C公司之间土地使用权出让合同履行的前提是A分社履行其与C公司之间的划拨土地使用权转让合同,将土地使用权交由D局收回,D局方能将收回的土地使用权出让给C公司。若没有划拨土地使用权转让合同顺利履行的基础行为,就不会有土地使用权出让合同履行的后续行为,两者紧密关联不可割裂。

而本案中,A分社已通过一系列行为明确表示其拒绝履行与C公司之间的《土地使用权转让合同》:A分社于2012年12月20日向D局出具《关于停办土地过户手续的意见函》,声称未经其授权同意,包括B公司、C公司等在内的任何公司以任何名义前往贵局办理上述土地的过户手续,均属非法无效;2013年4月8日,A分社给D局出具《关于撤销土地使用权转受让申请书的函》,以C公司严重违约,双方已达成解除合同的协议为由,申请撤销《土地使用权转受让申请书》;D局于2013年10月8日向A分社出具《关于划拨土地转让问题的函》,要求该社重新提供案涉土地使用权转让的书面申请及Q2188号土地证原件;A分社于2013年10月10日给D局出具《关于划拨土地问题的函》,称其正通过司法程序解决案涉土地纠纷,D局应在法院二审裁决前暂停办理案涉过户手续;同年12月3日,A分社又给D局去函称,终审判决确认案涉土地的使用权仍为该社所有,今后未经A分社授权,任何公司以任何名义前往贵局办理上述土地的过户手续均属非法无效;2014年1月23日,D局给A分社出具《关于明确划拨土地转让手续办理的函》,称其正在组织清理历史积压业务材料,A分社的材料属于历史积压业务,其将先予办理退档手续;A分社于2014年1月26日复函D局,认为该划拨土地使用权转让业务可不再办理,请D局依照程序处理退档及其他手续。

由于土地使用权转让程序未全部完成,故A分社仍是案涉土地的权利人,相关民事判决亦认定该地块使用权归属A分社。因此,Q2188号土地证仍是合法有效的权属凭证。在A分社拒绝交回土地证原件,且屡次致函不再办理其与C公司之间划拨土地使用权转让业务的情况下,无论原因为何,D局得到的明确信息是:A分社与C公司在履行《土地使用权转让合同》过程中产生了重大分歧。在此情形下,无论E公司代C公司缴纳土地出让金和契税的行为是否有效,因D局自身并非案涉土地使用权转让合同纠纷的法定裁决机关,如果其不顾A分社的来函和警告,继续为C公司办理土地使用权出让手续,将面临重大风险,可能会为该履行行为付出不适当的代价。也即A分社的行为对本案土地权属的变更构成了实质性的障碍,而该实质性障碍系因C公司未能有效地协调和化解与A分社之间的纠纷所致,与D局无关。该障碍在消除之前,足以导致D局与C公司之间土地使用权出让合同嗣后履行不能。从而,D局在案涉土地使用权出让业务长时间不能顺利办理的情况下,依照有关规定办理退档手续并无过错。对于因不可归责于D局的原因导致的嗣后履行不能,D局无须承担违约责任。C公司上诉主张D局赔偿其直接经济损失11,880.6506万元没有事实和法律依据,本院不予支持。

【评析】

实务中，划拨土地使用权转让流程包括八大基本步骤：其一，交易双方备齐转让协议、土地使用证、宗地界址点图、建筑物产权证明、法人资格证明、委托书及身份证明等资料，向市、县自然资源管理部门提出办理转让手续的申请；其二，自然资源管理部门受理申请后审查申请材料，并就申请转让地块的性质用途等事项征询规划管理部门意见；其三，申请转让地块符合规划用途且满足办理协议出让手续条件的，自然资源管理部门将组织开展该地块的出让土地使用权市场价格和划拨土地使用权权益价格评估，然后根据评估结果、产业政策及土地市场情况等，综合确定应缴纳的土地使用权出让金额，并拟订协议出让方案；其四，自然资源管理部门将集体确定的协议出让方案报有批准权的人民政府审批同意后，向申请人发出《划拨土地使用权准予转让通知书》；其五，申请人依据《划拨土地使用权准予转让通知书》，在土地交易市场公开交易拟转让的土地使用权，确定并公示交易结果；其六，转让人与受让人签订土地使用权转让合同，约定双方的权利义务；其七，受让人持转让合同、原土地使用证、准予转让通知书、转让方和受让方的身份证明材料等，向自然资源管理部门申请办理出让手续；其八，自然资源管理部门根据经批准的协议出让方案以及该宗土地的公开交易情况，依法收回原土地使用权人的划拨决定书和土地证书，注销土地登记，与受让方签订土地使用权出让合同。

综合上述流程步骤可知，划拨土地使用权在转让过程中，必然会在自然资源主管部门、划拨土地使用权人、划拨土地使用权受让人三者之间分别形成划拨土地使用权出让合同关系和转让合同关系。该两种关系作为具有相对性的合同关系，在合同签订主体以及当事人权利义务内容等方面存在明显差异，尤其在受让人需要改变划拨土地用途的情形下，更可依据标的土地使用权的用途与使用期限差异清晰划分为彼此完全独立的两个民事法律行为（亦有观点认为自然资源主管部门在收回、出让土地使用权过程中所实施的行为符合行政行为的典型特征）。但事实上，由于两个合同均以同一划拨土地的使用权为标的,因而并不能彼此独立存在。对此,最高人民法院在本案的裁判说理中也已明确,“就两个合同的相互关系而言,划拨用地使用权转让合同是基础法律关系,出让合同则是履行转让合同的前提和基础”。所以,划拨土地使用权转让合同作为《合同法》上的“无名合同”,其性质并非出卖人转移标的物的所有权于买受人,买受人支付价款的合同,而是划拨土地使用权人经批准后,将土地使用权交还自然资源管理部门,并在自然资源管部门出让给受让人后,有权获得受让人以约定价款作为补偿的补偿性质合同。相应地,根据有批准权的人民政府的意见,自然资源主管部门也可采用协议方式出让该土地的使用权,而非只能采用招拍挂程序选定受让人。

换言之,在划拨用地使用权转让合同与出让合同的关系中,既然转让合同是基础法律关系,其履行状况就会直接影响出让合同的履行。具体到本案,无论A分社和C公司签订的土地使用权转让合同是否可以通过《和解协议》予以解除,客观事实是双方就该合同的继续履行已经存在巨大分歧。此种背景下,法律亦不应苛求D局不顾转让合同的履行状况继续履行出让合同。其要求A分社重新提交转让申请与土地证原件,并根据有关部门“清理历史积压业务”的指示,向A分社发出拟作退档处理的通知,并无不当。而在A分社同意退档处理且经政府批准后,D局撤销了有关土地使用权出让的审批文件,退回了《土地使用权转受让申请书》和《土地使用权转让合同》原件,D局与C公司之间的出让合同关系已经存在实质性的履行障碍,发生了嗣后履行不能的结果。《民法典》第577条规定:当事人一方不履行合同义务或者履行合同义务不符合约定的,应当承担继续履行、采取补救措施或者赔偿损失等违约责任。但是,本案要求D局承担该责任的前提,应是其对合同出现嗣后不能履行的结果存在应予追责的行为过错。而显然,D局作出退档行为的原因是C公司未能及时消除其与A分社的合同纠纷所致,故C公司主张D局向其承担赔偿责任没有事实依据和法律依据。

【重点规范链接】

《民法典》(2020年5月28日)

第五百六十三条 有下列情形之一的,当事人可以解除合同:

(一)因不可抗力致使不能实现合同目的;

(二)在履行期限届满前,当事人一方明确表示或者以自己的行为表明不履行主要债务;

(三)当事人一方迟延履行主要债务,经催告后在合理期限内仍未履行;

(四)当事人一方迟延履行债务或者有其他违约行为致使不能实现合同目的;

(五)法律规定的其他情形。

以持续履行的债务为内容的不定期合同,当事人可以随时解除合同,但是应当在合理期限之前通知对方。

第五百七十七条 当事人一方不履行合同义务或者履行合同义务不符合约定的,应当承担继续履行、采取补救措施或者赔偿损失等违约责任。

第五百八十条 当事人一方不履行非金钱债务或者履行非金钱债务不符合约定的,对方可以请求履行,但是有下列情形之一的除外:

(一)法律上或者事实上不能履行;

(二)债务的标的不适于强制履行或者履行费用过高;

(三)债权人在合理期限内未请求履行。

有前款规定的除外情形之一,致使不能实现合同目的的,人民法院或者仲裁机构可以根据当事人的请求终止合同权利义务关系,但是不影响违约责任的承担。

《城镇国有土地使用权出让和转让暂行条例》(2020 年 11 月 29 日)

第八条第一款 土地使用权出让是指国家以土地所有者的身份将土地使用权在一定年限内让与土地使用者,并由土地使用者向国家支付土地使用权出让金的行为。

第十三条 土地使用权出让可以采取下列方式:

(一)协议;

(二)招标;

(三)拍卖。

依照前款规定方式出让土地使用权的具体程序和步骤,由省、自治区、直辖市人民政府规定。

第十四条 土地使用者应当在签订土地使用权出让合同后六十日内,支付全部土地使用权出让金。逾期未全部支付的,出让方有权解除合同,并可请求违约赔偿。

23. 未取得国有土地使用权证书,不影响土地使用权转让合同的效力

【裁判要旨】

《物权法》第 15 条规定,当事人之间订立有关设立、变更、转让和消灭不动产物权的合同,除法律另有规定或者合同另有约定外,自合同成立时生效;未办理物权登记的,不影响合同的效力。土地使用权转让是物权变动的一种形态,其转让行为适用《物权法》规定的物权变动原则。转让人是否取得国有土地使用权证书,仅影响合同的履行而不影响合同的效力。对于该转让合同的效力认定,要依据《合同法》第 52 条的规定进行判断。

【基本案情】

2007 年 11 月 1 日,A 公司与招商局签订《项目投资协议》,约定由 A 公司垫资建设某道路工程,招商局在符合国家法律规定和土地政策的条件下,以经营性土地使用权置换该工程。招商局负责向 A 公司提供出让手续完整的经营性用地,用于偿还 A 公司垫付的工程款。在不能提供置换土地的情况下,招商局应在工程竣工验收合格后的 3 个月内以现金方式支付工程款。超过前述时间支付的,招商局应以垫付工程款为基数,按银行同期贷款利率支付利息;超过半年时间支付的,应以垫付工程款为基数,按日息 0. 5‰的比例支付滞纳金。其后,至 2008 年 10 月 28 日,规划局针对 A 公司陆续提出的 3 份《关于工程置换商住用地的规划选址申请》作出 3 份批复文件,均表示同意 A 公司以其垫资建设的道路工程置换约 417 亩商住用地的使用权。

2010 年 7 月 26 日,甲方 A 公司与乙方 B 公司签订《联合开发协议》,主要约定:甲乙双方同意使用规划局批复中同意置换的约 417 亩商住用地联合

开发房地产项目。乙方以 19.3 万元/亩的价格(含土地价款 17 万元/亩,办证费用 2.3 万元/亩)作为合作投资资金,即依法取得该商住用地的使用权。

2010 年 9 月 6 日,甲方 A 公司与乙方 B 公司签订《补充协议 1》,主要约定:甲方应在取得《联合开发协议》约定的商住用地的土地使用权证后 1 个月内,将土地使用权全部转让过户到乙方指定的个人或公司名下。除办证费用 2.3 万元/亩外,乙方按 17 万元/亩的价格投入合作资金,汇入甲方账户。甲方负责土地拆迁,但不参与土地拆迁后的开发建设,既不分享土地开发建设所产生的或有收益,也不承担土地开发建设所造成的或有亏损,仅负责按 19.3 万元/亩的价格收取合作投资资金。该土地上的开发建设、房产销售等事务全部由乙方或其指定的第三方单方负责,联合开发的收益和产生的或有债权债务均归乙方或其指定的第三方所有及承担。

2010 年 10 月 11 日,甲方 A 公司、乙方 B 公司、丙方李某某签订《补充协议 2》,主要约定:甲乙丙三方经友好协商后,同意乙方将其在《联合开发协议》和《补充协议 1》中的权利义务全部转让给丙方。本协议签订后,原《联合开发协议》和《补充协议 1》中的乙方变更为丙方,由甲方和丙方继续履行《联合开发协议》、《补充协议 1》和本协议。此前乙方如有已经支付给甲方或其代理人的款项,视为丙方已经支付给甲方的款项。后续如有应支付给甲方的款项,由丙方负责支付给甲方。乙方和丙方同时要求甲方将《联合开发协议》和《补充协议 1》中约定的约 417 亩土地全部过户转让到丙方名下,甲方对此表示同意。

其后,李某某合计向 A 公司支付了 353 万元投资款,但 A 公司一直未交付土地。同时,招商局也未与 A 公司置换土地使用权,双方对于垫付工程款的结算与支付问题一直存在争议。2018 年 2 月,李某某诉至法院,以 A 公司、招商局为共同被告,并列国土局为第三人,提出 5 项诉讼请求:(1)判令 A 公司继续履行《联合开发协议》、《补充协议 1》和《补充协议 2》;(2)判令招商局协助 A 公司履行《联合开发协议》、《补充协议 1》和《补充协议 2》,提供出让手续完整的经营性用地;(3)确认《联合开发协议》约定的,并已取得规划局批复文件同意的 417 亩土地的使用权归李某某所有;(4)判令国土局协助办理前述土地使用权登记手续;(5)判令 A 公司承担本案的全部诉讼费用。

A 公司辩称:截至李某某起诉前,A 公司也未取得土地使用权证书,《联合开发协议》、《补充协议 1》和《补充协议 2》均无效。同时,《联合开发协议》约定的地价与办证费用现已发生变巨大变化,A 公司不可能再按原合同履行义务。

招商局辩称:A 公司与李某某发生的合同纠纷,与招商局无关。《项目投资协议》约定招商局在符合国家法律规定和土地政策的条件下置换土地,不能提供地块使用权时,招商局将以现金方式将工程款支付给 A 公司。前述约定表明土地置换是附条件的,而国家早就明文禁止以土地换项目,故合同有关土地置换的条件未成就,且不可能成就。并且,李某某无权起诉要求行政机关履行行政义务,以协助其获得土地使用权。

国土局辩称:某区国土局未参与案涉协议签订,不是合同主体,不应被列为第三人。

另外,根据控制性详细规划,案涉 417 亩土地中已有部分土地被规划为道路用地或绿化用地,剩余的经营性用地暂未履行招拍挂出让手续。有关部门表示,区政府将采取其他方式履行《项目投资协议》,可能会使用财政资金支付 A 公司垫付的工程款。

【一审争议焦点】

《联合开发协议》、《补充协议 1》和《补充协议 2》的性质和效力。

【一审裁判观点】

《最高人民法院关于审理涉及国有土地使用权合同纠纷案件适用法律问题的解释》(2005)第 24 条规定,合作开发房地产合同约定提供土地使用权的当事人不承担经营风险,只收取固定利益的,应当认定为土地使用权转让合同。由此可见,共担风险是作为认定合作开发法律关系的必备要件。本案中,虽然《联合开发协议》约定乙方 B 公司(《补充协议 2》变更为李某某)以每亩 19.3 万元作为合作投资资金,但结合《补充协议 1》关于“甲方负责土地拆迁,但不参与土地拆迁后的开发建设,既不分享土地开发建设所产生的或有收益,也不承担土地开发建设所造成的或有亏损,仅负责按19.3万元/亩的价格收取合作投资资金。该土地上的开发建设、房产销售等事务全部由乙方或其指定的第三方单方负责,联合开发的收益和产生的或有债权债务均归乙方或其指定的第三方所有及承担”的约定,本案所涉法律关系名为“房地产联合开发”,实为“土地使用权转让”,《联合开发协议》、《补充协议1》和《补充协议2》的性质为土地使用权转让合同,A公司为转让方。

《最高人民法院关于审理涉及国有土地使用权合同纠纷案件适用法律问题的解释》(2005)第9条规定:转让方未取得出让土地使用权证书与受让方订立合同转让土地使用权,起诉前转让方已经取得出让土地使用权证书或者有批准权的人民政府同意转让的,应当认定合同有效。本案中,虽然《项目投资协议》约定招商局负责向A公司提供出让手续完整的经营性用地,且规划局作出了3份批复文件表示同意A公司提出的合计约417亩土地的规划选址申请,但截至本案起诉时,A公司并未取得案涉417亩土地的土地使用权证,且起诉前也没有经有批准权的人民政府同意转让。因此,结合上述法律规定,《联合开发协议》、《补充协议1》和《补充协议2》应为无效。

由于《联合开发协议》、《补充协议1》及《补充协议2》无效,因此李某某要求确认已取得×区规划局批复文件同意的417亩土地的使用权归李某某所有,并判令第三人某区国土局协助办理土地使用权登记手续的诉讼请求也没有事实和法律依据,予以驳回。根据《合同法》第58条规定,合同无效或者被撤销后,因该合同取得的财产,应当予以返还;不能返还或者没有必要返还的,应当折价补偿。有过错的一方应当赔偿对方因此所受到的损失,双方都有过错的,应当各自承担相应的责任。但本案中,李某某并未提出要求返还财产或赔偿损失的诉讼请求,因此对于合同无效后的财产返还以及损失赔偿问题,李某某可以另行主张权利。

【二审争议焦点】

《联合开发协议》、《补充协议1》及《补充协议2》的效力。

【二审裁判观点】

《最高人民法院关于审理涉及国有土地使用权合同纠纷案件适用法律问题的解释》(2005)第9条规定:转让方未取得出让土地使用权证书与受让方订立合同转让土地使用权,起诉前转让方已经取得出让土地使用权证书或者有批准权的人民政府同意转让的,应当认定合同有效。根据该条规定,并不能当然得出起诉前转让方未取得出让土地使用权证书或未经有批准权人民政府同意转让的情况下合同无效的结论。且随着我国经济社会的发展,为鼓励市场交易,我国在法律制度设计上一般不再轻易否定合同的效力。《物权法》第15条规定,当事人之间订立有关设立、变更、转让和消灭不动产物权的合同,除法律另有规定或者合同另有约定外,自合同成立时生效;未办理物权登记的,不影响合同的效力。《最高人民法院关于审理买卖合同纠纷案件适用法律问题的解释》(2012)第3条第1款规定,当事人一方以出卖人在缔约时对标的物没有所有权或者处分权为由主张合同无效的,人民法院不予支持。根据以上规定,我国在立法上确立了物权变动的区分原则,即将不动产物权变动的原因与结果予以区分,物权变动的原因为合同,合同的结果为物权变动。以发生物权变动为目的的债权合同,其成立及生效应当依据《合同法》的规定,标的物是否成就、能否交付只是合同履行的结果问题,并非当然是合同的生效要件,不能以合同不能履行或物权没有发生变动反推合同无效。

同时,未取得土地使用权证书的土地使用权转让合同被认定无效,不仅不利于解决当事人之间的争议和维护交易安全,而且还可能助长不诚信行为。本案中,《联合开发协议》、《补充协议1》及《补充协议2》实为"土地使用权转让协议",该协议同样系当事人之间的真实意思表示,且无法定无效之情形,对李某某和A公司应当具有法律拘束力。因此,一审法院认定案涉土地使用权转让合同无效错误,《联合开发协议》、《补充协议1》及《补充协议2》有效。但由于A公司目前尚未取得案涉土地使用权证书,履行合同的条件尚不具备,因此,李某某要求办理土地使用权登记手续等其他诉讼请求不能得到支持,本院予以驳回。

【再审争议焦点】

《联合开发协议》、《补充协议 1》及《补充协议 2》的效力。

【再审裁判观点】

《最高人民法院关于审理涉及国有土地使用权合同纠纷案件适用法律问题的解释》(2005)第 9 条规定,转让方未取得出让土地使用权证书与受让方订立合同转让土地使用权,起诉前转让方已经取得出让土地使用权证书或者有批准权的人民政府同意转让的,应当认定合同有效。A 公司虽主张根据该条解释应认定案涉协议无效,但该条解释仅就“转让方未取得出让土地使用权证书与受让方订立合同转让土地使用权,起诉前转让方已经取得出让土地使用权证书或者有批准权的人民政府同意转让”的合同效力作了规定,并未对“起诉前转让方未取得出让土地使用权证书或者未经有批准权的人民政府同意转让”情形下的合同效力作出规定。而且,根据《物权法》第 15 条规定,当事人之间订立有关设立、变更、转让和消灭不动产物权的合同,除法律另有规定或者合同另有约定外,自合同成立时生效;未办理物权登记的,不影响合同的效力。具体到本案,案涉协议中,土地使用权转让作为物权变动的一种形态,其转让行为适用《物权法》规定的物权变动原则,A 公司能否取得案涉土地使用权证书或经有批准权的政府同意转让,属于合同履行问题,并非合同的生效要件。此外,原审已查明案涉相关协议均系当事人之间的真实意思表示,亦无《合同法》第 52 条规定的合同无效情形,故原审认定案涉《联合开发协议》、《补充协议 1》及《补充协议 2》有效,适用法律并无不当。因 A 公司尚未取得案涉土地使用权证书,履行合同的条件尚不具备,原审对李某某要求办理土地使用权登记手续等诉讼请求不予支持,亦无不当。

【评析】

2005 年 6 月 18 日,《最高人民法院关于审理涉及国有土地使用权合同纠纷案件适用法律问题的解释》公布,并于 2005 年 8 月 1 日起施行。该解释第 9 条规定:转让方未取得出让土地使用权证书与受让方订立合同转让土地使用权，起诉前转让方已经取得出让土地使用权证书或者有批准权的人民政府同意转让的，应当认定合同有效。其后，2009 年 7 月 9 日，为保障房地产业的健康发展，切实依法维护国有土地使用权转让市场，最高人民法院在《关于当前形势下进一步做好房地产纠纷案件审判工作的指导意见》(法发〔2009〕42 号)中亦明确指出："要正确理解城市房地产管理法等法律、行政法规关于土地使用权转让条件的规定，准确把握物权效力与合同效力的区分原则，尽可能维持合同效力，促进土地使用权的正常流转。"但是，基于各种原因，司法实践中仍有不少判例并未准确适用原则性和灵活性相统一的裁判方法以"尽可能维持合同效力"，反而采用了逆向类推的思维方式将上述司法解释的规定内容扩大理解为：起诉前转让方未取得出让土地使用权证书或者未经有批准权的人民政府同意转让的，应当认定合同无效。

诚然，基于"同案同判、类案类判"的正义追求，现代民商法并不禁止法律规范的类推适用。但为防范法官越位"造法"，仍应权衡、斟酌民商事案件中运用类推解释方法解读规范内涵的合法性与正当性。事实上，在法律未有明确规定的情形下，有关土地使用权转让合同的效力判断应立足于土地使用权的物权属性，并严格维护该合同作为债权合同的效力独立性。按照最高人民法院第四巡回法庭的观点，"土地使用权是通过出让人与受让人合意创设的一种对国有土地的占有、使用、处分、收益的权利，属于民事权利中的用益物权，在土地使用者将该用益物权转移时，即产生物权的变动"。① 故此认定涉及土地使用权转让的合同效力，自当以清晰区分物权变动原因与物权变动结果为原则，即"合同于当事人意思表示一致时产生债法上的相对效力，而物权的变动则必须依赖登记这一公示行为方能产生对世效力，债权合同的效力独立存在，不以合同是否履行以及能否履行等物权变动为生效要件"。② 根据此原则，《民法典》第 215 条亦规定：当事人之间订立有关设立、变更、转让和消灭不动产物权的合同，除法律另有规定或者合同另有约

① 姜伟主编：《最高人民法院第四巡回法庭疑难案件裁判要点与观点》，人民法院出版社 2020 年 12 月第 1 版，第 307 页。

② 人民法院出版社编：《最高人民法院司法观点集成》(民事卷④ · 第 3 版)，人民法院出版社 2017 年版，第 2204～2205 页。

定外,自合同成立时生效;未办理物权登记的,不影响合同效力。

此外,参照其他司法解释的规定,本案亦可推知转让方未取得出让土地使用权证书或者未经有批准权的人民政府同意转让的,不应影响土地使用权转让合同的效力。例如,《最高人民法院关于审理矿业权纠纷案件适用法律若干问题的解释》第6条规定:矿业权转让合同自依法成立之日起具有法律约束力。矿业权转让申请未经自然资源主管部门批准,受让人请求转让人办理矿业权变更登记手续的,人民法院不予支持。当事人仅以矿业权转让申请未经自然资源主管部门批准为由请求确认转让合同无效的,人民法院不予支持。第8条规定:矿业权转让合同依法成立后,转让人无正当理由拒不履行报批义务,受让人请求解除合同、返还已付转让款及利息,并由转让人承担违约责任的,人民法院应予支持。从而,即便《最高人民法院关于审理涉及国有土地使用权合同纠纷案件适用法律问题的解释》(2005)第9条在本案审理时尚未废止,[①]但基于案涉土地使用权转让协议均系当事人的真实意思表示,且无其他法定无效情形,故不能以合同不能履行或者物权没有发生变动为由,采用逆推解释的方法判定合同无效。

【重点规范链接】

《民法典》(2020年5月28日)

第一百五十三条 违反法律、行政法规的强制性规定的民事法律行为无效。但是,该强制性规定不导致该民事法律行为无效的除外。

违背公序良俗的民事法律行为无效。

第一百五十四条 行为人与相对人恶意串通,损害他人合法权益的民事法律行为无效。

第一百五十七条 民事法律行为无效、被撤销或者确定不发生效力后,行为人因该行为取得的财产,应当予以返还;不能返还或者没有必要返还的,应当折价补偿。有过错的一方应当赔偿对方由此所受到的损失;各方都

---

① 2020年12月29日修改的《最高人民法院关于审理涉及国有土地使用权合同纠纷案件适用法律问题的解释》已删除原解释第9条、第11条,即不再将转让人"取得土地使用权证书"以及转让"经有批准权的人民政府批准"作为判断土地使用权转让合同效力的要件事实。

有过错的，应当各自承担相应的责任。法律另有规定的，依照其规定。

第二百一十五条 当事人之间订立有关设立、变更、转让和消灭不动产物权的合同，除法律另有规定或者当事人另有约定外，自合同成立时生效；未办理物权登记的，不影响合同效力。

《最高人民法院关于审理涉及国有土地使用权合同纠纷案件适用法律问题的解释》（2020年12月29日）

第二十一条 合作开发房地产合同约定提供土地使用权的当事人不承担经营风险，只收取固定利益的，应当认定为土地使用权转让合同。

《最高人民法院关于审理矿业权纠纷案件适用法律若干问题的解释》（2020年12月29日）

第六条 矿业权转让合同自依法成立之日起具有法律约束力。矿业权转让申请未经自然资源主管部门批准，受让人请求转让人办理矿业权变更登记手续的，人民法院不予支持。

当事人仅以矿业权转让申请未经自然资源主管部门批准为由请求确认转让合同无效的，人民法院不予支持。

第八条 矿业权转让合同依法成立后，转让人无正当理由拒不履行报批义务，受让人请求解除合同、返还已付转让款及利息，并由转让人承担违约责任的，人民法院应予支持。

《最高人民法院关于当前形势下进一步做好房地产纠纷案件审判工作的指导意见》（2009年7月9日）

二、切实维护国有土地使用权转让市场。要正确理解城市房地产管理法等法律、行政法规关于土地使用权转让条件的规定，准确把握物权效力与合同效力的区分原则，尽可能维持合同效力，促进土地使用权的正常流转。

24."一地数转"情形下均未办理土地使用权变更登记手续的,应支持已先行合法占有土地的受让方取得土地使用权

【裁判要旨】

A公司在已与B局签订了《土地使用权转让协议》的情形下,又将案涉土地使用权通过5号民事调解书转让给E公司,A公司上述转让行为均未办理土地使用权变更登记。一审法院依据上述事实,根据《最高人民法院关于审理涉及国有土地使用权合同纠纷案件适用法律问题的解释》中关于"土地使用权人作为转让方就同一出让土地使用权订立数个转让合同,在转让合同有效的情况下,受让方均要求履行合同的,按照以下情形分别处理:……(二)均未办理土地使用权变更登记手续,已先行合法占有投资开发土地的受让方请求转让方履行土地使用权变更登记等合同义务的,应予支持"的规定,本案认定先行占有本案案涉土地使用权的受让人优先取得其合法占有的土地,事实和法律依据充分,并无不当。

【基本案情】

1993年7月8日,市国土局与区政府的平台公司(以下简称A公司)签订《国有土地使用权出让合同》,约定市国土局将1961.235亩国有土地使用权出让给A公司,A公司有权在土地使用年限内将土地使用权转让、出租、抵押或用于其他经济活动。

1996年12月31日,甲方A公司与乙方市交通局(以下简称B局)签订《土地使用权转让协议》,约定A公司以500万元的转让价格,将上述1961.235亩土地中的43,000平方米国有土地使用权转让给B局。该协议

还载明:“按照城市建设总体规划要求,本协议项下转让使用的地块将开发建设成为汽车北站、公路枢纽指挥中心以及其他经政府批准的项目。在地块使用期限内,如需改变本协议规定的土地用途的,应当征得甲方及规划管理部门批准。本协议经双方签字后的当日内,乙方向甲方支付 200 万元定金,甲方向乙方交付用地红线图后,乙方再支付第二期 300 万元购地款。甲方于乙方支付 200 万元定金后的 90 日内,应向乙方交付国有土地使用证书。乙方有权将本协议项下全部或部分地块的余期使用权转让、出租、抵押给他人,但转让、出租、抵押合同不得违背国家法律和本协议的约定。本协议经由双方签字并经市国土局审批认可后,双方即签订正式合同。正式合同以本协议为基础,是具有法律效力的最终文本。本协议的附件和补充协议,与本协议具有同等效力。”

同日,甲方 A 公司与乙方 B 局签订《补充协议 1》,主要约定:办理 43,000 平方米土地使用权出让手续应缴的一切税费,由甲方负担。乙方保证为甲方修建一条可连通某公路的长约 0.8 千米、宽约 14 米的水泥道路,道路工程建设费用由乙方负担,不超过 500 万元。其后,B 局按约支付了 200 万元定金,但双方并未将前述协议提交市国土局审批,也未重新签订正式合同。

1997 年 3 月 14 日,A 公司向 B 局发出《关于交通建设基地用地有关事项的通知》,除详细告知转让土地的四至坐标外,还告知 B 局在接到该通知后,即可修建水泥道路并开展项目规划设计工作,用地范围内的拆迁、补偿、安置等问题均由 A 公司负责解决。

1997 年 4 月 29 日,B 局与案外人签订《工程承包施工合同》,施工内容包括某公路的积水污泥清理和水泥道路路基的土方回填及压实。但因 A 公司未提供道路设计技术指标以及施工许可文件等,B 局在完成前述工作后未继续修建水泥道路,该道路最终由市政部门牵头修建完毕。

1997 年 8 月 21 日,A 公司向市国土局提交《关于请求分割 B 局所属项目用地红线的报告》,载明:“根据我司与 B 局签订的协议,我司已将 43,000 平方米土地使用权转让给 B 局作为汽车北站和公路枢纽指挥中心项目的建设用地。目前,汽车北站和公路枢纽指挥中心项目已由交通部批准实施,市计委也已立项。为配合该项目建设,敬请贵局办理用地红线分割手续。"

1997 年 12 月 15 日,A 公司向 B 局发出《关于恳请支持解决第二期购地款的函》,载明:"汽车北站和公路枢纽指挥中心项目建设用地的征用拆迁工作进展顺利,我司在征地拆迁补偿、水电增容、安置房建设等方面投入的资金已达 500 余万元。目前,项目用地范围内还有 2 条排水沟及 3 栋民宅尚未拆迁,主要原因是我司资金匮乏,制约了工程推进。此外,贵局前期的规划设计工作也耽误了部分时间,导致国土局至今尚未分割用地红线。为保证下一步工作的顺利开展,恳请贵局尽早支付第二期购地款,以解我司资金困难的燃眉之急。"其后,市国土局根据 A 公司提交的报告分割并确定了用地红线坐标,但 B 局坚持只有在 A 公司交付土地使用证后,才会支付第二期购地款。

1999 年 9 月 14 日,市计划委员会向 B 局下达《关于汽车零担货运总站建设项目的批复》,同意 B 局下属的长途汽车货运总公司(以下简称 C 公司)新建"货运总站"项目,并指明该项目在 B 局已购得的 43,000 平方米土地范围内选址建设。

1999 年 12 月 23 日,甲方 A 公司和乙方 B 局签订《补充协议 2》,主要内容为:为加快汽车北站和货运总站的建设,乙方同意在 12 月底前支付剩余购地款 300 万元给甲方。上述款项付达后,甲方应在 2000 年 2 月底前完成货运总站的征地拆迁工作,应在 2020 年第二季度内完成汽车北站的征地拆迁工作,腾地交乙方使用。

1999 年 12 月 28 日,B 局支付了剩余购地款 300 万元,A 公司亦将土地腾空后交付给 B 局。但因多重原因,A 公司一直未能办理国有土地使用权证。

2000 年 4 月 29 日,市规划局向 C 公司核发建设用地规划许可证,注明用地单位为 C 公司,项目名称为"货运总站",规划用地面积 25,289.91 平方米。

2001 年 12 月 26 日,B 局投资建设的汽车北站、货运总站以及公路枢纽指挥中心正式运营,均由 C 公司实际负责日常管理。

2003 年 4 月 20 日,A 公司就前述 43,000 平方米土地办理了国有土地使用权证。但其认为，B局未按约履行修建水泥道路的主义务，且双方未按约将土地使用权转让协议提交给国土局审批，未签订正式合同，故拒绝将土地使用权过户登记至B局名下。

在此期间，C公司进行了企业改制，并于2006年变更为D公司，企业性质由全民所有制转为混合所有制。而因土地长期未能过户，C公司和D公司均无法适时进行改扩建，导致车站周边的基础设施建设严重滞后，经营效益较差。故此，D公司与某驾校签订了《门店租赁经营合同》和《临时场地租赁合同》，将货运总站规划范围内的部分土地使用权出租给他人开展非运输业务。A公司认为，D公司的出租行为亦违反了《土地使用权转让协议》有关土地用途的约定。

此外，在某银行诉A公司借款合同纠纷案的二审程序中，某银行、A公司与E公司达成调解协议，约定E公司代替A公司偿还银行贷款本金3830万元和利息59.1407万元，A公司将其抵押给该银行的土地使用权证项下的土地（含货运总站的25,289.91平方米规划用地）使用权交付给E公司。2009年7月17日，某省高级人民法院作出5号民事调解书，确认了前述调解内容。

2010年，A公司再度办理换证手续，取得073586号国有土地使用权证，该权证项下包含了B局受让的全部43,000平方米土地。

2011年7月17日，A公司诉至法院提出2项诉讼请求：（1）解除A公司与B局签订的《土地使用权转让协议》、《补充协议1》和《补充协议2》；（2）本案诉讼费用由B局负担。

B局辩称：无论市国土局是否批准《土地使用权转让协议》，均不影响合同效力。B局已经支付了全部土地使用权转让价款，并在土地上投资建成了汽车北站、货运总站等项目，是43,000平方米土地的权利人。前述土地的使用权证办理在A公司名下，是因为A公司系单方提出申请，并非国土局不同意其将土地使用权转让给B局。B局未全面建成水泥道路的原因，是因A公司未及时提供水泥道路的规划指标及施工许可文件，并非B局违约。同时，A公司至今未交付土地使用权证，应向B局承担违约责任。

故此，B局亦提出3项反诉请求：（1）判令A公司对073586号国有土地使用权证项下的43,000平方米土地使用权办理分割转移登记手续,过户给B局;(2)判令A公司赔偿B局经济损失495.27万元(以500万元购地款为基数,按中国人民银行逾期贷款利率标准,从1999年12月28日计算至2011年6月21日止,以后继续按此计算至办妥土地转移登记之日);(3)本案诉讼费用由A公司负担。

A公司辩称:《土地使用权转让协议》仅为意向性合同,不是正式合同,按约定未生效。由于B局受让土地的性质为划拨用地,在未经国土局批准的情形下,该转让协议亦应属无效。同时,B局未修建水泥道路并将土地使用权出租给他人用于非运输业务,构成根本违约,即便协议生效,A公司也享有法定解除权。目前,案涉土地的客观情况已发生重大变化,土地上已存在某银行尚未解除的抵押登记和E公司作为第三方的合法权益。并且,在与本案同时审理的A公司和E公司的借款担保合同纠纷案中,法院已查封了货运总站的规划用地。因此,《土地使用权转让协议》已经无法履行。

根据当事人申请,法院追加E公司和D公司为本案第三人。E公司主张其根据《合同法》第81条规定,"债权人转让权利的,受让人取得与债权有关的从权利",已通过履行5号民事调解书取得了对货运总站规划用地的抵押权,同时还取得了对该用地使用权的所有权,故向法院提出"确认073586号土地使用权项下货运总站占用的25,289.91平方米土地归E公司所有"的诉讼请求。对于该诉请,B局辩称:该土地并没有办理过户登记,E公司未取得土地使用权。

【一审争议焦点】

1. A公司与B局签订的《土地使用权转让协议》及其相关补充协议是否应当解除?

2. A公司是否应将073586号国有土地使用权证项下的43,000平方米土地使用权转移登记至B局名下?

3. A公司是否应当承担B局已付500万元购地款的利息损失?

4. 25,289.91平方米土地使用权是否应确认归E公司所有?

【一审裁判观点】

关于争议焦点1:A公司与B局于1996年12月31日签订的《土地使用权转让协议》及其相关补充协议是双方当事人的真实意思表示,内容不违反签订时的法律规定,合法有效。根据查明事实,虽然双方当事人签订合同后未严格按约定将该协议提交市国土局审批,也未就案涉土地使用权转让相关事宜签订正式合同,但A公司在签订协议前已与市国土局签订《国有土地使用权出让合同》,取得了包括案涉土地在内的1961.235亩土地的成片开发权及处置权。根据A公司向市国土局出具的函件,A公司曾以其与B局签订了《土地使用权转让协议》为由,要求市国土局对案涉土地的红线图坐标进行分割,此后案涉土地的坐标亦由市国土局确定,故市国土局实际已认可A公司将案涉土地转让给B局。此外,市规划局对案涉土地下发的建设规划许可证,也表明规划部门同意案涉土地由B局用于经营公共交通事业。合同签订后,B局按约定支付了全部土地使用权转让款项,A公司也将土地使用权交付给B局。B局将案涉土地作为交通用地使用,在该宗土地上建成并营运汽车北站、货运总站多年,双方已经实际履行了大部分合同内容。

案涉《土地使用权转让协议》约定了交易的土地面积、转让价格、付款方式等主要权利义务,事后也确定了土地的坐标范围,虽对有些内容(如土地交易税费由谁负担)未作详细约定,但不影响合同的成立和生效,未尽事宜双方可事后协商,A公司有关案涉合同未生效、为意向性合同等主张不能成立。《补充协议1》约定了B局为A公司修建一条水泥道路的合同义务,虽然B局未全部完成该道路的修建,仅完成了基础施工,有一定的违约行为,但该道路的修建并不是合同的主要义务,A公司也无证据证明该道路未及时建设导致其不能实现合同目的。故B局的行为不构成根本违约,该违约行为不能构成A公司据以解除合同的法定事由。案涉土地虽由B局交给其下属企业C公司建设经营,该企业改制后又由D公司经营,但B局作为行政机关不能经营营利性事业,将案涉土地交给从事公交事业的企业经营不违反双方意愿和法律规定。并且,《土地使用权转让协议》也约定B局可以对案涉土地使用权再行转让或出租等,B局如何使用案涉土地与A公司无关。

另外,案涉土地主要是用于建设汽车北站和货运总站,虽然其中部分土地对外进行了出租,但并未整体改变该宗土地的用途(交通用地)。B局在未取得案涉土地使用权证的情况下无法对汽车北站进行改扩建,客观影响车站的经营效益,A公司对此应负一定责任,D公司为避免损失扩大而实施的出租行为并无不当。况且,《土地使用权转让协议》并未约定此种情况下A公司可以解除合同,该行为亦不是合同解除的法定事由。综上,案涉土地使用权的转让取得了主管部门的认可,B局已实际履行了大部分合同义务,其轻微违约行为不构成根本违约,不影响合同目的的实现。A公司关于解除案涉《土地使用权转让协议》、《补充协议1》以及《补充协议2》的诉讼请求不能成立。

关于争议焦点2:本案中,B局已按合同约定支付了全部转让款,但A公司未按约定为B局办理案涉土地的国有土地使用权证,其行为构成违约,B局要求A公司将073586号国有土地使用权证项下的43,000平方米土地使用权分割办理转移登记手续给B局的反诉请求符合双方合同的约定。根据《合同法》第60条和第107条的规定,本院对该反诉请求予以支持。至于办理案涉土地国有土地使用权转让手续的费用,双方应按原协议的约定执行。如有关费用在原协议中未明确约定由谁承担,双方可另行协商解决,协商不成可根据相关法律规定通过其他法律途径处理。

关于争议焦点3:虽然A公司未按合同约定及时为B局办理国有土地使用权证构成违约,但B局在履行合同中也有一定的违约行为,主要是未全面履行修建道路的义务。根据《合同法》第120条的规定,双方当事人均有违约,应各自承担相应的责任,本院对B局要求A公司支付已付款项利息的反诉请求,不予支持。

关于争议焦点4:A公司与E公司在另案中达成的调解协议,本质上属于民事合同。该协议虽经法院制作为民事调解书,但该调解书只是对双方权利义务的确认,并不是对案涉土地所有权的确认。虽然E公司按照该民事调解书履行了自己的义务,取得对A公司的债权,但该债权并不优先于B局在本案中的债权。本案中,B局与A公司的《土地使用权转让协议》及其相关补充协议系在A公司与E公司达成调解协议之前签订,B局按照上述合同约定支付了全部土地转让款,在案涉土地上进行了投资建设并占有使用多年。根据《最高人民法院关于审理涉及国有土地使用权合同纠纷案件适用法律问题的解释》(2005)第10条第2项之规定,本案中B局已先行合法占有案涉土地,E公司关于确认案涉土地使用权归其所有的诉讼请求,本院不予支持。

【二审争议焦点】

1.《土地使用权转让协议》、《补充协议1》以及《补充协议2》应否予以解除?

2. 案涉土地使用权应否归E公司所有?

【二审裁判观点】

关于争议焦点1:1996年12月31日和1999年12月23日,A公司与B局分别签订的三份协议是当事人的真实意思表示,其内容不违反法律禁止性规定。签订协议时,A公司虽未取得案涉土地的使用权证,但在2011年7月11日A公司提起本案诉讼之前,该公司已于2003年4月20日取得土地使用权证。根据《最高人民法院关于审理涉及国有土地使用权合同纠纷案件适用法律问题的解释》(2005)第9条规定:"转让方未取得出让土地使用权证书与受让方订立合同转让土地使用权,起诉前转让方已经取得出让土地使用权证书或者有批准权的人民政府同意转让的,应当认定合同有效"。据此,案涉三份协议均为有效协议,双方亦按合同约定履行了义务。B局支付了500万元土地使用权转让费,获得了土地使用权并按照《土地使用权转让协议》的约定投资建成汽车北站等进行营运,A公司亦获得了500万元土地使用权转让费。双方在《土地使用权转让协议》中虽有经国土局认可,即签订正式合同的约定,但该约定系双方对合同形式要件提出的要求。在A公司已依法取得土地使用权证且合同已实际履行的情况下,该形式要件是否具备并不影响合同的继续履行。A公司称案涉土地未获得国土局批准、合同无法继续履行的上诉理由缺乏事实与法律依据。

按照《土地使用转让补充协议》的约定,B局完成了道路基础部分的施工。A公司称B局未履行修路义务构成根本违约,案涉三份协议应予解除的上诉理由缺乏证据支持。而A公司未按约完成案涉土地使用权证的变更义务,即使案涉土地存在抵押、冻结及第三方权益,也是A公司的违约行为所致,该情形亦不符合《合同法》第94条规定的合同解除要件。A公司依此主张解除案涉协议的上诉理由不能成立,本院不予支持。

关于争议焦点2:5号调解书确认,E公司作为案外人自愿替A公司偿还3889.1407万元银行贷款后,A公司将其抵押给某银行的土地使用权证项下的土地交付给E公司。某银行在5号民事调解书中并没有转让债权,E公司也不是该行债权的受让人。E公司在5号调解书中的身份是A公司债务的代为清偿人,其清偿行为系债的加入。E公司依据《合同法》第81条"债权人转让权利的,受让人取得与债权有关的从权利"的规定,认为其已经取得货运总站规划土地的抵押权的主张缺乏事实与法律依据。而案涉土地是不动产,根据《物权法》第6条规定,不动产物权的设立、变更、转让和消灭,应当依照法律规定登记。E公司没有对案涉土地使用权进行变更登记,称其依据5号民事调解书已经取得案涉土地使用权的上诉理由亦不能成立。

A公司在1996年12月31日已与B局签订了《土地使用权转让协议》的情形下,又于2009年7月17日将案涉土地使用权通过5号民事调解书转让给E公司,A公司上述转让行为均未办理土地使用权变更登记。一审法院依据上述事实,根据《最高人民法院关于审理涉及国有土地使用权合同纠纷案件适用法律问题的解释》(2005)第10条第2项关于"土地使用权人作为转让方就同一出让土地使用权订立数个转让合同,在转让合同有效的情况下,受让方均要求履行合同的,按照以下情形分别处理:……(二)均未办理土地使用权变更登记手续,已先行合法占有投资开发土地的受让方请求转让方履行土地使用权变更登记等合同义务的,应予支持"的规定,本案认定先行占有本案案涉土地使用权的受让人优先取得其合法占有的土地使用权,事实和法律依据充分,并无不当。

【评析】

现实生活中,"一物数卖"的现象不仅较为常见,而且极难规避。这是因为,根据现行的物权变动立法模式,我国虽不承认物权变动无因性理论,也未明示采用物权变动形式主义立法例,但已将不动产登记和动产交付视为事实行为,并以该事实行为作为物权变动的直接依据。由此,对于任何一份买卖合同而言,自债权契约的成立时点至物权发生变动期间将存在一段时间差。而这段时间差的客观存在,不仅意味着“一物数卖”的现象难于杜绝,还意味着“一物数卖”的行为均为有权处分,先后成立的数份买卖合同的效力通常均为合法有效。故此,当事人因“一物数卖”引发的核心焦点争议首先在于——哪份合同的受让人能优先他人取得该转让标的物?根据现行《最高人民法院关于审理买卖合同纠纷案件适用法律问题的解释》第6条与第7条的规定,在买卖合同均为有效的情形下,若“一物数卖”行为涉及的买卖标的系普通动产的,先行受领交付的买受人享有优先权;均未受领交付时,先行支付价款的买受人享有优先权;均未受领交付,也均未支付价款时,依法成立在先合同的买受人享有优先权。若“一物数卖”涉及的买卖标的系“船舶、航空器、机动车等特殊动产”的,先行受领交付的买受人享有优先权;均未受领交付时,先行办理所有权转移登记手续的买受人享有优先权;均未受领交付,也未办理所有权转移登记手续时,依法成立在先合同的买受人享有优先权。

而对“一物数卖”情形下不动产转让合同的履行顺序,最高人民法院在制定《最高人民法院关于审理涉及国有土地使用权合同纠纷案件适用法律问题的解释》时,已明确“一地数转”情形下[①]确认土地使用权归属的基本原则为:“一是根据我国立法确立的物权变动原则规定,确认土地使用权由已经办理权属变更登记手续的受让人取得。二是对均未办理土地使用权变更登记手续的,按照土地利益效益原则,判决先行投资开发的受让人与出让人订立的合同先行履行。三是对均未办理土地使用权变更登记手续,又均未投资开发的,根据诚实信用的原则,判决依法成立在先的土地使用权转让合同现行履行。无法取得土地使用权的受让人请求解除合同、返还已付转让

---

① 《最高人民法院关于审理商品房买卖合同纠纷案件适用法律若干问题的解释》中未直接规定“一房数卖”情形下房屋买卖合同的履行顺序。但笔者认为,“一房数卖”情形下,原则上亦应按照“物权变动原则”>“房屋利用效益原则”>“诚实信用原则”的价值逻辑确认房屋所有权归属。

款及利息、赔偿损失的,应予支持。"①本案中,人民法院即系按照土地利益效益原则,确认已长期合法占有案涉土地使用权的 B 局(而非依据生效法律文书对案涉土地享有债权请求权的 E 公司)享有请求 A 公司履行办理土地使用权变更登记义务的优先权。

值得指出的是,在确认先行占有投资开发土地的受让方享有合同履行的顺位利益时,应首先排除"非法占用土地"的行为,即该受让方对土地的占有应为"合法占有"。根据《土地管理法》的有关规定,"非法占用土地行为"的具体表现是:未经批准,擅自占用土地;骗取批准,非法占用土地;超过批准数量,多占土地;非法批准使用土地并拒不归还;违反土地利用总体规划,擅自将农用地转为建设用地等。而根据《土地管理法》第 77 条的规定,前述非法占用土地的行为非但不能产生"合法占用"的效果,且非法占用土地单位的直接负责的主管人员和其他直接责任人员,还会面临需要承担行政责任乃至刑事责任的后果。当然,对于其他不能取得土地使用权的受让方而言,其当然享有请求解除合同、赔偿损失的权利。但若转让方在签订转让合同时存在故意掩盖真实情况等欺诈行为,其亦可请求撤销合同,即发生合同解除权与撤销权的竞合。同时,《民法典》第 221 条第 1 款规定:当事人签订买卖房屋的协议或者签订其他不动产物权的协议,为保障将来实现物权,按照约定可以向登记机构申请预告登记。预告登记后,未经预告登记的权利人同意,处分该不动产的,不发生物权效力。据此,为防范"一地数转"风险,受让方应充分利用预告登记制度以使自身依据合同而产生的相对性权利转变为绝对性权利,进而令其他受让人因有可归责的原因而丧失优先权。

【重点规范链接】

《民法典》(2020 年 5 月 28 日)

第二百二十一条第一款 当事人签订买卖房屋的协议或者签订其他不动产物权的协议,为保障将来实现物权,按照约定可以向登记机构申请预告

① 人民法院出版社编:《最高人民法院司法观点集成》(民事卷④·第 3 版),人民法院出版社 2017 年版,第 2239 页。

登记。预告登记后,未经预告登记的权利人同意,处分该不动产的,不发生物权效力。

第五百四十七条 债权人转让债权的,受让人取得与债权有关的从权利,但是该从权利专属于债权人自身的除外。

受让人取得从权利不因该从权利未办理转移登记手续或者未转移占有而受到影响。

第五百五十二条 第三人与债务人约定加入债务并通知债权人,或者第三人向债权人表示愿意加入债务,债权人未在合理期限内明确拒绝的,债权人可以请求第三人在其愿意承担的债务范围内和债务人承担连带债务。

第五百六十三条 有下列情形之一的,当事人可以解除合同:

(一)因不可抗力致使不能实现合同目的;

(二)在履行期限届满前,当事人一方明确表示或者以自己的行为表明不履行主要债务;

(三)当事人一方迟延履行主要债务,经催告后在合理期限内仍未履行;

(四)当事人一方迟延履行债务或者有其他违约行为致使不能实现合同目的;

(五)法律规定的其他情形。

以持续履行的债务为内容的不定期合同,当事人可以随时解除合同,但是应当在合理期限之前通知对方。

第五百七十七条 当事人一方不履行合同义务或者履行合同义务不符合约定的,应当承担继续履行、采取补救措施或者赔偿损失等违约责任。

第五百九十二条 当事人都违反合同的,应当各自承担相应的责任。

当事人一方违约造成对方损失,对方对损失的发生有过错的,可以减少相应的损失赔偿额。

《土地管理法》(2019年8月26日)

第七十七条 未经批准或者采取欺骗手段骗取批准,非法占用土地的,由县级以上人民政府自然资源主管部门责令退还非法占用的土地,对违反土地利用总体规划擅自将农用地改为建设用地的,限期拆除在非法占用的土地上新建的建筑物和其他设施,恢复土地原状,对符合土地利用总体规划的,没收在非法占用的土地上新建的建筑物和其他设施,可以并处罚款;对非法占用土地单位的直接负责的主管人员和其他直接责任人员,依法给予处分;构成犯罪的,依法追究刑事责任。

超过批准的数量占用土地,多占的土地以非法占用土地论处。

《最高人民法院关于审理涉及国有土地使用权合同纠纷案件适用法律问题的解释》(2020年12月29日)

第九条 土地使用权人作为转让方就同一出让土地使用权订立数个转让合同,在转让合同有效的情况下,受让方均要求履行合同的,按照以下情形分别处理:

(一)已经办理土地使用权变更登记手续的受让方,请求转让方履行交付土地等合同义务的,应予支持;

(二)均未办理土地使用权变更登记手续,已先行合法占有投资开发土地的受让方请求转让方履行土地使用权变更登记等合同义务的,应予支持;

(三)均未办理土地使用权变更登记手续,又未合法占有投资开发土地,先行支付土地转让款的受让方请求转让方履行交付土地和办理土地使用权变更登记等合同义务的,应予支持;

(四)合同均未履行,依法成立在先的合同受让方请求履行合同的,应予支持。

未能取得土地使用权的受让方请求解除合同、赔偿损失的,依照民法典的有关规定处理。

第四编 合作开发房地产合同纠纷

“劳动是财富之父，土地是财富之母”[①]，国有建设用地的核心价值在于使用权人可以利用其开发建设房地产项目，并通过销售、出租等市场经营行为，在土地价值增值的基础上实现开发利益。在此过程中，鉴于资金匮乏、资质欠缺以及项目运营经验不足、能力不强等原因，土地使用权人往往需要引入项目投资人，与其签订合作开发协议，建立利润共享、风险共担的利益共同体。该类合作开发协议符合“合伙”或者“联营”的基本特征，并因权利义务内容直接涉及国有建设用地使用权，而须接受《土地管理法》、《城市房地产管理法》、《土地管理法实施条例》、《城市房地产开发经营管理条例》及《城镇国有土地使用权出让和转让暂行条例》等特别法的规范和调整。

① 马克思：《资本论(第一卷)》，人民出版社1975年版，第57页。

25.“共享利润、共担风险”是认定当事人成立合作开发房地产合同关系的主要依据

【裁判要旨】

合作开发房地产合同，是当事人订立的以提供土地使用权、资金等作为共同出资，以“共享利润、共担风险”合作开发房地产为基本内容的协议。在一方以资金为投入，另一方以取得的土地使用权为投入的合作开发房地产合同中，土地使用权投入方将土地使用权变更为合作各方共有或者变更至项目公司名下，通常是合作开发房地产合同约定的重要内容。其真实意思表示是以土地使用权作价出资，还是单一的土地使用权转让，最主要的认定依据是合作各方是否“共享利润、共担风险”。在各方约定共同成立专门的项目公司开发房地产的情形下，无论项目公司是否成立以及土地使用权是否已经变更登记为项目公司享有，均不影响合作开发房地产合同的效力。

【基本案情】

2001年8月22日，市建设委员会根据A公司提交的《关于华茂商业园区开发改造方案的报告》，向市政府提出请示。

2001年11月28日，市计划委员会批复同意A公司开发改造华茂商业园区，建设“华茂商住步行街”，项目总建筑面积43,787平方米。

2001年12月31日，市建设委员会向A公司核发建设项目选址意见书和建设用地规划许可证。

2002年1月12日，市政府办公厅通知对华茂商业园区进行拆迁改造。

2002年4月21日，A公司注册设立B公司。

2002 年 7 月 6 日，A 公司、苏某某、C 公司签订《合作开发协议书》，载明："因华茂商业园区开发改造的需要，增加苏某某、C 公司共同建设，项目用地包括 A 公司第 044 号出让土地 17,745.1 平方米。各方一致同意在变更 B 公司股东和股权后，以 B 公司作为改造建设'华茂商住步行街'的项目公司。A 公司负责办理项目开工所需的政府批文，负责将原改造建设单位由 A 公司变更为 B 公司，负责将第 044 号土地使用权面积纳入 B 公司，负责该部分土地的拆迁补偿安置及'三通一平'工作，并承担由此发生的全部费用。A 公司应配合苏某某、C 公司办理 B 公司的变更登记手续，为 B 公司办理房地产开发经营资质，所发生的费用由苏某某、C 公司支付。苏某某、C 公司负责具体运作 B 公司，负责承担除第 044 号出让土地外的土地拆迁安置及费用，负责缴纳除第 044 号出让土地外所需补缴的项目土地出让金，负责向 B 公司投入除注册资金以及本协议约定由 A 公司承担的费用之外的项目开发建设经营销售所需的全部资金，负责对项目进行规划、设计、施工和销售。本项目竣工并完成销售归物业公司管理后，本协议终止，项目公司注销。A 公司可分得总建筑面积中的 11,070 平方米房产，包括商场 4700 平方米、独立店面 2000 平方米和住宅 4370 平方米，其余房产全部归苏某某和 C 公司所有。"

2002 年 7 月 7 日，A 公司办理了股权变更登记手续，苏某某和 C 公司成为 B 公司的新股东，合计持股比例为 98%。

2002 年 11 月 20 日，B 公司通过参与挂牌竞拍，取得 2238.09 平方米土地使用权。

2002 年 10 月 25 日，B 公司向市计划委员会提交《项目立项变更申请书》，主要内容为：B 公司已取得"华茂商住步行街"项目 19,983.19 平方米土地开发权，缴纳了土地出让金，办理了国有土地使用证，并据此调整优化了原规划设计内容，项目总建筑面积增加为 74,464 平方米。现特申请修改原规划设计内容，确定 B 公司为项目开发主体。

2002 年 11 月 1 日，B 公司与 A 公司签订《拆迁安置协议》，主要约定：鉴于 A 公司欠缺流动资金，双方同意在原协议基础上，减少 A 公司分取住宅面积 800 平方米，由 B 公司给予 80 万元现金补偿，即 A 公司可分得的总建筑面积调整为 10,270 平方米。A 公司可分得的补偿房屋应相对集中，好坏搭配,具体位置、朝向、层次应于项目设计文件定稿批准时在设计平面图纸中明确。A 公司应按《房地产合作开发协议书》之规定,拆除其所提供的第 044 号土地范围内的地上建筑物,使场地符合"三通一平"条件,并承担相应费用。本协议签订后,A 公司应将第 044 号土地使用权人变更为 B 公司。

2002 年 12 月 31 日,市计划委员会对 B 公司提交的《项目立项变更申请书》作出批复,主要内容为:项目用地面积 19,983.19 平方米,总建筑面积 74,464 平方米,项目建设单位由 A 公司变更为 B 公司。

2003 年 6 月 19 日,B 公司领取了新的建设工程规划许可证。

2003 年 11 月 8 日,A 公司与 B 公司签订《补充协议书》,载明:"双方根据《合作开发协议书》和《拆迁安置协议》,就项目分配补偿等具体问题达成如下补充协议:(1)双方在项目运作过程中,应遵守互惠互利、诚实信用原则,凡涉及双方利益的事宜应互相透明并及时沟通协商;(2)补偿给 A 公司的商场及店铺面积、位置编号按双方签字的'建筑平面位置分配图'(附件一)及'商业补偿面积及位置编号表'(附件二)执行;(3)双方同意项目整体根据某公司绘制的,并经市建设管理部门审批的全套施工图纸施工;(4)B 公司应在本协议签订后的 15 日内,将立项文件、一书两证及施工许可证复印件提交 A 公司一份备存;(5)华茂商业园区由 B 公司整体开发,该园区的整体投资、规划、设计、建设及销售等均由 B 公司负责;(6)凡涉及 A 公司补偿房产设计、施工问题的,B 公司必须征求 A 公司意见,并取得 A 公司认可,不得自作主张,损害 A 公司利益。"

此后,B 公司根据上述协议及政府部门的批准文件开发建设项目,实际建成的总建筑面积达到 71,549.8 平方米,相较 2001 年 11 月 28 日市计划委员会的批复面积增加了 27,762.8 平方米。A 公司提出,该增加面积是利用 A 公司投资的土地和以该投资土地为抵押物的银行贷款建设形成,B 公司应向 A 公司增加分配房产。苏某某、C 公司则答复,新增建筑面积是其运营项目的工作成果,A 公司可分配房产面积早已明确,不能再提增加分配的要求。

同时,A 公司还认为,B 公司在苏某某、C 公司的控制下隐瞒了重大事项,变更项目规划设计系擅自行事,其是在不知项目建设规模已变更增加为 71,549.8 平方米的情况下签订《补充协议书》的。并且,B 公司分配给自身的商场存在高度不合理、采光不足等问题。专业机构给出的咨询意见是,前述问题的产生皆因B公司单方增加建筑面积所致。而增加建筑面积,还会增加项目容积率,减少绿化面积及公共设施,客观减损了A公司所分房产的经济价值。故此,A公司诉至法院提出3项诉讼请求:(1)判令B公司按50%的比例和各种类型房产面积的比例,对其单方扩大建设规模而增加的27,762.8平方米建筑面积,依据好坏位置、层次搭配原则,向A公司增加分配13,881.4平方米房产面积,其中住宅面积5480.38平方米,独立店铺2508.37平方米,大小商场5894.04平方米;(2)判令B公司在决策合作项目重大事项和开展预销售活动时,应与A公司共同签字盖章办理手续,以避免判决结果难以实现;(3)本案诉讼费用由B公司承担。

B公司辩称:《房地产合作开发协议书》中没有任何有关各方出资及出资比例的约定,A公司只是将其名下土地使用权转让给B公司,并获得固定面积的补偿房产。《拆迁安置协议》的订立,标志着B公司与A公司之间名为"合作开发关系"的终止和实为"拆迁、安置、补偿关系"的确立。开发过程中,A公司的全部利益已经根据《拆迁安置协议》和《补充协议书》得到了补偿,无权分得前述协议之外的开发房产面积。《房地产合作开发协议书》已经规定项目开发主体是B公司,A公司无权干涉B公司的自主决策和独立经营,无权要求B公司在处理公司事务时还要履行与其共同签字盖章的手续。本项目增加的建筑面积是B公司加大投入以及成功经营公司的成果,A公司并未有新的投入。况且,在签订《补充协议书》前,A公司就已配合B公司以B公司名义提交项目立项变更申请,知晓本项目的建筑总面积将增加为74,464平方米以及本项目名称将发生变更的事实。其后,A公司以签订《补充协议书》的行为放弃了相应权利,并同意"项目整体根据某公司绘制的,并经某市建设管理部门审批的全套施工图纸施工",而该施工图纸亦已清晰显示了项目建筑面积增加的情况。故此,A公司无权再以项目面积增加为由要求多分房产。

【一审争议焦点】

1. A公司是否系案涉项目的合作开发主体?可分配多少面积的房产?

2. B公司增加房产面积是否构成违约？A公司是否有权分配B公司增加的房产面积？

【一审裁判观点】

关于争议焦点1：A公司与苏某某、C公司于2002年7月6日签订的《合作开发协议书》，A公司、B公司分别于2002年11月1日签订的《拆迁安置协议》以及2003年11月8日签订的《补充协议书》，均系各方真实意思表示，且各方均无异议，其法律效力应予确认，各方均应严格履行。A公司与各方签订了上述协议，并根据《合作开发协议书》的约定履行了其应履行的合同义务，即拆迁地上建筑物、保证其提供的土地达到“三通一平”条件并承担由此发生的费用等，由此应认定A公司系案涉项目的合作开发主体。《合作开发协议书》同时约定了以B公司作为改造建设华茂商住步行街的项目公司，原改造建设单位由A公司变更为B公司；除A公司承担第044号土地的拆迁安置和“三通一平”费用外，由苏某某和C公司负责投入本项目开发建设经营所需的全部资金，并负责B公司的具体运营和对本项目进行整体规划设计、施工及销售；所建成房产除补偿A公司11,070平方米外，其余全部归苏某某和C公司所有。由此证明，A公司应分得的房产面积已确定为11,070平方米。其后，根据《合作开发协议书》，B公司与A公司就分配房产的面积、位置达成了《拆迁安置协议》和《补充协议书》，双方均应严格履行。

关于争议焦点2：B公司并非《合作开发协议书》的当事人，而是作为合作各方成立的项目公司，负责对项目进行规划设计、施工和销售。B公司调整项目规划设计后，报经有关部门批准实施，将原建筑面积由43,787平方米增加为71,549.8平方米。该增加的建筑面积是因B公司加大投资、优化设计而形成，A公司仍是投入17,745.1平方米土地，并未增加其他投资。A公司虽然是合作开发主体，但其应分房产面积和具体位置已确定，请求对增加面积进行分配，理由不足。A公司称B公司单方增加房产面积，致使所应分配的商场出现高度不合理、采光不足等问题，属于履行合同过程中的违约问题，并非增加分配房产面积的理由。但鉴于B公司开发前，A公司已经做了一些前期开发工作,而在该项目的开发过程中,A 公司又履行了《合作开发协议书》规定的合作义务,故根据公平和诚实信用原则,可就 B 公司在开发过程中增加的 27,762 平方米房产面积,酌情以增加该面积的 20%对 A 公司予以适当补偿,具体位置可根据好坏搭配的原则确定。

【二审争议焦点】

1. A 公司和 B 公司是合作开发关系还是拆迁安置补偿关系?
2. B 公司单方增加建筑面积是否违约及应否承担违约责任?
3. 新增建筑面积应如何处理?

【二审裁判观点】

关于争议焦点 1:从案涉项目的开发建设过程看,在 A 公司与苏某某、C 公司签订《合作开发协议书》前,A 公司已提交了《关于华茂商业园区开发改造方案的报告》,经政府批复同意获得开发权利,并获得了相应的建设项目选址意见书和建设用地规划许可证。为开发建设需要,A 公司在该协议签订前即注册成立了 B 公司。该项目前期的立项、规划等审批手续均为 A 公司运作的结果,也是该协议签订的基础。A 公司及 B 公司提交的证据显示,该项目所占 19,983.19 平方米土地中的 17,745.1 平方米土地,是由 A 公司已取得土地使用权的自有土地变更登记至 B 公司名下,另外 2238.09 平方米土地使用权为 B 公司以参与挂牌出让方式取得,A 公司已经依照该协议将其自有土地使用权投入到合作项目中。《合作开发协议书》的约定内容和实际履行过程表明,B 公司是该项目合作的载体,并为合作项目变更了公司登记。而 A 公司与 B 公司虽然不是《合作开发协议书》的合同相对方,但 A 公司与苏某某、C 公司作为合同相对方,约定了该项目的开发方式是以 B 公司作为项目公司对"华茂商住步行街"实施改造建设。同时,该协议还约定除 A 公司承担的费用外,苏某某和 C 公司需要负责本项目开发建设经营所需的全部资金投入,并负责具体运作 B 公司以对本项目进行整体规划设计、施工和销售,另约定了"本项目整体竣工并完成销售归物业公司管理后,协议终止,项目公司注销"等内容。此后,A 公司与 B 公司在直接签订的《拆迁安置协议》和《补充协议书》中的约定内容,也都是以履行《房地产合作开发协议书》为前提。因此,B公司在该项目合作中具有双重地位,一方面作为A公司与苏某某、C公司合作开发该项目的项目公司,另一方面随着协议的履行,替代苏某某、C公司成为合作主体,与A公司继续进行项目合作,并先后签订了《拆迁安置协议》和《补充协议书》。

合作开发房地产合同,是当事人订立的以提供土地使用权、资金等作为共同出资,以“共享利润、共担风险”合作开发房地产为基本内容的协议。在一方以资金为投入,另一方以取得的土地使用权为投入的合作开发房地产合同中,土地使用权投入方将土地使用权变更为合作各方共有或者变更至项目公司名下,通常是合作开发房地产合同约定的重要内容。其真实意思表示是以土地使用权作价出资,还是单一的土地使用权转让,最主要的认定依据是合作各方是否“共享利润、共担风险”。在各方约定共同成立专门的项目公司开发房地产的情形下,无论项目公司是否成立以及土地使用权是否已经变更登记为项目公司享有,均不影响合作开发房地产合同的效力。本案中,《合作开发协议书》对于合作各方分配房产,并没有一方不承担合作风险或者一方无论项目盈亏亦能获取固定利益的约定。换言之,本案中的合作各方均实际承担了合作风险,该协议的实质是A公司以土地使用权作为出资与相对方合作开发房地产项目。因此,A公司与苏某某、C公司通过签订并实际履行《合作开发协议书》的行为形成合作关系。同时,《合作开发协议书》签订后,合作各方就该合作协议的未尽事宜,又签订了《拆迁安置协议》和《补充协议书》。在后续签订的两份协议中,B公司是合作协议的主体,并承担了《合作开发协议书》中苏某某、C公司的权利和义务,负责履行该协议约定的有关内容。因此,A公司与B公司之间存在实际的合作开发关系。《拆迁安置协议》所确定的内容,则是A公司与B公司就具体拆迁安置事项形成的另一法律关系。

关于争议焦点2:本案中,B公司通过履行协议增加了房屋建筑面积,该新增加的27,762.8平方米建筑面积在《合作开发协议书》中虽然没有约定,但B公司对项目重新进行优化设计,并变更立项进行开发建设,均符合《合作开发协议书》关于该项目以及B公司由苏某某、C公司负责具体实施和具体运营,并由苏某某、C公司对本项目整体进行规划设计、施工和销售等约定的内容要求,是具体实际履行《房地产合作开发协议书》的行为,而不是单方增加面积的违约行为。

关于争议焦点3:《合作开发协议书》和《拆迁安置协议》均以市计划委员会立项批准的、开发建设规模总面积为43,787平方米的华茂商业园区项目为基础,约定A公司应分配11,070平方米的房产,是依据“43,787平方米”这一前提而确定。《补充协议书》亦载明:“双方根据《合作开发协议书》和《拆迁安置协议》,就项目分配补偿等具体问题达成如下补充协议。”由此可见,合作各方仍然是以原来的《合作开发协议书》和《拆迁安置协议》为依据分配房产补偿面积,并未就项目优化设计后增加的建筑面积进行新的分配约定。而A公司主张分配多增加的房屋面积,并非以股东身份对项目利润分配提出主张,而是依据合作合同关系,在《合作开发协议书》约定分配的房产面积发生变更后提出请求。本院认为,新增加的面积是合作项目的产物,理应归合作各方共同所有。但上述三份协议均未就新增的27,762.8平方米建筑面积分配再予约定,故一审法院认为A公司请求的合同依据不足,并无不当。

案涉项目实际建成的71,549.8平方米房产面积,是以B公司名义提请报批的立项变更申请书以及相应批复文件为建设依据,项目所占19,983.19平方米土地中的17,745.1平方米土地,是A公司取得土地使用权的自有土地,其余2238.09平方米土地使用权则为B公司直接以挂牌出让方式取得。一审法院综合考虑合同履行情况,并适用公平原则,确定各方未作约定的新增面积按照20%的比例分配给A公司,与双方最初约定的分配面积所占比例(11,070平方米÷43,787平方米≈25%)大致相当,符合本案实际,可予维持。一审判决对部分事实的认定虽不够准确,但对本案的实际处理结果没有造成影响,未失公平,可予维持。

【评析】

根据《最高人民法院关于审理涉及国有土地使用权合同纠纷案件适用法律问题的解释》第12条之规定,合作开发关系的成立必须同时具备三个法定基本要件,即"一是共同投资,即合作各方按照协议约定以包括土地、资金等作为资本,投入到合作项目之中;二是共享利润,即合作各方对合作开发建设的利润按约定比例共同分配利益;三是共担风险,即合作各方不仅仅享有对合作项目的利润分配,更要按照约定比例承担合作项目的经营风险及不利后果。"①从而,对于当事人签订的以"合作开发"为名的合同,既要深入探究合同条款的真实意思,更要全面核查土地投入、资金投入、工程建设以及房产销售经营等情况,唯有兼具"共同投资、共享利润、共担风险"三大要件特征,方能构成合作开发房地产合同关系。

在上述三个法定要件中,"共同投资"和"共享利润"分别是合作开发房地产合同关系成立的前提基础和动机目的,而"共担风险"则是据以判定当事人之间的法律关系是否为合作开发房地产合同关系的关键环节。在此,"风险"作为一种不确定性,主要是指合作开发项目在实际运作过程中客观存在的经营风险,主要包括经营收益的不确定性和经营成本的不确定性。对于不愿共担经营风险,只想"旱涝保收、稳赚不赔"的当事人而言,通常会在合同中明确约定一方不承担风险或者风险均由某一方承担。若合同约定提供土地使用权的当事人不承担经营风险,只收取固定利益,则该合同性质应认定为土地使用权转让合同。而若合同约定提供资金的当事人不承担经营风险,则该合同性质可依该当事人收取回报的具体类型分为三种:其一,约定只分配固定数量房屋的,应认定为房屋买卖合同;其二,约定只收取固定数额货币的,应认定为借款合同;其三,约定只以租赁或者其他形式使用房屋的,应认定为房屋租赁合同。

实践中,许多以"合作开发"为名的合同并未明确约定项目的经营风险应由哪方承担。在此情形下,若合同已明确约定了各方"共享利润",自应推定"共担风险"是该合作关系的应有之义,除非某方当事人通过其他合同安排或者实际履约行为排除了其需要承担风险的现实可能。另外,"共享利润"并非要求合作开发房地产合同的当事人只能按比例分配表现为货币形式的利润收入。对于提供土地使用权的当事人而言,若合同明确约定其能

① 人民法院出版社编:《最高人民法院司法观点集成》(民事卷④·第3版),人民法院出版社2017年版,第2499页。

获取的投资回报是固定面积的建成房产,则只要其提供土地的方式符合“投资”的基本特征(如本案中A公司将其自有土地变更登记在项目公司名下),且合同中也没有明确约定供地方不承担开发风险或者开发风险只由供资方承担,同样亦应确认该合同关系具备“共担风险”的典型特征。因为,在此情形下,以建成房产为分配对象的回报约定是否能够实现,至少在合同签订之时仍然具有显著的不确定性。换言之,此时项目开发的实际结果既有可能因各种原因低于甚至无法实现合同预估,也有可能如本案一般,基于追加投资、优化设计等经营行为超出原合同的建设目标。从而,以获取固定面积建成房产为回报的供地方在其提供土地使用权作为合作投资时仍然面临着收益的不确定性,其与供资方共担了整个项目的开发经营风险,理应根据公平原则与诚实信用原则参与对新增房屋建设面积的共享和分配。对此,最高人民法院(2011)民中字第777号民事判决书亦明确指出:“合作各方在签订合作合同之后,合作项目在双方共同努力下得以优化变更,建筑面积在土地面积不变的情况下因容积率变化而得以增加。由于土地价值与容积率呈正相关,提供土地乙方的出资部分因容积率增加而增资,其应分获的房产面积亦应相应增加,该方当事人可按照原合同约定的分配比例请求分配新增面积部分。”

【重点规范链接】

《民法典》(2020年5月28日)

第六条 民事主体从事民事活动,应当遵循公平原则,合理确定各方的权利和义务。

第七条 民事主体从事民事活动,应当遵循诚信原则,秉持诚实,恪守承诺。

《城市房地产管理法》(2019年8月26日)

第二十八条 依法取得的土地使用权,可以依照本法和有关法律、行政法规的规定,作价入股,合资、合作开发经营房地产。

《最高人民法院关于审理涉及国有土地使用权合同纠纷案件适用法律问题的解释》(2020年12月29日)

第十二条 本解释所称的合作开发房地产合同,是指当事人订立的以提供出让土地使用权、资金等作为共同投资,共享利润、共担风险合作开发房地产为基本内容的合同。

26. 合同清理条款约定向投资方返还投资本息的，不属于“名为合作合同，实为借款合同”的情形

【裁判要旨】

案涉合同约定一方出地，另一方出资，共同设立房地产项目公司合作开发房地产，双方按照出资比例享有项目公司股东权益。从双方约定的权利义务内容看，该协议性质为共同出资、共享利润、共担风险的合作开发房地产合同。合同还约定，终止履行后接受出资一方返还出资方投资款本金及按同期银行贷款利率4倍支付利息。依据《合同法》第97条、第98条规定，此约定性质为合同终止履行后的清理条款，不属于《最高人民法院关于审理涉及国有土地使用权合同纠纷案件适用法律问题的解释》中“应当认定为借款合同”的情形。

【基本案情】

A厂系全民所有制企业，自2002年始即处于停产状态。为解决职工生活出路和历史遗留的债务问题，县经贸局作为A厂的主管单位向县政府提出关于A厂搬迁改制的请示报告。2007年1月22日，县工商企业改制领导组作出《关于A厂改制开发的批复》，同意A厂实施企业改制。

2007年5月10日，A厂与B公司签订《协议书》，主要内容为：A厂提供土地资源，B公司出资，共同组建新公司合作开发房地产。B公司负责办理前期开发手续，承担审计评估、土地转用、土地证办理、项目可研报告、取得政府批文、立项核销银行债务以及购买法律服务所产生的各项费用。A厂负责提供办理各项手续所需的相关材料，自愿以其为合作开发房地产提供的

商住用地使用权作为对B公司垫支费用的担保,土地使用权面积预估70余亩,以实际征地规划为准。B公司垫资办完所有手续后,如因其他原因不能成为新成立公司的股东,A厂和取得开发合作权的共同双方必须一次性偿还B公司前期办理相关手续垫支的一切费用及承担垫支款同期的4倍银行利息,并参照县新建商品住房每平方米售价的20%(按总建筑面积)向B公司一次性支付违约金。如B公司成为新公司股东,B公司的垫支款作为成立新公司的入股资金,A厂以其土地使用权70余亩的价款作为入股资金。如A厂未能按本协议约定支付B公司上述费用,A厂不得进行施工建设,B公司有权拒绝向A厂提供所办的相关手续。

其后,自2007年1月19日至2012年8月10日,B公司为办理土地使用权出让、申请批文等前期手续及代偿A厂债务陆续支付了1434.9174万元,A厂出具的49份收款收据均载明B公司支付的款项性质为"借款"。

2007年7月22日,县工商企业改制领导组作出《关于A厂企业改制方案的批复》,明确要求A厂要以企业改制成本和政府最低收益为最低起标价,并附带职工安置条件,通过公开招标选定合作开发商。

2007年8月13日,县政府形成《会议纪要》,明确要求A厂应当通过公开招标方式选定合作开发伙伴。

2012年10月9日,B公司与A厂签订《补充协议书》,主要内容为:双方于2007年5月10日通过平等协商签订了就A厂国有土地使用权范围内土地合作开发房地产商住用地项目。该协议签订后,B公司按照协议约定,负责办理前期各种手续并垫支全部费用。B公司的前期资金投入,除具有一般意义上的垫支或借款功能外,更为重要的是合作开发,以实现双方共赢的商业经营目标。原协议约定,B公司如不能成为新成立公司股东,A厂和取得开发合作权的共同双方必须一次性偿还B公司前期办理相关手续垫支的一切费用及承担垫支款同期的4倍银行利息,该约定是为保障B公司一般意义上的垫支或借款功能。双方认可,B公司的投入资金不限于一般意义上的垫支或借款性质,而是具有明确的商业投资意义。据此,双方补充约定,如在合同开发未果时,B公司前期投入下的可期待利益为A厂土地上建筑面积(商住用途)售价总额的20%。此可期待利益即为B公司应得的经济补偿金，违约金包含在经济补偿金内。

2010 年 1 月 18 日、2012 年 10 月 9 日，B 公司与 A 厂将双方签订的《协议书》及《补充协议书》分别进行了公证，公证书均载明：“双方当事人的签约行为符合《民法通则》第 55 条的规定，协议内容符合《合同法》的规定，协议书上双方当事人的签字印章属实。”

2012 年 12 月 5 日，县国有产权交易中心发布 A 厂整体产权转让公告，要求竞标者缴纳 3000 万元保证金，B 公司则希望以其前期垫支的费用充抵保证金。

2012 年 12 月 24 日，B 公司与 A 厂签订《确认书》，载明：经 A 厂会议研究，职工代表会议同意，政府相关部门审核，从 2006 年开始，A 厂与 B 公司商谈共同合作开发事宜……现在的情况是，A 厂经县政府及国资部门审批，将 A 厂整体资产通过企业国有产权交易市场进行公开交易。为使企业利益、投资者权益及交易各方权利明确、债务清晰，有必要对 B 公司的投入及应享有的权益进行确认（确认 B 公司投入金额为 1434.9174 万元，确认 A 厂若需偿还垫支款时应按同期银行贷款利率的 4 倍计付利息）。若 B 公司依法定程序成为 A 厂产权的受让人，则 B 公司的债权应充抵交易费用。

2012 年 12 月 30 日，县经贸局向县国有产权交易中心出具说明，证明 B 公司曾向 A 厂提供了 1434.9174 万元借款以及应承担 4 倍银行利息。此外，A 厂和 B 公司也多次与国有产权交易中心协调允许 B 公司以前期合作出资充抵部分保证金的事宜，但国有产权交易中心坚持不能充抵。

2013 年 1 月 6 日，C 公司依照招标转让公告汇入 3000 万元投标保证金并被确定为产权受让人，B 公司则未缴纳竞标保证金。

B 公司认为，其与 A 厂签订的《协议书》和《补充协议书》完全符合法律关于房地产合作开发的有关规定，双方订立的合作协议依法成立并生效，B 公司切实履行了协议义务。而 A 厂在协议履行期间将产权整体转让，B 公司作为合作单位，没有参加竞买 A 厂产权的义务。现 A 厂将产权转让给了 C 公司，导致 B 公司不能实现协议目的，系 A 厂单方违约终止合作协议，其应按协议约定承担违约责任。据此，B 公司向法院提出 2 项诉讼请求：（1）判令 A 厂向 B 公司给付合作投资款本金、违约金及赔偿金共计 11,251.935718

万元(该违约及赔偿金计算至2012年12月31日,自2013年1月1日起,以本金为基数,按照同期中国人民银行贷款利率的4倍计算至实际还款之日止);(2)判令A厂承担本案案件受理费等全部诉讼费用。一审法院在受理B公司的起诉时,将本案案由定为“借款合同纠纷”。

A厂辩称:双方签订的《协议书》和《补充协议书》对如何组建公司、如何开发以及利润如何分配并未作出约定,反而约定了B公司在任何情形下都可获得本金加利息的固定返还回报,且其向B公司出具的收款收据均为借据,故A厂与B公司之间为借款关系而非合作开发关系。同时,《协议书》、《补充协议书》及《确认书》均为无效协议,因为:(1)根据政府的批复和会议纪要,A厂应通过公开招标选定开发商,但B公司签订前述协议时并未经过公开招标程序;(2)根据《企业国有资产法》及《企业国有资产监督管理暂行条例》,国有企业无权自主决定企业的分立、合并、破产等重大事项,而上述协议内容显属重大事项,应经主管部门批准并备案,《协议书》和《补充协议书》未经批准并备案即未生效;(3)《协议书》和《补充协议书》约定的违约责任是以提高其他竞争对手的竞争成本为目的,存在恶意串通损害国家利益和他人利益的无效情形。(4)鉴于《协议书》和《补充协议书》的性质为借款合同,而依据中国人民银行发布的《贷款通则》及《最高人民法院关于对企业借贷合同借款方逾期不归还借款的应如何处理问题的批复》之规定,前述协议作为企业之间的借款合同应属无效合同。

C公司亦向法院提出参加诉讼的申请,理由是其支付了3000万元保证金参加A厂产权的转让竞买,如A厂与B公司达成默契,将损害C公司的利益,故本案诉讼与其有利害关系。法院经审查后,允许C公司参与本案诉讼。

C公司陈述意见称:政府整体转让A厂产权,并未导致案涉协议不能履行,B公司完全可以为继续履行合同参与竞买。在其主动不参与竞买的情形下,应自行承担损失。此外,协议约定的新公司并未成立,B公司仅以借款形式投入部分资金,既未对土地价值评估,也未对开发房地产的风险负担作出约定,却约定支付10倍以上的违约赔偿金,显然不应获得支持。B公司一方面未报名参加A厂的转让竞买,故意抵制政府工作;另一方面为了排挤竞争对手签订案涉协议，应向A厂及合法买受人赔偿损失。

针对C公司的诉讼意见，B公司主张：C公司与本案处理结果缺乏法律上的利害关系，法院不应允许其参加本案诉讼；C公司没有任何有效证据证明其是“唯一一家受让A厂产权的单位”；C公司是基于报名参加A厂产权拍卖成为竞买人之一，若其因参加竞买而权益受损，应向拍卖委托人及拍卖人主张相关权利。

【一审争议焦点】

1. 本案案由。

2.《协议书》和《补充协议书》是否已生效？

3. 对于B公司未取得合作开发权的结果，A厂是否存在过错？

【一审裁判观点】

关于争议焦点1：本院认为，《协议书》和《补充协议书》的主要内容是双方合作开发房地产，B公司也是以《协议书》和《补充协议书》为基础要求A厂承担违约金、赔偿金，故本案案由应为“合作开发房地产合同纠纷”，而非“借款合同纠纷”。

关于争议焦点2：《协议书》和《补充协议书》虽然是B公司与A厂双方的真实意思表示，并经过了公证，但A厂属于全民所有制企业，全民所有制企业利用土地与房地产公司合作开发土地应经上级有关部门批准或请示备案。而到现在为止，《协议书》和《补充协议书》也未得到上级有关部门批准，同时亦都未向上级有关部门请示备案。并且，根据县政府相关文件的精神，A厂与他方合作开发土地需要经过招投标方式。据此，上级有关部门不可能批准A厂以协议方式与B公司建立合作开发关系，也不可能对该事项进行备案。故，双方签订的《协议书》和《补充协议书》没有生效，B公司以未生效的协议要求A厂承担违约金及赔偿金，本院不予支付。

关于争议焦点3：B公司明知县国有产权交易中心发布公告，准备对A厂产权进行整体公开转让，但不报名参加，致使自身丧失了与A厂继续合作的可能，责任在于B公司，A厂没有过错。鉴于双方签订的协议未生效，又因A厂没有过错,对于B公司投入的本金,A厂应予返还,利息按中国人民银行同期同类存款利率计算。

【二审争议焦点】

1. 案涉合同的性质和效力。

2. A厂应承担的责任。

3. C公司应否作为第三人参加本案诉讼?

【二审裁判观点】

关于争议焦点1:根据《协议书》所述,本案双方的签约目的是A厂提供土地,B公司出资共同组建新的公司,合作开发房地产。根据《协议书》约定的权利义务内容,A厂以其土地70余亩使用权作价入股,B公司全权负责办理并垫付A厂前期办理各种手续的全部费用,在成为新公司股东时,垫支款将作为成立新公司的入股资金。如果B公司不能成为新公司股东,A厂应返还B公司投入的前期费用及该费用的4倍同期银行利息并支付违约金。双方签订的《补充协议书》及《确认书》亦重申了上述目的和内容。据此,B公司投入资金是以合作开发房地产为目的,双方协议的性质应为合作开发房地产合同而非借款协议。如果合同欠缺相关条款,亦不足以影响合同的合作开发性质,并可由合同当事人另行协商或根据法律规定予以确定。

县工商企业改制领导组作出的《关于A厂改制开发的批复》、《关于A厂企业改制方案的批复》及县政府作出的《会议纪要》均证明,政府许可A厂与他人合作开发房地产,并非A厂管理层自行对国有资产进行处置。在政府批复同意A厂改制并将占用划拨土地依法变性用于房地产开发的情形下,A厂有权自主选定合作伙伴共同合作开发房地产项目。《企业国有资产法》第31条规定,国有独资企业、国有独资公司合并、分立,增加或者减少注册资本,发行债券,分配利润,以及解散、申请破产,由履行出资人职责的机构决定,并未规定国有企业签订合作开发房地产合同需要履行报批手续。并且,《企业国有资产法》自2009年5月1日起施行,而《协议书》于2007年5月10日签订,亦不宜适用《企业国有资产法》认定协议未生效。双方签订的合作开发房地产合同明确约定土地变性、合作开发等应履行法定程序，约定内容合法。B 公司已依约支付大部分出资，合同成立并生效，且已部分实际履行。一审判决认定案涉协议未经批准或者备案，从而适用《合同法》第 44 条第 2 款规定认定案涉合同未生效有误。

此外，政府虽要求 A 厂选定合作开发伙伴时需经公开招标，但在政府作出《关于 A 厂企业改制方案的批复》以及《会议纪要》后，A 厂并未解除其与 B 公司签订的《协议书》，而是自 2007 年 1 月 19 日至 2012 年 8 月 10 日依然陆续接受 B 公司支付的 1434.9174 万元投资款，用于办理土地出让、申请批文等各项开发前期手续及解决遗留债务，并在《补充协议书》和《确认书》中确认了 B 公司投入款项的性质为投资款。A 厂在接受 B 公司的投资款后，又以政府要求其公开招标选择合作伙伴为由主张《协议书》无效，违反诚实信用原则。

关于争议焦点 2：B 公司与 A 厂签订《协议书》及《补充协议书》时，虽拟成立新的公司合作开发房地产，但 B 公司在签订《确认书》时，已经明知县政府及国资部门决定将 A 厂整体资产通过国有产权交易市场进行公开交易，即已经知道其应通过法定程序成为 A 厂产权的受让人后，方能实现开发房地产的合同目的。而政府有关 A 厂改制方式的行政决定并未导致 B 公司所签订的合作协议不能履行，B 公司仍然可以通过参加竞标的方式获得房地产开发权。县经贸局曾向国有产权交易中心出具说明，证明 B 公司曾向 A 厂提供了 1434.9174 万元借款以及 A 厂应承担 4 倍银行利息；A 厂和 B 公司亦曾多次共同与国有产权交易中心协调，请求其允许 B 公司以前期合作出资充抵部分保证金。前述事实可以证明 B 公司曾积极参加竞标，政府和 A 厂亦提供了积极协助，故 B 公司最终因未缴纳竞拍保证金而丧失合作机会，并非 A 厂拒绝与其合作所致，B 公司主张 A 厂根本违约不能成立。现 B 公司要求返还投资款本金，其意为解除合同，A 厂亦认为无法继续履行合同，应视为双方均同意解除合同。B 公司请求返还投资款本金，本院予以支持。

《协议书》约定，如因其他原因，B 公司不能成为新成立公司股东，A 厂和开发合作权的实际取得方必须一次性偿还 B 公司前期办理相关手续垫支的一切费用及承担垫支款同期的 4 倍银行利息。在《确认书》中，双方进一步明确该“4 倍银行利息”为同期的银行贷款利息的 4 倍。根据上述约定,在合作不成时,A 厂即应履行上述义务。并且,B 公司投入的资金已经实际为 A 厂使用,用于支付土地出让金、归还银行贷款及履行执行义务等,A 厂实际受益,应依约向 B 公司支付资金使用费。综上,本院认为,A 厂应返还 B 公司投入的本金 1434.9174 万元,并按中国人民银行同期同类贷款利息的 4 倍给予补偿,从每笔资金支出时间起至给付之日止。

因 B 公司未缴纳保证金参加竞标,导致其未获得房地产开发权,其要求 A 厂按照《协议书》、《补充协议书》及《确认书》的约定“参照县新建商品房每平方米售价总额的 20%”,支付违约金 7933 万元,本院不予支持。

关于争议焦点 3:C 公司支付了 3000 万元保证金参与 A 厂产权的竞买,本案的审理结果涉及 A 厂的债务负担,亦影响到 A 厂的转让价值。C 公司自愿作为第三人参加诉讼,有利于对案情的全面知晓,并不影响 B 公司的权利。一审法院准许 C 公司参与本案诉讼,并无不当。

【评析】

《最高人民法院关于审理涉及国有土地使用权合同纠纷案件适用法律问题的解释》第 23 条规定:合作开发房地产合同约定提供资金的当事人不承担经营风险,只收取固定数额货币的,应当认定为借款合同。根据该规定,以“合作开发”为名的合同被认定为“借款合同”的前提要件仍然是该合同不具备“共同投资、共享利润、共担风险”的基本特征,具体表现为提供资金的一方当事人不承担经营风险。据此,如果合作开发合同的当事人仅通过具有相对独立性的结算清理条款,约定因某种不确定情况发生而导致合同权利义务终止时,提供土地使用权的当事人应当向提供资金的当事人返还其前期支付的投资款并支付相应的资金占用利息,则因该约定并未排除提供资金的当事人在合同履行期间共担经营风险的原因,而不应影响合作开发合同的性质。

所谓“结算清理条款”,系指当事人针对合同因出现非正常履行状况而提前终止履行时,所约定的有关如何结算双方财务往来,如何分配基于合同履行所形成的财产,以及如何处理其他遗留问题的条款。如本案中,A 厂和

B 公司在《协议书》中约定的"如因其他原因(B 公司)不能成为新成立公司的股东,A 厂和取得开发合作权的共同双方必须一次性偿还 B 公司前期办理相关手续垫支的一切费用及承担垫支款同期的 4 倍银行利息",即为双方针对"B 公司不能成为项目公司股东"这一必然导致合作开发关系终止的非正常情况所约定的结算清理条款。对于当事人而言,结算清理条款的核心功能是预先明确特定情形下各方之间的债权债务如何清点对账、如何结算估价以及应当采用何种方式或方法进行返还给付。相较于其他内容相对集中的通用合同条款,如标的条款、数量条款、质量条款、价格或者报酬条款及争议解决的方法条款等,结算清理条款涉及的权利义务内容往往包括费用结算、费用退回、费用流转、债权分配、债务分担、标的物返还、撤场清退及原状恢复等诸多事项,既有可能表现为单一的专项条款,也有可能与其他条款(如违约金条款)相组合,同时亦有可能以合同附件形式予以约定。而对"结算清理条款"的法律效力,《民法典》第 567 条规定:合同权利义务关系终止,不影响合同中结算和清理条款的效力。据此,只要合同不存在无效情形,则无论合同生效与否,结算清理条款均具有履行效力。[①]

当然,根据《最高人民法院关于审理涉及国有土地使用权合同纠纷案件适用法律问题的解释》第 23 条的规定,合作开发房地产合同被认定为借款合同的另一前提要件是提供资金的当事人"只收取固定数额货币",即只收取固定金钱回报。本案中,A 厂主张其与 B 公司系借款合同关系的重要理由,即是 B 公司通过合同约定已经保障了其在任何情形下均能获取"本金+4 倍银行贷款利息"的"固定"回报。而若该主张成立,则因 A 厂和 B 公司均为企业法人的原因,存在借款合同被认定无效的巨大风险。但是,所谓固定回报,是指合同履行后一方当事人在任何情形下都"均能"且"仅能"获得的无差别回报。而本案中,B 公司在签订《协议书》时预设了两种情况:第一种情况是其成为新公司的股东后,与 A 厂按投资比例共享利润、共担风险;第二种情况是其不能成为新公司的股东时,则 A 厂向其返还投资款并支付利息。也就是说,B 公司签订《协议书》时的真实意思是成为新公司的股东,其

---

① 根据《民法典》第 507 条的规定,唯有解决争议的方法条款才不受合同效力的影响。

投资目的是获取无法事先确定数额的合作开发收益,而非只欲收取固定数额的本息回报。因此,最高人民法院根据B公司的投资目的与获益方式,不仅认定《协议书》针对第二种情况约定的投资返还方式不构成“名为合作合同,实为借款合同”的情形,还确认了该约定作为结算清理条款的效力,并根据诚实信用原则,判令A厂应当在返还投资款的同时弥补B公司的利益损失,损失数额应按合同约定的“同期银行贷款利息的4倍”计算。

【重点规范链接】

《民法典》(2020年5月28日)

第七条 民事主体从事民事活动,应当遵循诚信原则,秉持诚实,恪守承诺。

第一百五十七条 民事法律行为无效、被撤销或者确定不发生效力后,行为人因该行为取得的财产,应当予以返还;不能返还或者没有必要返还的,应当折价补偿。有过错的一方应当赔偿对方由此所受到的损失;各方都有过错的,应当各自承担相应的责任。法律另有规定的,依照其规定。

第五百零二条 依法成立的合同,自成立时生效,但是法律另有规定或者当事人另有约定的除外。

依照法律、行政法规的规定,合同应当办理批准等手续的,依照其规定。未办理批准等手续影响合同生效的,不影响合同中履行报批等义务条款以及相关条款的效力。应当办理申请批准等手续的当事人未履行义务的,对方可以请求其承担违反该义务的责任。

依照法律、行政法规的规定,合同的变更、转让、解除等情形应当办理批准等手续的,适用前款规定。

第五百一十条 合同生效后,当事人就质量、价款或者报酬、履行地点等内容没有约定或者约定不明确的,可以协议补充;不能达成补充协议的,按照合同相关条款或者交易习惯确定。

第五百一十一条 当事人就有关合同内容约定不明确,依据前条规定仍不能确定的,适用下列规定:

(一)质量要求不明确的,按照强制性国家标准履行;没有强制性国家标准的,按照推荐性国家标准履行;没有推荐性国家标准的,按照行业标准履行;没有国家标准、行业标准的,按照通常标准或者符合合同目的的特定标准履行。

(二)价款或者报酬不明确的,按照订立合同时履行地的市场价格履行;依法应当执行政府定价或者政府指导价的,依照规定履行。

(三)履行地点不明确,给付货币的,在接受货币一方所在地履行;交付不动产的,在不动产所在地履行;其他标的,在履行义务一方所在地履行。

(四)履行期限不明确的,债务人可以随时履行,债权人也可以随时请求履行,但是应当给对方必要的准备时间。

(五)履行方式不明确的,按照有利于实现合同目的的方式履行。

(六)履行费用的负担不明确的,由履行义务一方负担;因债权人原因增加的履行费用,由债权人负担。

第五百六十二条 当事人协商一致,可以解除合同。

当事人可以约定一方解除合同的事由。解除合同的事由发生时,解除权人可以解除合同。

第五百六十七条 合同的权利义务关系终止,不影响合同中结算和清理条款的效力。

《企业国有资产法》(2008 年 10 月 28 日)

第三十一条 国有独资企业、国有独资公司合并、分立,增加或者减少注册资本,发行债券,分配利润,以及解散、申请破产,由履行出资人职责的机构决定。

《民事诉讼法》(2021 年 12 月 24 日)

第五十九条第一、二款 对当事人双方的诉讼标的,第三人认为有独立请求权的,有权提起诉讼。

对当事人双方的诉讼标的,第三人虽然没有独立请求权,但案件处理结果同他有法律上的利害关系的,可以申请参加诉讼,或者由人民法院通知他参加诉讼。人民法院判决承担民事责任的第三人,有当事人的诉讼权利义务。

《企业国有资产监督管理暂行条例》(2019 年 3 月 2 日)

第二十条 国有资产监督管理机构负责指导国有及国有控股企业建立

现代企业制度,审核批准其所出资企业中的国有独资企业、国有独资公司的重组、股份制改造方案和所出资企业中的国有独资公司的章程。

第二十一条 国有资产监督管理机构依照法定程序决定其所出资企业中的国有独资企业、国有独资公司的分立、合并、破产、解散、增减资本、发行公司债券等重大事项。其中,重要的国有独资企业、国有独资公司分立、合并、破产、解散的,应当由国有资产监督管理机构审核后,报本级人民政府批准。

国有资产监督管理机构依照法定程序审核、决定国防科技工业领域其所出资企业中的国有独资企业、国有独资公司的有关重大事项时,按照国家有关法律、规定执行。

第二十三条 国有资产监督管理机构决定其所出资企业的国有股权转让。其中,转让全部国有股权或者转让部分国有股权致使国家不再拥有控股地位的,报本级人民政府批准。

第二十四条 所出资企业投资设立的重要子企业的重大事项,需由所出资企业报国有资产监督管理机构批准的,管理办法由国务院国有资产监督管理机构另行制定,报国务院批准。

第三十二条 所出资企业中的国有独资企业、国有独资公司的重大资产处置,需由国有资产监督管理机构批准的,依照有关规定执行。

《最高人民法院关于审理涉及国有土地使用权合同纠纷案件适用法律问题的解释》(2020年12月29日)

第二十三条 合作开发房地产合同约定提供资金的当事人不承担经营风险,只收取固定数额货币的,应当认定为借款合同。

27. 承诺“创造条件”让投资方取得土地使用权的，不符合合作开发房地产合同关系的基本特征

【裁判要旨】

案涉协议虽名为《土地合作开发协议》，但从协议双方的整体权利义务上看，A 公司的义务是取得案涉土地的用地指标，将该地块变为新增建设用地，创造条件让投资方摘牌取得该地块的土地使用权，享有的权利是按 140 万元/亩的价格收取投资方投入的土地开发费用，盈余部分归 A 公司所有。洪某某的权利义务是取得案涉土地的建设用地使用权，按 140 万元/亩的价格支付土地开发费用。因此，该协议不符合委托合同的特征，与以“共同出资、共享利润、共担风险”为主要特征的合资、合作开发房地产合同亦有区别。该协议只是洪某某在预对该地块进行整体开发建设前，为取得土地使用权而与 A 公司签订的合同，并不违反法律法规的强制性规定。

【基本案情】

2013 年 4 月 7 日，甲方 A 房地产开发有限公司(以下简称 A 公司)与乙方洪某某签订《土地合作开发协议》，主要约定：拟开发地块总面积为 1020.96 亩。甲方确认其在新农村建设中拥有足够的土地指标，且保证将该土地指标放置于拟合作开发的本地块，经国土局同意后，由甲方名义组卷上报入市。甲方确保为本地块取得开发建设条件，确保将本地块的土地用途改变为新增建设用地。甲方承诺创造条件让乙方摘牌取得本地块的土地使用权，摘牌价格保证控制在 80 万元/亩以内。本地块一期开发用地 300 亩，甲方应在 2013 年 10 月 30 日前将征地挂牌方案组卷上报，在 2014 年 3 月 31 日前将该

土地挂牌。甲、乙双方确认,本地块开发费用为140万元/亩(包括土地出让金、政府收益、征地补偿款及挂牌所需的其他费用等,不含契税)。此费用如有盈余,乙方同意盈余部分均归甲方所有。本合同签订40日内,乙方将定金3000万元打入指定账户,作为甲方将现有土地一期300亩变性为新增建设用地的费用,合计每亩价格为10万元,以此类推,每期300亩,每亩10万元的定金待条件成熟后分期支付。甲方如若未能尽到以上条款中的义务,应在退还定金后,另行赔付乙方违约金3000万元整。乙方如若违约,则甲方有权处置已付定金,乙方需另行赔付甲方违约金3000万元整。双方同意,如若发生违约情形,均不得以实际损失多少为由减少违约金数额。

2013年5月15日,洪某某向A公司支付3000万元,A公司出具的收款收据载明:"今收到洪某某交来A公司指定汇给郭某某(郭某某系A公司大股东),人民币叁仟万元整。"

2013年6月17日,B公司向A公司支付2712.5万元,A公司出具的收款收据载明:"今收到B公司交来预收土地流转金,人民币贰仟柒佰壹拾贰万伍仟元整。"B公司后证实该款项系其代替洪某某支付。

2014年11月,洪某某向A公司寄送《催告函》,内容为:"2013年4月7日,我与贵公司签订了《土地合作开发协议》共同开发土地。协议生效后,我于2013年5月15日按约定交付了3000万元的定金,贵公司也预收了2712.5万元土地流转金。协议约定贵公司应于2013年10月30日前将一期300亩用地的征地挂牌方案组卷上报,在2014年3月31日前将该土地挂牌。现协议签订已达1年7个月,但贵公司未履行协议约定的义务,故特发此函,请求贵公司在接到此函之日起5日内依合同约定履行相应义务,否则,我即行使合同解除权。"2014年11月30日,A公司签收了该函件。

其后,洪某某诉至法院提出4项诉讼请求:(1)解除原、被告双方于2013年4月7日签订的《土地合作开发协议》;(2)判令A公司双倍返还定金共计6000万元;(3)判令A公司返还预收土地流转金2712.5万元,并按农村信用社2年期同期存款利率支付利息;(4)诉讼费用由A公司承担。

A公司辩称:其与洪某某签订协议时,案涉土地并非允许市场流通的建设用地。时至今日,有批准权的人民政府也未批准挂牌出让案涉土地。依据《最高人民法院关于审理涉及国有土地使用权合同纠纷案件适用法律问题的解释》第 11 条的规定,《土地开发合作协议》应属无效协议。同时,《土地开发合作协议》的实质是将应由政府机关行使的土地征用、出让权利设定为 A 公司的合同义务,显然严重违反了法律的强制性规定。而前期 300 亩土地未组卷上报入市,也未进行招、拍、挂程序的原因是政府未能完成村民回迁任务,无法腾出宅基地,导致 A 公司无法取得据以组卷上报的全部土地资料。洪某某没有实现合同目的的原因不是 A 公司造成,A 公司除应返还从洪某某处收取的 3000 万元外,不应当再承担任何违约责任。《土地合作开发协议》约定:"本合同签订 40 日内,乙方将定金 3000 万元打入指定账户,作为甲方将现有土地一期 300 亩变性为新增建设用地费用,合计每亩价格为 10 万元,依此类推,每期 300 亩,每亩 10 万元的定金待条件成熟后分期支付。"根据该约定,洪某某除应支付一期 300 亩土地开发费用 3000 万元以外,还应当另行支付 3000 万元作为履行合同的定金,即洪某某只有在另行支付 3000 万元定金后,才有权要求 A 公司按照定金罚则承担双倍返还的义务。但是,洪某某除支付 3000 万元开发费用外,并没有支付履行合同的定金。此外,A 公司出具的收款收据也没有任何"定金"字样,故该 3000 万元仅是土地开发费用,不应适用定金罚则予以返还。另外,《土地开发合作协议》约定的违约金达到 100%,显然过高。

此外,A 公司还提交了有关政府及政府部门出具的《关于原二十三批周转用地项目节余置换指标安排项目用地的情况说明》、《关于核准某县某镇等四个乡镇建设用地增加挂钩试点项目整改方案的函》和县政府形成的《会议纪要》以及银行凭证、收款收据等,拟证明 4 项事实:其一,A 公司享有新农村建设项目的开发权,该项目用地包含洪某某拟开发地块;其二,案涉地块已经取得了土地整治补充耕地计划指标、耕地保有量计划指标以及城乡建设用地增减挂钩指标;其三,A 公司积极履行合同义务,并将 B 公司支付的 2712.5 万元土地流转费全部支付给了土地承包人;其四,案涉地块未能组卷上报、未能取得土地利用年度计划指标和未能按约挂牌的原因并非 A 公司的原因所致。

【一审争议焦点】

1.《土地合作开发协议》的性质和效力。

2. A 公司是否应当承担违约责任?

3.《土地合作开发协议》是否应予解除?本案是否可以适用定金罚则?

【一审裁判观点】

关于争议焦点 1:本案双方签订的《土地合作开发协议》系双方的真实意思表示,且不违反法律法规的强制性规定,应认定合法有效。双方所签订的协议,虽名为土地合作开发,但从双方的权利义务分析,实为洪某某委托 A 公司取得建设用地,即双方应为委托合同法律关系。

关于争议焦点 2:在洪某某依约履行了合同约定义务的情况下,A 公司亦应履行自己在合同中约定的义务,但 A 公司不但没有履行而且也没有尽到及时告知和积极沟通的责任。A 公司在明知合同已不能实际履行的情况下,仍继续占用洪某某支付的 3000 万元定金和 2712.5 万元土地流转金,即使在收到洪某某的催告函后也没有退还,有违诚实信用的法律原则。虽然 A 公司主张拟开发地块没有取得建设用地指标并非自己的责任,也不存在违约行为,但 A 公司作为完全民事行为能力人,在签订合同时就应当尽到谨慎注意义务,应当预见政府审批的不确定性和一旦土地指标没能通过审批变性即应承担的不利后果。在此情形下,A 公司仍与洪某某签订协议并约定了各自违约后应当承担的违约责任,故该违约风险理应由其自行承担。既然案涉协议是双方的真实意思表示且合法有效,则无论违约方是否存在主观故意,抑或有无过错,除非违约系不可抗力所致,否则均应承担违约责任。故洪某某主张 A 公司双倍返还定金合计 6000 万元和土地流转金 2712.5 万元,以及按照农村信用社 2 年期同期存款利率支付 2712.5 万元的资金占用利息,应予支持。

关于争议焦点 3:《土地合作开发协议》约定:"甲方如若未能尽到以上条款中的义务,应在退还定金后,另赔付乙方违约金 3000 万元整。"无论洪某某选择定金罚则还是选择违约金责任,均符合法律规定且数额相同,应予认可。庭审中 A 公司已明确表示因没能拿到土地指标,合同已无法实际履行,故洪某某请求解除合同应予支持。

【二审争议焦点】

1.《土地合作开发协议》的性质和效力。

2. 洪某某交付的3000万元是否为定金?

3. A公司是否应当承担违约责任?

【二审裁判观点】

关于争议焦点1:案涉协议虽名为《土地合作开发协议》,但从协议双方的整体权利义务上看,A公司的义务是取得案涉土地的用地指标,将该地块变为新增建设用地,创造条件让洪某某摘牌取得该地块的土地使用权。享有的权利是按140万元/亩的价格收取洪某某案涉土地的开发费用(含土地出让金、政府收益、征地补偿款及挂牌所需的其他费用等,不含契税),费用盈余部分归A公司。洪某某的权利义务是取得案涉土地的建设用地使用权,按140万元/亩的价格支付土地开发费用。因此,该协议不符合委托合同的特征,与以"共同出资、共享利润、共担风险"为主要特征的合资、合作开发房地产合同亦有区别。该协议只是洪某某在预对该地块进行整体开发建设前,为取得土地使用权而与A公司签订的合同,并不违反法律法规的强制性规定,A公司关于合同无效的观点不能成立。

关于争议焦点2:《土地合作开发协议》约定:"本合同签订40日内,乙方将定金3000万元打入指定账户,作为甲方将现有土地一期300亩变性为新增建设用地费用,合计每亩价格为10万元,依此类推,每期300亩,每亩10万元的定金待条件成熟后分期支付。"洪某某认为3000万元是履行整个合同的定金,A公司认为该3000万元是名为定金,实为履行第一期300亩土地的变性费用。依据该约定,3000万元如是履行整个合同的定金,则不应再出现以后"每期300亩,每亩10万元定金分期支付"的情况。同时,该约定明确了3000万元的用途为一期300亩变性为新增建设用地的费用,且A公司在出具的3000万元收款收据上并未注明该款项为"定金"。因此,本院综合分析认为,应认定3000万元不具有定金性质,而是一期300亩土地的变性费用。

关于争议焦点 3:A 公司虽能证实其曾积极履行合同义务,但实际履行的结果是 A 公司最终未能取得案涉土地的用地指标,导致案涉协议无法履行,A 公司构成违约,应承担违约责任。鉴于协议约定的违约金数额偏高,根据 A 公司请求予以适当调整。本院认为,洪某某自 2013 年 5 月 15 日付款 3000 万元至今已 2 年半有余,违约金以 3000 万元为本金,参照中国人民银行 2013 年度 1 年至 3 年期贷款利率 6%的 4 倍利息计算,违约金酌定 1800 万元为宜。

【评析】

本案中,《土地合作开发协议》涉及的拟开发地块尚未挂牌出让,即该土地的所有权与使用权尚未分离,A 公司显然不是该土地的权利人。而综合本案其他证据信息亦可知,A 公司和洪某某均明知案涉土地的用途性质及权利状况,故《土地合作开发协议》并未约定 A 公司应当以土地权利人的身份提供土地用于合作开发,而是约定 A 公司应当利用其系新农村建设项目开发权人的身份和相应权利,将案涉土地用途由农用地变更为新增国有建设用地,并在一定期限内组卷上报以取得土地利用年度计划指标,进而创造条件让洪某某通过土地挂牌程序取得案涉土地使用权。在此过程中,A 公司享有的合同权利是按照固定价格(140 万元/亩)向洪某某收取土地开发费用(含土地变性费用),若实际开发费用低于该固定价格费用,则盈余部分归 A 公司所有,即 A 公司的合同获益方式并非"共享"洪某某的开发收益,而是赚取土地开发费用"差价"。也就是说,A 公司在《土地合作开发协议》中并未作出"提供案涉土地使用权"的意思表示,其仅承诺了为洪某某开发建设案涉土地创造条件,故该协议并非"共同出资、共享利润、共担风险"的合作开发房地产合同。但其后,在为案涉土地创造开发建设条件的过程中,洪某某履行了合同义务,A 公司未能取得年度用地计划指标,进而导致合法有效的《土地合作开发协议》无法继续履行,自当承担相应的违约责任。

确认 A 公司应当承担违约责任后,本案争议焦点集中为洪某某所支付的 3000 万元款项性质是否为定金,抑或仅系土地开发费用。对此,二审法院突破了字面解释规则，在综合运用整体解释、目的解释、习惯解释以及诚信解释等方法的基础上，将该3000万元性质认定为“土地开发费用”，并根据A公司的请求调整了违约金数额。值得特别指出的是，《民法典》第585条第2款规定：约定的违约金低于造成的损失的，人民法院或者仲裁机构可以根据当事人的请求予以增加；约定的违约金过分高于造成的损失的，人民法院或者仲裁机构可以根据当事人的请求予以适当减少。该规定作为法律确定的违约金调整制度，具有强制性规范性质，是法律为平衡当事人利益而对契约自由适当限制的结果。换言之，当事人请求人民法院对违约金数额进行调整，本质上属于公法性质的诉讼权利，因而不能成为私法自治的排除对象。据此，若当事人通过意思自治预先约定放弃违约金司法调整请求权，则因该“弃权”约定的具体内容造成了意思自治对公共秩序的现实冲击，并可能成为当事人规避违约金法定调整规则的手段，进而影响市场交易安全，扩大虚假诉讼风险，甚至亦有可能导致《民法典》第585条第2款的立法目的被架空，故不应允许其产生法律效力。因此，尽管本案中《土地合作开发协议》明确约定“双方同意，如若发生违约情形，均不得以实际损失多少为由减少违约金数额”，但原则上人民法院仍应准许A公司提出调整违约金数额的请求并依法予以审查处理。

另外，从实务运作的角度看，供地方与供资方合作开发房地产项目的具体操作模式包括三种：一是供地方与供资方共同组建新的具有法人资格的经济实体（如项目公司），进行开发建设与合作经营；二是供地方与供资方按照合伙模式，联合成立一个项目经理部执行合作事务，或者直接按照合作合同的约定各自履行合作义务；三是供资方通过受让供地方已经组建的项目公司的部分股权，以新入股东身份共担、共享公司运营成果。其中，第一种合作模式下，供地方和供资方所承担的风险责任均为股东有限责任，且合作纠纷发生概率因法人组织机构的存在而相对较低，但合作收益却因需要承担公司组建费用、土地使用权转移税费以及公司运营的财务成本等而相对减少。第二种模式下，供地方和供资方的合作成本较低，但因缺乏法人制度的屏障保护，均需对外承担无限连带责任。此外，该模式操作虽简便灵活，但合作方式相对松散，更易发生合作纠纷，因而必须在合作协议中详尽约定各类权利义务关系。第三种模式下,由于供地方无须办理土地使用权转让手续和项目变更登记手续,无须缴纳土地过户契税以及相关手续费,因而既可节省土地转让费用,降低投资开发成本,也有利于供资方更加迅速、便捷地参与项目公司管理。但此时,供资方较难在受让股权时精准识别并预先分配项目已经形成的全部潜在风险,因而必须进行精准的财务审计,并全面、深入地审查公司已经签订的所有合同(包括建设施工合同、担保合同、借款合同、交易合同及房屋预售/买卖合同等),同时还应要求供地方作出独立承担合作前一切或有债务的承诺,并提供有效的担保措施,如预留部分股权转让款或者办理股权质押担保手续等。

【重点规范链接】

《民法典》(2020年5月28日)

第五百六十三条 有下列情形之一的,当事人可以解除合同:

(一)因不可抗力致使不能实现合同目的;

(二)在履行期限届满前,当事人一方明确表示或者以自己的行为表明不履行主要债务;

(三)当事人一方迟延履行主要债务,经催告后在合理期限内仍未履行;

(四)当事人一方迟延履行债务或者有其他违约行为致使不能实现合同目的;

(五)法律规定的其他情形。

以持续履行的债务为内容的不定期合同,当事人可以随时解除合同,但是应当在合理期限之前通知对方。

第五百八十五条第一、二款 当事人可以约定一方违约时应当根据违约情况向对方支付一定数额的违约金,也可以约定因违约产生的损失赔偿额的计算方法。

约定的违约金低于造成的损失的,人民法院或者仲裁机构可以根据当事人的请求予以增加;约定的违约金过分高于造成的损失的,人民法院或者仲裁机构可以根据当事人的请求予以适当减少。

第五百八十六条 当事人可以约定一方向对方给付定金作为债权的担

保。定金合同自实际交付定金时成立。

定金的数额由当事人约定；但是，不得超过主合同标的额的百分之二十，超过部分不产生定金的效力。实际交付的定金数额多于或者少于约定数额的，视为变更约定的定金数额。

第九百一十九条 委托合同是委托人和受托人约定，由受托人处理委托人事务的合同。

《最高人民法院关于审理涉及国有土地使用权合同纠纷案件适用法律问题的解释》（2020年12月29日）

第十二条 本解释所称的合作开发房地产合同，是指当事人订立的以提供出让土地使用权、资金等作为共同投资，共享利润、共担风险合作开发房地产为基本内容的合同。

28. 以划拨土地使用权作为投资的，不影响合作开发房地产合同的效力

【裁判要旨】

从合同履行情况来看，双方履行了申请综合办公楼项目改造报批、开工建设审批、国有资产管理审核及申领房屋土地权证等行政审批手续，并无规避法律规定，违反城市整体规划或项目规划，偷逃土地出让金或国家税款等违规行为，也不存在擅自变更讼争建设项目占地的划拨用地性质，或违背划拨土地用途，擅自将划拨土地用于房地产开发，损害国家利益或社会公共利益等违法行为。时至今日，双方订立的合建合同基本履行完毕，B 行已实际转移占有分配房屋 18 年有余，讼争标的物——综合办公楼的房屋产权证、土地使用权证也均已办妥，尚余双方共同为 B 行分配房产办理相关房屋产权、土地使用权转让手续等合同义务。对此剩余义务，双方应继续遵循诚信原则，按照订约目的，严守国家法律规定，为履行后续合同义务作出具体安排并实际履行，不能因为后续合同义务未履行完毕而反推在前订立的民事合同无效。

【基本案情】

1993 年 4 月 22 日，A 厂与中国银行某支行（以下简称 B 行）签订《合作建房合同》，主要内容为：双方一致同意在 A 厂所在地修建一幢 12 层办公楼，由 A 厂出土地、B 行出资金，办公楼建成后，双方按 5∶5 分成，其中北侧 12 层属 B 行所有，南侧 12 层属 A 厂所有。综合办公楼的建设资金投入由 B 行承担，属 B 行所有的部分，由 A 厂负责办理产权转让手续，费用由 A 厂承担（费用超过 100 万元以上部分由 B 行承担）。双方组建建房领导小组，整

个建房工程(含土建及楼房配套设施)以公开对外招标方式解决,由 B 行负责管理,A 厂协助。

1993 年 8 月 23 日,A 厂向市规划局提交《关于申请我厂 12 层生产办公综合楼改造有关问题的请示报告》,提出“请市规划局体谅企业的实际困难,对我厂第二期改造工程中建设的生产办公楼不纳入批租”的请求,市规划局予以同意。

1994 年 2 月 25 日,经工商管理部门批准,A 厂变更名称为 A 公司。其后,A 公司以自己名义办理了综合办公楼的报建手续。1997 年年底,综合办公楼完工,并按约分别交付给 A 公司和 B 行分别使用。

2001 年 9 月 7 日,为商定已交付房产的权属证书办理及产权转让事宜,A 公司和 B 行签署《协议书 1》,主要约定:双方各指派一人共同办理综合办公楼产权证和土地使用权证,并为 B 行办理相关房屋产权、土地使用权转让手续。但其后,双方未能办理完成相关权证的转让手续。

2001 年 11 月 6 日,因企业改制需要,A 公司委托资产评估公司对其净资产进行评估,并提交了《合作建房合同》、《协议书 1》和《房屋建设清查说明》等材料,要求评估公司在公司原有土地面积中扣除 B 行所有的 12 层北侧综合办公楼的占地面积。

2001 年 11 月 10 日,资产评估公司出具《资产评估报告书 1》,未将属于 B 行所有的房产及占用土地列入评估财产范围。

2002 年 1 月 15 日,市国资办确认了《资产评估报告书 1》的评估结论,并批复同意 A 公司整体改制为 C 公司,A 公司的全部债权债务由 C 公司承担,D 公司以 A 公司的国有经营性净资产作为出资,享有 C 公司 74.14%股权份额。

2003 年 12 月 12 日,D 公司和 E 公司签订《股权转让合同》,主要约定 D 公司将其持有的 C 公司 74.14%国有股份作价 1631.08 万元转让给 E 公司。但该次股权转让过程中,某会计公司出具《资产评估报告书 2》时,误将综合办公楼的全部房产均计入 C 公司资产范围。

2003 年 12 月 25 日,市国资办作出批复,表示同意 D 公司向 E 公司转让国有出资股份。

2004年5月10日,C公司单方办理了综合办公楼的房屋所有权证,该权证涵括南侧、北侧办公楼的全部建筑面积。

2004年7月29日,E公司向D公司出具《承诺书》,主要内容为:D公司转让国有股权时,《资产评估报告书2》将综合办公楼中属于B行的5958.42平方米房产也纳入了评估范围,本公司实际只收购了综合办公楼中属于C公司的房产面积。鉴于D公司转让的国有股权不是以评估值为基础的国有净资产,因此我方承诺此结果不影响1631.08万元国有股权的转让价格。原A厂与B行签订的共建12层综合办公楼协议,由国有股权转让后的C公司继续履行。

2004年8月5日,市审计局作出《审计调查报告》并指出:“C公司在进行国有股权转让资产评估时,评估事务所未剔除B行所有的房屋面积。依据此结果,改制后的C公司办理了全部房屋面积的房产证,隐患较大。”根据该《审计调查报告》,市国资办提出《整改意见》,不仅确认了C公司在改制过程中存在错评资产的问题,还指出:“该项物业系C公司与B行合资建造的办公楼,由于尚未办理房屋所有权分割手续,故无法确定B行实际占有的房屋面积,应待房屋所有权分割手续办理后,将其从房屋评估值中剔除。”

2004年11月4日,D公司、E公司和C公司签订《协议书2》,主要内容为:C公司的前身A厂与B行签订的《合作建房合同》,由受让C公司国有股权的E公司继续履行。鉴于《资产评估报告2》系误将B行所有的房产纳入评估范围,所以12层综合办公楼中归B行所有的资产分割后,无论转让资产的价格如何,股权转让价格不变。本协议向国资局、审计局各呈交一份备查。

2004年12月28日,C公司再次单方办理了含12层综合办公楼占地面积在内的国有土地使用权证,土地使用权性质为国有划拨工业用地。其后,C公司一直未办理该宗土地的出让审批手续,亦未为B行办理相关房屋产权、土地使用权转让手续。

2010年7月30日,B行以C公司、E公司为共同被告,诉至法院提出3项诉讼请求:(1)确认B行对综合办公楼享有5958.42平方米的房屋所有权及其占地面积563.73平方米的土地使用权(以上数据以分割登记时测绘面积为准）;（2）判令由C公司和E公司协助B行办理上述房屋所有权和土地使用权的分割过户登记手续，并共同承担不超过100万元的办证费用;（3）本案诉讼费由C公司和E公司承担。

C公司、E公司辩称：A厂和B行均没有房地产开发企业资质，且《合作建房合同》项下的国有土地使用权系划拨土地使用权，至今未办理土地使用权变性出让手续，故《合作建房合同》应为无效，综合办公楼的全部房产都应归C公司所有。另外，根据物权公示的公信力原则，本案讼争房产和土地的所有权系相关房地产行政管理机关通过颁证形式予以确定，其他任何部门均无权对该资产的权属进行认定。在C公司取得的物权凭证未被撤销的情形下，本案讼争的资产应属C公司所有。B行如对相关房地产行政管理机关作出的物权登记存有异议，应当向颁证机关提出，或者以行政诉讼方式解决，而不应直接提起民事诉讼。

同时，C公司还称B行依据无效的《合作建房合同》，一直占有C公司所有的5775.98平方米房产从事经营活动，应当按照相同地理位置的同类房屋租赁价格向C公司支付使用费用，并向法院提出5项反诉请求：（1）确认《合作建房合同》无效;（2）确认C公司对综合办公楼用地范围内的全部房产享有所有权和土地使用权;（3）判令B行向C公司支付使用费用2841.7821万元（暂定自1997年1月起算至2010年9月1日，按照相同地理位置的同类房屋租赁平均价格计算）;（4）判令本案诉讼费用由B行承担;（5）判令B行立即从综合办公楼房屋中腾退。

【一审争议焦点】

1.《合作建房合同》的性质。

2.《合作建房合同》的效力。

【一审裁判观点】

关于争议焦点1：《城市房地产管理法》第37条规定：房地产转让，是指房地产权利人通过买卖、赠与或者其他合法方式将其房地产转移给他人的行为。《合同法》第130条规定：买卖合同是出卖人转移标的物的所有权于买受人,买受人支付价款的合同。据此,房屋买卖就是房屋的所有权人,将其房屋所有权全部或者部分转让给买受人,买受人向出卖人支付价款的行为。本案中,《合作建房合同》虽然名为合作建房,且约定了 A 厂出地、B 行出资金,共同建造综合办公楼,房屋建成后按 5∶5 分配等合作形式,但该合同又约定属 B 行所有权的部分由 A 厂负责办理产权转让手续,转让费用由 A 厂承担(费用超过 100 万元以上部分由 B 行承担)。由此可见,双方的缔约目的和真实意思是 A 厂向 B 行转让在其土地上建成的房地产,即出售 A 厂拥有产权的房屋,B 行向 A 厂支付购房款,付款方式是 B 行预先向 A 厂提供建设房屋所需的资金。另外,从《合作建房合同》的履行情况看,综合办公楼的所有报建手续均是以 A 公司(A 厂为建立现代企业制度所设立的公司)名义办理。楼房建成后,A 公司与 B 行为履行《合作建房合同》关于产权转让手续办理的约定又签订《协议书》,约定共同先为出卖方 A 公司办理综合办公楼的全部房屋产权证、土地使用权证,再为受让方 B 行办理相关房屋的产权及土地使用权转让手续。前述办证约定符合国家关于新建房屋产权初始登记的程序规定,也符合房屋产权转让的程序规定。其后,综合办公楼的全部产权证和土地使用权证均依法先办到了 A 厂的权利承继者 C 公司名下,C 公司作为案涉房屋出卖人的身份适格。因此,《合作建房合同》的性质不是合作合同,而是房屋买卖合同。

关于争议焦点 2:《合作建房合同》应为有效合同,理由是:(1)《合作建房合同》由 A 厂和 B 行协商一致签订,双方意思表示真实。(2)《合作建房合同》已基本履行完毕。(3)综合办公楼建成后,工程款已结算完毕,C 公司向 B 行交付了房屋,仅未办理转让房产的权属过户登记手续。(4)国有资产管理部门认可 A 厂与 B 行"合作建房"的事实,认可 A 厂已交付的房产归 B 行所有,确认了其批准转让给 E 公司的 C 公司国有股权资产中不包括应属 B 行所有的房产。(5)《合作建房合同》的内容不违反国家法律法规的禁止性规定。《城市房地产管理法》第 38 条规定了房地产不得转让的七种情形,不包括在划拨用地上建造的房地产。而综合该法第 40 条有关"以划拨方式取得土地使用权的,转让房地产时,应当按照国务院规定,报有批准权的人民政府审批。有批准权的人民政府准予转让的,应当由受让方办理土地使用权出让手续，并依照国家有关规定缴纳土地使用权出让金。以划拨方式取得土地使用权的，转让房地产报批时，有批准权的人民政府按照国务院规定决定可以不办理土地使用权出让手续的，转让方应当按照国务院规定将转让房地产所获土地收益上缴国家或者作其他处理"和第 67 条有关"违反本法第四十条第一款的规定转让房地产的，由县级以上人民政府土地管理部门责令缴纳土地使用权出让金，没收违法所得，可以并处罚款"的立法文意，报批程序属于管理性强制规定，并非禁止性强制规定，即国家法律并不禁止转让在划拨土地上建造的房地产，只是规定了受让方应当按国家规定缴纳土地使用权出让金。(6)《合作建房合同》的履行未损害国家、集体或者第三人的利益。A 厂与 B 行在合同中约定了转让费用的承担，双方按照国家规定缴纳转让房产所涉土地的土地使用权出让金或者土地收益后，不会损害国家利益。B 行按约支付了合同对价即建房款，已与 C 公司结算完毕。E 公司受让的国有股权中，本不包括 B 行的资产。由 B 行取得所购买的房地产，不损害 C 公司、E 公司的利益。

综上所述，《合作建房合同》名为合作建房合同，实为房屋买卖合同，本案案由应为房屋买卖合同纠纷。《合作建房合同》签订于《合同法》实施之前，但其约定的办证义务在《合同法》实施之后，故解决本案纠纷应适用《合同法》第 4 章的有关规定。《合作建房合同》合法有效，属于 A 厂的权利和义务由改制后的 C 公司承继。C 公司已向 B 行交付了约定转让的房地产，还应按约定履行办理该房屋产权的过户登记义务，并承担不超过 100 万元的办证费用。E 公司应按《承诺书》的约定，和 C 公司一起为 B 行办理转让房产的过户手续。B 行与 E 公司之间并没有对办证费用承担进行约定，B 行关于由 E 公司共同承担 100 万元办证费用的诉讼请求，没有事实和法律依据。C 公司关于确认《合作建房合同》无效的反诉请求，不予支持。除已转让给 B 行的部分外，综合办公楼其他部分的产权归 C 公司所有。C 公司关于确认对综合办公楼用地范围内的全部房产享有所有权和土地使用权，部分予以支持。因 C 公司对 B 行使用的综合办公楼不享有所有权，其基于房屋所有权提出的由 B 行支付租金的反诉请求，不予支持。B 行和 C 公司各自提出的关于确认综合办公楼土地使用权的诉讼请求，应由双方办理完成房屋所有权转让手续后再按相关法律规定办理。

【重一审争议焦点】

1.《合作建房合同》的性质及效力。

2. 对本案当事人的诉请是否应予支持?

【重一审裁判观点】

关于争议焦点 1:根据《合作建房合同》的约定内容可知,签约双方是以一方提供土地使用权,另一方提供资金,并按一定比例分配建成房屋及土地使用权,合作修建综合办公楼。因而,该合同性质应为合作建房合同。该合同的签约时间为 1993 年 4 月 23 日,且案涉房产占用的系国有划拨土地,故依据《城镇国有土地使用权出让和转让暂行条例》第 44 条、第 45 条之规定,划拨土地使用权作为不属于土地使用者的一项独立财产权利,如需进入房地产开发市场,必须报经有批准权的人民政府批准,并将划拨土地使用权变性为出让土地使用权。否则,划拨土地使用权不得作为民事法律行为的标的进行转让、出租和抵押。此外,根据《最高人民法院关于审理房地产管理法施行前房地产开发经营案件若干问题的解答》①第 18 条第 1 款"享有土地使用权的一方以土地使用权作为投资与他人合作建房,签订的合建合同是土地使用权有偿转让的一种特殊形式,除办理合建审批手续外,还应依法办理土地使用权变更登记手续",以及第 21 条第 1 款"《中华人民共和国城镇土地使用权出让和转让暂行条例》施行后,以划拨方式取得国有土地使用权的一方未办理土地使用权出让手续,以其土地使用权作为投资与他人合建房屋的,应认定合建合同无效"的规定,在案涉土地至今仍未办理土地使用权出让手续的情况下,《合作建房合同》因违反法律法规的强制性规定,应认定为无效。

关于争议焦点 2:根据《合同法》第 58 条规定,"合同无效或者被撤销后,当事人因该无效合同取得的财产应当予以返还;不能返还或者没有必要返

① 自 2013 年 1 月 14 日起失效。

还的，应当折价补偿。有过错的一方应当赔偿对方因此所受到的损失，双方都有过错的，应当各自承担相应的责任"，合同无效的法律后果主要为返还财产和赔偿损失，返还财产以恢复原状为原则，赔偿损失则是按照各自的过错责任进行分担。然而，B 行在法院释明案涉《合作建房合同》无效后，仍坚持提出确认该合同项下所约定权利义务的诉请，于法无据，不予支持。

C 公司在整体改制前的经济性质为国有企业，系国有资产占有单位。2001 年，A 公司改制为 C 公司时，本案讼争房产并未列入其公司评估财产范围内。2003 年，作为持有 C 公司国有股权的 D 公司，经市国资办的批准，在向 E 公司转让国有资产时，因某会计公司的误评行为，致使市国资办依据市审计局作出的审计调查报告提出整改意见，明确要求将本案讼争房产的价值从 C 公司的资产价值中剔除。之后，在市国企办、市国资办的组织协调下，D 公司、E 公司与 C 公司以签署《协议书 2》的方式，明确讼争房产归 B 行所有，某会计公司的误评行为不影响 C 公司国有股权的转让价格。故，上述事实足以说明改制后的 C 公司并未承继本案讼争的房产，且该资产自始从未归属于 C 公司。再者，在企业改制过程中，办理产权登记手续只是物权设立、变动的对外公示方式，而政府对转让国有资产的审查以及对划拨土地使用权出让手续的批准则是一种行政许可行为，二者的功能和作用并不相同，不可互为取代。因而，即便房产管理部门对案涉房产办理了相关物权凭证，也并不意味该资产的变性获得了国有资产管理行政部门的认可，或取得了政府部门的审批。据此，C 公司不是本案讼争房产之实质性产权的合法拥有者，无权获得该物权下的收益权，也无权要求占有和使用该房产。故，对 C 公司确认其对综合办公楼用地范围内的全部房产享有所有权和土地使用权，并由 B 行腾退该房及支付占用费的反诉请求，本院不予支持。

【二审争议焦点】

1. B 行对案涉不动产物权提出的主张是否有依据？
2. C 公司对案涉不动产物权提出的确权请求是否成立？
3. 《合作建房合同》的实务处理。

【二审裁判观点】

关于争议焦点 1:根据《合作建房合同》的约定,A 厂和 B 行按照 A 厂提供土地和部分资金,B 行负担工程款的方式,对外实施工程招标,待楼房建成后,再由 A 厂按照约定的分配份额为 B 行办理产权转让手续。之后,A 公司以自己名义办理了案涉不动产的报建手续。由上述事实可知,案涉不动产系以 A 厂名义建设,而 B 行系以合同约定取得 A 厂的转让份额。同时,B 行在提起本案诉讼时,亦将《合作建房合同》及为履行《合作建房合同》而签署的相关协议作为其主张物权的依据。因此,B 行所主张的物权系其基于转让行为而取得的物权,重一审判决认定《合作建房合同》因违反《城镇国有土地使用权出让和转让暂行条例》和《最高人民法院关于审理房地产管理法施行前房地产开发经营案件若干问题的解答》的禁止性规定,应为无效合同,具有事实和法律依据。同时,《最高人民法院关于审理房地产管理法施行前房地产开发经营案件若干问题的解答》第 46 条规定:"合作建房合同被确认无效后,在建或者已建成的房屋,其所有权可确认归以土地使用权作为投资的一方所有。"案涉不动产的土地使用权性质为划拨用地,并作为 A 厂的投资资产参与合作建房,建成房屋的所有权依法应由 A 厂享有。C 公司作为 A 厂改制后的债权债务承继主体,依法享有和承担 A 厂的全部权利与义务。因此,B 行依据合同主张其已取得物权,并无事实依据,重审法院驳回 B 行的物权主张,并无不当。

关于争议焦点 2:所谓物权公示制度,是指物权变动必须通过法定方式公开表现,在使公众能够察知后,方始发生物权变动的法律效果。该制度的设立目的在于明确物权归属,维护交易次序,保障交易安全,具体表现为《物权法》第 14 条规定,"不动产物权的设立、变更、转让和消灭,依照法律规定应当登记的,自记载于不动产登记簿时发生效力"。但现实生活中,不动产权属证书的登记权利人与真实权利人经常存在不相一致的情形。此种情形如何确定不动产权利人,涉及权利异议人提出异议后的司法审查问题。《物权法》第 16 条规定:"不动产登记簿是物权归属和内容的依据。不动产登记簿由登记机构管理。"第 17 条规定:"不动产权属证书是权利人享有该不动产物权的证明。不动产权属证书记载的事项,应当与不动产登记簿一致;记载不一致的，除有证据证明不动产登记簿确有错误外，以不动产登记簿为准。”上述法律规定所明确的即为物权公示的公信力，即当事人一经采取法定方式公示其所有的物权，即使由此产生的法律效果与物权权属的真实状态不相符合，仍应以已经公示的登记权利人为准。同时，作为否认物权公示公信力的例外，即对权利异议人提出的可能导致物权变动的异议之诉，人民法院的审理范围应以异议人的异议是否成立为限。对于异议人之外是否还存在其他真实权利人，则依据“不告不理”之民事诉讼原则，不应当纳入审理范围。本案中，依据查明事实及法律规定，B 行的物权异议不能成立，故案涉不动产所有权人仍应以产权证书登记的权利人为准。在民事诉讼中，有关物权的确认之诉是指权利异议人对物权的归属、内容发生争议而引起的诉讼，目的在于通过诉讼行为达到变更物权归属或内容的法律效果，《物权法》第 34 条对此类诉讼行为已经作出了具体规定。据此，由于案涉不动产的房产所有证与土地使用权证均已登记在 C 公司名下，此事实已经行政管理机关的具体行政行为予以了确认，故 C 公司的物权确认请求属于对已经确认的法律关系再次要求确认，本院依法不予支持。

关于争议焦点 3：《合作建房合同》为无效合同，为履行该合同而签订的《协议书》等亦为无效合同，故 B 行继续占有案涉不动产已无事实和法律依据。《合同法》第 58 条规定：“合同无效或被撤销后，因该合同取得的财产应当予以返还；不能返还或者没有必要返还的，应当折价赔偿。有过错的一方应当赔偿对方因此受到的损失，双方都有过错的，应当各自承担相应的责任。”《最高人民法院关于审理房地产管理法施行前房地产开发经营案件若干问题的解答》第 45 条规定：“经审查认定无效的合同，一方依据无效合同取得的财产应当返还对方。”由上述法律可知，案涉合同无效的法律后果主要体现为返还财产和赔偿损失，其中“返还财产”以恢复原状为限，“赔偿”以弥补损失为限，B 行作为投资方应将其基于无效合同占有的案涉房产予以返还。另依据《物权法》第 34 条关于“无权占有不动产或者动产的，权利人可以请求返还原物”的规定，C 公司以其作为案涉不动产登记权利人的身份，可以要求 B 行从案涉房产中腾退。故 C 公司诉请 B 行腾退案涉房产，具有事实和法律依据。同时，依据《最高人民法院关于审理房地产管理法施行前房地产开发经营案件若干问题的解答》第46条关于“合作建房合同被确认无效后,在建或已建成的房屋,其所有权可确认归以土地使用权作为投资的一方所有,对方的投资可根据资金的转化形态,分别处理:……(3)房屋已建成,可将约定出资方应分得的房产份额按现行市价估值或出资方实际出资占房屋造价的比例,认定出资方的经济损失,由以土地使用权作为投资的一方给予赔偿”的规定,B行对其投入的资金,可另向案涉房产的登记权利人C公司主张返还及损失赔偿责任。

重一审判决在查明C公司改制时,未将案涉不动产作为企业改制资产纳入改制后企业资产范围的情况下,作出该部分财产不属于C公司的认定意见,实质是就或许存在的真实权利人所可能提起的确认之诉进行了预先审理。对于本案而言,无论是作为登记权利人,还是作为客观真实的权利人,均不影响C公司基于《合作建房合同》无效所应向B行承担的返还及赔偿责任。而即便重一审判决所认定的事实成立,即确实存在C公司侵犯了真实权利人之相关权益的情形,亦属应通过该真实权利人与C公司之间的物权诉讼予以解决的纠纷,与本案诉争的标的并非同一法律关系。故此,重一审法院对此部分予以审理,并作出处理意见,违背了民事诉讼“不告不理”的诉讼原则,超过了当事人的诉讼请求范围。

B行一直占用案涉不动产,客观造成了登记权利人C公司的损失。依照证据规则有关举证责任分配的规定,对于损失的组成范围和事实依据,依法应由C公司承担举证责任。C公司在一审中提交了相关租赁合同,但均为其与其他公司签订的租赁合同,并非同一地区、同一地段、同一水平的平均租赁价格,因此不具有代表性,依法不能作为本案确定损失的审理依据。对于C公司要求B行依照租赁房屋计算占用房屋的租金的上诉请求,本院不予支持。

【再审争议焦点】

1.《合作建房合同》的性质。

2.《合作建房合同》的效力。

3.《合作建房合同》履行的法律后果承担。

【再审裁判观点】

关于争议焦点1：从合同主体来看，《合作建房合同》系由A厂和B行于1993年4月22日签订，签约当时A厂和B行分别为国有企业和国有金融机构，均非房地产开发企业，不具备房地产开发经营资格。从合同内容来看，双方约定由A厂出地，B行出资金合作建设12层综合办公楼，建成后双方按5∶5比例进行分配，所分配的办公楼均为各自办公使用。合同还约定，综合办公楼建成后，A厂负责为B行办理产权转让手续。但签约时，案涉土地登记为工业用途的划拨土地。其后，A厂以改造生产办公楼为由，办理了立项、报建、规划等手续。从合同目的来看，A厂是为实现企业办公楼的改造，采取融资方式合作建房，并约定房屋建成后按照5∶5比例分配办公用房。案涉12层综合办公楼建成后，双方已于1997年年底依照约定比例，对讼争办公楼进行了实际分配，B行占有讼争房屋并使用至今。至此，双方的订约目的都已基本实现。综上，《合作建房合同》约定A厂出地、B行出资，双方合作改造A厂老旧综合办公楼并按5∶5分配重建新房的主要内容，体现了合作建房双方共同出资、共享利益、共担风险的法律特点。但是，双方合作建房目的是在改造A厂老旧办公楼的基础上，实现部分房产由划拨用地使用权人自用，部分房产交由B行使用，而非擅自变性为开发项目以售房等开发行为获益，故合同性质应认定为利用国有划拨土地的合作建房合同。

关于争议焦点2：《合作建房合同》约定："综合办公楼中属B行所有的部分，由A厂负责办理产权转让手续。"《协议书1》约定："双方各指派一人，共同办理综合办公楼产权证、土地使用权证及为B行办理相关房屋产权、土地使用权转让手续。"A厂呈报市规划局的《关于申请我厂12层生产办公综合楼改造有关问题的请示报告》提出："请市规划局体谅企业的实际困难，对我厂第二期改造工程中建设的生产办公楼不纳入批租。"从以上内容看，《合作建房合同》并未约定归B行所有的房屋所有权证及讼争土地使用权的性质，并未约定综合办公楼所占用的划拨土地是否应当变性为出让土地，更未约定如不变性，则A厂应否向有权政府部门申请增加B行为改造后的综合办公楼划拨用地及地上附着物的使用权人，如变性，则A厂又如何将综合办公楼改造项目作为开发项目予以立项并纳入年度开发规划。换言之，对于以上种种情形,《合作建房合同》的约定均不具体、不明确。

合同履行过程中,A公司、C公司先后办妥了讼争建设项目房屋所有权证和土地使用权证,用地性质仍为划拨,但尚未履行为B行办理相关房屋产权、土地使用权转让手续的合同义务。可见,《合作建房合同》的约定内容尽管不甚详尽,但并未违反法律、法规的强制性规定。从合同履行情况来看,双方履行了申请综合办公楼项目改造报批、开工建设审批、国有资产管理审核及申领房屋土地权证等行政审批手续,并无规避法律规定,违反城市整体规划或项目规划,偷逃土地出让金或国家税款等违规行为,也不存在擅自变更讼争建设项目占地的划拨用地性质,或违背划拨土地用途,擅自将划拨土地用于房地产开发,损害国家利益或社会公共利益等违法行为。时至今日,双方订立的合建合同基本履行完毕,B行已实际转移占有分配房屋18余年,讼争标的物——综合办公楼的房屋产权证、土地使用权证也均已办妥,尚余双方共同为B行分配房产办理相关房屋产权、土地使用权转让手续等合同义务。对此剩余义务,双方应继续遵循诚信原则,按照订约目的,严守国家法律规定,为履行后续合同义务作出具体安排并实际履行,不能因为后续合同义务未履行完毕而反推在前订立的民事合同无效。

关于争议焦点3:《合作建房合同》及相关《协议书》等合同有效,C公司反诉请求确认《合作建房合同》无效的理由不能成立,B行主张合作建房合同有效的请求,应予支持,合同双方当事人应当继续履行为B行办理相关房屋产权、土地使用权转让手续的合同义务。在办理手续的过程中,如需变更划拨土地性质为出让土地,尚需履行规划审批及报经有批准权的人民政府批准的法定程序,并与土地管理部门签订出让合同;如不改变用地性质,即仅需变更部分划拨用地的使用权人,也需报有批准权的人民政府审批。故B行主张确认其对分得的房地产享有所有权的诉讼请求,因该房地产目前尚不具备办证的法定条件,予以驳回。但B行对讼争房屋的占有使用具有合同依据和法律依据,属合法占有,二审判决其从综合办公楼房屋中腾退,缺乏事实和法律依据,应予纠正。

【评析】

本案中,A 厂和 B 行合作建设综合办公楼的民事法律行为发生在《房地产管理法》颁布之前,《城镇国有土地使用权出让和转让暂行条例》实施之后,《合作建房合同》的效力风险主要集中于两大基本事实:其一,A 厂和 B 行均不具备房地产开发经营资质;其二,A 厂提供的土地使用权系划拨土地使用权,且未经有批准权的人民政府批准。故此,若采法律形式主义思维模式,援引 2005 年 8 月 1 日起实施的《最高人民法院关于审理涉及国有土地使用权合同纠纷案件适用法律问题的解释》第 15 条和第 16 条的规定,不难推导出《合作建房合同》应属无效的裁判结论。但是,正如马克斯·韦伯所言,"法律确定性所具有的抽象形式正义和实现实体目标的愿望之间存在不可避免的冲突"①,本案若不综合考虑双方当事人共同履行了项目改造报批、开工建设审批以及国有资产审核等行政审批手续,不存在擅自变更划拨土地性质及实际用途的违规行为,所修建的自用办公楼亦并未破坏城市总体规划,且 B 行已实际长期占用讼争房屋,综合办公楼的房屋产权证、土地使用权证也均已办妥等客观事实,而单纯依靠形式主义逻辑推演出合同无效的结论,既难于彰显法律正义与实质公平,亦不符合民商事审判"不轻易否定合同效力"的精神。

由此,最高人民法院在重审本案时,重点查证了 A 厂和 B 行合作建房的实质目的仅为建房"自用",而非以开发销售房地产行为获取投资利益,故未以 A 厂和 B 行均无房地产开发经营资质为由认定《合作建房合同》无效。同时,对于 A 厂未经政府批准提供划拨用地使用权建房的问题,最高人民法院则聚焦合同的实际履行情况,认为既然 A 厂和 B 行均未实施改变案涉划拨用地性质和用途的实际行为,且《合作建房合同》和《协议书 1》也并未明确约定如何办理房屋产权及土地使用权转让手续,就不宜僵化适用前述司法解释第 16 条的规定否认合同效力。这就是说,再审判决确认本案不宜认定合同无效的首要前提是——A 厂和 B 行并未突破国家对案涉划拨土地用途的规划管制。据此,若当事人通过合作开发行为改变了划拨土地的实质

① [德]马克斯·韦伯:《论经济与社会中的法律》,中国大百科全书出版社 1998 年版,第 22 页。

用途,且未经有批准权的人民政府批准,则必须依照相关司法解释的规定认定合同无效。例如,“(2016)最高法民申 3120 号”裁判文书即认为:“案涉当事人在《合作协议书》中约定,物理研究所提供自有土地(国家划拨用地),天泰公司提供资金共同修建科研配套综合楼,建成后将由天泰公司和科远公司共同经营或按照一定比例分配使用权。科远公司得到配套综合楼 A 座的使用权,作为酒店经营;首层、二层由天泰公司和科远公司按照 7∶3 的比例分得使用权;地下一层车库由天泰公司和科远公司共同管理。由于物理研究所以无偿使用的划拨土地作为投资与他人合作开发房地产并共同分享利益,改变了划拨土地的公益用途,未经有批准权的人民政府批准,一、二审判决依据《最高人民法院关于审理涉及国有土地使用权合同纠纷案件适用法律问题的解释》第 16 条的规定认定《合作协议书》无效,适用法律正确。”

此外,值得特别指出的是,最高人民法院于 2020 年 12 月 23 日修改了《关于审理涉及国有土地使用权合同纠纷案件适用法律问题的解释》,在“合作开发房地产合同纠纷”部分删除了原解释有关“土地使用权人未经有批准权的人民政府批准,以划拨土地使用权作为投资与他人订立合同合作开发房地产的,应当认定合同无效。但起诉前已经办理批准手续的,应当认定合同有效”和“土地使用权人未经有批准权的人民政府批准,与受让方订立合同转让划拨土地使用权的,应当认定合同无效。但起诉前经有批准权的人民政府批准办理土地使用权出让手续的,应当认定合同有效”的规定。这一重大修改体现了我国司法实务界已经吸收了德国历史法学派的经典理论,在“物债二分”原则的基础上划清了物权负担行为与债权处分行为的界限,并针对涉及划拨土地使用权的合作开发合同及转让合同,确立了应当尽量保持合同效力的裁判思维,即无论是作为转让标的物,还是作为合作投资物,既然以划拨方式取得的土地使用权并非禁止流通物,则即便其存在着未经有批准权的人民政府批准或者土地规划用途与实际使用用途不相一致的瑕疵,也仅涉及合同能否顺利履行的问题,而不应影响合同的效力。

【重点规范链接】

《民法典》(2020 年 5 月 28 日)

第一百四十三条 具备下列条件的民事法律行为有效:

（一）行为人具有相应的民事行为能力；

（二）意思表示真实；

（三）不违反法律、行政法规的强制性规定，不违背公序良俗。

第一百五十三条 违反法律、行政法规的强制性规定的民事法律行为无效。但是，该强制性规定不导致该民事法律行为无效的除外。

违背公序良俗的民事法律行为无效。

第一百五十四条 行为人与相对人恶意串通，损害他人合法权益的民事法律行为无效。

第一百五十七条 民事法律行为无效、被撤销或者确定不发生效力后，行为人因该行为取得的财产，应当予以返还；不能返还或者没有必要返还的，应当折价补偿。有过错的一方应当赔偿对方由此所受到的损失；各方都有过错的，应当各自承担相应的责任。法律另有规定的，依照其规定。

第二百零九条 不动产物权的设立、变更、转让和消灭，经依法登记，发生效力；未经登记，不发生效力，但是法律另有规定的除外。

依法属于国家所有的自然资源，所有权可以不登记。

第二百一十六条第一款 不动产登记簿是物权归属和内容的根据。

第二百一十七条 不动产权属证书是权利人享有该不动产物权的证明。不动产权属证书记载的事项，应当与不动产登记簿一致；记载不一致的，除有证据证明不动产登记簿确有错误外，以不动产登记簿为准。

第二百三十五条 无权占有不动产或者动产的，权利人可以请求返还原物。

第五百九十五条 买卖合同是出卖人转移标的物的所有权于买受人，买受人支付价款的合同。

第五百九十七条 因出卖人未取得处分权致使标的物所有权不能转移的，买受人可以解除合同并请求出卖人承担违约责任。

法律、行政法规禁止或者限制转让的标的物，依照其规定。

《城市房地产管理法》（2019 年 8 月 26 日）

第三十七条 房地产转让，是指房地产权利人通过买卖、赠与或者其他合法方式将其房地产转移给他人的行为。

第三十八条 下列房地产,不得转让:

(一)以出让方式取得土地使用权的,不符合本法第三十九条规定的条件的;

(二)司法机关和行政机关依法裁定、决定查封或者以其他形式限制房地产权利的;

(三)依法收回土地使用权的;

(四)共有房地产,未经其他共有人书面同意的;

(五)权属有争议的;

(六)未依法登记领取权属证书的;

(七)法律、行政法规规定禁止转让的其他情形。

第四十条 以划拨方式取得土地使用权的,转让房地产时,应当按照国务院规定,报有批准权的人民政府审批。有批准权的人民政府准予转让的,应当由受让方办理土地使用权出让手续,并依照国家有关规定缴纳土地使用权出让金。

以划拨方式取得土地使用权的,转让房地产报批时,有批准权的人民政府按照国务院规定决定可以不办理土地使用权出让手续的,转让方应当按照国务院规定将转让房地产所获收益中的土地收益上缴国家或者作其他处理。

《城镇国有土地使用权出让和转让暂行条例》(2020年11月29日)

第四十四条 划拨土地使用权,除本条例第四十五条规定的情况外,不得转让、出租、抵押。

第四十五条 符合下列条件的,经市、县人民政府土地管理部门和房产管理部门批准,其划拨土地使用权和地上建筑物、其他附着物所有权可以转让、出租、抵押:

(一)土地使用者为公司、企业、其他经济组织和个人;

(二)领有国有土地使用证;

(三)具有地上建筑物、其他附着物合法的产权证明;

(四)依照本条例第二章的规定签订土地使用权出让合同,向当地市、县人民政府补交土地使用权出让金或者以转让、出租、抵押所获收益抵交土地使用权出让金。

转让、出租、抵押前款划拨土地使用权的，分别依照本条例第三章、第四章和第五章的规定办理。

《最高人民法院关于审理涉及国有土地使用权合同纠纷案件适用法律问题的解释》(2020年12月29日)

第十二条 本解释所称的合作开发房地产合同，是指当事人订立的以提供出让土地使用权、资金等作为共同投资，共享利润、共担风险合作开发房地产为基本内容的合同。

第十三条第一款 合作开发房地产合同的当事人一方具备房地产开发经营资质的，应当认定合同有效。

29. 物化到房地产项目中的投资利息，应当由提供资金的一方当事人作为经营成本与风险承担

【裁判要旨】

B 行支付的首期房款 2960 万元，已经由 A 公司物化到雨田大厦的建设中，该笔购房款的利息应当作为其经营成本及风险由其自行承担。因此，在 A 公司承担了《联合建房协议 2》约定的逾期交房滞纳金，并赔偿滞纳金不足部分的经济损失后，B 行再以第 118 号民事判决为据，主张 A 公司支付该笔款项的利息，缺乏依据，本院不予采纳。一审法院以 A 公司占用 B 行该笔款项为由，判决 A 公司支付该笔款项的利息，适用法律错误，应予纠正。[①]

【基本案情】

1996 年 1 月 8 日，甲方 A 公司与乙方某分行（以下简称 B 行）签订《联合建房总协议书》，主要约定：甲方负责雨田大厦项目的全部建设工作，乙方以投资方式与甲方联合建房，并参与分房。雨田大厦的公用设施均由甲方负责完善，甲方应于交房后 2 个月内将公用设施交付乙方使用，公用设施包括供电、供水、通讯、消防、环保、绿化及光彩工程等。乙方应投入现金 5700 万元给甲方联合建房，并可分得负 1 层商场，商场面积以双方最终认可的实际产业面积为依据进行核算。负 1 层商场核算分为两部分：第一部分由乙方下属某营业部（以下简称 C 营业部）投资人民币 2000 万元，分得负 1 层商场 1000 平方米建筑面积；第二部分由乙方投资 3700 万元，分得负 1 层商场其

① 人民法院出版社编：《最高人民法院司法观点集成》（民事卷④·第 3 版），人民法院出版社 2017 年版，第 2517~2518 页。

余部分(包括商场面积1598平方米和大厦公摊面积398.53平方米)。乙方的3700万元投资款应在交付使用时投入80%，产权转移过户时投入15%，其余尾款在保修期满前结清。如乙方投资不能按时到位，所产生的利息由乙方承担。为保证联合建房顺利完成，乙方应协调贷款支持项目建设，贷款额不得低于3700万元。甲方应于1997年7月在保证公用设施完善后，将房屋交与乙方由其进行精装修，装修不能破坏结构，不能破坏公共设施及共用场所。甲方应为乙方办理好乙方所分房屋的产权登记，登记产权时所发生的税费，按双方应承担的金额各自缴纳。如乙方投资额不能按协议投入到位，则每日按其差额的0.1‰作为滞纳金；如甲方不能按时交房给乙方，则每日按投资总额的0.1‰作为滞纳金。

1996年1月20日，甲方A公司与乙方C营业部签订《联合建房协议1》，主要约定：乙方投资人民币2000万元给甲方联合建房，待大厦建至第8层，乙方投资应全部到位。乙方应分得负1层商场1000平方米，甲方应于1997年7月30日将房屋交给乙方使用。

1996年3月16日，甲方A公司与乙方B行签订《联合建房协议2》，主要约定：乙方决定在《联合建房协议1》的基础上，继续以投资方式(投资额总计3700万元)参与雨田大厦工程建设，应分得大厦负1层1996.53平方米(其中商场面积1598平方米，按21,650元/平方米计算；大厦公摊面积398.53平方米，按4500元/平方米计算)。甲方分房给乙方时，乙方将拟投入的3700万元投资款的80%给甲方，产权转移给乙方时，再投入拟投总额的15%，余下部分在保修期满前付清，甲方应于1997年7月30日将房屋交给乙方使用。另外，除“如乙方投资不能按时到位，所产生的利息由乙方承担”以及“为保证联合建房顺利完成，乙方应多渠道协调贷款支持项目建设，贷款额不得低于3700万元”没有记载外，《联合建房协议2》的其他内容与《联合建房总协议书》的约定基本一致。

1995年12月28日，雨田大厦工程开工。

1996年7月12日，雨田大厦工程获得立项批准，建设规模为46,810平方米。

1996年9月2日，A公司取得雨田大厦的土地使用权证。

1996年12月7日,雨田大厦工程形成《结构验收记录》,验收部位载明为"基础结构";建筑面积载明为"51,000平方米";质量隐患栏处划除,并载明"对质量保证资料进行核查后,结论为符合要求或合格";验收结论栏处为空白。1997年4月17日,雨田大厦工程再形成《结构工程验收记录》,内容与《结构验收记录》基本相同,验收结论栏处仍为空白。前述两份记录均有质监、设计、建设(或监理)和施工单位四方代表签名,但均未加盖单位公章。

1997年5月13日,雨田大厦取得商品房预售(预租)许可证,载明竣工时间为1998年9月,有效期限至1998年12月。

1997年10月28日,雨田大厦工程形成《中间验收记录》,交验部位载明为"-4.45层、负1层及消防中心";交验项目范围载明为"框剪结构主体、木门、防火门、吊顶喷头、消火栓箱、烟探等";验交意见载明为"验收合格,符合使用条件,同意移交下一道工序精装修"。设计单位、接收方及移交方代表均在该《中间验收记录》上签名并加盖公章,但质监站仅有签名而未盖章,消防部门既未签名亦未盖章。

1997年12月17日,A公司与C营业部签订《移交使用核定单》,将负1层1000平方米商场交付给C营业部使用,C营业部亦按约支付了2000万元。

1998年10月19日,A公司发函给B行称:"贵行于1996年1月8日与我公司签订的购房协议,房屋建设现已完工,请贵行按协议履行,在本月23日前接收房屋,并将欠我司的购房房款3700万元从我司在贵行的贷款中扣除。从10月23日起,我司不再承担3700万元购房款的利息。"

1999年5月5日,A公司又向B行发出《关于催收联合建房款的函》,内容为:"我司与贵行于1996年1月签订了《联合建房总协议书》,并于1996年12月收到贵行部分联合建房款人民币2000万元。我司于1997年12月已将房屋交给贵行,并多次发出通知,但贵行至今没有回复。目前工程尚余装修部分,因资金欠缺已停工多时,造成我司既不能支付贷款利息,又不能支付工程资金,损失巨大,望贵行及时研究并支付联建房款。"

2000年7月19日,A公司再次向B行发出《关于催收联合建房款的通知》,内容为:"贵行于1996年1月与我司签订了《联合建房总协议书》,我司根据协议规定,已于 1997 年将房屋交付贵行,但贵行却迟迟未将建房款 3700 万元付与我司,现再次通知贵行将房款支付给我司。”

2000 年 8 月 8 日,A 公司诉至法院提出 4 项诉讼请求:(1)判令 B 行支付首期联合建房款 2960 万元;(2)由 B 行承担延期支付购房款的利息(从 1997 年 7 月 30 日至 2000 年 8 月,共计 39 个月)727.2720 万元;(3)判令 B 行承担未支付购房款的滞纳金(从 1997 年 7 月 30 日至 2000 年 8 月,共计 39 个月)每日 0.1‰,共计 346.3200 万元;(4)由 B 行承担本案的全部诉讼费用。

B 行辩称:A 公司与 B 行签订《联合建房总协议书》和《联合建房协议 2》时,既未取得土地使用权证,又未取得商品房预售(预租)许可证,《联合建房总协议书》和《联合建房协议 2》均无效。同时,雨田大厦至今尚未竣工验收,不符合法律规定的交付条件,B 行支付联合建房款的条件未成就。此外,A 公司超过约定的交房时间 3 年有余,应当承担延期交房的滞纳金。

另外,2000 年 11 月 7 日,质监站在《中间验收记录》上补盖公章;2000 年 11 月 8 日,质监站出具《证明》,内容为:“A 公司所开发建设的雨田大厦主体工程已经甲乙双方、设计单位及质监站进行验收,质量达到验收标准。”

【一审争议焦点】

1.《联合建房协议 2》的性质及与《联合建房总协议书》的关系。

2. 本案诉争房屋是否符合交房条件? B 行应否支付首期购房款、利息及滞纳金?

【一审裁判观点】

关于争议焦点 1:《联合建房总协议书》明确了 B 行与 C 营业部的分房权利和投资义务后,B 行和 C 营业部又分别就各自的权利义务重新与 A 公司签订了《联合建房协议 1》和《联合建房协议 2》,后两份协议是对前一份《联合建房总协议书》的变更。因 A 公司起诉的标的是 B 行投资部分,故处理本案争议事实应以《联合建房协议 2》为准。从该协议的约定内容看,房屋分配形式与一般的联合建房合同明显不同。一般的联合建房合同是以轴线或层数为准,直接划分房屋分配范围,而《联合建房协议 2》的分房形式是以 21,650 元/平方米的价格计算所分房产面积的价款,并按 4500 元/平方米的价格约定了公摊面积的结算方式。并且,B 行也不是在协议签订之后就支付投资款,而是在 A 公司交付建成房屋时支付首期投资款,所交房屋的产权手续继续由 A 公司办理,待产权转移时再支付第二期投资款。此外,该协议的违约责任部分还约定,A 公司迟延交房需承担每日总投资额 0.1‰的滞纳金,B 行迟延支付投资款每日亦按差额的 0.1‰计付滞纳金。从上述内容看,《联合建房协议 2》更符合购房合同的特征,系名为"联合建房",实为"房屋买卖"。但就该协议的内容而言,并未违反法律法规的规定。A 公司虽在签订协议时未取得国有土地使用权证和商品房预售(预租)许可证,但事后已办理了该两项手续。按照《最高人民法院关于适用〈中华人民共和国合同法〉若干问题的解释(一)》第 3 条以及《合同法》第 51 条的规定,该协议应认定为有效。A 公司和 B 行虽有规避法律的行为,但未给国家造成实际损失,B 行关于《联合建房协议 2》因未办理联建手续应属无效的辩解理由不能成立。

关于争议焦点 2:因双方签订的协议为有效协议,故均应按照协议约定履行义务,即只要 A 公司拟交付的房屋符合交付条件,B 行就应当接收该房屋并支付首期购房款。虽然法律规定房屋应当经竣工验收合格后才能交付使用,但房地产开发作为经济领域的支柱性产业,在实践中客观存在大型项目于裙楼部分验收后就投入使用的情况,并具有利于经济发展的一面。本案中,A 公司拟交付的房屋仅系雨田大厦的负 1 层,且该楼层已经质监站验收认为质量达标。因此,《中间验收记录》可以作为认定诉争房屋符合交房条件的依据,B 行应依照协议约定支付首期购房款。质监站在《中间验收记录》上的签章时间是 2000 年 11 月 7 日,A 公司具备交房条件的时间以及 B 行应支付的利息和滞纳金的起算时间均应以此为准,故 A 公司关于 B 行应支付 1997 年 7 月 30 日至 2000 年 8 月的利息和滞纳金的诉讼请求无事实和法律依据,本院不予支持。

【二审争议焦点】

1.《联合建房总协议书》与《联合建房协议1》以及《联合建房协议2》的关系及效力和性质。

2. 讼争房屋应以什么标准作为交付条件？

3. A公司和B行是否需要承担违约责任？

【二审裁判观点】

关于争议焦点1:《联合建房总协议书》与《联合建房协议2》是双方的真实意思表示，不违反法律规定，均属有效合同。一审法院认定后一协议是对前一协议的变更，因此只认定后一协议为定案准则不妥。本院认为，后一协议实质上是对前一协议的补充和完善，因为:《联合建房总协议书》约定，B行以投资方式总计投入5700万元给A公司联合建房，在房屋建成后可分得大厦负1层商场。B行所分得的负1层商场分两部分进行核算，一部分由C营业部出资2000万元，分得负1层商场中1000平方米；一部分由B行出资3700万元，分得负一层商场的其余部分，其中商场1598平方米、大厦公摊面积398.53平方米，公用设施在交房后2个月内交付使用。该3700万元在交付房屋时投入80%，产权转移过户时投入15%，其余尾款在保修期满前结清。违约责任为:如B行投资额不能按协议投入到位，则每日按其差额的0.1‰作滞纳金；如A公司不能按时交房给B行，则每日按投资总额的0.1‰作滞纳金。随后，按协议要求，A公司又分别与C营业部和B行签订了两份协议。其中，《联合建房协议1》明确该大厦建到第8层时，C营业部应将2000万元投资款全部到位，并可分得负1楼1000平方米，于1997年7月30日交房；《联合建房协议2》明确B行投资3700万元给A公司参与联合建房，应分得大厦负1层1996.53平方米(其中商场面积1598平方米，按21,650元/平方米计算；大厦公摊面积398.53平方米，按4500元/平方米计算)。因此，前述两份协议是对《联合建房总协议书》的补充和完善，均应认定有效。同时，从两份协议约定的房屋分配形式、投资款支付方式以及实际履行情况看，完全符合购房合同的基本特征。一审判决认定协议名为“联建”，实为“买卖”，并认为双方虽有规避法律的行为，但未给国家造成实际损失,故而作为购房合同有效,是正确的。

关于争议焦点2:一审法院将讼争房屋通过质监站验收作为交付条件,将质监站在《中间验收记录》上签章作为认定房屋已达交付条件的依据,进而认定B行应当在签章日,即2000年11月7日支付首期购房款,是不正确的。因为:(1)《联合建房总协议书》及两份《联合建房协议》约定了供电、供水、通讯、消防、环保、绿化及光彩工程等均在交房后2个月内交付使用,并未约定交房必须经质监站验收合格。(2)1996年12月7日和1997年4月17日,施工单位、设计单位及质监站已经共同验收雨田大厦结构工程,并作了验收签名。1997年10月28日,相关单位对大厦负4.45层、负1楼和消防中心还进行了移交验收,《中间验收记录》记载的验交意见为"验收合格符合使用条件,同意移交下道工序精装修",质检站亦在该记录上签名认可,并于2000年11月7日再次盖章证明。因此,讼争房屋于1997年10月28日已经达到交房条件,而不是2000年11月7日经质检站再次盖章证明后才符合交房条件。(3)1997年12月17日,C营业部在《移交使用核定单》上盖章,认可其接收的1000平方米房屋符合交房条件。而同等条件下,B行没有理由拒绝接收房屋,故本案应当认定A公司实际交房的时间为1997年12月17日。

关于争议焦点3:按照协议约定,A公司应于1997年7月30日将负1楼交付给B行及C营业部。而事实上,A公司向C营业部移交房屋的时间为1997年12月17日。因此,A公司未按约向B行交房,应承担延期交房的违约责任,并应从1997年7月31日起至12月16日止,每日按投资总额(3700万元)的0.1‰支付滞纳金。1997年10月28日,雨田大厦经验收合格后达到交房条件。1997年12月17日,C营业部接收了负1楼的部分房屋,并支付了2000万元房款。此时,B行明知负1楼已符合交房条件,却故意不接收房屋,构成违约,并导致房屋空置多年,应承担损失扩大的主要责任。按双方协议约定,B行应当支付的投资额不能按时到位,亦应承担违约责任,每日按其差额(2960万元)的0.1‰支付滞纳金以及利息,从1997年12月17日起计至付清时止。

【最高人民检察院抗诉意见】

本案二审判决认定的案件基本事实缺乏证据证明，适用法律错误。1. 二审判决认定雨田大厦经中间验收后就具备交房条件，并以C营业部的接房时间作为B行的应收房时间缺乏证据证明、适用法律错误。(1)二审判决将雨田大厦在建中的《中间验收记录》视为具备交房条件属适用法律错误。(2)二审判决将《中间验收记录》上记载的时间作为认定雨田大厦符合交付使用条件的时间缺乏证据证明。(3)二审判决根据另一房屋买受人C营业部于1997年12月17日接收房屋的事实，推定B行在同等条件下也应于当时接房，否则就构成违约，缺乏证据证明。2. 二审判决判令B行支付2960万元(合同约定的首付款)的利息，缺乏事实及法律依据。(1)二审判决认定"《联合建房协议2》是对《联合建房总协议书》补充和完善"，违背了当事人的真实意思表示。(2)二审判决判令"B行支付2960万元(合同约定的首付款)的利息"缺乏事实及法律依据。

【再审争议焦点】

1. 关于雨田大厦经中间验收后是否具备交房条件问题?

2. 关于B行应收房的时间和依据问题。

3. 关于B行支付2960万元利息的依据问题。

【再审裁判观点】

关于争议焦点1：无论将A公司与B行因签订《联合建房总协议书》及《联合建房协议》所形成的法律关系定性为联合建房关系还是房屋买卖合同关系，基于《联合建房总协议书》及《联合建房协议2》的约定内容均是双方真实意思表示，且不违反法律规定，双方对于前述协议的约定均应严格履行。《联合建房总协议书》约定A公司应于1997年7月在保证公用设施完善后将房屋交与B行由其进行精装修，装修不能破坏结构，不能破坏公共设施及共用场所，由此可以确定双方约定的交房条件是"A公司在合同约定的公用设施完善后"。《联合建房总协议书》及《联合建房协议2》明确公用设施部分由供电、供水、通信、消防、环保、绿化及光彩工程等部分组成。1996

年12月7日和1997年4月17日,施工单位、设计单位及质监站对雨田大厦结构工程验收时,双方当事人并未提出有关公共设施是否完善的异议。同时,《中间验收记录》显示,质监站、设计单位、接收方及移交方等单位对大厦45层、负1楼和消防中心进行了验收,意见为“验收合格符合使用条件,同意移交下一道工序精装修”,而B行对该次中间验收的目的是“移交下道工序”并不持异议。综上,雨田大厦经中间验收后符合了当事人在合同中对房屋移交所约定的条件,原判决认定雨田大厦经中间验收后就具备交房条件并无不当,但原判决以合同没有约定必须经市质监站综合评定后作为交房条件的理由不当。

关于争议焦点2:根据《中间验收记录》的验交意见,可以认定本案讼争房屋符合当事人约定的移交条件。但符合交房条件,并不意味着A公司在当时即将房屋交付给B行,而A公司亦未能举证证明其在1997年12月17日通知B行接收房屋。因此,原判决以C营业部于1997年12月17日接收房屋的事实,推定B行在同等条件下也应于当时接收房屋,并以1997年12月17日作为B行应接收房屋的时间不正确。A公司曾于1998年10月19日发函通知B行接收房屋,B行对该通知不持异议,故其接收房屋的时间应根据A公司所发函件的记载内容予以确定。该函内容显示,A公司要求B行于1998年10月23日前接收房屋,说明该时间为B行接收房屋的最后期限,故可以确定B行的应接收房屋时间为1998年10月23日。

关于争议焦点3:《联合建房总协议书》及《联合建房协议2》是双方当事人在平等自愿基础上达成的一致协议,符合法律规定,合法有效。上述两份协议所约定的内容均应对当事人产生约束力。当两份合同(协议)均属有效合同(协议)时,除当事人有特别约定外,如果前后两份合同(协议)对同一内容有不同约定并产生冲突时,在不违反合同(协议)目的的情形下,基于意思表示最新最近原则,可根据合同(协议)成立的时间先后,确定以后一合同(协议)确定的内容为准。如果前后两份合同(协议)所约定的内容并不冲突,只是对合同(协议)的内容进行了不同的约定时,则不能简单地认定后一协议是前一协议的变更,或后一协议是对前一协议的补充和完善。通过对《联合建房总协议书》与《联合建房协议2》的比较,可以看出B行是按照平方米计价分得大厦负1层1996.53平方米(其中商场面积1598平方米,按21,650元/平方米计算;大厦公摊面积398.53平方米,按4500元/平方米计算);增加了"约定A公司应于1997年7月30日前将房屋交给B行使用";没有再次约定"如B行投资不能按时到位,所产生的利息由B行承担"以及"为保证联合建房顺利完成,B行应多渠道协调贷款支持项目建设,贷款额不得低于3700万元"等有关投资的内容。因此,《联合建房协议》内容的增加或没有重复约定《联合建房总协议书》的相关内容,只是对协议内容的调整,两者之间并不冲突。

鉴于上述两份协议均有效,且其所约定的内容均应对当事人产生约束力。B行认为原判决认定A公司与B行签订的《联合建房协议2》是对《联合建房总协议书》的补充和完善,违背了当事人的真实意思表示的理由不能成立。《联合建房总协议书》及《联合建房协议2》关于"如B行投资不能按时到位,所产生的利息由B行承担"以及"如B行投资额不能按协议投入到位,则每日按其差额的0.1‰作为滞纳金;如A公司不能按时交房给B行,则每日按投资总额的0.1‰作为滞纳金"之约定,是双方为保障履行合同权利义务而设定的措施。因《联合建房总协议书》及《联合建房协议2》均为有效,以及B行对1998年10月19日A公司所发函件中明确的A公司"从1998年10月23日起不再承担3700万元购房款利息"的内容没有提出异议,原判决判令B行支付滞纳金之后再判令B行自应接收房屋时间起支付2960万元的利息,不缺乏事实及法律依据。A公司通知B行于1998年10月23日前接收房屋,B行未按时接收该房,亦未按约履行付款义务,其行为已构成违约。依据协议约定,应承担延期支付购房款的利息和滞纳金的违约责任。违约时间应从1998年10月23日起算,原判决以1997年12月17日作为起算日不正确,应当纠正。

【评析】

本案二审判决生效后,B行于2001年12月10日支付了首期购房款2960万元,并以1997年12月17日为起算时间点向A公司支付了每日按差额的0.1‰计算的滞纳金和按农行同期同类贷款利率分段计算的利息。A

公司则以协议约定的3700万元投资总额为基数,按每日0.1‰的标准向B行支付了从1997年7月31日至12月16日的滞纳金。但其后,雨田大厦的工程竣工验收并不顺利,直至2003年2月25日,市公安消防部门才出具《关于雨田大厦消防验收合格意见书》并载明:“对A公司申报的雨田大厦(验收范围9~26层和负1层,属一类公建)进行了消防验收,现判定该工程消防验收合格。”此外,由于2000年5月24日,A公司还曾与案外人签订了一份租期为15年的《房屋租赁合同》,将雨田大厦负1层临街面782平方米商场出租,并按每月140元/平方米的价格标准从起租日起收取租金,导致A公司和B行就分配房屋的位置问题也发生尖锐争议。

2003年8月,B行诉至法院请求“判令A公司为其划分大厦负1层房屋的位置,交付房屋并办理房屋产权登记”。同时,B行还主张,其于2001年12月10日按照第118号民事判决(本案二审判决书)向A公司支付的2960万元款项性质系“购房款”,A公司在收取、占用该笔购房款的同时一直未能向其交房,并于2000年5月24日将负1层中的782平方米房屋出租给他人,故其不仅有权要求A公司按照每月140元/平方米的价格标准向其支付1996.53平方米房屋的租金(从2001年12月11日起计算至房屋实际交付之日止),还有权要求A公司按照中国人民银行同期贷款利率向其赔偿2960万元的利息损失(从2001年12月11日起计算至房屋权属证书交付时止)。而鉴于本案一审判决、二审判决均将《联合建房总协议书》及《联合建房协议2》定性为房屋买卖合同,故该案一审判决亦相应支持了B行提出的有关划分房屋位置、交付房屋、办理房屋产权登记以及赔偿2960万元之购房款利息损失的诉讼请求,但驳回了B行提出的有关A公司应向其支付1996.53平方米房屋租金的诉讼请求,即继续依据“购房合同”的性质判定否认了B行作为投资方对雨田大厦享有合作开发收益权。

该案上诉后,最高人民法院支持了B行提出的有关A公司应向其支付1996.53平方米房屋租金的诉讼请求,并认为:“B行于2001年12月10日支付的首期房款2960万元,已经由A公司物化到雨田大厦的建设中,该笔购房款的利息应当作为其经营成本及风险由其自行承担。因此,在A公司承担了《联合建房协议2》约定的逾期交房滞纳金,并赔偿滞纳金不足部分的经济损失（判令A公司自2001年12月11日起至房屋实际交付之日止，以每月140元/平方米租金标准，向B行支付1996.53平方米房屋的租金）后，B行再以第118号民事判决为据，主张A公司支付该笔款项的利息，缺乏依据，本院不予采纳。一审法院以A公司占用B行该笔款项为由，判决A公司支付该笔款项的利息，适用法律错误，应予纠正。”①也就是说，最高人民法院对《联合建房总协议书》和《联合建房协议2》之性质的判断是，两份协议“名实相符”，A公司和B行之间的法律关系实质亦为合作开发房地产合同关系。在该法律关系下，B行和A公司对于联合建房将发生的经营风险应当共担，对于联合建房可实现的合作利润应当共享，故B行无权要求A公司承担其已物化到雨田大厦中的投资利息，A公司则应就其未能及时交房，导致B行不能实际共享合作利润的行为事实承担损失赔偿责任。

同时，最高人民法院于2011年再审本案时，亦在再审判决书中释明：“原判决认定《联合建房总协议书》及《联合建房协议2》之内容，是双方当事人真实意思表示，不违反法律的规定，合法有效。本案当事人B行与A公司对所签订的《联合建房总协议书》及《联合建房协议2》的性质、效力以及支付首期购房款等问题在本院再审本案时没有提出异议，且不涉及损害国家和他人利益，故上述内容不属于本案再审的范围。”此外，在论述“雨田大厦经中间验收后已具备交房条件”的裁判理由时，最高人民法院还特别交代了“无论将A公司与B行因签订《联合建房总协议书》及《联合建房协议》所形成的法律关系定性为联合建房关系还是房屋买卖合同关系，基于《联合建房总协议书》及《联合建房协议2》的约定内容是双方真实意思表示，且不违反法律规定，双方对于前述协议的约定均应严格履行”的说理前提。因而，综合本案的裁判结果可知，在合作开发房地产合同关系中，即便当事人明确约定投资方的收益为取得固定数量的房产，但只要双方没有通过合同安排使得投资方可不承担经营风险，便不能认为该合同的性质为房屋买卖合同。而当投资方的投入资金作为投资物化到合作项目中后，其便无所谓投资利息的“损失”之说。因为，该利息损失即便真实发生，也恰恰是投资方应当承

---

① 人民法院出版社编：《最高人民法院司法观点集成》（民事卷④·第3版），人民法院出版社2017年版，第2517~2518页。

担的经营风险。

【法律法规链接】

《民法典》(2020 年 5 月 28 日)

第一百五十四条 行为人与相对人恶意串通,损害他人合法权益的民事法律行为无效。

第五百九十五条 买卖合同是出卖人转移标的物的所有权于买受人,买受人支付价款的合同。

《城市房地产管理法》(2019 年 8 月 26 日)

第三十七条 房地产转让,是指房地产权利人通过买卖、赠与或者其他合法方式将其房地产转移给他人的行为。

《最高人民法院关于审理涉及国有土地使用权合同纠纷案件适用法律问题的解释》(2020 年 12 月 29 日)

第十二条 本解释所称的合作开发房地产合同,是指当事人订立的以提供出让土地使用权、资金等作为共同投资,共享利润、共担风险合作开发房地产为基本内容的合同。

第二十二条 合作开发房地产合同约定提供资金的当事人不承担经营风险,只分配固定数量房屋的,应当认定为房屋买卖合同。

30. 非因当事人原因导致合作开发合同解除的，未出资到位的投资方可按其实际出资比例共享土地增值收益

【裁判要旨】

合资合作开发建设房地产项目中，双方已按照约定将各自的土地和资金投入到合作项目中，即成为共享利益、共担风险的利益共同体。非因双方当事人原因导致合同解除的，出资方有权共享合作期间合作项目形成的相应权益，包括土地增值部分。出资方未全部出资到位的，如无特别约定，应根据权利义务一致原则，以各方实际出资比例确定各自应享有的项目权益。

【基本案情】

2002 年 4 月 29 日，市政府作出《批复》，同意将 19.08 亩国有土地使用权以协议出让方式出让给 A 公司（外商独资企业），作为其开发"海峡茶叶批发市场"项目的建设用地。同日，市国土局与 A 公司签订《国有土地使用合同》。

2004 年 11 月 24 日，市规划局向 A 公司颁发第 10262 号建设用地规划许可证，将"海峡茶叶批发市场"项目建设用地规划为"绿源小区"商住楼项目建设用地（二类居住用地），建筑容积率<2.6。

2005 年 6 月 5 日，A 公司与方某某签订《联合开发建设合同书》，主要约定：A 公司提供"绿源小区"项目 18.74 亩土地使用权与方某某联合开发建设，开发所得净利润由双方按所占的项目比例分配。该项目至变更土地用途为商住用地止，总地价为 3200 万元。A 公司负责办理土地用途变更手续（建筑容积率不低于 2.6）以及其他相关批准文件、证书等，并承担相应费用，

占项目总额40%股份。方某某同意向A公司支付1920万元作为合作条件,在合同签订后7日内支付400万元,在收到A公司委托手续后7日内支付1400万元,余款在A公司办妥政府有关部门股权变更登记手续及印章交接后7日内付清,占项目总额60%股份。本项目以A公司的名义开发销售,委托给方某某运营。公司的财务章由方某某管理,银行预留印章由A公司管理,公司的公章由双方共控共管。在委托范围内,只要方某某签字,A公司应无条件盖章。今后项目开发中再需投入的资金(包括补缴给土地管理部门386万元配套费)全部由方某某自行筹集,A公司不再投入。本项目委托前公司的债权债务由A公司承担,委托后公司债权债务如属开发项目范畴,则从项目成本或利润中扣除,否则由方某某负责清理。方某某可派两人进入A公司董事会,行使60%的投票权。本项目结束后,方某某应将股权变更归还A公司。

《联合开发建设合同书》签订后,自2005年6月6日至28日,A公司先后出具3份涉及款项金额共计1920万元的收据。其中,第一份收据载明"收到方某某美元结算差价款0.94万元";第二份收据载明"收到方某某合作项目投资款共计1799.06万元";第三份收据载明"收到方某某支付现金120万元"。此外,自2005年6月7日至2006年5月6日,方某某还分7次向A公司支付代垫款合计817万元。

2005年6月28日,市政府向A公司作出《补充批复》,表示同意将A公司依据《批复》取得的"海峡茶叶批发市场"建设用地的规划用途变更为商住楼建设用地。同日,A公司与市国土局签订《国有土地使用补充合同》,载明"因规划调整,'绿源小区'建设用地的容积率变更为2.6,A公司应补交城市基础设施配套费259.5950万元"。其后,A公司向有关部门支付了土地出让金等相关费用,并于2005年8月10日取得了"绿源小区"商住楼项目建设用地的国有土地使用权证。

2005年7月8日,A公司的法定代表人向方某某出具《承诺函》,载明:"现因办理股权变更手续十分复杂,在未办妥股权变更之前,本人承诺:保证方某某能按双方于2005年6月5日签订的《联合开发建设合同书》的约定,享受合作项目60%的股权不受任何影响,若给方某某的股权权益造成损失的,由本人承担全部赔偿责任。”

2006年4月24日,市规划局向A公司作出《关于吊销第10262号〈建设用地规划许可证〉的通知》,主要内容为:根据市东区规划,“绿源小区”商住楼项目的用地性质已作调整,现依法决定吊销第10262号建设用地规划许可证。

2006年7月14日,市政府形成《专题会议纪要》,主要内容为:市政府同意提供市土地发展中心拟收储的市二棉厂部分地块,置换因城市建设需要而收回A公司的“绿源小区”地块。会议决定由市规划局确定规划指标,从市土地发展中心收储的市二棉厂地块的北侧划出相应面积(18.74亩左右)土地用于置换;由市土地发展中心委托地价评估事务对前述地块和“绿源小区”项目地块进行评估,差价互补,并经土地市场公示无异议后协议出让给A公司;原“绿源小区”地块土地使用权证注销。

2007年12月13日,市规划局向A公司颁发“府相居”商住楼项目第00476号建设用地规划许可证,载明:“本地块系根据市政府《专题会议纪要》精神,作为对收回A公司‘绿源小区’商住楼项目用地的置换地。”

2007年12月27、28日,市土地交易中心依据市土地发展中心委托,分别作出《(2007)30号评估结果报告书》和《(2007)31号评估结果报告书》。其中,30号报告书载明:“根据市政府的《专题会议纪要》精神,市二棉厂18.74亩地块经评估其价格为867万元/亩,地价总额为16,247.58万元,作为拟收储的‘绿源小区’商住楼项目用地的置换地。”31号报告书载明:“‘绿源小区’商住楼项目18.74亩地块经评估其价格为780万元/亩,地价总额为14,617.2万元,委托方市土地发展中心根据市政府《专题会议纪要》精神予以收储。”

2008年2月2日,A公司向方某某出具《通知》,主要内容为:依据市土地发展中心的评估结果,我司取得“府相居”地块需补缴差价款1630.38万元。请贵方于30日内将该差价款汇入A公司账户,以便签订土地置换协议并补缴差价款。

2008年2月22日,方某某作出复函,要求A公司尽快提交市土地发展中心作出的补缴土地差价款的通知及两地块的评估报告,并提出补缴土地差价款属于涉及公司投资的重大事项,公司应及时召开董事会并作出相关决议。

2010年5月28日,市土地发展中心与A公司签订《土地置换协议》,主要内容为:根据市政府《专题会议纪要》精神,市土地发展中心将已收储的市二棉厂地块18.74亩与A公司的"绿源小区"商住楼项目用地18.74亩进行置换,A公司应于本协议签订后5个工作日内向市土地发展中心指定账户支付差价款1630.38万元。

2010年8月20日,A公司向方某某发出《律师通知函》,主要内容为:A公司与方某某就"绿源小区"项目签订《联合开发建设合同书》及《备忘录》后,A公司积极按合同约定履行义务,双方就项目的前期勘探、设计等事项按合同约定合作,方某某也按合同约定投入了项目合作款项,并部分承担了合同约定的相应费用。2006年4月,因市规划调整,政府决定将该项目收回,导致双方签订的合同及备忘录无法履行,后双方又未能就新项目或其他合作事宜达成新的合同关系。鉴于双方合作前提和基础已不复存在,特通知自本函发出之日起,解除双方签订的《联合开发建设合同书》及《备忘录》,请在收到本函起10日内与A公司联系处理合同解除后的相关事宜。

2010年9月2日,方某某回函称:"我与许某某同为公司的两名董事,有权要求公司在9月10日召开临时董事会,对土地置换事项及再投入比例作出董事会决议。'府相居'项目是'绿源小区'项目的置换物,应视为双方《联合开发建设合同书》及《备忘录》的标的物发生变更。我仍对'府相居'项目拥有60%联合开发股权,不同意解除该合同及备忘录。"该回函下方有方某某及许某某的签名,但A公司称其没有收到该回函。

2010年9月15日,A公司向市土地发展中心支付了上述差价款。

方某某认为,政府决定置换项目用地后,A公司拒不召开董事会与其协商对新地块的合作开发,致使原合作合同不能履行,A公司依法应按定金罚则承担违约责任,遂诉至法院提出4项诉讼请求:(1)确认双方签订的《联合开发建设合同书》及《备忘录》终止。(2)判令A公司支付"绿源小区"项目评估价14,617.2万元的60%投资增值收益8770.32万元,或支付按法院委托评估、审计的"绿源小区"项目金额的60%计算的投资增值收益,并按银行同期同类贷款利率支付该款自 2006 年 4 月起的利息；(3)判令 A 公司支付先期垫付“绿源小区”项目的建设费用 817 万元，并按银行同期同类贷款利率支付占用该款期间的利息；(4)由 A 公司承担本案诉讼费用。

A 公司辩称：由于政府变更土地规划，案涉项目建设用地的土地使用权被收回，导致双方通过《联合开发建设合同书》所建立的法律关系因客体缺失而消灭，本案合同关系自 2006 年 4 月 24 日《关于吊销第 10262 号建设用地规划许可证的通知》发出之日起就因客体不存在而自然终止。根据合同约定，方某某支付的 1920 万元是项目合作保证金，而非项目投资款，方某某无权享有投资增值收益。根据《最高人民法院关于审理房地产管理法施行前房地产开发经营案件若干问题的解答》第 46 条规定，一方用土地使用权，另一方用资金投入合作开发房地产，合作体解体时对资金尚未投入实际建设的，可由以土地使用权作为投资的一方返还对方资金的本息，本案应当参照该规定执行。合同约定本案双方对“绿源小区”项目分别拥有的 40% 及 60% 比例，系特指项目开发收益的分配比例，并未约定双方对项目土地权益或者公司股权分别拥有 40% 及 60% 比例。而方某某提出诉讼主张的 14,617.2 万元系为案涉土地价值，并非项目价值。况且，本案双方签订《联合开发建设合同书》后，均未对“绿源小区”项目进行开发建设，方某某也未投入任何项目建设资金。在此情形下，自然不存在可供分配的项目投资增值收益。根据《最高人民法院关于审理涉及国有土地使用权合同纠纷案件适用法律问题的解释》(2005) 第 19 条规定，房地产建设项目未取得建设工程规划许可证的，合作开发房地产合同当事人请求分配房地产项目利益的，不予受理或驳回起诉。“绿源小区”项目用地被政府收回时，尚未取得建设工程规划许可证，故方某某请求分配房地产项目利益没有法律依据。此外，根据双方认可，A 公司向方某某借支的 817 万元均用于项目日常开支，A 公司可以向其返还本息，但该笔资金亦应作为 A 公司的投资款。由于 A 公司在本案合同签订及履行过程中不存在任何过错，也没有违约，故无须承担任何法律责任。

【一审争议焦点】

1. 14,617.2万元是否为原“绿源小区”项目的价值?

2. 方某某的出资是否达到合同约定的投资比例?其实际投资比例应为多少?

3. A公司应否赔偿定金400万元?

【一审裁判观点】

关于争议焦点1:A公司经市政府有关部门审批,依据《土地使用权出让合同》的相关约定支付土地出让金等费用,于2005年8月10日取得“绿源小区”项目建设用地的国有土地使用权证。后因城市建设规划调整,市政府作出《专题会议纪要》,决定收回“绿源小区”项目建设用地,以市二棉厂相同面积地块使用权予以置换,并由市土地发展中心委托地价评估事务所对前述两地块进行地价评估,差价互补后经相关程序出让给A公司。2007年12月27、28日,市土地交易中心依据市土地发展中心委托,分别作出《(2007)30号评估结果报告书》和《(2007)31号评估结果报告书》,确定市二棉厂18.74亩地块价格总额为16,247.58万元,“绿源小区”18.74亩地块价格总额为14,617.2万元。2010年5月28日,市土地发展中心与A公司签订《土地置换协议》,将“绿源小区”地块置换为市二棉厂相应面积地块。2010年9月15日,A公司向市土地发展中心支付了上述两地块的差价款1630.38万元。从以上事实可以看出,“绿源小区”项目地块的评估地价总额为14,617.2万元,A公司对该地价通过签订《土地置换协议》及支付地块差价款予以确认,并已将“绿源小区”项目的地块评估价格全部物化于“府相居”项目中。结合双方确认尚未对该项目进行开发建设的事实,可以认定14,617.2万元为被置换前原“绿源小区”项目的价值。方某某作为项目合作方,请求以“绿源小区”项目评估价14,617.2万元计算本案投资收益,应予支持。A公司抗辩主张“绿源小区”项目尚未产生价值与事实不符,不予采信。

关于争议焦点2:《联合开发建设合同书》虽有“方某某支付1920万元作为合作条件”的内容,但该条款为合同的付款方式,且A公司在收据中明确记载其中1799.06万元为“投资款”,而《联合开发建设合同书》也没有约定方某某超出1920万元之外支付的款项才是投资款，故可认定方某某依约支付的1920万元为其对"绿源小区"项目的投资款。A公司抗辩主张该1920万元是投资保证金缺乏事实依据，不予采信。另外，A公司在"绿源小区"项目用地被置换前，办理了"绿源小区"项目土地变更为商住用地手续，取得了建筑容积率为2.6的批文及项目用地的国有土地使用权证等，并为此支付了相应费用。根据《联合开发建设合同书》的约定，"该项目至A公司办理变更土地用途为商住用地止，总地价为3200万元"，因此，可认定A公司出资额为3200万元，即方某某与A公司对"绿源小区"项目的实际投资额分别为1920万元与3200万元。因"绿源小区"项目价值为14,617.2万元，扣除双方实际投资后，合作项目的增值收益为9497.2万元（14,617.2万元-1920万元-3200万元=9497.2万元）。

根据《联合开发建设合同书》约定，A公司占项目总额40%，方某某占项目总额60%股份；方某某应支付包括定金400万元在内的1920万元；项目开发需要投入的资金包括补交土地配套费等全部由方某某筹集，A公司不再投入；开发所得净利润由双方按所占的项目比例分成等。据此可以看出，方某某只有在支付1920万元并投入今后项目开发需要投入的资金后才可享有60%的投资比例分成。本案中，双方当事人原约定股份及利润分成比例为6∶4，后因项目地块被政府收回，方某某未完成合同约定的全部投资数额，双方投资比例亦未达到6∶4。在此情况下，根据权利义务相一致原则，方某某享有的股份及利润分成比例宜按实际投资到位比例予以确定，即以6∶4的投资比例和A公司3200万元的实际投资额为准，方某某应投入资金4800万元，才能享有60%的股份及利润分成比例。现方某某实际投资为1920万元，占4800万元的40%，故其实际占有项目股份及利润分成比例应为24%（60%×40%）。在该项目未进行开发建设，方某某亦未投入其他建设资金的情况下，其起诉请求按合同约定的60%投资比例分配相应投资收益，无事实依据，不予支持。

本案双方当事人合作开发"绿源小区"项目涉及的《联合开发建设合同书》应当终止，方某某除收回实际投资款外，还可以按投资比例分配合作项目增值收益。故A公司除应当偿还方某某的项目投资款1920万元外，还应偿还方某某所占24%投资比例的合作项目增值收益2279.328万元(9497.2万元×24%=2279.328万元),共计4199.328万元。此外,虽然“绿源小区”项目用地于2006年4月24日被依法吊销建设用地规划许可证,2006年7月15日市政府作出《专题会议纪要》也决定收回该项目用地,但至2010年5月28日,市土地发展中心才与A公司签订《土地置换协议书》,2010年9月15日A公司支付《土地置换协议书》项下地块差价款,从而付清“府相居”项目地块全部价款,故应当认定2010年9月15日“绿源小区”的项目价值14,617.2万元已全部实现并物化于A公司的“府相居”项目地块中,A公司理应自次日,即2010年9月16日起支付占用方某某对“绿源小区”项目投资款项及其增值收益4199.328万元的利息。方某某请求A公司支付自2006年4月24日“绿源小区”项目地块被依法吊销建设用地规划许可证之日起的利息,依据不足,不予支持。

【二审争议焦点】

原判决判令A公司支付方某某合作项目增值收益2279.328万元及利息是否正确(包括利息应自何时起算)?

【二审裁判观点】

根据《联合开发建设合同书》约定,方某某的投资义务主要为先期投入1920万元及项目后续开发的全部资金。对于该笔1920万元款项,合同中并未明确为项目合作保证金,从合同约定看,其不具有担保债务履行的功能,亦非独立于方某某应履行的债务之外,而是方某某需要履行的总投资义务的一部分,因此,该笔1920万元不具有保证金的功能。而且,在2005年6月22日A公司给方某某出具的收据中,A公司亦明确表示,收到的1799.06万元系方某某合作项目投资款。故原判决将方某某依约支付的1920万元认定为其对“绿源小区”项目的投资款,并无不当。

《联合开发建设合同书》签订后,双方均积极履行了相应的合同义务。根据本案查明的事实,2005年6月6日至28日,A公司陆续收到方某某支付的1920万元项目投资款。2005年6月28日,案涉土地性质变更为商住楼建设用地。2005 年 8 月 10 日，A 公司取得案涉土地的国有土地使用权证，其间 A 公司向有关部门支付了“绿源小区”项目地块的出让金等相关费用。从上述合同实际履行来看，双方已按照约定将各自的土地和资金投入到合作项目中，成为共享利益、共担风险的利益共同体。A 公司投入的土地与方某某投入的资金，因项目前期运作相互结合，成为“绿源小区”项目不可分割的组成部分。合同履行过程中，市政府因城市建设需要决定收回案涉项目土地，双方就进一步合作事宜未协商一致，导致合作行为终止。方某某作为项目合作方，有权享有在合作期间合作项目形成的相应权益。由于案涉项目尚未进行施工建设，双方合作后仅将土地性质变更为商住楼建设用地，并支付了出让金和城市基础设施配套费等相关费用，故原判决将市土地交易中心对案涉土地的评估值作为“绿源小区”项目的价值并无不当。A 公司关于 14,617.2 万元为案涉土地增值收益，而非项目增值收益的主张无事实依据，本院不予支持。A 公司主张，《最高人民法院关于审理涉及国有土地使用权合同纠纷案件适用法律问题的解释》(2005)第 19 条规定，房地产建设项目未取得建设工程规划许可证的，合作开发房地产合同的当事人请求分配房地产项目利益的，不予受理；已经受理的，驳回起诉。本案中，案涉项目尚未取得建设工程规划许可证，故方某某无权主张项目利益。本院认为，该条规定系针对已经实际建成而未取得建设工程规划许可证的违章建筑而言。本案中案涉项目尚未进行开工建设，故无该条规定的适用余地。综上，原判决认定方某某有权享有“绿源小区”项目投资收益，并以案涉地块评估价 14,617.2 万元作为计算依据，并无不当，本院予以维持。

关于方某某应享有的投资收益比例问题。双方虽在《联合开发建设合同书》中约定开发所得净利润，A 公司和方某某分别按照 40% 和 60% 比例分成，但该利润分成系以双方按照约定投资到位，项目全部开发完成为预期。本案中，根据合同第 1 条约定，A 公司对相应的合同义务已基本履行完毕，而方某某仅履行了部分合同义务，即支付前期的 1920 万元，项目开发的所有后续资金均未及投入。故方某某主张按照 60% 比例计算其投资增值收益，依据不足，本院不予支持。根据《联合开发建设合同书》约定，6∶4 为原约定股份及利润分成比例，而非投资比例，原判决以 6∶4 作为投资比例并计算方某某应实际投资4800万元,依据不足,本院予以纠正。案涉合同因非归责于双方当事人自身原因而终止,在方某某未全部出资到位的情况下,根据权利义务一致原则,以各方实际出资比例确定各自应享有的项目权益符合本案实际情况。《联合开发建设合同书》约定,该项目至A公司办理变更土地用途为商住用地止,总价为3200万元。本案中,案涉土地性质已经变更为商住用地,故认定A公司出资额为3200万元符合当事人的本意。综上,A公司和方某某对"绿源小区"项目的投资分别为3200万元和1920万元,方某某在"绿源小区"项目中的实际投资比例为37.5%[1920万元/(1920万元+3200万元)],其对"绿源小区"项目的权益为5481.45万元(14,617.2万元×37.5%)。

对于利息的起算时间问题。本案实质为合作合同解除后的利益清算纠纷,故支付相应款项及利息的时间应为合同解除之日。根据已经查明的案件事实,政府行政决定置换的对象为案涉土地,双方就案涉土地进行开发建设形成的债权债务关系不能当然适用于新置换的土地,在双方未能协商一致的情况下,可以视为《合同法》第94条第1项"因不可抗力致使不能实现合同目的"的情形,双方均有权解除合同。根据《合同法》第96条的规定,当事人一方依据《合同法》第94条的规定主张解除合同的,应当通知对方。合同自通知到达对方时解除。A公司于2010年8月20日发出了解除合同的《律师通知函》。对于该函何时到达方某某处,各方均未提供证据。但方某某主张其于2010年9月2日就该律师函进行了回函,故至迟于2010年9月2日,该解除合同的《律师通知函》已到达方某某处。由此可知,以2010年9月2日作为合同解除时间,并以此起算A公司应支付方某某投资增值收益的利息为宜。原判决以A公司支付《土地置换协议书》项下地块差价款,从而付清"府相居"项目地块全部价款的次日作为A公司应支付方某某投资款及收益的利息起算时间,依据不足,本院予以纠正。

【评析】

本案的关键问题是——合作开发房地产合同非因双方当事人原因解除的,出资方是否有权共享土地的自然增值部分。根据《合同法》第97条(《民法典》第566条第1款）规定的合同解除制度，即“合同解除后，尚未履行的，终止履行；已经履行的，根据履行情况和合同性质，当事人可以请求恢复原状或者采取其他补救措施，并有权要求赔偿损失”，《联合开发建设合同书》因不可抗力解除后，A公司应承担的法律责任是以“恢复原状”为准则的财产返还义务。此外，鉴于案涉土地登记在A公司名下，系属A公司的法人财产，方某某并非A公司股东，故若将案涉土地的自然增值部分直接分配给方某某，亦需考虑如何保护公司债权人利益的问题。由此，最高人民法院处理本案时，曾深入讨论过方某某可以依据何种权利向A公司主张其应享有一定比例的土地增值收益，即合作开发房地产合同关系中出资方享有土地增值收益的请求权基础：

首先，参照有关“合伙”或“联营”的法律规定，A公司和方某某的合作模式具有“合伙”的基本特征：案涉土地是在方某某投资后完成了土地用途的变更，A公司也是在方某某投资后才取得了土地使用权证，双方因履行合作项目成为共享利益、共担风险的利益共同体。而无论是A公司投入的土地，抑或方某某投入的资金，均可视为双方投入到合伙项目中的财产，并因项目的前期运作相互结合，成了“绿源小区”项目不可分割的组成部分。在此前提下，“绿源小区”项目的土地使用权虽然仍属A公司，但依据权利义务相一致原则，方某某与A公司作为项目的权利义务享有者和承担者，应当分别享有相应权益。“当然，如果按照合伙的思路，存在对合伙财产进行全面清算的问题，但本案中，从已经查明的事实看，合同终止时，合伙的全部财产即案涉的土地，A公司和方某某亦未提出该合作项目存在其他财产或债权债务关系。故本案可以共享利益、共担风险的利益共同体角度作为方某某提出相应诉求的理论基础”。[①]

其次，合同解除制度中的“恢复原状”不能被简单理解为“返还财产”，“特别是在继续性合同和非契约型狭义的合同终止时，按照清算关系说，合同权利义务终止后，双方产生的是清算法律关系。因此，可以对《合同法》第97条的‘恢复原状’做扩大解释，即所谓的‘恢复原状’不是要求完全回到合

---

① 人民法院出版社编：《最高人民法院司法观点集成》（民事卷④·第3版），人民法院出版社2017年版，第2534页。

同订立之初的状态,实际上在大多数合同中,也不可能回到那样的状态,时间的经过、情势的变化等本身就不是人力所能恢复的。‘恢复原状’更主要应是指针对合同在终止时点已经履行的状态的一种清算。具体内容包括标的物的返还(原物返还或作价返还)、利息、使用给付受领物产生的收益及投入费用偿还等,甚至包括原物返还不能时的风险负担”。[①] 况且,对于投资方而言,其所投入的资金作为货币金钱,本身并无使用价值可言。投资者通过投资行为所让渡的财产权利,实质是对该笔资金的支配力。因而,合同解除后由受领方给付投资方以等量金钱,本身即并非金钱的原物返还。所以,严格意义上说,在方某某将 1920 万元货币资金投入到项目中后,对其已不可能再采用“原物返还”的救济方式。因而,土地增值收益作为 1920 万元投资款投入后所形成的收益,理应成为合同权利义务终止后的清算内容。

再次,依据双方的合同约定内容,结合合同的实际履行情况,本案亦可认定方某某已经具有实质股东的地位。因为:按照《联合开发建设合同书》的约定,方某某支付 1920 万元后即可取得“项目总额 60%的股份”。同时,该合同约定方某某支付余款的时间是“A 公司办妥政府有关部门股权变更登记手续及印章交接后 7 日内”,即 A 公司已承诺将为方某某办理股权变更登记手续。其后,该手续办理虽因 A 公司系外商独资企业的原因而未实际完成,但从《承诺书》的内容看,A 公司通过其法人代表再次承诺了方某某“享受合作项目 60%的股权不受任何影响”。此外,《联合开发建设合同书》还约定方某某可派两人进入公司董事会,行使 60%的投票权。从本案实际情况看,方某某等人也确实进入了公司的董事会,掌握了公司的财务章,并与 A 公司双控共管公司公章。更为重要的是,《联合开发建设合同书》约定了“案涉项目委托给方某某运营,在委托范围内,只要方某某签字,A 公司应无条件盖章。”这表明,A 公司实际认可方某某以实际股东身份直接负责项目开发事宜。基于该事实,即使在 A 公司未进行清算的情况下,方某某对 A 公司的土地资产也当然享有相关权益。“至于 A 公司债权人的利益保护问题,现行法律提供了救济途径:(1)A 公司依然存在,也有责任财产,对债权

① 人民法院出版社编:《最高人民法院司法观点集成》(民事卷④·第 3 版),人民法院出版社 2017 年版,第 2535 页。

人的利益并未造成损害；(2)即便存在，方某某和A公司也应该按照约定区分公司债务产生的时间和性质，分别或者共同承担”。[①] 故此，综合上述理由，最高人民法院认为应当将合作开发关系的法律特征，即“共享利益、共担风险”，作为支持方某某参与分配土地自然增值部分的请求权基础。

【重点规范链接】

《民法典》(2020年5月28日)

第一百三十一条 民事主体行使权利时，应当履行法律规定的和当事人约定的义务。

第一百八十条 因不可抗力不能履行民事义务的，不承担民事责任。法律另有规定的，依照其规定。

不可抗力是不能预见、不能避免且不能克服的客观情况。

第五百六十三条 有下列情形之一的，当事人可以解除合同：

(一)因不可抗力致使不能实现合同目的；

(二)在履行期限届满前，当事人一方明确表示或者以自己的行为表明不履行主要债务；

(三)当事人一方迟延履行主要债务，经催告后在合理期限内仍未履行；

(四)当事人一方迟延履行债务或者有其他违约行为致使不能实现合同目的；

(五)法律规定的其他情形。

以持续履行的债务为内容的不定期合同，当事人可以随时解除合同，但是应当在合理期限之前通知对方。

第五百六十五条第一款 当事人一方依法主张解除合同的，应当通知对方。合同自通知到达对方时解除；通知载明债务人在一定期限内不履行债务则合同自动解除，债务人在该期限内未履行债务的，合同自通知载明的期限届满时解除。对方对解除合同有异议的，任何一方当事人均可以请求人民法院或者仲裁机构确认解除行为的效力。

---

① 人民法院出版社：《最高人民法院司法观点集成》(民事卷④·第3版)，人民法院出版社2017年版，第2536页。

第五百六十六条第一款 合同解除后,尚未履行的,终止履行;已经履行的,根据履行情况和合同性质,当事人可以请求恢复原状或者采取其他补救措施,并有权请求赔偿损失。

《最高人民法院关于审理涉及国有土地使用权合同纠纷案件适用法律问题的解释》(2020年12月29日)

第十二条 本解释所称的合作开发房地产合同,是指当事人订立的以提供出让土地使用权、资金等作为共同投资,共享利润、共担风险合作开发房地产为基本内容的合同。

第十六条 在下列情形下,合作开发房地产合同的当事人请求分配房地产项目利益的,不予受理;已经受理的,驳回起诉:

(一)依法需经批准的房地产建设项目未经有批准权的人民政府主管部门批准;

(二)房地产建设项目未取得建设工程规划许可证;

(三)擅自变更建设工程规划。

因当事人隐瞒建设工程规划变更的事实所造成的损失,由当事人按照过错承担。

第十九条 合作开发房地产合同约定仅以投资数额确定利润分配比例,当事人未足额交纳出资的,按照当事人的实际投资比例分配利润。

31. 合作开发房地产合同无效的，应根据投入资金的实际转化形态确定财产返还或折价补偿的范围

【裁判要旨】

合作建房合同被确认无效后，在建或已建成的房屋，其所有权可确认归以土地使用权作为投资的一方所有，对方的投资可根据资金的转化形态，分别处理：(1)资金尚未投入实际建设的，可由以土地使用权作为投资的一方将对方投入的资金予以返还，并支付同期同类银行贷款的利息；(2)资金已转化为在建中的建筑物，并有一定增值的，可在返还投资款的同时，参照当地房地产业的利润情况，由以土地使用权作为投资的一方给予对方相应比例的经济赔偿；(3)房屋已建成的，可将约定出资方应分得的房产份额按现行市价估值或出资方实际出资占房屋造价的比例，认定出资方的经济损失，由以土地使用权作为投资的一方给予赔偿。

【基本案情】

1993年3月20日，A公司与B公司签订了《联合兴建高层高档写字楼合同书》，主要约定：A公司以其受让取得的31.27亩土地的使用权作为投资，由B公司提供建设资金合作兴建一栋面积为78,100平方米的写字楼，A公司与B公司按3∶7的比例分配产权。此外，该合同还详细约定了其他合作事项，明确应由B公司承担办理联建审批手续和土地使用权变更手续的费用，但未约定由谁办理联建审批手续。

签约后，A公司和B公司均未到有关部门办理合作建房审批手续和土地使用权变更登记手续，也未履行其他合同义务，合作项目一直未动工建

设。但在1993年1月20日,B公司已为签订《联合兴建高层高档写字楼合同书》向A公司支付了600万元定金。

1996年10月19日,A公司将《联合兴建高层高档写字楼合同书》所涉的31.27亩土地使用权作为抵押物向案外人提供担保。1997年9月8日,为抵偿所欠C公司的1250万元债务,B公司欲将《联合兴建高层高档写字楼合同书》的全部权益转让给C公司,并委托C公司的董事长与A公司进行了四次磋商,但因A公司要求调整房产分配比例而未达成一致意见。

1998年4月,B公司诉至法院,要求A公司返还600万元定金及同期银行流动资金贷款利息。A公司则辩称:双方约定B公司承担办理联建审批手续和土地使用权变更手续的费用,B公司是办理联建审批手续和土地使用权变更登记手续的义务人,且其亦曾委托B公司办理土地使用权变更登记手续。现B公司没有履行义务,定金不应返还。同时,A公司在上诉时主张,因B公司违约致使31.27亩土地闲置5年之久,造成A公司购地款利息损失、土地闲置罚款损失以及地价下降损失共计8411万元,B公司应予赔偿。

【一审争议焦点】

合作建房合同的效力以及双方过错责任比例。

【一审裁判观点】

双方在签订合作建房合同后,未依法申办合作建房审批和土地使用权变更登记手续,且未经批准改变合作土地的规划用途,其行为违反了法律法规的强制性规定,合同为无效。合同无效系双方的共同过错造成,双方均应承担相应责任。由于该合同未实际履行,现双方已无继续履约的诚意和资金保障,故责令补办审批手续已无必要,A公司应返还B公司定金600万元本息(利息按中国人民银行同期1年期流动资金贷款利率自1993年1月20日计付至判决确定的还款期内实际还款之日止)。

【二审争议焦点】

1.一审认定合作建房合同无效、双方过错大致相当是否正确?

2. B 公司上诉主张的购地款利息损失、土地闲置罚款损失以及地价下跌损失应如何处理?

【二审裁判观点】

关于争议焦点 1:本案当事人双方在签订了合作建房合同后,未依法办理合建审批和土地使用权变更登记手续,项目亦未动工兴建,故一审认定该合建合同无效符合法律规定,应予维持。对于未到有关部门办理审批和登记手续的责任,因双方当事人均举不出对方故意拖延不办的证据,一审认定双方过错大致相当并无不妥,不应改变。依据对无效合同的处理原则,一审判决 A 公司返还 B 公司 600 万元定金及其法定孳息合法、正确,应予维持。

关于争议焦点 2:A 公司上诉主张的购地款利息损失及地价下跌损失,由于与本案合同的无效后果并无直接因果关系,本院不予支持。至于 A 公司主张的土地闲置罚款损失,由于政府有关部门至今尚未作出对该块土地闲置罚款的决定,故现在判令 B 公司赔偿该笔损失的条件尚不具备。如果将来政府有关部门对本判决生效前该块土地的闲置作出罚款决定,A 公司可另行起诉。

【再审争议焦点】

1. A 公司是否应当返还 600 万元定金所产生的利息?

2. 应否支持 A 公司要求 B 公司赔偿地价款利息损失、土地闲置罚款损失以及地价下跌损失的再审请求?

【再审裁判观点】

关于争议焦点 1:本案所签合同无效,造成合同无效的主要过错在 B 公司,因此 B 公司无权要求 A 公司返还 600 万元定金所产生的利息。B 公司所付的 600 万元是合同定金,不是投资款,定金是一种担保方式,其所谓的利息损失应由自己承担。

关于争议焦点 2:A 公司在再审中要求 B 公司赔偿 2126 万元地价款的利息和所造成的地价下跌的损失,因 A 公司没有在原审中提出反诉请求,故不属本案审理范围,不予支持。关于A公司主张的政府对土地闲置的罚款损失,政府有关部门尚未作出处罚决定,也不予支持。

【最高人民检察院抗诉意见】

1. 本案双方签订的《联合兴建高层高档写字楼合同书》未规定由谁负责申报,或以谁为主申报合作建房审批和土地使用权变更登记手续,再审判决认定应由B公司承担合同无效的主要责任,既无事实根据也无法律根据。

2. 再审判决仅判决A公司返还600万元定金,不判决返还法定孳息,适用法律错误。

【最高人民法院提审争议焦点】

1. 本案对《联合兴建高层高档写字楼合同书》的无效认定是否正确?

2. A公司应否返还B公司600万元定金利息?

【最高人民法院提审裁判观点】

关于争议焦点1:根据《最高人民法院关于审理房地产管理法施行前房地产开发经营案件若干问题的解答》第18条之规定,享有土地使用权的一方以土地使用权作为投资与他人合建房屋,签订的合建合同是土地使用有偿转让的一种特殊形式,除办理合建审批手续外,还应依法办理土地使用权变更登记手续,未办理土地使用权变更登记手续的,一般应当认定合建合同无效,但双方已实际履行了合同,或房屋已基本建成,又无其他违法行为的,可认定合建合同有效。本案A公司只收取了B公司的定金,迄今为止,双方当事人仍未办理联建审批手续,亦未投入建设,更不存在房屋已基本建成的事实,故不符合认定合同有效的条件。A公司与B公司于1993年3月20日签订的《联合兴建高层高档写字楼合同书》应为无效合同。

关于争议焦点2:庭审查明:双方所签合同中,并未约定谁去办理相关的联建审批手续,仅约定由B公司承担相应的费用。A公司虽称委托B公司去办理土地使用权变更登记手续,但没有B公司接受委托的证据,A公司亦不能举出B公司接受了委托而未去办理土地使用权变更登记手续的证据。

关于无效合同的处理，《最高人民法院关于审理房地产管理法施行前房地产开发经营案件若干问题的解答》第46条规定：合作建房合同确认无效后，在建或已建成的房屋，其所有权可确认归以土地使用权作为投资的一方所有，对方的投资可根据资金的转化形态，分别处理。该条第1项明确：资金尚未投入实际建设的，可由以土地使用权作为投资的一方将对方投入的资金予以返还，并支付同期同类银行贷款的利息。本案B公司仅交付了定金，而交付定金的行为并不能看作是履行合同的行为，履行合同应当是将联建一方的资金投入到实际建设之中，但本案的土地未经建设开发。据此，资金尚未投入建设的，应由A公司将B公司投入的600万元资金予以返还，并支付同期同类银行贷款的利息。原一、二审判决并无不当，再审判决判令对B公司的利息损失不予返还，适用法律不当。

【评析】

《最高人民法院关于审理房地产管理法施行前房地产开发经营案件若干问题的解答》第46条规定：合作建房合同被确认无效后，在建或已建成的房屋，其所有权可确认归以土地使用权作为投资的一方所有，对方的投资可根据资金的转化形态，分别处理：(1)资金尚未投入实际建设的，可由以土地使用权作为投资的一方将对方投入的资金予以返还，并支付同期同类银行贷款的利息；(2)资金已转化为在建中的建筑物，并有一定增值的，可在返还投资款的同时，参照当地房地产业的利润情况，由以土地使用权作为投资的一方给予对方相应比例的经济赔偿；(3)房屋已建成的，可将约定出资方应分得的房产份额按现行市价估值或出资方实际出资占房屋造价的比例，认定出资方的经济损失，由以土地使用权作为投资的一方给予赔偿。虽然《最高人民法院关于审理房地产管理法施行前房地产开发经营案件若干问题的解答》文现已失效废止，但前述规定作为房地产合作开发合同无效后据以确定投资返还范围或折价补偿责任的具体办法，迄今仍然具有普遍的指导意义。

本案中，再审判决认为B公司因对合同无效负有主要过错而无权要求A公司返还600万元定金利息，实质是对“合同无效后返还原物的范围是否包括孳息”的问题，采纳了“占有人对于合同无效没有过错的，是善意占有人,无须返还孳息;反之,其对于合同无效存在过错的,则属于恶意占有人,应当返还孳息”的观点。对此观点,最高人民法院认为:“不论是善意占有还是恶意占有,都是无权占有。既然是无权占有,不论善意占有人还是恶意占有人,均无权获得孳息。换言之,返还原物的范围都包括原物和孳息。所不同的是,善意占有毕竟不同于恶意占有,为与恶意占有区别起见,其可以向权利人请求支付因维护该不动产或者动产所支出的必要费用。”[①]此外,再审判决认为“B公司所付的600万元是合同定金,不是投资款”,实质是以“定金”的法律概念为准据,限缩解释了经济学意义上的“投资”概念。事实上,在合作开发房地产合同关系中,当事人为建立合作关系或为履行合同义务而投入的所有财产(包括定金)均可视为“投资”,若当事人通过约定明确了某笔投资的性质为“定金”的,也仅只意味着该笔投资可以采用定金罚则予以处理。换言之,“定金”与“投资”之间并不存在非此即彼的矛盾对立。本案基于合同无效固然不能采用定金罚则认定B公司的返还责任,但否认该600万元定金系尚未投入实际建设的“投资”,则属适用法律错误。

当然,司法实践中更为常见的情形是合同被认定无效时,投资方的投资已与在建或已建成的房产相结合,成为项目资产不可分割的组成部分。此时,根据《物权法》以及房地产权属登记规章制度所确立的“房地合一”原则,人民法院通常会确认提供土地的一方当事人取得附着于该土地上之建筑物的所有权,提供资金的一方当事人则往往会主张因提供土地的一方当事人对合同无效存在过错,故应按照合同约定的分配比例对在建或已建成房产的评估价值进行分割,以此获得投资损失赔偿。此类诉讼请求难于获得法院支持的根本原因是,其混淆了合同有效时可主张的“履行利益”与合同无效时可主张的“信赖利益”的区别。《民法典》第157条规定:合同无效或者被撤销后,因该合同取得的财产,应当予以返还;不能返还或者没有必要返还的,应当折价补偿。有过错的一方应当赔偿对方因此所受到的损失,双方都有过错的,应当各自承担相应的责任。而该条规定中所指的“损失”,“是指合同一方基于对合同相对方信任而为合同履行所作必要准备而支出的费

① 最高人民法院民事审判第二庭编著:《〈全国法院民商事审判工作会议纪要〉理解与适用》,人民法院出版社2019年版,第263~264页。

用和为准备该合同所丧失的其他合同机会所造成的损失。学理上，一般将这类损失归属到信赖利益损失的范畴”。[①] 也就是说，合同无效后，有过错的一方应当承担的损害赔偿责任为缔约过失责任，责任范围为对方的信赖利益损失。在提供资金的一方当事人无法证明合同无效给其造成了具体损失的情形下，法院通常会按照投资总额的同期同类银行贷款利率计算投资损失，并判令提供土地的一方当事人予以赔偿。

值得指出的是，《最高人民法院关于审理建设工程施工合同纠纷案件适用法律问题的解释》[*]第 2 条确实规定了“建设工程施工合同无效，但建设工程经竣工验收合格，承包人请求参照合同约定支付工程价款的，应予支持”，但该款规定的实质是将建设工程承包人在合同无效时所享有的支付工程价款请求权定性为不当得利返还请求权，而非基于缔约过失责任所产生的损害赔偿请求权，故而允许其参照有效合同予以处理。基于同样的理由，在合作开发房地产合同无效的情形下，投资方虽不能依据合同约定的利润分配比例要求供地方将在建或已建成房产的相应价值作为其所受损失予以赔偿，但亦可基于不当得利返还原则，主张供地方就所取得的在建或已建成房产价值，按照投资方投资总额占房产造价的比例对其进行折价补偿。对此，《全国法院民商事审判工作会议纪要》亦已明确：合作开发房地产合同被认定无效后，人民法院在确定财产返还或者折价补偿范围时，要根据诚实信用原则的要求，在当事人之间合理分配，不能使不诚信的当事人因合同无效而获益。应予返还的股权、房屋等财产相对于合同约定价款出现增值或者贬值的，人民法院要综合考虑市场因素、受让人的经营或者添附等行为与财产增值或者贬值之间的关联性，在当事人之间合理分配或者分担，避免一方因合同无效而获益。对于获益高于或者低于价款的部分，也应当在当事人之间合理分配或者分担。并且，在确定折价补偿责任时，人民法院应当秉持利益衡平的自然法原则，除需要考虑的当事人对合同无效有无过错以及过错

① 人民法院出版社编：《最高人民法院司法观点集成》（民事卷④ · 第 3 版），人民法院出版社 2017 年版，第 2521 页。

* 该文件已被 2020 年 12 月 29 日公布的《最高人民法院关于审理建设工程施工合同纠纷案件适用法律问题的解释（一）》废止。该文件第 2 条的内容对应新文件第 24 条。——编者注

责任大小外,还需要甄别各方是否有从合同无效中获益的主观动机,防范可能出现的投机行为,既要做到依法认定合同无效,又要维护并促进诚信社会的构建,确保投资方与供地方均不会因合同无效而获得不当利益或者溢出利益。

【重点规范链接】

《民法典》(2020年5月28日)

第一百五十七条 民事法律行为无效、被撤销或者确定不发生效力后,行为人因该行为取得的财产,应当予以返还;不能返还或者没有必要返还的,应当折价补偿。有过错的一方应当赔偿对方由此所受到的损失;各方都有过错的,应当各自承担相应的责任。法律另有规定的,依照其规定。

第五百八十六条 当事人可以约定一方向对方给付定金作为债权的担保。定金合同自实际交付定金时成立。

定金的数额由当事人约定;但是,不得超过主合同标的额的百分之二十,超过部分不产生定金的效力。实际交付的定金数额多于或者少于约定数额的,视为变更约定的定金数额。

第五百八十七条 债务人履行债务的,定金应当抵作价款或者收回。给付定金的一方不履行债务或者履行债务不符合约定,致使不能实现合同目的的,无权请求返还定金;收受定金的一方不履行债务或者履行债务不符合约定,致使不能实现合同目的的,应当双倍返还定金。

《最高人民法院关于审理建设工程施工合同纠纷案件适用法律问题的解释(一)》(2020年12月29日)

第二十四条 当事人就同一建设工程订立的数份建设工程施工合同均无效,但建设工程质量合格,一方当事人请求参照实际履行的合同关于工程价款的约定折价补偿承包人的,人民法院应予支持。

实际履行的合同难以确定,当事人请求参照最后签订的合同关于工程价款的约定折价补偿承包人的,人民法院应予支持。

《全国法院民商事审判工作会议纪要》(2019年11月8日)

32.……在确定合同不成立、无效或者被撤销后财产返还或者折价补偿范围时,要根据诚实信用原则的要求,在当事人之间合理分配,不能使不诚信的当事人因合同不成立、无效或者被撤销而获益。……

33. 合同不成立、无效或者被撤销后,在确定财产返还时,要充分考虑财产增值或者贬值的因素。双务合同不成立、无效或者被撤销后,双方因该合同取得财产的,应当相互返还。应予返还的股权、房屋等财产相对于合同约定价款出现增值或者贬值的,人民法院要综合考虑市场因素、受让人的经营或者添附等行为与财产增值或者贬值之间的关联性,在当事人之间合理分配或者分担,避免一方因合同不成立、无效或者被撤销而获益。在标的物已经灭失、转售他人或者其他无法返还的情况下,当事人主张返还原物的,人民法院不予支持,但其主张折价补偿的,人民法院依法予以支持。折价时,应当以当事人交易时约定的价款为基础,同时考虑当事人在标的物灭失或者转售时的获益情况综合确定补偿标准。标的物灭失时当事人获得的保险金或者其他赔偿金,转售时取得的对价,均属于当事人因标的物而获得的利益。对获益高于或者低于价款的部分,也应当在当事人之间合理分配或者分担。

35. 合同不成立、无效或者被撤销时,仅返还财产或者折价补偿不足以弥补损失,一方还可以向有过错的另一方请求损害赔偿。在确定损害赔偿范围时,既要根据当事人的过错程度合理确定责任,又要考虑在确定财产返还范围时已经考虑过的财产增值或者贬值因素,避免双重获利或者双重受损的现象发生。

32. 公司出借房地产开发资质并获取管理费的,无权主张登记在其名下的土地使用权和房屋所有权归其所有

【裁判要旨】

根据法理,判断财产所有权的归属,应当从财产的来源、财产的取得方式等方面综合考虑。本案中,虽然讼争土地使用权及房屋所有权均登记在A公司名下,但根据何某某出资购买公用客车厂的事实,应认定A公司将《产权转让协议》的权利义务概括转让给了何某某。何某某借用B公司资质进行房地产开发、A公司收取管理费是双方的真实意思表示,何某某在借用B公司资质后,自主经营、独立核算、自负盈亏,独立承担民事、经济和法律责任,并向A公司缴纳管理费。根据支配与收益原则,本案争议的房地产系何某某独立出资开发,登记在A公司名下属借用资质的具体表现。而讼争房地产的土地使用证、用地规划许可证、工程规划许可证、施工许可证、工程设计合同及施工合同等均是以A公司或B公司的名义办理,是A公司出借资质过程中的必然行为,并不涉及所开发房地产产权的转移,A公司无权以何某某借用其资质为由主张讼争房产的所有权。

【基本案情】

2003年11月5日,某房地产开发有限公司(以下简称A公司)缴纳80万元投标保证金参与公用客车厂的公开招标转让,并以2000万元价格中标。

2003年12月9日,市建设委员会向A公司发出中标通知书,要求A公司应于2003年12月18日前支付中标款,逾期将承担包括没收投标保证金在内的违约责任。

2003年12月30日，甲方A公司与乙方何某某签订《内部承包协议书》，主要约定：由甲方筹资500万元，乙方筹资1500万元，共同缴纳购买公用客车厂的2000万元。乙方将其所有的1500万元交付给甲方，作为购买公用客车厂资产产权的中标价款由甲方支付给市国企办，甲方的500万元作为甲方拨借给乙方购买公用客车厂的借款，不计利息。甲方将2000万元划入市国企办账户后，将与市建设委员会签订《产权转让合同》。该合同中有关甲方享有的权利义务，全部由乙方承担。公用客车厂的所有产权，包括房屋、机械设备等各项设施的所有权、全部土地的使用权、房屋开发建设权等由乙方独立享有，公用客车厂原有的债权债务由乙方独立承担。条件成熟后，甲方将乙方出资购买的公用客车厂的资产依法申请变更登记在乙方的全资公司名下，由乙方独立承担民事责任。乙方对公用客车厂进行项目开发等活动时，享有完全的经营自主权，甲方不干涉。乙方在公用客车厂土地上从事房地产开发时，甲方应为乙方办理各项开发、施工的手续。甲方取得公用客车厂各项产权后，应将公用客车厂所有相关资料及产权证明交给乙方，由乙方独立行使经营管理权。乙方应在甲方失去产权控制权前向甲方缴纳管理费1200万元，并应全面承担和履行甲方在招投标书中承诺的一切责任和义务。

2003年12月10日，因何某某没有房地产开发资质，A公司设立了以何某某为负责人的分公司(以下简称B公司)。

2003年12月18日，何某某向A公司支付1500万元和80万元投标保证金，2005年4月13日，何某某向A公司归还500万元，A公司出具了收到上述款项的收款收据。

2004年4月28日，A公司与市建设委员会签订《产权转让协议》，主要约定：转让标的为公用客车厂的全部经营性资产产权和债权债务，含土地使用权面积41,364.34平方米；转让价款2000万元，由A公司以现金方式一次性付清；公用客车厂欠职工的保险统筹、工资、集资及福利等债务，由A公司在办理资产过户手续后30个工作日内一次性如数清偿；原公用客车厂在职正式职工358人，由A公司负责就业安置。该协议签订后，A公司的权利义务均由何某某以B公司名义履行。

2004年7月13日，何某某之妻程某和市建设委员会办理了公用客车厂全部资产、债权债务以及后勤服务管理事项的移交手续,正式接管该厂。

2005年7月29日,程某和市建设委员会办理了公用客车厂财务账目、财务档案及企业印章的移交手续。2004年至2009年,何某某偿还了公用客车厂的全部债务,安置了原企业全部在册职工358人。

2005年,何某某利用公用客车厂的土地正式启动"领秀中原"房地产项目开发工作,并由A公司办理了项目开发所需的土地使用权证、用地规划许可证、工程规划许可证及施工许可证等。同时,何某某以B公司名义对外签订了工程设计施工合同、环境设计施工合同和商品房策划及销售代理合同,程某与土建工程承包商签订了《工程项目承包责任书》。A公司则以登记在其名下的公用客车厂土地使用权作为抵押担保签订《商品房销售贷款合作协议书》和《抵押担保借款合同》,取得22,500万元银行按揭贷款,另还以登记在B公司名下的"领秀中原"4号楼、5号楼房产作为抵押担保签订《个人购房贷款项目合作协议》,取得7207万元银行按揭贷款,均用于"领秀中原"项目工程的开发建设。且在前述贷款(借款)合同中,A公司均向银行方提供了无条件的、不可撤销的连带责任保证。

2009年9月21日,A公司向各下属项目部发函,要求全面登记清理各项目部的债权、债务、税项及资产,并要求各项目部自通知之日起暂停一切对外业务。

2009年9月28日,何某某收到一份有A公司单方签字盖章的《内部承包补充协议书》,载明:"鉴于何某某未依据《内部承包协议书》之约定,将购买原公用客车厂的资产申请登记在何某某的全资公司名下,而是依附于A公司名下开展经营活动,且一直未向A公司缴清管理费,现要求何某某在6个月内付清管理费1200万元,解除以A公司名义在金融部门开展融资、按揭行为所产生的A公司的担保责任,解除以A公司名义开发建设所产生的全部税赋责任。否则,A公司有权冻结何某某在A公司名下未出售的资产并予以处置。"其后,何某某未付清管理费,A公司亦不再允许何某某使用A公司公章,不再向其提供销售商品房所需的各项手续。

2009年10月25日,何某某向A公司发函请求协助办证,A公司明示拒绝。

2009年11月2日,A公司登报刊载声明,称其分公司B公司的营业执照正副本及公章遗失。

2009年11月4日,B公司登报刊载声明,称11月2日A公司刊登的遗失声明中的营业执照注册号与原件不符,该声明无效。

2009年11月10日,A公司向为“领袖中原”项目提供贷款的银行发函,要求其暂停为B公司提供资金往来、结算、汇兑及信贷等一切金融业务服务。

2009年10月9日,何某某诉至法院提出3项诉讼请求:(1)确认“领秀中原”项目中尚未出售的房产,包括写字楼、公寓楼、住宅楼、一期地下室、二期地下室、二期1~5层的商铺归何某某所有;(2)确认原公用客车厂转让资产中的土地使用权及铁沁花园、中原小巷的房屋所有权归何某某所有;(3)本案诉讼费用由A公司承担。

A公司辩称:何某某通过《内部承包协议书》借用A公司的房地产企业资质从事房地产项目开发,A公司通过《内部承包协议书》转让其中标取得的公用客车厂企业产权,违反了《城市房地产管理法》和《招标投标法》的强制性规定,《内部承包协议书》应属无效。原公用客车厂的全部资产系A公司竞标取得,土地使用权登记在A公司名下。其后,A公司利用自身长期从事房地产开发形成的便利条件及影响,以自己名义申请办理相关手续,获得了相关行政许可。A公司不仅提供了案涉项目的用地规划许可证、工程规划许可证和施工许可证等,还承担了分公司B公司对外签订工程设计施工合同、环境设计施工合同和商品房策划及销售代理合同的法律风险,并直接承担了《商品房销售贷款合作协议书》、《抵押担保借款合同》和《个人购房贷款项目合作协议》的抵押担保与连带保证责任,“领秀中原”项目实质系由A公司与何某某合作开发,何某某无权主张本案讼争财产归其所有。

【一审争议焦点】

1.《内部承包协议书》的性质及效力。

2. 原公用客车厂的土地使用权及铁沁花园、中原小巷的房屋所有权归谁所有。

3."领秀中原"项目中尚未出售的房产归谁所有?

【一审裁判观点】

关于争议焦点1:何某某和A公司签订的《内部承包协议书》是双方当事人的真实意思表示,且不违反法律、行政法规的禁止性规定,合法有效,双方均应按照协议约定享有权利和履行义务。该协议明确约定,公用客车厂的所有产权,包括房屋、机械设备等各项设施的所有权、全部土地的使用权、房屋开发建设权等由何某某独立享有,何某某应全面承担并履行A公司在招投标书中承诺的一切责任和义务。从上述约定内容可以看出,该协议名为内部承包,实为产权转让,即A公司将公用客车厂产权转让合同的权利义务一并又转让给了何某某。

关于争议焦点2:《民法通则》第72条规定:按照合同或者其他合法方式取得财产的,财产所有权从财产交付时起转移,法律另有规定或者当事人另有约定的除外。协议签订后,何某某实际占有了公用客车厂的资产并使用收益至今,其请求确认的铁沁花园、中原小巷的房屋及其土地使用权,均系公用客车厂的资产。根据协议约定和法律规定,何某某应享有该部分房屋所有权和土地使用权。

关于争议焦点3:"领秀中原"项目中尚未出售的写字楼、公寓楼、住宅楼、一期地下室、二期地下室及二期1~5层的商铺,系何某某在其享有使用权的土地上通过行使房屋建设开发权,独立投资而形成的劳动成果。《物权法》第142条规定:建设用地使用权人建造的建筑物、构筑物及其附属设施的所有权属于建设用地使用权人。何某某既是土地使用权人,又是房屋的投资建造人,何某某有权在其享有使用权的土地上投资开发房地产并享有开发的成果,所开发房屋的所有权应当属于何某某。不动产物权登记应区分外部效力和内部效力,对外效力是基于物权公示公信原则,旨在保护善意第三人出于对登记的信赖而与登记权利人发生的不动产交易行为;对内效力则应根据当事人的真实意思表示确定真正的权利人。本案争议的房地产虽然登记在A公司名下,但双方对讼争房地产的归属约定明确,实际并无争议,何某某有权依据合同约定主张登记在A公司名下的诉争房地产产权归其所有。同时，A公司在其单方起草的《内部承包补充协议书》中亦称，其有权冻结何某某在其公司名下未出售的资产，由此说明A公司对于本案讼争房地产归何某某所有这一事实也是认可的。

【二审争议焦点】

1.《内部承包协议书》的性质。

2.《内部承包协议书》的效力。

3.“领秀中原”项目是否为何某某独立开发？

【二审裁判观点】

关于争议焦点1：《内部承包协议书》约定A公司在条件成熟的情况下，将资产办理到何某某的全资公司名下。但是，双方并未约定何谓“条件成熟”，故属约定不明。何某某在支付2000万元转让款后，何某某之妻程某与市建设委员会对公用客车厂的资产、债权债务及其他事务进行了交接。从整个资产交接及后续商品房的开发来看，均是何某某以B公司名义进行，而A公司在本案中无任何交接、经营行为，也未向何某某移交任何资产或者提供生产经营场地。“领秀中原”项目全部是由何某某投资经营，且双方在《内部承包协议书》中亦未明确约定合作开发房地产，A公司只是收取管理费和提供相关手续，并无任何人力、物力、资金的投入，双方无合作开发房地产的意思表示。一审对双方签订的《内部承包协议书》名为内部承包，实属产权转让的认定正确。

关于争议焦点2：《内部承包协议书》有效，理由有三：第一，法律明确规定借用建设工程施工企业资质进行施工是无效的，但现行法律、行政法规对借用房地产开发企业资质进行房地产开发并无禁止性规定。《城市房地产管理法》第30条和《城市房地产开发经营管理条例》第5条的规定是倡导性条款，属市场准入的管理性规定，何某某借用资质的行为应由相关行政部门根据行政规定予以处理，不影响本案《内部承包协议书》的效力。第二，从《最高人民法院关于审理涉及国有土地使用权合同纠纷案件适用法律问题的解释》(2005)第15条关于“合作开发房地产合同的当事人一方具备房地产开发经营资质的,应当认定合同有效。当事人双方均不具备房地产开发经营资质的,应当认定合同无效。但起诉前当事人一方已经取得房地产开发经营资质或者已依法合作成立具有房地产开发经营资质的房地产开发企业的,应当认定合同有效”的规定看,合作开发房地产只需一方具备房地产开发经营资质即可。本案中,B 公司具备房地产开发经营资质,即便何某某系借用 B 公司资质开发房地产,其进行房地产开发的民事行为也应认定有效。第三,民事活动应当遵循自愿公平、等价有偿和诚实信用原则,《内部承包协议书》系双方在平等、自愿、协商一致的基础上达成,其内容反映了双方的真实意思表示,对双方均具有约束力。A 公司违反诚实信用原则,在本案诉讼之前从未对《内部承包协议书》及效力提出过异议,在诉讼之后因房地产市场价格上涨而主张《内部承包协议书》违反了法律规定无效,与事实及我国民法原则不符,不予支持。

关于争议焦点 3:从《内部承包协议书》的内容来看,名为“内部承包”,实为“产权转让”。《产权转让协议》虽系 A 公司与市建设委员会签订,但后来围绕产权转让所发生的资产交接、职工安置、付款等一系列民事行为,均为何某某以个人或 B 公司名义与市建设委员会进行。A 公司在中标购得公用客车厂的产权后,将所中标的公用客车厂的所有权转让给了何某某,由何某某独立享有权利。何某某支付了产权转让款,安置了公用客车厂员工,承接了公用客车厂的债权债务,并在此基础上进行了房地产开发。2003 年 12 月 10 日,A 公司成立了 B 公司,由何某某承包经营,并任命何某某为负责人。何某某仅是借用 B 公司的名义,在公用客车厂土地使用权范围内进行房地产开发,A 公司无任何证据证明其为 B 公司注入了资金,拨付了资产,安排了管理技术人员。

根据法理,判断财产所有权的归属,应当从财产的来源、财产的取得方式等方面综合考虑。本案中,虽然讼争土地使用权及房屋所有权均登记在 A 公司名下,但根据何某某出资购买公用客车厂的事实,应认定 A 公司将《产权转让协议》的权利义务概括转让给了何某某。何某某借用 B 公司资质进行房地产开发和 A 公司收取管理费是双方的真实意思表示,何某某在借用 B 公司资质后,自主经营、独立核算、自负盈亏,独立承担民事、经济及法律责任，并向A公司缴纳管理费。根据支配与收益原则，本案争议的房地产系何某某独立出资开发，登记在A公司名下属借用资质的具体表现。而讼争房地产的土地使用证、用地规划许可证、工程规划许可证、施工许可证、工程设计合同及施工合同等均以A公司或B公司的名义办理，是A公司出借资质过程中的必然行为，并不涉及所开发房地产产权的转移，A公司无权以何某某借用其资质为由主张讼争房产的所有权。且A公司在其单方起草的《内部承包补充协议书》中亦称，其有权冻结何某某在其公司名下未出售资产，进一步说明A公司认可本案讼争房地产系何某某独立开发这一事实。

此外，A公司投标购得的是公用客车厂的资产，并非《招标投标法》中规定的"项目"。对中标的资产，A公司有权利自由转让。A公司关于该公司将中标取得的公用客车厂企业产权予以转让，违反了《招标投标法》第48条、第58条的规定，《内部承包协议书》应为无效的上诉理由，不予支持。A公司认为根据《物权法》的规定，即使双方签订的《内部承包协议书》有效，由于讼争土地使用权、房产所有权均未依《物权法》第9条第1款规定进行变更登记，何某某并不能取得讼争土地使用权和房产所有权。根据《最高人民法院关于适用〈中华人民共和国合同法〉若干问题的解释（二）》第14条和《物权法》第15条规定，何某某在出资购买了公用客车厂，投资开发"领秀中原"项目后，即拥有讼争土地的使用权和房屋所有权。尽管讼争土地使用权和房屋所有权在A公司名下，但因双方之间为资质借用关系，A公司在收取管理费后，就有让何某某以A公司名义销售讼争房地产的义务。A公司不能以讼争不动产未办理变更登记而主张讼争土地使用权和房屋所有权，在双方因借用资质而对讼争房地产归属产生纠纷时，何某某享有请求人民法院对讼争的不动产进行确权的权利。

【最高人民检察院抗诉意见】

1. 原审判决认定"A公司只收取管理费和提供相关手续，并无任何人力、物力、资金的投入，双方亦无合作开发房地产的意思表示"与事实不符。根据《城市房地产管理法》第30条、《城市房地产开发经营管理条例》第5条的规定，从事房地开发必须是企业法人而不是公民（自然人）个人，即从事房地产开发必须是依法设立的公司,并且须符合法律规定的市场准入条件,何某某个人无法取得讼争房地产的用地规划许可证、工程规划许可证及施工许可证。而 A 公司符合法律规定的房地产开发的市场准入条件,并利用自己长期从事房地产开发形成的便利条件及影响,以自己的名义向相关部门申请办理相关手续,获得了相关行政许可。由于"领秀中原"房地产项目的用地规划许可证、工程规划许可证、施工许可证等相关手续均在 A 公司名下,故 A 公司为何某某提供了"领秀中原"房地产项目开发建设权,并非无任何投入。

2. 原审判决认定本案争议的"领秀中原"房地产系何某某独立出资开发,缺乏证据支持。原审判决认定"何某某在借用 B 公司资质后,自主经营、独立核算、自负盈亏,独立承担民事、经济、法律责任"是错误的。原审判决已认定"讼争房地产的工程设计合同、施工合同等均是以 A 公司或 B 公司的名义办理",而在前述合同中,发包人均为 A 公司,合同主体均为 B 公司。此外,A 公司还在 B 公司签订的《抵押担保借款合同》、《商品房销售合作协议书》和《个人购房贷款项目合作协议》中提供了无条件的、不可撤销的连带责任保证。根据《公司法》第 14 条第 1 款关于"分公司不具有法人资格,其民事责任由公司承担"的规定,以 B 公司名义签订的合同,其民事责任也由 A 公司承担。因此,以上系列合同的工程款、设计款的付款义务和违约责任及还款、担保责任均是由 A 公司承担,不是由何某某个人承担。

3. 本案讼争房地产系 A 公司出借名义和资质、由何某某出资的方式进行合作开发。何某某提出确权,实际上是要解除双方这一合作关系,需要对这一合作关系产生的权利义务进行清算。因"领秀中原"项目开发建设而签订的工程设计合同、土建施工合同,银行贷款及担保合同的一方当事人均是 A 公司和 B 公司,A 公司对外承担了支付设计费、工程款、还款及担保的合同责任。这一系列的合同义务,正是何某某依照《内部承包协议书》应履行的合同义务。原审判决割裂了《内部承包协议书》权利与义务的关系,在双方没有进行债务清算,何某某尚未履行其应尽的支付 1200 万元管理费义务的情况下,将"领秀中原"房产全部确权给了何某某,却未予处理其他问题,客观上将导致纠纷解决的复杂化,造成当事人的诉累。

【再审争议焦点】

1.《内部承包协议书》的性质。

2. 本案讼争房地产是否由何某独立开发建设？A公司是否有投资并参与了开发？

【再审裁判观点】

关于争议焦点1：《内部承包协议书》表明，A公司将该公司竞标取得的公用客车厂资产转让给何某某，由何某某履行A公司与市建设委员会签订的公用客车厂产权转让协议，并且A公司向何某某提供开发房地产所需要的手续，何某某向A公司缴纳1200万元管理费，是协议双方的真实意思。A公司向何某某出具的《内部承包补充协议书》也载明："鉴于何某某未依据《内部承包协议书》之约定，将购买原客车厂的资产申请登记在何某某的全资公司名下，而是依附于A公司名下开展经营活动，且一直未向A公司缴清管理费，现要求何某某在6个月内付清管理费1200万元；解除以A公司名义在金融部门开展融资、按揭行为所产生的A公司的担保责任；解除以A公司名义开发建设所产生的全部税赋责任。否则，A公司有权冻结何某某在A公司名下未出售的资产并予以处置。"这份协议虽然因何某某没有签字而未成立，但是A公司的意思表示与《内部承包协议书》内容相一致，即承认何某某出资购买公用客车厂资产，登记在A公司名下的资产系何某某所有。原审判决认定《内部承包协议书》名为内部承包，实为产权转让正确。

关于争议焦点2：《内部承包协议书》约定，A公司在公用客车厂产权转让协议中的全部权利和义务由何某某承担。按此约定，何某某支付2000万元转让款后，对公用客车厂的资产、债权债务及其他事务进行了交接，并按产权转让协议约定安置了公用客车厂的职工，再利用原公用客车厂土地进行房地产开发。《内部承包协议书》还约定，由A公司向何某某提供房地产开发、施工所需手续，何某某在开发过程中以A公司名义办理讼争房地产项目的土地使用证、用地规划许可证、工程规划许可证及施工许可证等相关手续，对外以A公司或B公司名义签订工程设计、施工等合同，符合协议约定。

本案中,A 公司除向何某某提供开发房地产所需的相关手续外,未能提供该公司对讼争房地产进行投资并参与开发的有效证据。A 公司提供《商品房销售贷款合作协议书》、《抵押担保借款合同》和《个人购房贷款项目合作协议》等,主张其以土地、"领秀中原"项目房产等抵押贷款投入讼争项目,但是,A 公司所述抵押物系本案讼争房地产,之所以登记在 A 公司名下是因何某某借用 A 公司资质所致。同理,以 B 公司名义向银行贷款也是何某某借用资质的具体体现,A 公司据此主张出资开发了讼争房地产,理由不能成立。A 公司认为本案讼争房地产开发的相关手续均在 A 公司名下,A 公司为何某某提供了"领秀中原"房地产项目开发建设权,也是其投入,理由亦不能成立。对于何某某尚未付清的管理费,A 公司可另行主张权利。

【评析】

本案系产权转让纠纷,而非合作开发房地产合同纠纷,但却涉及不具备房地产开发经营资质的民事主体采用"挂靠"方式实施房地产开发经营行为时,其"借用资质"的合同目的是否会影响该"挂靠"合同效力的问题。对此问题,有观点认为:《城市房地产管理法》第 30 条和《城市房地产开发经营管理条例》第 5 条针对房地产开发企业的设立条件、设立程序及备案管理等事项作出了强制性规定,立法目的是加强对城市房地产的管理,维护房地产市场秩序,保障房地产权利人的合法权益,促进房地产业的健康发展。为此,《最高人民法院关于审理涉及国有土地使用权合同纠纷案件适用法律问题的解释》才确立了"当事人双方均不具备房地产开发经营资质的,应当认定合同无效"的基本规则。因而,缺乏资质的民事主体采用"挂靠"方式借用他人资质开发经营房地产,均属恶意规避房地产管理制度的投机行为,必然扰乱国家对于房地产行业的管理秩序,不仅无法保障基础设施、房产建设的质量合格,还极易损害购房者的合法利益,故其签订的"挂靠"合同应被认定为无效。

但是,遵循在《最高人民法院关于当前形势下审理民商事合同纠纷案件若干问题的指导意见》中提出的"人民法院应当综合法律法规的意旨,权衡相互冲突的权益,诸如权益的种类、交易安全以及其所规制的对象等,综合认定强制性规定的类型……如果强制性规定规制的是当事人的'市场准入'资格而非某种类型的合同行为……人民法院对于此类合同效力的认定,应当慎重把握"的要求,即便将《城市房地产管理法》第 30 条和《城市房地产开发经营管理条例》第 5 条认定为强制性规定,其所规制的主要内容(包括注册资本数额、专业技术人员数量等),也系房地产行业的"市场准入"资格,具有管理性强制性规定的基本特征。而根据《城市房地产开发经营管理条例》第 34 条的规定内容可知,未取得资质等级证书或者超越资质等级从事房地产开发经营的后果是由相关主管部门责令限期改正并处以罚款,逾期不改正的,吊销营业执照,即行政机关已将缺乏资质的企业从事房地产开发经营的行为纳入行政处罚的范围予以规范和治理,并未绝对否认该类经营开发行为的法律效力。据此,根据《民法典》第 153 条之"但书"规定,即"该强制性规定不导致该民事法律行为无效的除外",在目前法律、行政法规并未明文禁止借用房地产开发企业资质进行房地产开发的前提背景下,应为保证房地产市场交易的稳定性以及遏制因房地产市场行情变化较大而较易产生的不诚信行为,显然不宜轻易否认该类"挂靠"合同的效力。

当然,在认定房地产开发经营资质类的"挂靠"合同有效后,资质出借方完全可能如本案 A 公司一般,主张其基于出借行为而对项目开发有所投入,并实质承担了经营风险,故而其作为登记权利人,亦为所建房地产的实际权利人。对此主张,首先应明确,合作开发房地产合同关系中的"共同投资"在形式上包括"土地使用权、资金等",即并非以土地使用权或货币资金为限。但是,无论当事人以何种财物形式或者财产性权益作为"投资",都必须首先具有"合作开发房地产"的真实意思表示,即必须以共享合作开发利益为目的,并以共担合作开发风险为对价。从而,即便可以将资质出借方所出借的"资质"以及基于该资质所取得的"项目开发建设权"视为其对讼争项目资产有所"投入",但显然,由于其出借资质的目的是为获取相应的挂靠费用,所承担的风险也仅系因出借资质行为而必然产生的法律风险,自然不应认可其所谓的"投入"行为具有合作投资的效力。换言之,判断通过挂靠资质所开发的房地产所有权的归属,始终应从财产的来源、财产的取得方式等方面综合考虑。如果挂靠人在借用资质后,完全系自主经营、独立核算、自负盈亏,即应根据支配与收益原则突破物权登记外观,确认由其独立开发建设的房地产归其所有,并足以对抗资质出借人向其提出的物权主张。

【重点规范链接】

《民法典》(2020年5月28日)

第一百四十六条第二款 以虚假的意思表示隐藏的民事法律行为的效力,依照有关法律规定处理。

第一百五十三条 违反法律、行政法规的强制性规定的民事法律行为无效。但是,该强制性规定不导致该民事法律行为无效的除外。

违背公序良俗的民事法律行为无效。

第二百零九条第一款 不动产物权的设立、变更、转让和消灭,经依法登记,发生效力;未经登记,不发生效力,但是法律另有规定的除外。

第二百一十五条 当事人之间订立有关设立、变更、转让和消灭不动产物权的合同,除法律另有规定或者当事人另有约定外,自合同成立时生效;未办理物权登记的,不影响合同效力。

第二百二十四条 动产物权的设立和转让,自交付时发生效力,但是法律另有规定的除外。

第二百三十四条 因物权的归属、内容发生争议的,利害关系人可以请求确认权利。

第三百五十二条 建设用地使用权人建造的建筑物、构筑物及其附属设施的所有权属于建设用地使用权人,但是有相反证据证明的除外。

《城市房地产管理法》(2019年8月26日)

第三十条第一款 房地产开发企业是以营利为目的,从事房地产开发和经营的企业。设立房地产开发企业,应当具备下列条件:

(一)有自己的名称和组织机构;

(二)有固定的经营场所;

(三)有符合国务院规定的注册资本;

(四)有足够的专业技术人员;

(五)法律、行政法规规定的其他条件。

《招标投标法》(2017年12月27日)

第四十八条 中标人应当按照合同约定履行义务，完成中标项目。中标人不得向他人转让中标项目，也不得将中标项目肢解后分别向他人转让。

中标人按照合同约定或者经招标人同意，可以将中标项目的部分非主体、非关键性工作分包给他人完成。接受分包的人应当具备相应的资格条件，并不得再次分包。

中标人应当就分包项目向招标人负责，接受分包的人就分包项目承担连带责任。

第五十八条 中标人将中标项目转让给他人的，将中标项目肢解后分别转让给他人的，违反本法规定将中标项目的部分主体、关键性工作分包给他人的，或者分包人再次分包的，转让、分包无效，处转让、分包项目金额千分之五以上千分之十以下的罚款；有违法所得的，并处没收违法所得；可以责令停业整顿；情节严重的，由工商行政管理机关吊销营业执照。

《公司法》(2018年10月26日)

第十四条第一款 公司可以设立分公司。设立分公司，应当向公司登记机关申请登记，领取营业执照。分公司不具有法人资格，其民事责任由公司承担。

《城市房地产开发经营管理条例》(2020年11月29日)

第五条 设立房地产开发企业，除应当符合有关法律、行政法规规定的企业设立条件外，还应当具备下列条件：

(一)有100万元以上的注册资本；

(二)有4名以上持有资格证书的房地产专业、建筑工程专业的专职技术人员，2名以上持有资格证书的专职会计人员。

省、自治区、直辖市人民政府可以根据本地方的实际情况，对设立房地产开发企业的注册资本和专业技术人员的条件作出高于前款的规定。

第三十四条 违反本条例规定，未取得资质等级证书或者超越资质等级从事房地产开发经营的，由县级以上人民政府房地产开发主管部门责令限期改正，处5万元以上10万元以下的罚款；逾期不改正的，由工商行政管理部门吊销营业执照。

《最高人民法院关于审理涉及国有土地使用权合同纠纷案件适用法律问题的解释》(2020年12月29日)

第十三条 合作开发房地产合同的当事人一方具备房地产开发经营资质的,应当认定合同有效。

当事人双方均不具备房地产开发经营资质的,应当认定合同无效。但起诉前当事人一方已经取得房地产开发经营资质或者已依法合作成立具有房地产开发经营资质的房地产开发企业的,应当认定合同有效。

《最高人民法院关于当前形势下审理民商事合同纠纷案件若干问题的指导意见》(2009年7月7日)

15. 正确理解、识别和适用合同法第五十二条第(五)项中的"违反法律、行政法规的强制性规定",关系到民商事合同的效力维护以及市场交易的安全和稳定。人民法院应当注意根据《合同法解释(二)》第十四条之规定,注意区分效力性强制规定和管理性强制规定。违反效力性强制规定的,人民法院应当认定合同无效;违反管理性强制规定的,人民法院应当根据具体情形认定其效力。

16. 人民法院应当综合法律法规的意旨,权衡相互冲突的权益,诸如权益的种类、交易安全以及其所规制的对象等,综合认定强制性规定的类型。如果强制性规范规制的是合同行为本身即只要该合同行为发生即绝对地损害国家利益或者社会公共利益的,人民法院应当认定合同无效。如果强制性规定规制的是当事人的"市场准入"资格而非某种类型的合同行为,或者规制的是某种合同的履行行为而非某类合同行为,人民法院对于此类合同效力的认定,应当慎重把握,必要时应当征求相关立法部门的意见或者请示上级人民法院。